전환시대
중국정치의 논리

當代中國政治思潮

성균중국
연구총서
0 3 1

전환시대
중국정치의 논리

當代中國政治思潮

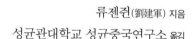

류젠쥔(劉建軍) 지음
성균관대학교 성균중국연구소 옮김

성균관대학교
출 판 부

한국어판 서문

10년 전 푸단대학 출판사를 통해 세상에 나왔던 『현대 중국 정치사조』가 한국에서 출판되어 매우 기쁘게 생각한다. 한국 독자들을 위한 서문에는 〈중문판 서문〉의 부재를 메우고 지난 10년 동안의 현대 중국 정치사조의 새로운 경향과 발전에 대한 필자의 견해도 담으려고 한다.

필자는 한국 독자들에게 답해야 할 문제를 네 가지로 정리했다. 첫째, 현대중국의 정치사조를 어떻게 이해할 것인가? 둘째, 정치사조는 현대 중국의 정치발전과정에서 어떤 의미를 갖는가? 셋째, 중국 정치사조는 이후 어떠한 방향으로 나아갈 것인가? 넷째, 현대 중국 정치사조가 한국에 시사하는 바는 무엇인가?

| 현대 중국의 정치사조를 어떻게 이해할 것인가? |

필자는 1987년에 대학에 입학했는데 당시는 정치사조의 전성기였다. 다양한 사조가 요원의 불길처럼 일어났다가 명멸했고 개혁개방이 활발히 전개되던 시기였다. 다양한 정치사조의 세례를 받으며 대학시절을 보낸 필자는 개혁개방 이후 등장한 중국 정치사조의 산증인이자 관찰자이며, 독자이자 체험자라고 할 수 있다. 주지하듯이 개혁개방 이전에 존재했던 많은 정치사조, 예컨대 건국 초기 중국의 발전노선 즉, 소련모델과 미국모델을 둘러싼 '제3의 길' 논쟁, 1950년대 지식인들의 정치적 사색와 반성, 1960년대 '문화대혁명' 시기에 등장했던 극단적인 정치적 낭만주의와 정치적 이상주의 모두 당대 중국 정치사조를 구성하는 중요한 부분이었다.

그러나 이 책은 개혁개방 이전의 정치사조를 다루지 못했다. 그 이유는 다음과 같다. 첫째, 자료의 한계 때문에 철저하고 전면적으로 분석할 수 없었다. 둘째, 정치사조는 학술적 배경과 특정한 지적 기반을 갖추어야 하는 데, 이러한 조건을 갖추지 못한 개혁개방 이전의 정치사조들을 포함하기 어려웠다. 다시 말해 정치사조는 정치학이라는 학술영역이 주목하는 주제와 긴밀하게 연동되어 있다. 이로부터 우리는 다음과 같은 두 가지 판단을 내릴 수 있다.

우선 학술적 배경과 지적 기반으로부터 유리된 정치적 판단과 사고는 정치사조로 부르기 어렵다. 필자는 현대 정치사조와 개혁개방 이후 복원된 정치학을 유기적 관계로 파악했다. 1950년대 중국에서 정치학은 공식적으로 그 지위가 말소되었기 때문에 개혁개방 이전의 모든 '정치사조'는 학술적 배경과 지적 기반을 가지지 못한 채 서로 다른 입장을 가진 이들의 정치적 사고를 대변하는데 그쳤다. 물론 개혁개방 이전의 다양한 정치사조들을 체계적으로 정리할 수 있다면 더할 나위 없이 좋을 것이다. 이러한 아쉬움은 이후 출판될 개정판에서 보완하고자 한다.

또 하나는 정치사조가 문화사조나 사회사조와 다르다는 점이다. 비록 정치사조가 문화, 사회사조와 얽혀있고 심지어 많은 정치사조가 문화사조나 사회사조에서 기원하기도 하지만 문화사조와 사회사조를 정치사조와 동일시 할 수는 없다. 필자는 정치사조를 엄밀히 '정치영역'에 한정했으며, 주로 가치 재건 중심의 정치사조, 권위체제 개조 중심의 정치사조, 국가-사회관계 재구성 중심의 정치사조, 좌우 편향을 초월한 정부개혁 중심의 정치사조, 글로벌 대응 중심의 정치사조가 그것이다.

이러한 다섯 가지 유형의 정치사조는 명확한 학술적 배경과 지적 기반을 갖추고 있을 뿐 아니라 분명한 정치적 주제도 내장하고 있다. 보다 중요한 점은 정치사조의 본질은 언어를 통해 정치생활과 실천에 개입한다는 점이다. 정치사조는 '개입성'이라는 본질적인 속성 때문에 크게 두 가지 결과로 귀결된다. 즉 국가권력에 의해 수용되어 국가이데올로기 또는 중요한 정책을 보완하는 요소가 되거나, 국가권력에 의해 최소한으로 축소되어 사람들의 관념 속에서 잊혀지게 된다. 필자는 정치사조 연구를 하면서 '경계의식(邊界意識)'과 '대상의식(對象意識)'을 늘 가질 수 있도록 줄곧 스스로를 일깨웠는데, 그런 의미에서 『당대 중국 정치사조』는 같은 주제를 다룬 다른 책들과는 큰 차이가 있다고 할 수 있다. 다시 말해 사회 전체에 널리 확산된 다양한 사조 전부를 무분별하게 '정치사조'의 범주로 끌어들이고자 하지 않았다. '정치영역' 바깥에 존재하는 문화사조와 사회사조의 경우, 아무리 파급력이 강해도 아쉬움을 무릅쓰고 이 책의 범위에서 제외하였다.

| 현대 중국의 정치발전과정에서 정치사조는 어떠한 의미를 가지는가? |

이에 대해 필자는 본문에서 다음과 같은 감성적인 문체로 설명한 바 있다.

> "정치사조는 한 시대를 연주하는 악보이다. 우리는 정치사조의 변천과정에서 정치적·사회적 변혁의 리듬과 선율을 들을 수 있다. 정치사조가 겪는 물질적 갈등과 현실적 유혹은 한 시대를 반영하는 가장 직관적인 이미지이며 정치사조는 가치와 사상, 언어를 통해 정치개입을 실현하는 문화의 힘이다." 또한 "정치사조는 관념사적 영원을 추구하는 것이 아니라 한 시대의 정치적 주제를 나타낸다. 즉 정치사조는 자체적으로 진화를 추구하지 않으며, 특정 시대의 핵심 문제를 표현하고 서술한다."

이러한 두 문장은 정치사조가 갖는 의미에 대한 필자의 견해를 요약하고 있다. 정치사조는 정치사상이나 학설과는 다르다. 중국어에서 '사(思)'란 사고, 생각, 사색이라는 의미이다. 한편 '조(潮)'에는 유동과 기복, 격동의 뜻이 있다. 따라서 문자적인 의미를 보면 '사조(思潮)'는 사고의 유동성, 기복성, 대체성과 시대성을 상징한다. 미국에서 좌파사상이 미국 지배집단의 핵심담론에 진입하지 못한 채 주류 정치사상 주위를 맴도는 것처럼 사조는 일종의 정치적인 경고와 반성을 담고 있다. 이 때문에 리처드 로티(Richard Rorty)는 『미국 만들기: 20세기 미국의 좌파사상(Achieving Our Country: Leftist Thought in Twentieth-Century America)』에서 다음과 같이 말했다.

"미국에 좌파가 없어도 우리는 여전히 강하고 용맹할 것이다. 그러나 우리를 가리켜 관대하다고 말하는 이들은 없을 것이다. 우리가 적극적으로 정치적 좌파를 용인할 때 미국의 이미지를 만들 수 있는 기회가 있으며, 휘트먼과 듀이가 꿈꿨던 나라가 될 수 있다."[1]

영국의 역사학자 수잔 메리 그랜트(Susan Mary Grant)도 『케임브리지 미국사』에서 여성주의적 시각으로 로티와 비슷한 견해를 표했다.

"미국의 인구는 전 세계의 4.6%를 차지하고 있으나, 세계 자원의 약 33%를 소비하고 있다. 미국의 거대한 소비 앞에서 그 누구도 경제, 국방, 정치력에 있어 미국과 필적할 수 없다. 그러나 미국은 물론 다른 국가들도 명확히 인지하고 있는 사실은 미국의 권력이 목적을 잃게 되면 그 어떤 의미

---

1   [美]理查德·羅蒂, 黃宗英譯, 『築就我們的國家—20世紀美國左派思想』(北京: 三聯書店, 2014), 78쪽.

도 가질 수 없다는 점이다. 또한 이러한 목적은 과거 부시 정부 때와 같이 미국이 스스로 규정하고 수호하는 데 그쳐서는 안된다."[2]

이러한 시각에 기초해 모든 정치사조를 '공감'의 입장에서 이해하려 했다. 정치적 입장이나 지향하는 바와 무관하게 모든 정치사조는 특정 시대 지식인 집단의 정치적 사색을 대표하기 때문이다.

| 향후 중국 정치사조는 어떠한 방향으로 나아갈 것인가? |

이제 가장 어렵고 복잡하며 예단하기 어려운 질문에 답해야 할 때다. 이 책의 탈고 시점은 10년 전이다. 10년 전 중국은 어떤 모습이었을까? 많은 사람들의 기억 속에 10년 전 중국의 모습은 이미 희미해졌을 것이다. 왜냐하면 과거 10년은 중국에서 인터넷이 급속히 발전한 시기였기 때문이다. 인터넷이 급속도로 발전하면서 생겨난 정보의 바다는 사람들을 단편적인 만족과 쾌락 속에서 기억을 상실하게 만든다.

중국의 정치사조도 예외 없이 인터넷 공간으로 유입되어 복잡하고 미묘한 정치적 표현과 정보, 교류와 소통 속에 파묻혀 좀처럼 가늠하기 어렵다. 전통적인 좌파 사조와 급진적인 우파 사조, 무분별한 정보에 포획된 포퓰리즘, 국가이데올로기와 어우러진 민족주의 등이 모두 인터넷

---

2   [英]蘇珊瑪麗·格蘭特, 董晨宇·成思譯, 『劍橋美國史』(北京: 新星出版社, 2019), 440쪽.

이라는 플랫폼 안에서 부침하며 경쟁하고 있다. 인터넷이 출현하기 이전의 정치사조들이 각기 다른 유형과 입장을 가진 지식인 집단의 정치적 사색을 대표한다면, 인터넷이 출현한 이후의 정치사조는 모든 사람이 참여할 수 있는 사상의 향연이자 담론 경쟁으로 탈바꿈했다. 따라서 '정치사조'라기보다는 일종의 '정치기상(政治氣象)'이라 부르는 편이 더욱 적합할 것이다. 따라서 중국 정치사조가 향후 어떠한 방향으로 나아갈 것인가 라는 문제에 답하기 위해서는 인터넷 시대와 인터넷 정치라는 중요한 배경에 대해 논하지 않을 수 없다.

현재 인터넷은 기존의 모든 정치적 발명과 창조를 넘어선 '신의 도구(神器)'로 군림하고 있다. 역사상 그 어떤 기술혁명도 여기에 미치지 못할 뿐 아니라 군대, 국가, 관료·경찰체계와 같은 정치적 발명의 산물조차 인터넷과 비교했을 때 매우 무색한 느낌이다. 현재 우리는 데이터와 정보가 권력을 대신해 정치적 본질을 구성하는 강력한 힘이 되었다는 것을 충분히 실감할 수 있다. 전통 정치학의 모든 개념과 패러다임도 (데이터와 정보에 의해) 통째로 대체될 위기에 처했다. 대신 키보드 위의 정치(politics on the keyboard), 소시민 정치, 온라인 정치, 초지역성 연합과 동원, 거품정치(정치적 의제가 순식간에 설정되고 무르익으며 수정-대체-소실되는 현상), 국가에 의한 필터링의 무력화, 법으로서의 코드(code as law) 등 수많은 새로운 개념과 명제들이 속속 등장하고 있다. 인터넷 정치의 획기적 측면은 '중심화와 주변화의 공존, 고도 집중과 고도 분산의 공존, 자본통제와 국가통제의 공존'을 통해 체현된다는 것이다. 그 결과 지금과 같은 판타지에 가까운 예측불허의 시대에 모순적(正反) 이중성을 하나로 융화시킨 미증유의 명제들이 등장하게 되었다. 이것은 다음과 같다. 분산된 집중, 민주적 전제, 강력한 취약성, 진실된 환상, 거리(距離)없는 거리, 자유로운 속박, 다원적 일원화, 투명한 암흑, 박학한 무지, 무형의 통치, 온화한 폭력, 익숙한 낯설음, 개방된 사생활, 자유로운 노예, 안전한 위기, 풍요 속의 빈곤, 희화화된 전쟁과 학살이다.

인터넷 시대를 살아가는 이들이라면 이러한 명제로부터 벗어날 수 없다. 인터넷 시대 개인의 사생활은 철저히 소멸되었다. 인터넷 시대 지식패권은 이미 쇠퇴기에 접어들었다. 인터넷 시대를 사는 우리는 더 이상 고객이 아닌 상품이다. 인터넷 시대에는 자생적인 온라인 공간과 무한대의 정보세계가 '인간의 재생산'을 주재한다. 이스라엘 학자 유발 하라리(Yuval Noah Harari)가 제시한 '디지털 독재(digital dictatorship)'라는 공포스러운 개념이 시사하는 바가 이것이다.[3] 인터넷 시대에는 아는 것이 많을수록 우둔해지며(The more you know, the more stupid you are), 수집한 정보가 많을수록 통제 정도가 높아지는(The more information you have, the more controlled you are) 등 불가사의하고 기형적인 현상들이 발생한다. 대부분의 국가의 국민들이 인터넷이 생산한 정보의 홍수에 휘말려 헤어 나오지 못하고 있다. 우리가 중국 정치사조의 향방에 대해 예단하는 것은 세계 각국의 정치사조의 향방에 대해 예단하는 것과 다르지 않다. 특히 중국은 이러한 상황이 더욱 뼈아프다. 유사 이래 중국의 지식인

---

3 Yuval Noah Harari, 『*21 Lessons for the 21th Century*』(London: Jonathan Cape, 2018), p 43.

은 '도(道), 학(學), 정(政)' 세 가지를 통합한 가치의 담지자였다. 그러나 이러한 전통도 인터넷의 범람 앞에서 이미 실종되었다. 정치사조의 생산자이자 전파자였던 특수한 지식집단이 일반 사람들과 다르지 않은 처지가 된 것이다. 전통적 정치사조는 끊임없이 생산되고 파급되는 정치적 기상에 자리를 내주게 되었으며, 시대를 주도하고 영향을 미치는 정치사조는 더는 등장하기 어렵게 되었다. 어떤 국가이든 정보의 생산을 주도하고 독점하며, 디지털화를 통해 사회를 재구성하는 국가역량과 자본역량은 우리의 손이 닿지 않는 인터넷 공간의 기저에서 은폐된 채 통제기능을 발휘하고 있다. 인터넷 공간이 넓어질수록 얻을 수 있는 정보는 더욱 많아진다. 인터넷 공간의 정치적 기상이 혼란스러울수록 국가나 자본의 통제 메커니즘이 포착하는 부담은 배가된다. '인간은 본래 정치적 동물'이라는 명제는 이미 '인간은 본래 사이버 동물'이라는 명제로 대체되었다. 인터넷 시대가 도래한 이후 정치사조는 이미 고유한 사상적 매력을 잃었으며 갈수록 일반 대중의 소일거리나 곧 사라질 사상적 자양분으로 전락했다. 이렇게 보면 정치사조의 명멸과 변천은 이미 '전(前)인터넷 시대'의 절창이 되어버렸다. 따라서 『현대 중국 정치사조』는 이후 '오프라인·온라인 공간을 중심으로 한 정치사조'라는 장(章)에서 관련 내용을 다루고자 한다.

| 현대 중국 정치사조가 한국에 시사하는 바는 무엇인가? |

현 주중 대사이자 저명학자인 장하성 선생이 쓴 『한국 자본주의』를 읽으며 그의 염려와 바람을 여실히 느낄 수 있었다. 한국에서 좌파는 고삐 풀린 시장경제의 폭주를 통제해야 한다고 역설하고 우파는 재벌이 곧 한국경제의 해결사라고 부르짖는다. 좌파와 우파는 '반(反)자본주의'적이고 '반(反)시장경제'적인 미묘한 대조를 보이며 자신의 영역을 구축하고 있다. 장하성 선생은 이러한 '한국 자본주의'의 특징에 착안하여 '함께 잘사는 정의로운 자본주의'라는 명제를 제시했다. 『한국 자본주의』의 집필 후기에 다음과 같이 기술하고 있다.

> '함께 잘사는 정의로운 자본주의를 만들기 위해서는 무엇보다도 자본이 정의로와야 한다. 자본이 만들어내는 문제는 자본을 가진 사람이 만드는 것이지 자본 스스로 만드는 것이 아니다. 칼이 사람을 베는 것이 아니라 칼을 쥔 사람이 베는 것과 같은 이치다. 대한민국의 자본주의가 정의롭게 작동하려면, 노동으로 삶을 꾸리는 절대 다수의 국민들이 민주적인 정치절차를 통해 자본가들이 올바르게 행동하도록 만들어야 한다.'[4]

한국의 정경유착 구조는 새로운 정치사조가 등장할 수 있는 가능성

---

4 [韓]張夏成, 邢麗菊·許萌譯, 『韓國式資本主義—從經濟民主化到經濟正義』(北京: 中信出版社, 2018), 373쪽.

을 내포하고 있다. 마치 한국이 현대국가로 나아가는 과정에서 다수의 정치사조와 그와 관련된 다양한 사회운동의 세례를 겪었던 것처럼 말이다. 이와 동시에 한국도 중국이나 다른 국가들과 마찬가지로 인터넷의 범람에 직면해 있다. 아직까지 어떤 국가에서도 성별 갈등이 하나의 정치적 성격을 띤 '성별전쟁'으로 비화된 사례는 없었다. 그러나 이러한 장면은 정작 한국에서 심심찮게 나타나고 있다. 아마도 갈등을 부추기고 증폭시키는 인터넷의 역기능이 이러한 불화를 조장하는 것이 아닐까 한다. 일반적으로 자본의 힘이 주도하는 인터넷 영역과 국가의 힘이 주도하는 인터넷 영역은 판이하게 다른 효과를 가져온다. 한국에서는 자본주도형 인터넷이 사회창조력을 무한히 확대되는 생활정치 어젠다에 가두고 있다. 즉, 한국에서 정치사조는 자본주의와 인터넷이라는 이중압력을 겪고 있다. 따라서 한국의 정치사조는 향후 보다 복잡한 양상으로 발전하게 될 것으로 추론할 수 있다. 중국 정치사조의 극단화 경향은 인터넷에 의해 중화된 측면이 있지만, 한국에서는 정치사조의 극단화 경향이 인터넷에 의해 증폭되는 경향이 관찰된다. 장하성 선생이 『한국자본주의』에서 제시한 '함께 잘사는 정의로운 자본주의'의 달성 여부가 향후 (자본과 인터넷의 압력 하에 조성된) 모든 정치사조가 사회를 잠식하는 것을 억제할 수 있는 관건이라고 할 수 있다. 이것이 한국 독자들을 향한 나의 전언이다.

서문을 끝맺기 전에, 이 책의 출판을 위해 애써주신 분들께 진심으로 감사를 표하고자 한다. 먼저, 성균중국연구소의 이희옥 소장과 푸단대학 국제관계 및 공공사무학원의 쑤창허(蘇長和) 원장께 감사의 말씀을

전한다. 이희옥 소장과 쑤창허 원장이 이끄는 두 연구기관이 열과 성으로 협력한 덕분에 이 책이 한국에서 출판될 수 있었다. 또한 이 책이 출판되기까지 모든 과정을 감독하며 조율과 독촉의 수고를 아끼지 않은 푸단대학 한국연구센터의 싱리쥐(邢麗菊) 교수, 오랜 노하우와 수많은 번역서를 출판한 성균중국연구소의 번역팀과 감수팀, 번역자로 참여하고 실무적 연락을 담당한 한국인 제자 김미래 양에게도 감사를 표하고 싶다. 김미래 양은 직업으로서의 학문을 해도 우수한 학자가 될 것이라 믿는다. 한국 독자들로부터 이 책에 대한 비판과 건의를 들을 수 있기를 소망하며 서문을 마친다.

2020년 10월 30일, 중국 푸단대학에서

류젠쥔(劉建軍)

| 차례 |

제1장

정치 사조에 대한
개론적 이해

1. 정치사조의 함의

| 정치사조의 정의와 지향 |

정치사조의 함의를 이해하기에 앞서 두 명의 미국 학자가 『21세기 사회
사조』라는 책의 서두에서 했던 말을 살펴볼 필요가 있다. "최근 몇년간,
우리는 이미 공학, 의학, 기술 등 영역의 여러 문제를 해결했으며 이러한
추세는 매우 뚜렷하게 이어지고 있다. 그러나 인류사회의 문제를 해결하
는데 있어서는 2,30년전에 비해 크게 나아진 것이 없다. ······ (중략) 우리
는 물질세계를 정복했고, 복잡다단한 생물학적 현실세계에서도 어느 정
도 우위에 있다. 그러나 우리는 (아직까지) 우리의 생명으로 하여금 최대
한의 효용을 발휘하도록 하는 지혜를 터득하지는 못했다."[1] 요컨대 물질

---

1   [美]雷蒙德·保羅·庫佐爾特, 艾迪斯·W·金, 『二十世紀社會思潮』(北京: 中國人民大學出版
社, 1991), 1쪽. (역자 주-영문명은 Twentieth-Century Social Thought이다)

적 성과와 기술의 진보 그 자체가 인류의 사회, 정치생활에 충분한 지혜를 제공하지는 못한다는 것이다. 풍부한 물질자원과 선진적인 기술에 의존하는 것만으로는 인간의 삶을 위한 이상적인 청사진을 그려낼 수 없다. 정치적 사색과 문화적 반추, 예술적 상상, 심리적 기복 등 인문현상은 끊임없이 우리 앞에 모습을 드러낸다. 정치사조는 (이러한 인문현상이 집약되어 나타난) 일종의 문화현상으로 정치적 지혜를 탐구하고 정치생활을 사색하는 인류의 용기를 반영하고 있다. 비록 이러한 탐구와 사색이 적잖이 단순, 투박하고 심지어 지나치게 편향될지라도 우리가 사는 세계에서 정치사조의 성쇠와 교체 과정이 사라진다면 이는 곧 반성과 경각의 욕구를 상실하는 것이며, 나아가 진보와 개선의 용기를 상실한 것에 다름 아니다. 무릇 정치사조의 가치란 여기에 있다. 그렇다면 정치사조의 함의는 무엇인가?

『사해(辭海)』에서는 사조를 가리켜 '어떤 시기의 특정 계급 또는 계층의 이익과 요구를 반영한 일종의 사상적 경향'이라 정의하고 있다. 서구정치사상을 연구한 중국의 정치학자 쉬다통(徐大同)에 의하면 정치사조란 일종의 관념 형태로서 특정한 역사적 조건 아래 형성된, 공통된 정치적 경향과 광범위한 영향력을 가진 중대한 정치사상의 흐름이다. 쉬다통의 개괄은 기본적으로 사조가 가지고 있는 이론적 길잡이로서의 기능을 뜻한다. 즉, 사조는 특정 시대의 보편적 정치관념 나아가 정치학설의 발전을 직접 선도할 수 있다는 의미다. 정치개념 연구의 시각에서 보면 사조와 정치학설은 명백히 다르다. 정치학설의 경우 장구한 역사적 영향력을 가지며 상대적으로 오래 지속되나 단기간에 다수의 민중이 주지하기는 어렵다. 반면 정치사조는 사회적 차원의 거시적이고 동태적인 사상적 경향으로 특정한 가치성향과 방법론적 의의를 내포한다.

정치사조의 특징과 지위 및 중요성을 판단할 때는 한 때 반복적으로 출현했는가 혹은 얼마나 오래 지속되었는가보다는 정치관념의 발전 흐름에 있어 지표가 될 만한가를 살피는 것이 더 중요하다. 특정 시대를 주도한 정치사조는 반드시 폭넓은 대중적 지지 기반을 바탕으로 정치운동에 영향을 미치며, 정치학설의 발전에도 일정한 영향력을 가진다.[2] 까오루이쳰(高瑞泉)은 보다 엄밀한 의미에서 사회사조를 규정했다. 그에 따르면 사회사조란 비교적 큰 규모의 관념형태적 운동으로, 특정사회의 다양한 모순이 첨예화, 복잡화되어 사상영역에서 발현된 것이다. 이것은 일반적으로 지식인 집단에서 시작돼 사회의 크고 작은 측면으로 파급되어 현실세계와 대중들의 심리에 영향을 미치는 사상운동이다.[3] 그러나 필자가 보기에 까오루이쳰이 규정한 사회사조는 사회사조라기보다 정치사조에 더 가깝다. 왜냐하면 정치사조의 흥망성쇠는 단순히 정치운동과 관념운동만을 투영하는 것이 아니라, 늘 뚜렷한 현실지향과 실천적 성향을 띠고 있기 때문이다. 그렇기 때문에 어떤 정치관념이 하나의 사조로 발전하려면 다음과 같은 기준에 부합해야 한다. 첫째, 당대 사회의 가장 민감한 문제를 포착해 가치적, 실천적인 측면에서 명확한 해답을 제시해야 한다. 사조의 이론적 배경이 대단히 심오하거나 정밀하

---

2   徐大同 主編, 『當代西方政治思潮』(天津: 天津人民出版社, 2001).

3   高瑞泉 主編, 『中國近代社會思潮』(上海: 華東師範大學出版社, 1996), 12쪽.

지 않더라도 사조가 다루는 문제만큼은 사회 전체의 관심이 높고 시급한 해결을 요하는 것이어야 한다. 그런만큼 선명한 시의성과 민감성을 동반한다. 둘째, 그 확장세와 영향력이 한정된 주체·공간 범위에 머무르지 않고 비교적 큰 문화적 파워를 형성해 민중을 동원하고 사회개혁을 촉진하는 특징을 지녀야 한다. 셋째, 일정 시간동안 지속되어야 한다. 비록 시간의 길고 짧음에 대한 기준이 통일되지 않았다 해도, 사초라도 한다면 짧게 명멸하며 순식간에 자취를 감추어서는 안될 것이다. 이제까지 언급한 기준들을 토대로 우리는 아래와 같은 몇 가지 측면에서 정치사조가 내포한 의의에 대해 이해할 수 있다.

● **정치사조의 가치지향성**

모든 정치사조는 선명한 정치적 가치를 표출한다. 이러한 가치지향성은 매우 강한 배타성을 특징으로 한다. 다시 말해 가치적인 측면에서 하나의 사조는 다른 사조와 융합되는 성질을 갖지 않는다. 물론 서로 다른 사조가 어떤 관점에 이르러 중첩되거나 교차될 가능성을 완전히 배제할 수는 없지만 말이다. 이러한 배타성에 기반해 다양한 사조 사이에 격렬한 가치논쟁이 벌어진다. 정치사조는 특정한 정치적 지향을 무제한적으로 확대하거나 심지어 극단화한다. 이러한 배타적인 가치지향성이 정치사조의 유인 효과와 선동 효과를 결정하고, (이렇게 형성된) 다채로운 정치사조가 인류사회만이 가질 수 있는 '관념세계'와 '이데올로기 정글'을 구성한다. 이처럼 인위적으로 조성된 '관념세계'와 '이데올로기 정글'은 인류사회에서 발생하는 다양한 분쟁과 밀접한 관련을 맺고 있다.

● 정치사조의 실천지향성

미국 학자 킹(Edith W. King)과 쿠조트(Raymond Paul Cuzzort)가 『21세기 사회사조』에서 언급했듯이 '사회사조의 실천가치는 외부적으로 확장되어 개인으로 하여금 그 사조를 완벽하게 이해하고 운용하도록 만든다.' 정치사조는 정치적 사색의 사상적 결실이며, 가치와 제도의 측면에서 특정 정치전통의 설계와 방법에 대한 계승 혹은 부정의 태도를 표출한다. 정치사조는 또한 정치문제에 대한 진단과 해법을 포함한다. 정치사조의 실천지향성은 정치사조가 국가권력의 중심부로 침투하는 경향을 갖도록 하며, 심지어 한 시대의 정치발전과정에 지속적으로 영향을 미치도록 만든다. 따라서 우리는 정치사조의 부상을 통해 한 시대의 정치적 특징을 엿볼 수 있다.

● 정치사조의 문제지향성

일반적으로 모든 정치사조는 뚜렷한 문제지향성을 갖는다. 다만 각기 다른 시기에 다른 문제에 천착함으로써 차이가 발생할 뿐이다. 중대한 역사적 전환의 고비에서는 거의 모든 정치사조가 가치문제를 가장 우선시했다. 이것은 시대의 교체와 맞물린다. 역사적 전환점에서 가치문제는 때때로 사회 전체가 주목하는 초점이 되기 때문이다. 그러다 사회의 표준화, 구조화 운동이 진행되어 일련의 규칙과 절차가 정착될 무렵, 정치사조는 구체적인 사회적 의제에 천착하여 특정 가치를 긍정하고 찬양하는 기능을 담당한다. 그러므로 경제체제가 매우 성숙되고 사회구조가 상당히 안정된 국가에서 어떤 관념이 하나의 정치사조로 거듭나려면 그

관념이 지닌 문제지향성의 강약 여부가 관건이 된다. 정치사조는 어떤 사회문제의 정치적 근원을 제시함으로써 특정한 정치적 신념과 주장을 표출한다.

● 정치사조의 유동지향성

정치사조는 정치학설 혹은 정치사상과 비교했을 때, 상당히 유동적이며 동태적이다. 정치사조의 유동성은 (사조) 창시자에서 수용자로의 유동, 하나의 정치사조에서 또 다른 정치사조로의 유동을 포함한다. 전자는 해당 사조의 실천지향성에 의해, 후자는 가치지향성이 내포한 배타성에 의해 결정된다. 이러한 유동지향성은 정치사조의 교체와 분화를 수반한다. 이는 곧 정치적 사고가 시대의 변혁에 따라 변화한다는 사실을 함축한다.

| 관련 개념 분석 |

● 정치사조와 정치문화

정치사조의 가치지향성, 실천지향성, 문제지향성, 유동지향성은 정치사조가 개혁, 확산, 유동 효과를 지닌 문화적 역량이라는 것을 방증한다. 이를 바탕으로 정치사조는 정치사상의 발전에 영향을 미칠 뿐만 아니라 현실정치의 변혁과 관련해 일정한 영향력을 행사할 수 있다. 반면 정치문화란 하나의 국가 혹은 민족이 정치에 대한 태도를 말한다. 좀 더 구체적으로 말해, 정치문화란 정치적 행위가 발생하는 상황을 정의하는 경험적 신뢰, 표현적 상징, 그리고 가치들의 체계로서 일종의 '집단적인 정치 기억'[4]이다. 미국의 경쟁적인 개인주의, 프랑스의 국가주의, 중국의 관본위(官本位) 가치관 등이 모두 해당 국가의 집단기억의 일부이며 이러한 집단기억은 연속성과 지속력을 가진 정치문화를 구성한다. 정치문화는 사람들이 정치를 바라보는 태도와 정부에 대한 개인의 역할을 형성한다. 즉 정치문화는 한 민족이 정치에 대해 갖는 심리학으로, 일정하게 성숙된 문화-심리구조이다. 반면 정치사조는 그 유동지향성이 말해주듯이, 안정성, 지속성을 지닌 정치문화와 달리 변환과 교체를 주요 특징으로 한다. 하나의 정치사조는 문화-심리구조에서 발원할 수도 있고 문화-심리구조와 완전히 동떨어질 수도 있다.

● 정치사조와 정치이론

방법론적 관점에서 이론이란, 특정 관점에 입각해 일련의 사회적 사실을 체계적으로 해석한 것이다. 혹은 사회의 특정 측면을 설명하기 위해 체계화된 연관적 논술[5]이라고도 할 수 있다. 1970년대 이전의 미국에서는, 정치과학 이외의 '정치이론'은 하나의 범주용어에 불과했다. 주로 플라톤에서 마르크스에 이르는 고전 저술의 기초 원리 및 철학과 정치학, 역사 등 기타 영역의 당대 논저들과 느슨하게 연계된 내용들로 이루어져 있었다. 미국에서 정치이론은 정치학의 분과학문이었으며 정치사상, 정

---

4   [美]邁克爾·羅斯金等, 『政治科學』(北京: 中國人民大學出版社, 2009), 131쪽.

5   [美]艾爾·巴比, 『社會研究方法』(北京: 華夏出版社, 2000).

치철학은 모두 정치이론이라는 용어로 집약될 수 있었다. 반면 정치사조의 경우 특정 시기의 지식인 집단과 특정 문제에 대한 그들의 비판, 사고와 깊이 결부되어 있다. 물론 정치이론·사상과 정치사조 간의 관련성을 간과해서는 안될 것이다. 정치사상과 정치이론은 정치사조의 부상에 중요한 사상적, 개념적 레퍼런스를 제공한다. 정치사조 역시 정치이론·사상의 혁신과 재구성에 기폭제 역할을 할 수 있다. 그러나 정치사조는 그 시의성과 당대성으로 인해 정치이론·사상이 가진, 역사를 관통하고 시공을 초월하는 속성을 갖지 못한다.

● 정치사조와 학술주제

정치사조는 일종의 사상적 역량이자 하나의 가치판단이기도 한다. 비록 정치사조가 일정한 분과학문 기반과 학술적 기초를 갖추고 있다 하더라도, 그것은 어디까지나 미디어와 출판물, 인터넷 등 매체에 의존해 형성된 하나의 문화적 현상에 가깝다. 정치사조의 문화적 효과, 선전·선동효과는, 학술적 의의를 가진 학술적 화두와 구별된다. 최근 중국의 정치학계에서는 수많은 학술주제가 정치학 연구의 중요 내용으로 다뤄지고 있다. 당정관계, 정치안정, 반부패, 당내민주, 기층민주, 협상민주 등이 그것이다. 그러나 이러한 정치학 주제들이 반드시 문화적 효과, 선전·선동효과를 가진 정치사조를 형성하는 것은 아니다. 양자 간에 일정한 상관성이 존재한다는 것은 부정할 수 없으나 특징, 내용, 표현방식에 있어 분명한 차이가 있다.

● 정치사조와 국가이데올로기

넓은 의미에서 모든 정치사조는 정치이데올로기의 범주 안에 존재한다. 고전적 자유주의, 고전적 보수주의, 신자유주의, 신보수주의, 사회민주주의, 공산주의 등은 모두 전통적인 정치이데올로기 범주에 속한다. 많은 이데올로기들이 정치이론 혹은 정치사조에서 기원했다. 예를 들어 고전적 자유주의의 기원은 17세기 영국의 철학자 존 로크(John Locke)에서 찾을 수 있다. 사회과학에서 이데올로기는 넓은 의미에서 하나의 신앙체계로 여겨지기도 한다. 이데올로기는 특정한 사회·정치질서에 대해 일관되면서도 상당히 안정된 설명을 제공한다. 아울러 새로운 사회·정치질서를 어떻게 실현할 것인가와 관련해 체계화된 견해를 제시한다. 이데올로기는 종종 인간의 본성에 대한 핵심 주장과 역사철학을 근거로 인류가 어떻게 목적을 달성하고 또 어떠한 방향으로 나아가야 하는지를 일러준다. 이런 의미에서 이데올로기는 곧 간소화된 정치철학, 학설 또는 세계관이다.[6] 전형적인 정치학적 설명에 따르면 이데올로기는 이상적인 사회에 대한 문자적 기술이자, 그런 사회를 구축하는 궁극적 수단이다. 정치이데올로기는 합리적으로 정치체제를 이해하는 것이 아니라, 정치체제를 바꾸겠다는 약속에 더 가깝다.[7]

　이러한 관점에서 본다면 본서가 논술하려 하는 다양한 정치사조들

6　[英]肯尼斯·麥克利什,『人類思想的主要觀點－形成世界的觀點』(北京: 新華出版社, 2004), 707쪽.

7　[美]邁克爾·羅斯金等,『政治科學』(北京: 中國人民大學出版社,2009), 106쪽.

은 공통적으로 이데올로기적 특성을 갖는다고 할 수 있다. 그러나 만약 어떤 이데올로기가 국가 이데올로기로 승격된다면 이는 곧 국가권력체계 존속의 기초가 되며 사상계에서 지배적인 지위를 갖게 된다. 중국에서의 마르크스주의, 서구 자본주의 국가에서의 자유주의가 그러한 사례에 해당된다. 이렇게 보면 정치사조와 국가이데올로기는 충돌하기도 하고 상호보완하거나 공존하기도 한다. 정치사조와 국가이데올로기 사이의 충돌과 공존의 여부는 해당 사조가 가진 지향과 목적, 즉 '정치적 적확성'에 달려 있다. 예를 들어 서구화론(西化論)이 당대 중국의 국가 이데올로기와 충돌되는 관계로 부정과 배척을 당했다면, 거버넌스와 선치(善治) 사조는 건설적인 지향성으로 인해 국가이데올로기와 공생할 수 있었다. 신전통주의의 경우, 국가이데올로기와 공존가능한 일면을 내포하고 있기에 다양한 형태로 지금까지 이어질 수 있었다. 이로 미루어볼 때 당대 중국, 특히 개혁개방 이후 중국의 정치발전과정을 설명하는 두 갈래 단서가 병존하고 있음을 알 수 있다. 하나는 국가이데올로기의 합리적 개선과 점진적 개혁[8]이며, 다른 하나는 지식집단의 통찰력이 부각되는 현상과 (그에 따른) 지식집단의 입장 변화이다. 전자는 국가이데올로기 측면에서, 후자는 사회문화와 민간사상의 측면에서 당대 중국의 정치발전을 반영하고 있다.

---

8   馬立誠, 淩志軍, 『交鋒』(北京: 今日中國出版社, 1998).

2. 정치사조 부상의
외재적 조건

정치사조의 교체가 한 시대의 선율이라면, 그것의 변천은 정치적·사회적 변혁의 리듬을 대변한다. 때문에 '관념사'적 틀에서 단순히 문헌에만 주목해 정치사조를 연구하게 되면 커다란 결점이 노정된다. 영국의 케임브리지 학파를 대표하는 퀜틴 스키너(Quentin Skinner)는 역사적 연구방법의 창시자로, 당대 중국의 정치사조를 연구하는데 중요한 이론적 틀을 제공한다. 케임브리지 학파는 단순히 문헌 혹은 사상의 연속성에만 주목하기보다 역사적 컨텍스트 속에서 관념과 신앙을 고찰하기 시작했다. 정치사조는 '관념사'의 구성 요소이면서 동시에 '정치사'의 구성 요소이기도 하다.[9] 일반적으로 '정치사'는 정치적 사건과 정치제도의 변혁, 정치가의 활동으로 구성된다. 사건, 제도, 인물이 정치사를 장식하는 '물리적 요소'인

---

9   [英]尼古拉斯·菲利普森, 昆廷·斯金納 主編, 『近代英國政治話語』(上海: 華東師範大學出版社, 2005).

셈이다. 한편 정치변천의 사상적 흐름을 나타내는 정치사조는 정치사의 '관념적 요소'를 구성한다. 정치사조의 변천과 대체 과정에서 우리는 사람들의 정치적 태도와 정치적 염원을 엿볼 수 있다. 뿐만 아니라 정치사조가 뿌리를 둔 사상적 자원이 어떻게 성숙했는지 알 수 있다.

정치사조를 순수한 관념사의 영역에서 해방시키게 되면, 당시 시대상황에 대한 인민들의 정치적 기억을 활성화할 수 있다. 이러한 연구시각과 방법은 정치사조에 덧씌워진 신비스러운 외피를 걷어내는 동시에 사람들을 아득한 상상의 공간에서 탈출시켜 정치적으로 성숙하고 의연한 태도를 가지게 한다. 만약 정치사조가 단순히 사상영역에 머물며 추상적인 이론적 쾌감만을 구현한다면 마르크스와 엥겔스가 비판했던 '상상사관(想象史觀)'과 '사념사관(思念史觀)'과 다르지 않을 것이다. 과거 대부분의 역사관은 역사의 현실적 기초를 완전히 무시하거나, 그것을 역사적 진행과정과 관계없는 부차적인 요소로 치부하고는 했다. 이러한 역사관에 근거해 역사는 늘상 역사 외적인 기준에 의해 집필되었고, 현실에서의 생활과 생산은 역사와 관계없는 것으로 묘사되었다. 역사적인 것은 일상 생활로부터 괴리되어, 세계 바깥에 존재하거나 세계를 초월한 것으로 간주되고는 했다.[10] 정치사조의 역사에 대한 집필과 정치철학사의 집필은 크게 다르며, 정치사조가 겪게 되는 물질적 추파 혹은 현실적 유혹은 정치사조를 한 시대를 반영하는 가장 직관적인 이미지로 만든다. 엥겔스는 1883년 『공산당선언』의 독일어판 서문에서 '모든 역사 시대의 경제적 생

10   『馬克思恩格斯選集』第1卷 (北京: 人民出版社, 1972), 44쪽.

산 및 이것에서 필연적으로 발생한 사회구조는 그 시대의 정치사와 지성사의 토대를 이룬다'[11]고 했다. 정치사조는 관념사적 보편성을 추구하는 것이 아니라 한 시대의 정신을 표현하는 것이다. 그러므로 정치사조를 연구하기 위해서는 역사적 변동과 그것이 발생한 토양으로부터 단서를 찾아야만 한다. 따라서 시대적 과제를 충분히 파악하고 난 연후에서야 비로소 정치사조와 시대적 흐름을 유기적으로 파악할 수 있다. 이러한 연구방법에 입각해 본서는 '사조'라는 정치적 사고에 주목할 것이며, 이를 고찰할 뿐 맹신하지는 않을 것이다. 다양한 사조의 부침을 주시하는 한편 각 시대의 주제를 아울러 논할 것이며 정동(靜動)의 조화 속에서 정치사조의 가치를 음미하고 시대 변천의 흐름을 이해해 볼 것이다.

| 중국 정치학의 복원과 정치사조 |

정치사조는 반드시 일정한 분과학문적 기반과 학술적 기초를 갖는다는 점에서 정치인식, 정치심리와 구별된다. 1952년에 실시된 전국 고등교육 기관 학부·학과 조정 조치 이후 중국에서 정치학은 부르주아 계급의 '거짓과학(僞科學)'으로 간주되어 공식적으로 그 지위가 취소되었으며, 이로 인해 정치사조는 뿌리를 둘 분과학문적 기반을 상실했다. 어떤 시대든 정치문제에 대한 사색은 존재한다. 그러나 모든 정치적 사고가 전부 사

---

11   Ibid. 232 쪽.

회 전체가 주지하고 공유하는 정치사조로 발전하는 것은 아니다. 정치적 사고는 일련의 학술적 기초와 분과학문적 기반을 가져야만 그 학술적, 학문적 자원에 힘입어 체계화된 문화역량으로 거듭날 수 있는 것이다. 1978년, 덩샤오핑(鄧小平)에 의해 정치학의 복원이 추진되었고, 정치학은 고등교육기관 내 하나의 정식 학과로 부활했다. 정치학의 회복과 발전은 정치사조의 탄생에 분과학문적 기반과 학술적 지원을 제공하게 되었다.

　정치사조는 일반적인 유행관념과도 다르다. 어떤 관념이 어떤 '주의'(主義)로 불리운다 해서 반드시 정치사조의 대열에 합류할 수 있는 것은 아니다. 무릇 정치사조란 일정한 학술적 지원과 분과학문적 틀을 갖추어야 하기 때문이다. 따라서 모든 정치사조는 특정 가치 또는 어떤 문제를 해결하기 위한 정치적 설계나 청사진을 내포한다. 중국에서 공식적으로 학문의 지위를 회복한 이후로 정치학은 많은 발전을 이루었는데, 특히 중국 본토의 학술자원과 해외 학술자원 간의 접목을 실현했다는 점에서 괄목할 만하다. 다양한 정치사조의 이면에서 중국 본토의 학술자원은 물론 해외 학술자원의 영향을 두루 발견할 수 있는 것은 이 때문이다. 민족주의, 신권위주의, 서구화론, 신전통주의 등은 모두 근대 중국의 정치사조와 일정한 관계를 맺고 있으며, 현대 정치학을 구성하는 내용 일부를 포함하고 있다. 만약 정치학의 회복과 발전이 선행되지 않았다면 당대 중국의 정치사조는 지금과 같은 모습이 아니라 전통적 의미의 도덕적 비판과 무분별한 정치적 사고로 점철되었을 것이다.

| 사회변혁과 정치사조 |

정치사조는 이유없이 발생하지 않는다. 마르크스(Karl Heinrich Marx)가 말했듯 '정신'이란 움틀 때에는 매우 불운해서 물질의 간섭을 받게 되어 있다.'[12] 정치사조는 무엇보다 하나의 정신적 산물이라고 할 수 있으므로, 이정신적 산물은 사회적·경제적 변혁으로부터 자유롭지 못하다. 즉, 정치사조는 신구(新舊)세계 교체기의 필연적인 산물이며, 본질적으로 혁명에 친화적이다. 혁명적 발상이 성행하는 시대가 곧 정치사조의 전성기이다.

우리는 사회적 교체가 진행될 때 여러가지 '주의'가 우후죽순처럼 대량으로 발생하는 것을 발견할 수 있다. 실제로 청조의 쇠망 이후 다양한 정치사조가 중국 역사에 차례로 등장했다. 다양한 정치사조가 모습을 바꿔 등장했던 역사가 곧 중국 현대사 그 자체라 해도 큰 무리가 없을 정도이다. (신해)혁명은 제정 시대의 막을 내렸으나 인민들에게 쇄신된 중국을 가져다 주지는 못하였다. 다양한 정치사조의 출현은 바로 그러한 혼란과 아노미 상태에서 진행된 정치적 사고의 산물이다. 마치 1815년 이후 유럽에서 출현한 다양한 '주의'가 나폴레옹의 패배 후 벌어진 신구 세력간 각축의 산물인 것처럼 말이다.[13] 다채로운 중국의 정치사조 역시 시대 교체의 산물이다. 당대 중국 정치사조의 부상 또한 중국의 '제2의 혁명'에 기원을 두고 있다. 비록 이 혁명이 (이전의 혁명과 달리) 평화적인

---

12   『馬克思恩格斯選集』第1卷(北京: 人民出版社, 1972), 35쪽.

13   [美]羅蘭·斯特龍伯格, 『西方現代思想史』(北京: 中央編譯出版社, 2005), 245쪽.

방식으로 진행되었다 하더라도 신구세계의 교체를 대변한다는 점에는 변함이 없다. 왜냐하면 중국공산당 제11기 3중전회에서 시작된 개혁이 새로운 시대의 출발을 예고했기 때문이다. 이렇듯, 정치사조와 혁명 간의 친화성은 시대 교체의 순간에 보다 확연히 드러난다.

정치사조의 부상은 표면적으로는 당대 중국이 개혁개방 시대에 진입하고 국제사회에 편입한 현실에 대한 문화적 반응으로 보인다. 그러나 실제로는 중국의 문제를 진단하고 반성하는 정치적 염원을 나타낸다. 이것이 곧 정치사조의 실천적 일면이다. 개혁개방이 심화되고 국제화가 활발히 진행되는 과정에서 발생한 많은 문제들이 정치사조가 주목하는 핵심 문제가 되었다. 정치사조는 그 실천지향성과 문제지향성을 바탕으로 비현실적인 상상과 추상적인 비판을 지양했고, 그 결과 중국의 정치발전 과정을 비춰주며 지탱하는 사상적 자원으로 변모하게 되었다.

| 지식집단과 정치사조 |

정치사조와 지식집단은 긴밀히 연결되어 있다. 지식과 사상은 인간이 정치를 사색하는 (지적) 원천을 제공한다. 따라서 정치사조를 연구하기 위해서는 지식집단에 주목하지 않을 수 없다. 지식집단이 곧 정치사조의 생산자이자 서술자이며 전파자이기 때문이다. 서구 정치사조의 발흥은 근대적 의미의 지식인과 불가분의 관계에 있다. 지식인은 그 활동을 통해 사회적 가치에 대한 강한 관심을 표출하였고, 도덕적 기준과 사회적으로 통용되는 유의미한 의식기호를 제공하기를 희망했다. 그들은 한 사회의 내부에서 표현을 유도하고 이끌며 묘사하는 경향을 보인다. 이들은 '비현실적인 규범론(應然)'으로 현실적인 요구에 맞서면서, 스스로를 이성과 정의, 진리와 같은 추상적 관념의 수호자로 여겼다.[14] 이로써 지식인은 이성을 바탕으로 문화적 리더십의 대변자가 되었고, (지식인이 담당하는) 문화적 리더십과 정치적 리더십 사이의 긴장이 서구 정치사조 부침의 주된 원인이 되었다. 근현대 중국의 정치사조의 부상 또한 이러한 문화적 리더십과 정치적 리더십 간의 단절에서 기인하였으며, 이는 당대 중국 정치사조의 맹아와도 깊은 관련이 있다.

중국의 지식집단은 과거 사농공상에서 가장 우선적 지위를 차지하였던 '사(士)'를 지칭한다. '사(士)'는 지식귀족과 정치귀족의 복합체이다.[15] 과거제는 지식귀족과 정치귀족의 통합을 강화하였으며 중국의 전통적 정치형태에서 조성된 문화권력과 국가권력 간의 긴장은 정치귀족과 지식귀족의 합일에 의해 중화되었다. 그러나 이러한 합일 전통은

---

14 [美]劉易斯·科賽, 『理念人—項社會學的考察』(北京: 中央編譯出版社, 2001), 3쪽.

15 위잉스(余英時)는 '사(士)'를 가리켜 지식계층이라 불렀으며, 페이샤오퉁(費孝通)은 지식계급이라 불렀다. 본서에서는 이를 지식집단으로 부르려 한다. '사(士)'라는 지식집단의 특징은 다음과 같다. 첫째, 지식과 사상이 이들의 정치적, 사회적 지위를 지탱하는 자원이 된다. 둘째, 고대 중국에서 이들은 자신의 지적 자원을 기반으로 (과거제와 같은) 제도적 경로를 통해 통치자로부터 정치적 승인을 획득했다. 그렇기에 페이샤오퉁은 이들을 가리켜 '문자를 주조하는 계급'이라 했던 것이다. 당대 중국에서 지식집단은 자신의 지적 자원에 힘입어 다양한 영역으로 진입한다. 1990년대 이전에는 그 진입경로가 비교적 일원적이었으나 1990년대 이후에는 점차 다양해졌으며, 개인적 공간 또한 부단히 확장되고 있다. 劉建軍, 『現代中國政治的成長—項政治知識基礎的研究』(天津: 天津人民出版社, 2003).

1905년 과거제의 폐지로 인해 소멸되었다. 이로써 지식집단은 국가권력에 침투할 수 있는 제도적 경로를 상실했으나, 한편으로는 점차 국가권력체제로부터 독립된 공적 언론 공간을 향유할 수 있게 되었다. 이러한 공적 언론은 주로 신문, 학교, 간행물과 출판물을 매개로 출현했으며 근현대 정치사조의 부상은 바로 이 공적 언론 공간의 출현과 맥을 같이 한다. 정치사조는 정치를 반추하는 지식집단의 근대적 특성과 문화를 주도하려는 용기를 드러낸다. 그렇기 때문에 우리는 지식집단을 정치사조의 서술자로 볼 수 있는 것이다. 따라서 서술자로서의 지식집단과 그 변천에 대한 고찰은 당대 중국의 정치사조 를 이해하는 첫걸음이다.

1905년 과거제의 폐지는 새로운 지식집단이 형성되는 역사적 기점이 되었으며, 1919년에 발생한 신문화운동은 중국의 현대 정치사조가 전개되는 논리적 기점을 만들었다. 신문화운동은 전문화된 지식인이 출현한 주요 분기점이 되었다. 서구 학자들은 신문화운동이 정치인과 지식인 사이에 명확한 경계를 그었다고 평가한다.[16] 이러한 평가가 다 옳은 것은 아니나 문화적 주도권에 대한 지식집단의 갈망과 신념을 설명하기에는 충분하다. 이후의 역사 진행과정에서 계몽과 구국은 복잡하게 얽히고 설켰으며, 신형 지식집단은 심각한 분열을 겪었다. 그 결과 신형 지식집단은 혁명 지식인, 전문 지식인, 공공 지식인으로 각각 분화되었고, 이로써 근현대 중국의 지식집단을 구성하는 세 가지 요소가 성립되었다. 신중국 건국 이후에는 지식인 개조 운동과 더불어 많은 사회과학이 '위

---

16   [美]費正淸主編,『劍橋中華民國史』(上海: 上海人民出版社, 1993), 448쪽.

학문'으로 지목받아 그 지위가 취소되는 바람에, 정치사조는 학술적 토양과 인적 기반을 잃게 되었다. 게다가 문화대혁명 시기에는 사상 초유의 정치운동이 지식집단의 정치적 사고능력를 정지시켰으며, 지식집단은 정치의 바깥으로 소외되었다.

1978년의 개혁은 지식집단이 휴면상태에서 깨어나는 계기이자, 지식집단이 이데올로기적 전통에서 탈피하여 정치생활과 정치환경을 새롭게 사고하는 전환점이 되었다. 그런 의미에서 1978년의 개혁은 경제개혁의 시작이라는 의미를 넘어, 지식집단의 정치적 사고에 새로운 계기를 마련했다는 점에서도 큰 의의가 있다. 이를 기점으로 지식집단의 정치적 사고의 중심은 국가권력과 유착된 문화권력을 해방시키는 시도로 나아갔으며, 이들은 다시 중국이 가진 문제를 고찰, 교정하는 문화적 사명을 맡게 되었다. 문화권력과 국가권력은 현대사회를 구성하는 각기 다른 성질의 권력이다. 양자의 관계는 필연적으로 수많은 정치사조가 난립하는 국면을 야기한다. 실제로 1990년대 이전에 벌어졌던 당대 중국 정치사조의 대혼란 양상은 일부 지식집단과 국가지도층이 근대화의 의미, 모델, 방법 등 문제에 대해 이해를 달리한 데서 기인했다.

1990년대 이후 문화권력과 정치권력 간의 충돌은 현대화에 대한 사회적 합의, 지식집단의 분열 및 다양한 권력 중심의 형성 등 원인으로 인해 점차 사라졌고, 당대 중국 정치사조의 난립 양상 또한 종결되었다. 1990년대 이후 정치사조는 더는 배타적인 가치성향에 입각해 권위체제를 전복하려는 목적을 가지지 않았고, 문제지향으로 선회하여 각자의 정치적 가치 및 실천 방식을 호소하고 표출하는 데 주력하게 되었다.

| 지식의 생산·보급체계와 정치사조 |

정치사조는 지식집단에서 기원한다. 그러나 정치사조를 소화할 방대한 사회적 시스템이 없다면 그 어떤 사상과 관념도 개인적인 소일거리에 지나지 않으며, 대중에게 영향을 미치는 공적 역량이 될 수 없다. 그렇기 때문에 당대 중국 정치사조의 부상과 변천은 당대 중국의 지식 생산 및 보급체계의 개혁과 긴밀히 연관된다. 그 중에서 가장 중요한 것은 출판업의 비약적인 성장과 교육제도의 개혁이다.

인쇄술은 중국의 4대 발명품 가운데 하나이나, 중국 전통 사회의 위계구조를 바꾸지 못했고, 서적은 매우 값비싼 사치품이었다. 근대 신문업, 출판업이 발전한 이후에야 이러한 상황이 변화하기 시작했다. 베네딕트 앤더슨(Benedict Anderson)의 『상상의 공동체』에 따르면 과거 필사본으로 전승된 지식이 희소하고 비밀스러운 학문이었다면, 인쇄된 지식은 복제와 보급이 가능했다.[17] 즉, 출판업과 신문업의 등장은 지식의 생산 및 보급 체계의 일대 변혁을 의미했다. 이러한 맥락에서 본다면 정치사조는 출판업과 신문업에 의해 '창조'되었다고 할 수 있다. 출판업과 신문업은 (지식을) 열람함으로써 생존을 도모해야 하는 사회에서 하나의 관념을 무한대로 확장, 전파함으로써 대중에게 스포트라이트를 받는 사상적 역량으로 만들 수 있었다. 근대 사회사조가 시대를 풍미할 수 었었던

---

17 [美]本尼迪克特·安德森, 『想象的共同體—民族主義的起源與散布』(上海: 上海人民出版社, 2005), 38쪽.

것은 이러한 신문업, 출판업의 발전과 매우 밀접한 관련이 있다. 신문과 잡지는 이중적인 기능을 수행했는데 하나는 근대 비주류 지식인들의 새로운 생존방식으로 자리잡았다는 것이고 다른 하나는 민간의 새로운 보급 매체로 기능했다는 것이다. 이러한 보급 매체가 근대 중국 사회사조의 영향력 확산에 기여한 공로는 아무리 강조해도 지나치지 않다.[18] 당대 중국 정치사조의 탄생과 전파 역시 신문업, 출판업의 왕성한 발전과 불가분의 관계에 있다. 현대사회의 정치사조는 개인적인 발언이나 집필에 국한되지 않고 널리 확대되고 확산될 수 있는 (대중적인) 연설이자 집필이다. 다시 말해 정치사조는 현대의 지식 생산·보급체계에 의해 확산될 수 있고, 이로써 정치발전과정과 대중들의 정치관념에 영향을 미칠 수 있는 사상적·문화적 파워가 된다.

정치사조와 교육제도의 관계 또한 매우 중요하다. 20세기 초에 이루어진 과거제의 폐지와 학교의 부흥은 신흥 지식집단 탄생의 역사적 시작점이 되었으며, 다양한 사회사조의 등장과 전파를 촉진했다. 당시 중국의 새로운 지식구조, 새로운 이상과 가치관념, 새로운 행위선택의 규범 등은 모두 신식 교육을 통해 획득되었다. 신흥 지식집단은 새로운 교육체계를 통해 전통 경전의 바깥에서 사회진보에 공헌할 수 있는 새로운 지식을 모색하기 시작했다.[19] 1978년 대학 입시제도의 부활이 갖는 사회학적 의의는 지식집단의 재생산에 제도화된 공간과 메커니즘을 제공했

---

18   高瑞泉主編, 『中國近代社會思潮』(上海: 華東師範大學出版社, 1996), 9쪽.

19   陳旭麓, 『近代中國社會的新陳代謝』(上海: 上海人民出版社, 1992), 250-260쪽.

다는 데 있다. 당대 중국은 문화대혁명이라는 10년의 고난을 겪은 후에야 비로소 지식자원에 대한 제도적 보장을 재차 보유하게 된 것이다. 특히 서구의 사상과 관념이 교육영역의 개방과 교류확대에 힘입어 중국의 고등교육체계 내부로 꾸준히 유입되었고, 이러한 현상은 최근까지 이어지고 있다. 이렇듯 당대 중국의 정치사조는 교육이라는 지식생산·보급 체계를 통해 스스로의 성쇠와 재생 과정을 여실히 보여주고 있다.

3. 정치사조 발전의
내재적 논리

엥겔스(Friedrich Engels)는 일찍이 사상의 진보와 관련해 다음과 같이 통찰한 바 있다. "역사가 시작되는 곳에서 사상의 진보도 시작된다. 다만 사상의 진보는, 역사과정의 추상적이고 이론적으로 일관된 형식의 반영이다. 이는 현실 역사과정 자체의 규칙에 의해 수정된 것으로, 이때 사상진보의 모든 요소는 완전히 성숙된 전형적인 상태에서 고찰 가능해진다."[20] 당대 중국 정치사조의 부상은 중국의 개혁개방과 결부되어 있다. 개혁개방은 중국이 기존의 교조주의에서 탈피해 이데올로기화된 사회주의 진영에서 벗어나 드넓은 국제영역으로 진입할 수 있게 했다. 국제화 수준과 정도가 높아지자 이에 대한 일련의 정치문화적 반응이 나타나기 시작했다. 다양한 정치사조가 백가쟁명한 것이 그 방증이다. 정치사조의 부상과 변천은 각기 다른 각도에서 당대 중국의 정치발전과정을

---

20   『馬克思恩格斯選集』第2卷(北京: 人民出版社, 1972), 122쪽.

투사한다. 따라서 본서는 당대 중국 정치사조를 연구하는데 있어 단순히 정신, 사상영역을 탐색하는데 그치지 않고, 특정 정치사조가 발생할 수 있었던 배경과 변천의 내재적 논리를 더불어 살펴보려 한다. "논리의 발전은 순수하게 추상적인 영역에 한정될 필요가 없다. 오히려 역사적 사례가 필요하며 부단히 현실과 접촉해야만 한다."[21]라고 했던 엥겔스의 발언도 이런 시도를 뒷받침해준다.

우선, 당대 중국 정치사조는 비록 당대에 출현하였으나 그 주제와 전개방식에 있어 근현대[22] 정치사조와 일맥상통한다. 달리 말하면 근현대 정치·사회사조가 당대 중국 정치사조의 문화적 자원이 되었다고 할 수 있다. 양자의 유사성은 중국이 직면한 많은 정치적, 문화적 문제가 아직까지 근본적으로 해결되지 못했다는 사실을 말해준다. 근현대의 정치·사회사조에서 남겨진 적지 않은 문제가 당대 중국 정치사조에 이르러 재조명되었고, 거대한 정치적 이슈에 의해 은폐되었던 문제들이 재차 주목의 대상이 되었다. 당시 중국과 세계가 이미 상당한 수준에서 상호 조응했다는 사실을 감안하면, 이러한 문화적 연속성은 중국 현대화의 진정한 활로가 1980년대까지 제대로 개척되지 못했음을 말해준다.

한편 당대 중국 정치사조와 근현대 정치사조는 상당히 다르기도 하다. 일찍이 엥겔스가 "현재를 포함한 모든 시대의 이론적 사유는 일종의

---

21   『馬克思恩格斯選集』第2卷(北京: 人民出版社, 1972), 124쪽.

22   역자주-중국에서 '근현대'는 통상, 1840년 아편전쟁 이후 현재까지의 역사적 기간을 가리킨다. 단 여기에서 저자는 '근현대'를 맥락상 청나라 말기와 신해혁명, 중화민국 시기를 지칭하는 의미로 사용하는 것으로 보인다.

역사적 산물로 매 시대마다 매우 다른 형식과 내용을 가진다."[23]고 말했듯이 양자가 처한 정치적·사회적 환경이 판이하다는 것이 가장 큰 차이이다. 또한 통일된 정치체계 내부에서 발생한 당대 중국의 정치사조는 그 부상과 변천 과정에 정치·경제 개혁의 강도에 따른 제약을 받는다. 다시 말해 당대 중국 정치사조는 자체의 논리에 따라 자유롭게 진화한 것이 아니라 국가권력과 정책에 의해 규정된다는 것이다. 이러한 외부적 예속으로 인해 당대 정치사조의 부상과 변화는 오로지 정치·경제개혁의 논리 안에서만 유효한 설득력을 갖게 되었다.

다음으로, 당대 정치사조와 근현대 정치사조는 그 사고의 대상이 다르다는 점에 유념해야 한다. 양자 모두 현대화의 논리를 내재하고 있지만 양자의 사색 및 반성의 대상은 동일하지 않다. 근현대 정치사조의 경우 고금의 변화를 둘러싼 전통과 현대의 이분법적 틀 안에서 중국문화가 나아가야 할 방향과 중국 정치건설의 노선을 모색했다. 이러한 모색은 통일되지 않은 정치체계 안에서 진행되었기 때문에 정치체제보다는 문화전통이 그 주된 고찰대상이 되었다. 중국 근현대사에 출현한 다양한 정치사조가 대부분 문화 혹은 문명 결정론의 색채를 띠는 것은 이 때문이다. 물론 당대 중국 정치사조도 과거와 현재 그리고 전통과 근대라는 이분법적 사유의 틀을 완전히 벗어났다고 할 수는 없으나, 이들에게 문화전통은 이미 중요한 고찰대상이 아니었다. 그보다는 사상적 역량을 통해 기존의 정치체제를 개조, 개선하는 것을 가장 시급한 임무로 여

---

23   『馬克思恩格斯選集』第3卷(北京: 人民出版社, 1972), 465쪽.

겼다. 이러한 차이로 인해 근현대 정치사조는 자체적인 논리를 따르면서도 특유의 사상적 매력을 발산할 수 있었지만, 당대 정치사조는 정치체제와의 관계 속에서 '우회적 담론'을 통해 모순적이면서도 복잡한 모습을 보일 수밖에 없었다.

마지막으로, 정치사조는 다중적인 원인에 의해 발생한다는 점에 주목해야 한다. 직관적으로 보았을 때, 정치사조는 지식집단이 정치발전 과정에 어떻게 개입하는지를 보여주는 창이다. 정치사조의 변화는 문화권력과 국가권력 간의 관계를 시사한다. 1980년대에 출현한 당대 정치사조는 이데올로기와 정치체제에 대한 반성 및 권위체제에 대한 개조를 시도한 것이 전반적인 특징이다. 인도주의가 이데올로기화를 반성하는 대표적인 사조였다면, 정치체제에 대한 반성과 개혁을 시도한 대표적인 사조는 서구화론이었다. 이에 기반한 반성과 개혁은 문화권력의 확장이 중국 현대화 과정을 저해할 수 있는 위험한 경향성과, 심지어 중국의 현대화 성과를 부정하고 사회주의 제도를 전복시키려는 의도를 필연적으로 내포하게 했다. 특히 서구화 사조의 경우 모호하고 추상적인 정치학 개념을 '정치적 정의(政治公理)'로 간주해 중국의 국정(國情)과 중국 정치 발전의 원리를 경시했고, 무분별한 서구화 경향은 결국에는 중국을 서구 자본주의 국가의 속국으로 전락시킬 것이 자명했다.

앞서 서술했듯이 지식집단은 지식(문헌, 사상, 과학, 기술 등 넓은 의미에서의 지식)을 보유한 사람들로, 그들의 발언과 집필은 그 문화권력을 드러내는 주된 방법이다. 이런 의미에서 본다면 문화권력은 권력이론에서 말하는 행동권에 가깝다. 전통적인 권력이론은 권력을 수단과 자원을 활용해 얻은 결과로 보거나 재력, 관직, 명성, 기술, 지식 등 개인적 또는 집단적 자원에 대한 동원으로 보았다. 이때 자원의 분배 자체가 불평등하기 때문에 자연히 개인과 집단 간의 권력 불평등이 야기된다. 요컨대 권력의 불평등은 자원의 불평등에서 야기된다. 고대 중국의 지식집단은 사농공상의 최상위에 위치했는데 즉 지식이 계급 간의 분별을 결정지었다. 이러한 시각에서 보면 지식집단은 지식이라는 자원에 의존해 일종의 '행동권'과 '목적을 달성하는 힘'을 갖게 된다. 국가권력은 강제성을 띤 영향력으로 전형적인 통제권에 가깝다. 통제권의 형성은 법률, 군대, 경찰, 경제력 등 가장 중요한 자원을 국가가 장악하는데 유리하며, 국가가 광범위한 사회적 공간을 장악할 수 있게 한다. 국가권력이든 문화권력이든, 어떤 목표 혹은 결과를 추구하며 자신이 가진 자원의 활성화를 목적으로 한다는 점에서는 다르지 않다.[24] 국가권력이 정책의 집행을 관철하고 결정하는 능동적 도구라면[25] 문화권력은 일종의 합리적인 논증을 바탕으로 형성된, 여론을 주도함으로써 타인의 행위에 영향을 미치는 권력이라 할 수 있을 것이다. 편견에 대한 과학의 승리는 무력을 사용하지 않고도 여론의 변화에 영향을 미치는 대표적인 사례이다.[26]

물론 국가권력 또한 강제적 수단을 통해 지식의 생산·보급기제를 규정할 수 있다. 교육제도의 변천과 청소년 교육에서 이러한 경향을 발

---

24   [美]丹尼斯·朗, 『權力論』(北京: 中國社會科學出版社, 2001), 14-15쪽.

25   [美]邁克爾·羅斯金等, 『政治科學』(北京: 中國人民大學出版社, 2009), 13쪽.

26   [英]羅素, 『權力論』(北京: 東方出版社, 1988), 109-115쪽.

견할 수 있다. 미국의 교육학자 마이클 애플(Michael W. Apple)이 『학교 지식의 정치학(Official Knowledge)』에서 말한대로 "교육 정책과 실천의 수단과 목적은 자신의 지식을 정당화하고, 그들의 사회적 계층 이동 형태를 방어하거나 증가시키고, 보다 넓은 사회적 투쟁의 장에서 그들의 힘을 확대하기 위하여 권력 집단과 사회 운동이 전개한 투쟁의 결과이다."[27] 이처럼 지식정치(知識政治)는 우리에게 "'어떤 지식이 가장 가치있는가'가 아닌 '누구의 지식이 가장 가치있는가'"[28]라는 화두를 던진다. 즉, 지식에 대한 논쟁은 곧 권력에 대한 투쟁이다. 그런데 (민간의) 비공식 지식이 지식의 생산과 보급을 주도한다면 국가 거버넌스의 정당성은 위협에 노출되기 쉽다. 그렇다고 해서 (국가가 주도하는) 공식 지식이 지식의 생산기제를 독점한다면 현대국가를 구성하는 지식자원이 상실될 위험이 있다. 이러한 문제를 해결하기 위해 두 가지 선택을 고려할 수 있다. 첫째, 국가권력과 문화권력이 공존·융화될 수 있는 공간을 형성해 양자간의 긴장관계를 해소한다. 둘째, 세속화(secularization) 운동, 정치민주화 운동을 통해 문화권력과 국가권력을 형성하는 자원의 유형을 다원화하고 자원을 더욱 분산시켜, 국가권력과 문화권력을 획득하는 단조로운 경로를 바꾸고 양자가 공존·융화할 수 있는 기반을 확대해야 한다.

1980년대에는 강한 서구화 경향을 띤 일부 지식집단의 행동권이

---

27 [美]邁克爾·阿普爾, 『官方知識—保守時代的民主教育』(上海: 華東師範大學出版社, 2004), 10쪽.

28 [美]邁克爾·阿普爾等, 『國家與知識政治』(上海: 華東師範大學出版社, 2007), 6쪽.

국가의 통제권과 융화될 수 있는 기반이 없었던 까닭으로 말미암아 다음와 같은 풍경이 펼쳐졌다. 현대화의 추진으로 서구화론이 부상했지만, 서구화론이 만연하자 현대화가 위축되었다. 현대화의 위축은 다시 개혁 세력을 자극했으며, 개혁의 강도가 심화되자 서구화론이 또 다시 고개를 들었다. 1980년대 당대 중국 정치사조는 이러한 순환에 의해 급격한 기복을 겪었다.

이러한 국면이 야기된 데에는 여러 원인이 있다. 그 중 일부 지식집단과 국가운영자가 현대화에 대한 의견 합치를 보지 못한 것이 상당히 중요한 요인으로 작용했다. 주지하듯이, 중국 역사에서 문화권력과 국가권력은 항상 일체였고, 지식인은 지식과 문화에 정치적으로 투자함으로써 일종의 분점적 권력(兼容性的權力)을 획득했다. 이 분점적 권력은 문화권력과 국가권력이 합쳐진 것에 다름 아니었다. 그러나 근대 이후 과거제가 폐지됨에 따라 문화권력과 국가권력의 유착기제는 끊어졌고, 문화권력과 국가권력 간의 내적 긴장관계가 형성되기 시작했다. 지식집단은 5·4신문화 운동을 통해 문화권력을 독자적으로 거머쥐려는 결의를 내비쳤다. 그러나 이러한 결의가 지식을 위한 지식을 추구하는 순수한 지식집단의 탄생으로 이어지지는 않았으며, 문화권력과 국가권력을 다시 연계시키려는 의향이 완전히 사라진 것도 아니었다.

지식인 정책이 제대로 기능하지 못한 탓으로 1957년 이후부터 문화대혁명이 막을 내리기 전까지 지식집단이 정책의 제정과 국가운영에 참여할 수 있는 경로는 매우 제한적이었다. 개혁개방 이후 새로운 지식인 정책이 등장하고 대학입시제도가 부활한 뒤에야 비로소 지식집단은 정체 상태에서 해방되었다. 그러나 문화권력과 국가권력 간의 거리는 좁혀지지 못했다. 일례로 1980년대 서구화론을 대표로 하는 정치사조는 문화적 차원의 자성에 그치지 않고 기어이 제도적 차원의 비판으로 나아가려 했으며, 체제 전복의 목적을 가지고 정치과정에 개입하여 기존의 정치제도를 전면적으로 개조하려는 의지를 드러냈다. 즉, 1980년대 중국 정치사조의 총체적 특징은 문화권력과 국가권력이라는 양대 권력의 구조적 충돌에 있다고 하겠다. 특히 서구화론이 내포한, 체제 전복을 목적으로 한 정치적 개입기제는 1989년에 발생한 정치적 풍파에 중요한 원인을 제공했다. 서구화론의 목적은 문화적 반추가 아닌 사회주의 제도와 중국 공산당 영도체제에 대한 전복에 있었기 때문에 여기에 대한 국가의 반작용은 예정된 것이었다.

그러나 서구화론의 정치적 실천이 좌절되었다 해서 문화권력과 국가권력의 구조적 충돌이 해결된 것은 아니었다. 만약 지식집단의 관심사가 국가권력에서 다른 영역으로 옮겨가지 않는한, 문화권력과 국가권력의 합일적 전통이 여전히 일부 지식집단의 체제전복 충동을 자극하고 있는 한, 그리고 문화권력과 국가권력이 현대화라는 중요한 문제에 있어 합의를 이루지 못하는 한, 양자의 구조적 충돌은 이후로도 지속될 것이기 때문이다. 이러한 구조적 충돌의 이면에는 매우 중요한 두 가지 문제가 잠재되어 있다. 지식계와 이론계에서는 이제껏 서구화와 현대화를 동일시해왔는데 이를 어떻게 해소할 것인가, 그리고 어떻게 문화권력과 국가권력 간의 공존, 융화할 수 있는 공간을 조성할 것인가이다.

1980년대말부터 90년대초까지의 짧은 조정을 겪고난 뒤 1992년에 이르러, 덩샤오핑의 남순강화(南巡講話)를 통해 당대 중국의 진정한 현대화 노선이 제시되었다. 그 전까지 중국의 현대화는 사회자원의 양적 성장과 체제적 순환에 치중되어 있었다. 그러나 현대화의 핵심은 새로운 권력구조의 재정립과 새로운 사회형태의 성장에 있다. 형태적인 측면에서 볼 때, 서구의 현대화는 국가-사회관계의 분화와 사회영역의 전문화가 빚어낸 하나의 합리적인 정치사회질서를 실현했다. 각각의 영역이 거의 전문화 궤도에 올라 사회적 분업을 기초로 분화돼 있으면서도 사회의 유기적 통합을 실현할 수 있는 현대적 형태를 유지하고 있다. 이와 대조해볼 때, 1990년대 이전 중국의 체제 변동과 사회적 자원의 성장은 경제지수와 생활의 외적 측면에서 비교적 가시적인 변화를 이루었을 뿐이다. 내부의 권력구조와 사회활동이 가진 관성에는 변화가 없어 진정한 현대화의 궤도에 오르지 못했다. 다시 말해 구체제를 탈피한 현대화 노선은 모색조차 되지 못한 것이다. 그러던 중, 1992년 남순강화에서 제시된 '사회주의 시장경제' 관념이 이러한 고착 상태를 실용적으로 타파하는 데 강력한 기폭제 역할을 하게 되었다.

'사회주의 시장경제'는 사회주의와 시장은 본질적으로 접목될 수 없다는 고정관념을 뒤엎었다. 더 중요한 것은 '사회주의 시장경제'의 등장으로 새로운 권력구조의 재정립을 위한 최초의 계기가 조성되었다는 점이다. 근대 중국의 주요 정계인사들은 서구 열강의 침략이 2천여년의 중국 역사에서 미증유의 국면을 초래했다며 한탄하고는 했지만, 사실상 중국 역사에서 미증유의 국면을 불러일으킨 것은 1990년대에 시작된 시장화를 주요 내용으로 하는 개혁이었다. 서구 열강의 침략은 양대 문명의 조우와 충돌을 의미하는 데 그치며 와해성이 두드러질 뿐, 건설적인 방향을 수반하지 못했다. 반면 시장화를 주축으로 하는 개혁은 혁명성과 건설성을 동시에 지니고 있다. 시장화 개혁은 문화권력과 국가권력은 필연적으로 결합한다는 전통관념을 타파하는 현대화의 역량을 분출시켰을 뿐 아니라 다양한 역량이 현대화의 궤도로 진입할 수 있는 경로와 동력을 제공했다.

마르크스는 『정치경제학비판』 서문에서 다음과 같이 말한 바 있다. "온갖 법률관계 및 국가형태란 그것들 자체 또는 이른바 인간정신의 일반적인 발전에 의해서도 이해될 수 없으며 오히려 이것들은 물질적 생산관계, 생활관계의 총체에 뿌리를 두고 있다. 인간들이 영위하고 있는 사회적 생산에서 그들은 불가피할 뿐만 아니라, 자기들의 의지와는 독립된 특정의 제관계(諸關系) 속에 들어간다. 즉, 그들의 물질적 생산력의 일정한 발전단계에 조응하는 생산단계에 들어간다. 이러한 생산관계의 총체가 사회의 경제구조를 형성한다. 이것이 실제적 기초인 바, 이 기초 위에 하나의 법률적 및 정치적 상부구조가 세워지고 이 기초에 대응하여 일정한 사회의식의 형태가 존재하게 된다. 물질적 생활의 생산양식이 사회적·정치적 및 정신적 생활과정 일반을 제약한다. 인간의 의식이 그들의 존재를 규정하는 것이 아니라 반대로 그들의 사회적 존재가 그들의 의식을 규정하는 것이다."[29] 이에 따라 본서는 당대 중국 정치사조 변천의 내재적 논리는 중국 경제구조의 변천에서 비롯된 것으로 보고 있다.

---

29   『馬克思恩格斯選集』第2卷(北京: 人民出版社,1972), 82쪽.

경제구조의 혁신은 매번 정치사조의 교체를 촉발했다. 물론 경제구조와 정치사조의 상호작용도 있겠지만 정치사조의 변천은 어디까지나 현실 관계의 변화를 비춰주는 거울에 지나지 않는다.

당대 중국의 정치사조는 1990년대에 역사적인 전환을 겪게 된다. 문화권력과 국가권력 양자의 긴장 상태가 해소되기 시작한 것이다. 체제 전복을 목적으로 하는 사조들이 여전히 모습을 보였으나, 사회운동 전체를 좌우하는 이성적 추세를 뒤흔들지는 못했다. 문화권력과 국가권력이 대립하는 양극적인 권력구조는 시장화 과정에서 점차 다극적인 권력구조로 변화하기 시작했다. 마침내 다양한 사회적 역량이 현대화될 수 있는 길이 열린 것이었다.

이러한 역사적 전환은 시장화 개혁이 전체 사회의 변화에 미친 영향과 밀접한 관련이 있다. 엥겔스가 말한 것처럼 "문헌에서 기록하고 있는 모든 사건은 모든 행위는 직접적인 물질적 동인에 의해 생겨나는 것이지, 물질적 동인이 수반하는 담론에서 발생하는 것이 아니라는 것을 증명한다. 반면 정치적 언사와 법률적 언사는 정치적 행동과 그 결과와 마찬가지로 물질적 동인에서 비롯된다."[30]

먼저, 시장화 개혁은 무제한적으로 확장되는 국가권력을 제약하기 시작했다. 이로써 국가와 사회, 공적 영역과 사적 영역의 경계가 초보적으로 형성되었다. 국가와 사회, 공적 영역과 사적 영역의 이원적 분리는 현대사회의 중요한 특징이다. 고대 그리스 시대든 중세 시대든, 서구사

---

30   『馬克思恩格斯選集』第13卷(北京: 人民出版社, 1972), 526-527쪽.

회에서 정치영역은 본질적으로 사적 영역에 대한 배타성을 갖고 있었고, 정치적 동질성은 정치가 이념세계의 감시 하에 놓이게 만들었으며, 이러한 '동질성의 정치'는 세속적인 기초 위에 성립된 것이 아니었다. 도시국가가 쇠퇴하고 신권(神權)정치체제가 붕괴되고 나서야 '정치의 질적도약(突破)'이 가능해졌다. 고대의 도시국가, 중세의 신권정치 안에서 정치는 언제나 신의 의사를 현실 세계에서 구현한 것에서 지나지 않았기 때문이다. 이러한 점에서 도시국가체제와 신권정치체제는 동일한 구조를 가지며, 양자의 공통점은 개발자들의 차이는 존재치 않는 '동질성의 정치'에 있다. 따라서, 우리는 기독교에서 '정치적 동질성'의 대응물이 '믿음의 동질성(homo credence)[31]'이었음을 알 수 있으며, 다만 기독교에서는 '경건한 신도'들이 '시민'을 대체했을 따름이다. 기독교의 등장이 권위와 지혜의 원천을 시민(또는 '철인왕')으로부터 내세의 대리인으로 바꾼 것은 분명하다. 기독교의 세계관은 정치적 행동의 근거가 되는 원리를 폴리스의 원리에서 신학적 틀로 전환시켰다. 인간은 "도시에 살도록 만들어졌다"는 헬레니즘의 인간관은, "인간은 어떻게 하면 신과 교통하면서 살아갈 수 있는가"라는 문제로 대체되었다.[32]

현대사회는 협소한 도시국가의 경계와 신학적 교리의 틀을 벗어난 뒤, 어떻게 하면 새로운 사회구조와 광활한 영토 속에서 혁신적인 정치를 구성할 수 있을까 하는 고민에 직면했다. 더는 도시국가의 전통이

---

31   역자 주-원래 '믿음의 동물'로 번역되어야 하나 맥락에 맞게 바꾸었음.

32   [英]戴維·赫爾德, 『民主的模式』(北京: 中央編譯出版社, 1998), 47쪽.

나 신학에만 의지할 수 없었다. 도시국가 전통과 신학체계만으로는 혁신적 사회구조를 담아낼 수 없기 때문이다. 이로 미루어볼 때, 서구 현대 정치의 기능은 신탁이 아니라 사적 영역을 보호하는 데 있다는 것을 알 수 있다. 현대정치는 동질성을 추구하여 모든 것을 잠식하는 것이 아니라, 차이 속에서 개인의 권리를 인정하는 것이다. 정치를 감시하는 역량 또한 더이상 신과 이념에서 비롯되지 않으며, 시민사회에서 성장한 보다 현실적인 세력에 의해 주도된다. 무제한적으로 확장되던 정치적 관성은 사라졌으며 구획성이 뚜렷한 정치형태가 확립되었다. 1990년대에 시작된 중국의 시장화 개혁은 어느새 국가권력에 의해 잠식된 사회영역을 해방시켰고 자체의 논리를 형성하기 시작했다. 국가권력을 장악해 기존의 정치체제를 개조하려는 시도는 점차 약화되었고, 시장논리에 따라 자원을 획득하는 시대가 도래하였다. 지식집단이 국가권력체제 속에서 자신의 가치를 확립하던 전통은 시장화 논리에 비해 부족함을 드러냈고, 사람들이 추구하는 핵심 자원 또한 차츰 (시장화 시대에 어울리는 것으로) 치환되었다.

다음으로, 시장화 개혁은 지식집단의 분화를 야기했다. 문화엘리트가 정치엘리트로 변모하는 것은 중국정치에 내재된 전통이었다. 이러한 전통은 1980년대에 충분히 구현되었으며, 당시의 지식집단은 늘 그랬왔듯이 정치체제와 국가이데올로기를 반성하는데 집중했다. 국가권력은 예로부터 지식집단이 추구하는 핵심 자원이었기 때문이다. 지식집단의 정치화는 그들이 분화되지 않은 하나의 집단임을 말해준다. 그러나 시장화 개혁이 지식집단에 보다 다양한, 매력적 자원들을 제공하게 되면서 분화는 피할 수 없는 흐름이 되었다. 분화의 조짐은 지식집단이 국가권력만을 일률적으로 추구하는 모습에서 부와 명예, 지위, 지식과 도덕성 등 다양한 가치를 추구하는 양상으로 변화한 데서 발견할 수 있다. 국가권력은 더이상 그들이 추구하는 유일한 핵심 자원이 아니었다.

이제 지식집단은 구태여 국가권력을 획득해 생존할 필요가 없어졌기 때문에 1990년대 중국의 정치사조는 보다 다원화된 경향을 띠게 되었다. 시장화 개혁은 독립된 개인의 출현을 촉진했고, 이러한 흐름에서 자유주의가 매력적인 대안으로 떠올랐다. 자유주의 사조의 등장은 사회구조의 변화에서 수반된 것으로, 국가권력을 장악해 기존의 정치체제를 바꾸려 했던 1980년대의 서구화론 사조와는 분명한 차이가 있었다.

마지막으로, 현대화 궤도에서 형성된 합리화(rationalization) 역량이 문화권력에서 비롯된 전복적 역량을 상쇄해 버렸다. 정치사조는 기존의 정치를 바꾸고자 하는 지식집단의 열망을 대변한다. 특히 비판적 정치사조는 민중을 동원하고 사회에 영향을 미친다. 다양한 정치사조에 담긴 비판적 색채로 인해 사상적 역량과 정치권력 간의 내적 긴장관계가 형성되었다. 이러한 긴장관계는 1980년대에 매우 가시적으로 드러났다. 1990년대 시장화 개혁 과정에서도 이 긴장관계는 완전히 사라진 것은 아니었지만, 1980년대와 비교했을 때 상당히 다른 측면이 있다. 비판적 정치사조는 여전히 존재하지만 민중을 동원하고 사회에 영향을 미치는 방법에 있어 한층 정제되었다. 요컨대 사회는 안정적, 지속적으로 작용하는 합리화 원리를 찾은 뒤에야 성숙된 면모를 보일 수 있으며 다양한 비판에 효율적으로 대처할 수 있고, 대중들 또한 격렬한 선동과 유혹 속에서 냉정함을 유지할 수 있게 된다. 정치사조가 존재하고 발전할 수 있는 토양인 사회적 구조가 큰 변혁을 겪었기 때문에 정치사조가 가진 가시적인 영향력의 크기 또한 일정하게 달라지게 되었다.

많은 이들이 당대 중국 정치사조를 분석할 때 특정한 역사적 순간에 발생한 논쟁들에 주목한다. 1985년에 벌어진 문화논쟁이나 1988년부터 1989년까지 이어진 민주와 신권위주의의 논쟁, 1990년대 '신좌파'와 자유주의 논쟁 등이 그것이다. 그리고 이러한 논쟁은 정치사조의 외재적 발현이라고 할 수 있다. 본서는 정치학적 시각에서 정치사조 발전이 내포하고 있는 논리를 분석하려 하였고, 정치사조가 가진 시대적 화두에 따라 아래 네 단계로 구별하여 살펴보았다. 이러한 구분은 특정 정치사조의 시간적인 연속성과 재등장을 포함하고 있다.

| 가치 재건운동과 권위체제 개조운동: 개혁개방 시대에 대한 초기 반응 |

1978년부터 1989년까지의 시기는 개혁개방 시대에 대한 초기 반응을 압축해 보여준다. 이 시기의 반응들은 가치에 대한 재평가를 통해 표출되었다. 주로 인도주의, 서구식 민주주의, 전통문화, 평민주의에 대한 재평가 등 네 가지 방향으로 전개되었다.

1978년 개혁개방은 당대 중국 정치사조의 부상을 촉발했다. 문혁 시기에 부정되었던 일련의 가치관념에 대한 새로운 평가가 진행된 것이 대표적이었다. 1990년대 이전의 정치사조는 문혁과 깊은 관련이 있다.

문혁 시기에는 인권, 민주, 인도주의와 같은 가치관념들이 철저히 부정되었는데 문혁이 종결된 이후 사람들은 이로 인해 민족 전체가 참혹한 대가를 치뤘다는 사실을 인식하게 되었다. 따라서 이러한 가치관념이 새롭게 사회로 돌아와 뿌리를 내리기를 희망했다. 문혁에 대한 반성은 인권, 인도주의, 민주 관념에 대한 재평가를 불러일으켰다.

그 중에서 가장 중요한 것은 '민주(民主)'라는 정치적 가치에 대한 재평가이다. 이는 1990년대 이전 정치사조가 공통적으로 갖는 기본 특징이다.[33] 이를 두고 신계몽운동이라는 표현을 쓰기도 하지만 이 시기의 전반적인 특징으로 미루어 볼 때, 민주의 가치에 대한 재평가, 권위에 대한 개조(운동)라고 표현하는 것이 합당할 것이다. 가치재건운동은 교조화된 마르크스주의와 전통문화에 대한 재평가가 주된 내용이었고, 인도주의와 신전통주의라는 두 가지 정치사조로 집약되어 나타났다. 권위체제에 대한 개조 운동의 경우 서구화론와 신권위주의, 엘리트주의라는 세 가지 사조로 나타났다.

물론 가치재건운동과 권위체제 개조 운동은 혼재된 것으로 가치재건운동은 민주에 대한 요구와 전파를 포함했다. 당시 사회 전체에 민주에 대한 찬사가 만연했으며 많은 이들이 민주에 대한 열망에 깊이 빠져 있었다. 일부 학자들이 이를 '신계몽운동'이라 부르는 이유도 여기에 있다. 이러한 가치재건운동은 점차 권위체제에 대한 개조운동으로 발전했으며, 체제 변혁을 통해 민주를 실현하려 했다. 문제는 이 시기 통용되던

---

33   汪暉, 「當代中國的思想狀況與現代性問題」, 『邊緣思想』(海南: 南海出版公司, 1999).

민주가 기본적으로 서구의 민주를 모델로 했다는 데 있다. 예컨대 다당제, 삼권분립, 자유 등 요소는 서구식 민주로부터 주입된 것이었다. 이러한 민주 관념을 전파하는 운동을 '신계몽운동'이라고 표현한다면, 서구식 민주에 기반해 권위체제를 바꾸려 한 시도는 '신변혁운동'이라 부를 수 있을 것이다. '신변혁운동'은 기존의 정치제도와 타협할 수 없는 충돌을 가정하고 있었으며, 서구제도중심론의 다른 이름에 불과했다. 서구식 민주제도에 대한 맹목적인 추종은 중국의 국정과 정치발전의 내적 원리를 철저히 간과한 결과였다. 결국 '신변혁운동'은 실패로 막을 내렸는데, 1989년에 큰 주목을 끈 바 있는 그 정치적 사건이 대표적이다. 1989년 이후 서구식 민주를 모델로 한 '계몽운동'과 '체제변혁운동'은 일단락되었으나, 민주에 대한 갈망이 중국에서 완전히 사라진 것은 아니었다. 다만 민주를 이해하고 요구하는 방식이 크게 변화했고 비현실적, 추상적으로 민주를 맹신하는 시대는 막을 내렸다. 당대 중국은 중국공산당의 영도 아래 중국 특색 사회주의 민주정치를 모색, 건설하는 새로운 시대로 접어들었다.

| 국가-사회관계의 재구성 운동: 시장화 개혁에 대한 당대의 반응 |

1990년대는 당대 중국 정치사조가 일대 분수령을 맞은 시기였다. 이 분수령의 계기를 제공한 것은 덩샤오핑의 남순강화와 중국공산당이 추진한 시장화 개혁 전략이었다. 중국공산당은 체제전복적 성격을 내포한 서구화론과 소련과 동유럽권의 페레스트로이카 노선의 영향에서 벗어나, 중국식 발전노선을 모색하기 시작했다. 이러한 용기와 지혜는 중국사회 전체에 사회주의 시장경제 체제를 건설하는 과정을 통해 충분히 증명되었다. 시장화 개혁이 중국사회를 합리화의 궤도에 오르게 함으로써 정치사조의 분명한 전환점이 마련되었다. 가장 눈에 띄는 현상으로는 사회재건운동으로 집약되는 다양한 정치사조의 출현을 들 수 있는데 그 중에서도 자유주의와 '신좌파'가 대표적이었다.

이 시기의 정치사조가 사회재건운동의 모습으로 나타난 까닭은 시장화 개혁이 계획경제 시대의 동질적 사회구조를 분화 또는 와해했기 때문이다. 경제의 '계획' 논리와 정치의 '통치' 논리에 의존해 개인과 사회적 요소를 조직하던 기존의 방식은 시장화 개혁으로 인해 심각한 도전에 직면하게 되었다. 다른 한편으로 시장화 개혁으로 다양해진 생활·취업방식, 사회단체, 사상관념이 단위(單位)조직으로 일원화된 전통적인 사회구조를 해체하면서 사회구조의 파편화와 불균형 현상을 초래했다.

자유주의자와 '신좌파'는 이러한 현실에 대해 전혀 다른 태도와 입장을 보였다. 자유주의자는 이러한 현상을 중국사회가 시민사회로 나아가고 있다는 방증으로 보았다. '신좌파'는 시장화 개혁이 시장의 이름으로 사익을 도모하는 기득권층을 양산해 심각한 사회불공정 현상을 야기했다고 비판했으며, 새로운 방법을 통해 이러한 현상이 고착화되는 것을 억제해야 한다고 주장했다. 자유주의와 '신좌파', 두 진영은 이처럼 대치되는 노선을 표방하며 사회 재건의 목소리를 높였다.

| 정부개혁운동: 시장화와 경제적 세계화에 대한 제도적 대응 |

중국이 WTO에 가입하면서 시장화 개혁은 점차 심화되었고, 이로써 많은 이들이 전통적인 정부관리모델이 위기에 직면했다는 것을 직감했다. 계획경제시대의 정부관리모델로는 경제적 세계화와 시장경제의 요구에 적응할 수 없었기 때문이다. 신공공관리론, 공동체주의 등 서구에서 시작된 일련의 정부개혁운동에 자극을 받아, 중국에서도 정부 재건을 목적으로 한 운동들이 속속 나타났고, 이러한 추세는 21세기 초에 특히 두드러졌다.

정부개혁의 노력은 거버넌스 혁신 운동으로 나타났다. 이는 시장화, 경제 세계화에 발맞춘 제도적 대응이라고 할 수 있다. 시장화와 경제 세계화가 진행됨에 따라 정부의 관리 환경에 이제까지는 없던 변화가 생겼다. 시장화와 경제 세계화가 동시에 진행되는 이중적 과정은 사회의 성장을 촉진하는 한편 국가와 사회, 정부와 기업, 사회조직 간의 관계 변화를 야기했다. 글로벌경제를 지배하는 보편적 법칙도 정부관리모델의 변화를 압박했다. 시장화와 경제 세계화에 대한 제도적 대응은 주로 건설적 성격을 띤 정부개혁운동을 통해 이루어졌고, 그 중 국가 거버넌스와 사회 거버넌스 모델의 재정립 문제가 중요한 화두가 되었다.

민족주의와 민족부흥운동: 포스트 냉전시대와 세계화에 대한 정치적 대응

1990년대 이후 시장화개혁이 신속하게 추진됨에 따라 혁신적 특성을 가진 글로벌 시대가 도래했다. 이로써 중국은 국제사회의 중요한 일원이되었다. 그러나 세계화는 이른바 '양날의 칼'로서 민족주의의 부흥을 유발하기도 했다. 글로벌 시대에 부흥한 민족주의는 근대의 민족주의와 일정한 연관성을 보인다. 문화적 정체성, 국가건설에 대한 지지, 전통문화로의 회귀 등이 그 상관성을 설명하는 주 요소다. 근대 중국 민족주의 부상은 아래의 조건들과 밀접한 관련이 있다. 첫째, 유교적 자원이 나날이빈약해졌다. 둘째, 태평천국운동을 진압하는 과정에서 한족 관료집단이득세했다. 셋째, 서구의 주권 개념이 유입되어 근현대의 정치적 위기를극복하는 사상적 무기로 기능했다. 그러나 현대국가가 완전히 형성된 것은 아니었기 때문에 근대 중국의 민족주의는 문화민족주의와 한족중심주의(大漢族主義) 두 가지 방향으로 국한되어 나타났다. 민족주의는 국가건설과 맞물리는 현대사의 산물이었으며, 5·4운동과 항일전쟁은 민족주의를 한층 더 자극하는 기폭제가 되었다.

당대 중국에서 민족주의가 다시금 부흥한 것은 냉전 시대의 종결과맞닿아있다. 이전까지 국제체제(자본주의와 사회주의, 제1세계, 제2세계, 제3세계)를 구분지었던 척도가 더이상 냉전 이후의 세계를 설명할 수 없게 되자 세계를 분석하는 새로운 표준이 정립될 필요가 있었다. 민족주의는이러한 시대적 요구에 의해 모습을 드러냈다. 자오수이성(趙穗生)의 연구에 따르면 당대 중국에는 본토화된 문화민족주의, 반(反)전통 지향의 급진적 민족주의, 실용적 민족주의와 같은 세 가지 유형의 민족주의가 존재한다.[34]

정치학적 관점에서 보면 당대 중국에는 적어도 네 가지 민족주의가 존재한다. 이데올로기형 민족주의, 문화민족주의, 현대적 민족주의, 민족주의의 변종이자 대체재로서의 천하주의가 그것이다.[35] 민족주의는 정치공동체의 응집력과 합의를 유지하고 견고히 하는 '천혜'의 정치자원이다. 세계화는 '인정의 정치(politics of recognition)'를 격화시키는 동시에 '정체성의 정치(the politics of identity)'를 자극하는데, 문화민족주의는 바로 정체성의 정치를 체현한 사례다. 민족주의를 현대 사상으로 보는 중국 학자는 많지 않으며, 여기에 대해 심도 있는 분석을 시도한 학자는 더욱 적다. 왕이저우(王逸舟), 천밍밍(陳明明), 장쉬동(張旭東)과 같은 학자들이 정치학적 관점에서 현대성을 구성하는 사상 자원으로서의 민족주의를 분석했지만 이러한 분석들도 민족주의라는 사조 안에서 완전히 통합되지는 못했다. 많은 이들이 민족주의를 현대성이라는 사상의 틀에서 이해하지 못한 것은 이 때문이다.

결론적으로, 글로벌 시대에 등장한 민족주의는 이미 새로운 함의를 갖기 시작했다. 서구의 문화적 식민지가 되는 것을 방지하는 것, 민족주

34　Zhao Sui-Sheng, 'Chinese nationalism and its international orientations', *Political Science Quarterly*, Vol.115, No.1, 2000, p.16.

35　高瑞泉, 楊揚等著, 『轉折時代的精神轉折』(上海: 上海古籍出版社, 2008).

의와 현대성을 접목하는 것, 민족주의를 수단으로 글로벌 시대 중국의 국제적 지위를 확립하는 것 등이 그 내용이다. 이러한 새로운 함의들은 보다 중요하다. 1990년대에 출현한 민족주의는 글로벌 시대 중국의 국제적 활로에 대해 고민한 중요한 사조라고 할 수 있다. 세계화의 지지자이든 반대자이든 간에 모두 경제의 세계화 시대를 맞아 중국이 어떠한 태도로 어떤 가치를 추구해야 하는지와 같은 문제에 대답하고자 하였다.

4. 정치사조의 주제

전반적으로 보았을 때, 당대 중국 사조가 가장 주목하는 주제는 개혁개방을 시작한 국가, 시장화 개혁을 추진 중인 국가, 유구한 문화전통을 가진 국가, 나날이 세계화에 직면하고 있는 국가안 중국이 어떻게 현대화를 추진할 것인가이다. 각각의 과정에서 현대화에 대한 이해와 기준이 달랐기 때문에 필연적으로 일련의 우여곡절과 충돌이 발생하게 되었다. 이러한 우여곡절과 충돌은 정치사조가 주목하는 주제에서 확인할 수 있다. 정치학이 복원된 이후 민주화, 정치안정, 사회 공정, 당내민주, 기층민주, 도시커뮤니티(社區) 자치 등 많은 학술적 화두가 떠올랐다. 이러한 학술적 화두의 이면에는 각각의 정치사조가 주목하는 기본적인 주제가 내재해 있다. 이들은 주로 다섯 가지 관계를 둘러싸고 복잡하게 뒤얽히고 심지어 대립하는 양상을 보였는데, 바로 서구화와 중국화의 관계, 개인과 국가의 관계, 엘리트와 대중의 관계, 세계화와 본토화의 관계, 전통과 현대화의 관계이다. 이 다섯 가지 관계가 교차하면서 때로는 중국의 현대화를 제약하기도 하고, 때로는 현대화의 색다른 동력을 가져오기도 했다. 이는 중국과 같은 특수한 초대형 국가, 초대형 사회는 현대국가를 건설하는 과정에서 많은 변수의 제약과 다중적 모순의 압력에 노출될 수밖에 없다는 사실을 시사한다.

| 서구화와 중국화 |

서구화와 중국화는 제도적 측면에서의 사조 간 충돌을 암시한다. 정치사조 간의 논쟁은 단순히 가치적 차원에서 그치는 것이 아니라 정치적 해법의 투쟁, 정치발전모델의 투쟁으로까지 발전할 수 있는 문제다. 따라서 서구화와 중국화는 당대 중국 정치사조가 주시하는 가장 핵심적인 주제라 해도 과언이 아니다.

중국이 개방의 길로 들어서 서구세계와 접촉하게 되면서 서구화와 중국화의 충돌은 빠르게 나타났다. 이러한 충돌은 1980년대에 가장 두드러졌다. 서구화론자는 서구화를 곧 현대화로 보았다. 그들이 보는 서구화는 경제영역의 서구화가 아니라 정치영역의 서구화로 다당제와 삼권분립이 그런 정치적 서구화의 핵심이었다. 그들은 오로지 기존의 정치체제를 타파함으로써 진정한 정치적 현대화의 목표를 이룰 수 있다고 여겼다. 중국화론자의 경우, 서구 민주화를 측량하던 지표를 그대로 적용해 한 국가의 현대화 정도를 가늠할 수는 없다고 보았다. 정치적으로 서구화되는 것은 중국화론자가 가장 지양하는 바 였다. 즉, 중국화론자는 정치적 자유화를 거부한 채 경제적 현대화를 통해 경제의 양적 성장과 인민들의 물질생활수준이 향상되기를 희망했다. 이들은 정치적으로 집중된 역량만이 경제적 자유화의 순조로운 진행을 보장할 수 있으며, 본토화된 문화만이 중국 특색의 현대화 노선을 확립할 수 있다고 보았는데, 권위주의가 경제의 고속성장을 견인했다는 사실은 후발산업화국가들의 사례에 의해 증명되었기 때문이다.

서구화와 중국화가 1980년대 정치사조 변천을 양분하게 된 이유는 서구화론자와 중국화론자가 현대화의 의미를 달리 이해한 것 때문이었다. 이러한 시각 차이는 문화권력과 국가권력의 충돌을 야기했고, 아울러 정치사조 내부에 경계선을 그었다. 1990년대 이전의 중국이 현대화의 경로를 제대로 모색하지 못한 것 또한 이러한 사태의 원인으로 작용했다. 90년대 이전에 추진된 경제적 현대화는 정책적 설계를 통해 실행되었을 뿐 국가운영원리 자체와는 유리되었기 때문이다. 다시 말해 90년대 이전에 추진된 경제현대화의 강도는 다소 느슨했으며 그것이 적용된 범위 또한 제한적이었다고 하겠다. 그렇기 때문에 많은 이들의 초점이 국가권력에 모아졌고, 기존의 정치체제와 국가이데올로기는 자연스럽게 일부 지식집단이 집중적으로 논하는 대상이 되었다.

경제적 현대화가 시장경제화로 대체된 이후 서구화론자와 중국화론자 모두 시장화가 거부할 수 없는 흐름이라는 데에는 이견이 없었다. 이 시장화가 조성한 '합리화'의 원리가 양자의 내적 긴장을 해소하고 나서야 서구화와 중국화의 논쟁이 당대 중국 사조를 좌우하던 국면이 일단락되었다. 서구화와 중국화의 논쟁은 점차 개인주의와 국가주의의 논쟁으로 치환되었다. 개인주의와 국가주의의 대치 속에서 기존의 정치체제와 국가이데올로기는 더이상 주요한 고찰대상이 아니었다. 그보다는 정치의 내적 속성에 시선이 집중되었다. 90년대 이후 정치사조의 전반적인 양상을 결정하는 것은 서구화와 중국화의 양극적 대립이 아닌 개인주의와 국가주의의 충돌이었다. 정치사조가 갖는 사상적 매력과 인문적 함의 또한 이러한 충돌을 통해 발산되었다.

| 개인주의와 국가주의 |

80년대 중국 정치사조의 특징이 서구화와 중국화의 충돌로 집약된다면, 90년대 이후 중국 정치사조의 전반적 양상은 개인주의와 국가주의의 충돌을 둘러싸고 전개되었다. 서구화와 중국화의 충돌은 양자가 현대화라는 문제에서 의견 일치를 보지 못한 데 기인했으나, 개인주의와 국가주의의 충돌은 시장화 과정에서 노정된 국가와 사회의 경계에서 비롯되었다. 전자의 충돌이 현대화를 둘러싼 노선 투쟁의 산물이라면, 후자의 충돌은 현대화 과정에서 발생한 합리적 분화의 결과였다.

개인주의는 합리적인 개인을 중심으로 한 정치사조가 중국에서 성숙되는 과정을 보여주며, 자유주의가 그 대표적인 사조에 해당한다. 자유주의는 전통과 국가권력에 대한 안티테제를 내포하고 있다. 그러나 그렇다고 해서 자유주의를 체제 전복적 성격을 띤 정치사조라 단언하기는 어렵다. 왜냐하면 자유주의는 체제전복성을 잠재한 문화권력과 연결된 것이 아니라, 독립성을 띤 개인의 권리와 결부되어 있기 때문이다. 개인의 권리는 국가권력의 극단적 확장이 아닌 개인의 인격, 재산, 존엄과 명성에서 발현된다. 이러한 자유주의는 사회를 합리적 방향으로 유도함으로써 점진적으로 중국정치에 영향을 미쳤다. 그러나 자유주의는 중국 내부에서 기원한 정치사조가 아니며, 오히려 서구의 정치전통을 가장 충실히 구현한 사례이다. 그렇기 때문에 중국의 전통문화체계에서는 자유주의를 뒷받침하는 요소를 발견하기 어렵다.

동시에, 서구 정치전통에 대한 자유주의자의 이해 또한 불완전한 측면이 있다. 서구 정치전통에서 자유주의는 양면성을 갖는다. 하나는 보편적·이성적 공리로서의 자유주의로서, 인류에게 가장 바람직한 생활방식을 제공하려 한다. 이러한 면모를 가진 자유주의는 보편적 정치권력에 대한 규정이다. 이러한 자유주의는 절대적 선을 추구하는 과정에서 비가시적으로 은폐되어 있던 근본주의적 패권을 표출하기 쉽다. 다른 하나는 일종의 '임시대책(權宜之計)'으로서의 자유주의다. 임시대책으로서 자유주의는 다른 제도, 다른 생활권과 평화롭게 공존하려 한다. 여기서 관용의 표는 이성적 공리가 아닌 평화적 공존이다. 이러한 자유주의는 가장 바람직한 생활과 그러한 생활을 실현하는 정치체제와 관련한 이성적 공리가 아닌, 인류가 항상 다른 생활권과 더불어 살아온 데에는 그만한 이유가 있다는 데 근거를 둔다. 이러한 자유주의는 가치의 중심과 주변의 구분이 없는 상태에서 진리가 수반하는 포용성을 유지하고 있다.[36] 기실 중국의

---

36   [英]約翰·格雷, 『自由主義的兩張面孔』(南京: 江苏人民出版社, 2002).

자유주의자는 이와 같은 자유주의의 양면성에 대해 제대로 인식하지 못했다. 그들은 오로지 (자유주의의 기치 아래 형성된) 개방적인 사회 안에서 권력이 집중된 체제의 구속에서 탈피하고자 했을 따름이며, 이를 통해 국가권력에 대한 견제와 개조를 실현하려 했다. 근현대 중국에서 발생했던 자유주의가 전통논리의 예속으로부터 개인을 독립시켜 개인의 생명을 온전히 개인에 속하게 했다고 한다면, 당대의 자유주의는 개인이 국가권력의 구속으로부터 벗어나 개인의 권리로 회귀할 수 있도록 하였다.

개인 중심의 자유주의와 대치되는 것은 국가 중심의 전체주의(全體主義)이다. 당대 중국에서 전체주의라 불리우는 정치사조가 등장한 적은 없으나, 신권위주의, 민족주의와 같은 사조에서 유사한 성향을 발견할 수 있다. 이러한 사조들은 개인의 권리를 제창하거나 확립하는 일에는 관심을 기울이지 않았다. 이들은 국가를 매개로 한 정치체제가 개인주의의 공격과 위협을 어떻게 무마해야 하는가, 일극다원의 세계체제 속에서 중국의 위치를 어떻게 확립해야 하는가와 같은 문제들을 고민했다. 전체주의자는 정치의 근본이 개인 권리의 논리적 비우선성(非優先性)에 있다고 보았다. 그러므로 신권위주의와 민족주의는 이러한 전체주의적 관점에서 국가의 입장을 대변하고 있다고 할 수 있다. 두 사조의 전체주의적 태도는 기존의 국가권력과 복잡하게 얽혀있다. 양자의 가치성향에 차이가 없는 것은 아니다. 그러나 이러한 차이는 자유주의를 비판하는 과정에서 이들이 연합하는 것을 방해할 정도로 크지 않다. 독립적인 개인이 합리적인 정치를 구성하는가? 아니면 전체의 역량이 좋은 정치의 실현을 보장하는가? 이러한 논쟁은 단순히 중국에 국한되지 않는다. 오히려 정치학 이론의 영원한 숙제라고 할 수 있다.

| 엘리트주의와 대중주의 |

엘리트주의와 대중주의의 충돌은 당대 중국 정치사조에서 일관되게 나타나는 논쟁구도일 뿐 아니라 동서고금의 정치가, 정치사상가들이 언제나 관심을 갖는 주제다. 엘리트정치(귀족정)와 민주정치(민주정)는 전혀 다른 두 가지 정치형태와 정치신념을 대표한다.

서구의 귀족정치와 의회정치는 사실 각기 다른 시대의 엘리트정치를 대표한 것에 지나지 않는다. 서구정치는 민주정을 깊이 불신하는 전통을 갖고 있다. 민주정치가 현대사회에 확립된 것은 전일제 시민(full-time citizen)의 희생을 대가로 한 것이다. 고대 그리스의 직업적 시민이 현대의 반쪽 시민(half-time citizen)으로 변모한 것이 현대정치가 새로운 귀족에 의해 통제되는 주된 배경이 되었다.[37] 실제로 고대 그리스의 사상가 플라톤(Platon)과 아리스토텔레스(Aristoteles)는 모두 민주정체를 경시하는 태도를 갖고 있었다. 고대 그리스에서 민주는 특정 정치의 대명사가 아닌, 주로 선거와 결합하는 제도로써 실현되었다. 고대 그리스의

---

37   전일제 시민과 반쪽 시민 개념에 대해서는 [法]邦雅曼·貢斯當, 『古代人的自由與現代 人的自由』(北京: 商務印書館, 1999) 참조.(역자 주-이 외에도 샷 슈나이더의 '절반의 인민주권' 개념을 참조할 수 있다.)

사상가들이 보기에 이러한 제도는 유일하지도, 이상적이지도 않았다. 때문에 아리스토텔레스는 자주 경멸적 어조로 민주정체를 거론하고는 했다. 아리스토텔레스가 보기에 민주정체는 공공의 이익보다는 가난한 자를 위한 통치, 그리고 '보통의 사람'들이 전제적이 되어 모든 사회적 차이나 기득권을 없애버리고 평등하게 만들겠다고 위협할 수 있는 권력형태라는 것이다.[38] 그러므로 아리스토텔레스는 민주정체에 보다 많은 도덕적 제약을 부여하려 했다. 그 중에서도 이성을 체현하는 시민의 존재는 빼놓을 수 없는 기본 요소이다. 전체 인민들의 겸손함, 공명정대함, 고결함과 같은 정신 구조가 지속될 수 있는 것은 시민적 덕성이 종파주의를 통제할 때다. 즉, 시민들이 공공선을 위해공공 사무에 종사하는 것이 주류가 되고, 공공 사무에서 사적 이해관계를 추구하는 부패한 정치 활동이 지류가 될 때, 상기의 정신구조는 지속될 수 있다.[39]

정치생활은 본질적으로 시민 전체에 귀속된다. 그러나 이러한 본질은 소규모 도시에서나 완전히 구현될 수 있는 것이다. 현대적 정치구조에서 정치는 인간의 가치를 표현하는 유일한 공간으로 기능할 수 없게 되었다. 특히 생활의 전부를 정치에 쏟아부을 의욕과 여유가 없는 반쪽 시민의 등장으로 정치엘리트는 실상 일종의 대리인으로서의 직능을 수행하게 되었다. 그러나 이 대리인은 대리의 기능과 본분을 망각해 정치 자체를 차지할 수 있고, 이렇게 되면 정치는 그 본질로부터 탈각된다. 따

---

38   [英]戴維·赫爾德,『民主的模式』(北京: 中央編譯出版社, 1998) 53쪽.

39   Ibid. 55쪽.

라서 직접 민주를 요구함으로써 엘리트정치의 내적 한계를 만회하려는 시도가 현대정치를 극복하는 정신적 처방이 되었다. 이로 미루어볼 때, 엘리트와 대중의 대립은 당대의 문제만이 아니라 지금까지 해결되지 못한 이론 문제이자 역사적 문제임을 알 수 있다.

중국정치 역시 강한 엘리트주의 전통을 갖고 있는데 고대의 사대부(士大夫) 정치, 현인(賢人)정치는 사실상 엘리트정치의 다른 이름에 불과하다. 사대부 정치의 생명력은 관료 자신의 도덕적 수양과 성인의 가르침에 대한 실천에서 비롯된다. 이러한 정치전통은 근현대의 세례를 받은 뒤, 민중이 직접 자신의 정치적 요구를 표현하는 대중정치로 탈바꿈했다. 중국의 백성들이 보기에 민주정치는 곧 인민이 주인이 되는 것(人民當家作主)이었고, 대중정치가 곧 민주정치였다. 당대 중국의 정치체계는 대개 대중주의적 노선에 입각해 확립되었다. 그러나 대중정치는 도덕적·이성적 제어기제를 결여한 탓으로 결국 무질서한 낭만운동으로 변질될 가능성에 노출된다. 문화대혁명이 바로 대중정치가 도달할 수 있는 정점이었다. 문화대혁명은 대중정치의 정치적 격정을 마음껏 분출해냈지만, 그 결과 정치체제 전체가 빈사 상태에 빠졌다. 이러한 문혁의 교훈이 있었기에 개혁개방 이후 엘리트주의 정치사조가 다시 힘을 얻을 수 있었다. 엘리트주의는 곧 대중정치에 대한 부정으로 간주되었다.

일부 엘리트주의자는 자유의 외피를 걸치고 개인 권리의 옹호자로 변모하기도 했다. 1980년대에 부상한 엘리트주의가 90년대 이후 점차 당시 기세를 높여가던 자유주의로 진화한 것이다. 그러나 대중의 이익과 사회공정은 안중에 두지 않는 엘리트주의는 많은 이들의 불만을 샀다. 그 가운데 '신좌파'가 엘리트주의의 가장 맹렬한 맞수가 되었다. '신좌파'가 보기에 자유주의자가 내세우는 개인의 권리에 대한 보호는 헛된 문제에 지나지 않았다. '신좌파'는 자유주의자들이 개인의 권리를 옹호하고 있는 것이 아니라, (국가와 정부가) 경제활동에 간섭을 해서는 안된다는 명분 아래 경제활동을 장악·통제하고 있는 이익집단과 정치세력을 보호하고 부추기고 있다고 성토했다. 이렇게 보면 자유주의는 어디까지나 사회의 가장 강력한 기득권측에 가담한 것이지, 사회의 보편적 의지와 인민민주의 편에 서 있지 않았다. 따라서 자유주의에 기초해 세워진 모든 현대정치제도의 청산이 당시 정치사조의 초미의 관심사가 되었다.[40] '신좌파'는 서구의 신마르크스주의의 풍부한 비판사상을 흡수해 사회적 공정과 인민민주의 수호자로 자리매김했다. 이에서 알 수 있듯, 엘리트주의와 대중주의는 각각 다른 가치적 고려를 대표하나, 제도적 기반이 결여되어 있다는 공통점을 갖는다.

| 세계화와 본토화 |

세계화와 본토화의 충돌은 1990년대 중국 정치사조를 장식한 주제 중 하나다. 1980년대 서구화와 중국화의 충돌이 정치체제에 대한 개혁방식

---

40   任劍濤, 「解讀 '新左派'」, 『知識分子立場―自由主義與中國思想界的分化』(長春: 時代文藝出版社, 2000).

을 놓고 발생했다면, 세계화와 본토화의 충돌은 글로벌 시대 본토가치의 향배를 둘러싸고 전개되었다. 중국의 지식계는 세계화에 대한 찬성 측과 반대 측으로 갈라졌다. 세계화가 가진 이중성이 이러한 논쟁의 근원이 되었다. 세계화의 가장 중요한 특징은 시장의 세계화이다. '회사는 투자한 사람들의 것이지, 종업원이나 부품제조업자 또는 회사가 위치한 지역의 것이 아니'라는 지그문트 바우만(Zygmunt Bauman)의 지적을 시작으로 세계화에 대한 비판이 쏟아지기 시작했다. 바우만이 말한 투자자란 투자에 필요한 자본과 화폐를 소유한 이들로 이동성을 가진다. 이는 전례없이 무조건적으로 (투자자의) 권리와 의무가 분리되었음을 의미한다. 요컨대 (투자자는) 공동체의 일상 생활과 사회에 대해 일체의 책임을 질 필요가 없어졌다. 기술적인 시간/공간 거리의 무효화는 인간의 조건을 균질화하기보다는 오히려 양극화하는 경향이 있다. 투자자들은 물리적 장애를 개의치 않게 되었으며, 지금까지 들어보지 못한 거리로부터의 이동과 행동을 할 수 있게 되었다. 하지만 투자자 외의 사람들은 그러한 이동과 행동을 누릴 수 없었으며, 버리고 떠날 수 없는 토지가 있음에 만족할 수도 없게 되었다. 다시 말해, 부 사람들의 자유는 다른 일부 사람들이 토지를 잃고 마주한 공허감을 대가로 얻어 진 것이었다.[41]

그러므로 세계화를 지지하는 측은 중국이 글로벌체제에 진입해 향토사회와 계획경제체제에 대한 개혁을 완성할 수 있고, 이로써 진정한 현대화 사회를 이룩할 수 있다고 보았다. 본토화 혹은 반(反)글로벌을 주

---

41   [英]齊格蒙特·鮑曼, 『全球化―人類的後果』(北京: 商務印書館, 2001).

장하는 측은 세계화는 기실 서구화, 미국화에 다름 아니며, 이 흐름이 가져오는 부정적 결과는 곧 민족이익의 희생과 본토가치의 말살을 대가로 한 것이라며 격렬히 반대했다. 문화민족주의가 이러한 반세계화의 전형적인 표현이다.

그러나 세계화가 내포한 이중성을 빌미로 세계화가 인류사회의 구조를 혁신한 순기능을 부정할 수 있을까? 양자택일로 이 문제에 답하기는 어렵다. 세계화로 인해 구현된 혁신성이 일련의 성토에 의해 사라질 리도 만무하다. 마치 분노한 이들이 현대 자본주의를 규탄한다고 해서 새로운 사회를 잉태하는 현대 자본주의의 운동이 사라지지는 않는 것과 같다. 세계화가 수반한 '비지역성'은 가상화·네트워크화·정보화를 의미하며, 일종의 경제형태에서 일종의 생활형태로의 변화를 함축한다. 요컨대 세계화는 경제적 의미를 초월했으며, 개인의 생활방식과 교류방식을 혁신하는 세계적 역량으로 자리잡았다.

세계화는 인간의 생활을 지역의 한계로부터 해방시킴으로써 글로벌한 교류 공간에서 펼쳐지는 유동적인 생활방식을 구현하고 있다. 이것은 일종의 유복 생활로서, 정보화 수단을 통해 가상공간에서 교류하고 지역과 국경의 한계를 초월한 인간관계를 가능하게 한다. 가상공간에서 사람은 특정 장소에 있으면서도 없을 수 있고, 직접 응답을 하지 않아도 자동으로 응답할 수 있다. 다른 시간과 장소에서 기술적인 수단을 활용해 세계 각지에서 구축된 정보를 전할 수도, 받을 수도 있다. 삶의 다지역성, 생활의 초국적 특성은 현재 민족국가의 주권을 위협하는 주 요인이다.[42]

과거 사람들은 언제나 자신과 마을, 가정, 친구 혹은 기타 다양한 요소를 통해 자신이 공동체와 지역에 연결되어 있음을 느낄 수 있었다. 그러나 현재 우리는 서로 의존하지 않을 수 있는 가상체계 속에서 서로 유리된 채 공존할 수 있게 되었다. 과거에 이러한 풍경이 벌어졌다면 분명 엄청난 사회적 혼란과 분열, 불균형을 초래했을 터이다. 그러나 글로벌 시대에 이러한 불미스러운 현상은 발생하지 않았다. 오히려 전세계로 파급되는 인적 네트워크 형성을 촉진하여 새로운 사회구조의 일부로 정착하도록 만들었다. 글로벌 시대의 교류는 서로를 방해하지 않으며 상당히 자유롭다. 일체성과 전체성을 띤, 지역성에 의해 제약받는 문화관념은 글로벌 교류에 의해 침식된다. 세계화는 민족국가와 지역적 한계에 대한 고별 선언으로, 세계를 단위로 한 통합시스템의 탄생을 의미한다. 이러한 (세계적) 통합시스템은 인류 사회의 경제형태는 물론 정치형태와 생활방식까지 변화시킨다. 울리히 벡(Ulrich Beck)이 말한 것처럼 초국적 현상은 진작에 소리없이 개인의 생활에 스며들어 일반화되었다. 이에 따라 전에 없던 혁신적 역할이 두드러졌는데 이것이 곧 '글로벌 행위자'이다. 글로벌 행위자는 글로벌 시대를 사는 개인을 묘사하는 특별한 표현이다. 글로벌 시대 인간의 삶에 있어 세계의 갈등은 외부 뿐 아니라 개인 생활의 중심에서도 발생한다.[43]

민족국가의 부상이 특정 지역 내부의 교류로 형성된 근대적 생활

---

42   Ibid.

43   [德]烏·貝克, 哈貝馬斯等, 『全球化與政治』(北京: 中央編譯出版社, 2000), 50-52쪽.

을 기반으로 했다면, 세계화는 주권에 의해 형성된 사회적 연결의 경계를 모호하게 만들었다. 민족국가가 조성한 근대적 생활은 법률적 의미의 시민과 국가에 의해 실천된다. 반면 세계화가 조성한 현대생활은 개인의 실천이 가지는 의의를 강조한다. 이러한 제3의 공간 속에서 보편화와 개체화가 상호 절충되는 새로운 가능성이 만들어진다. 현실공간에서의 충돌과 갈등은 여전히 존재하지만 다른 한편에서 개인의 생활은 점점 더 초국적 네트워크 속에서 진행된다. 비현장성이 그러한 경향을 강화한다. 개체화와 비현장성은 다양성과 창조성을 촉진하고 실현하는데, 그 목적은 기존의 사회구조를 유지하면서 사람들이 정치기구를 초월한 다양한 정치적 시도를 할 수 있도록 하는 데 있다.[44] 국경과 지역을 초월한 글로벌 시민사회가 아직 완전히 자리잡은 것은 아니나, 이미 과거에 신성시되던 많은 것들의 가치가 떨어지고 있음은 부정하기 어렵다. 동시에 개체화된 실천들이 모습을 보이고 있다. 마치 근대인들이 봉건 영지에서 벗어나 자유인이 된 것처럼 글로벌 시대의 사람들 역시 현대의 통치기구에 구애받지 않고 그 신체와 영혼이 자유롭게 유동하는 개인으로 살고 있다.

그러나 세계화가 모든 차이를 소멸시키는 무기가 되지는 않는다. 마치 현대국가가 시민사회를 구성하는 각 계층의 차이를 소멸시키지는 못하는 것과 같다. 민족성·본토화와 같은 개념들이 다원적 세계를 소환해 소화하려는 글로벌 파워를 억제하기 때문이다. 따라서 인류사회는 세

---

44   Ibid. 54쪽.

계화의 궤도 속에서도 개성을 상실하지 않을 것이다. 현대정치의 발전과정에서 정치해방이 정치적 통일을 완성한 뒤 잔존하는 차이성을 시민사회 영역에 맡겨두었다고 한다면, 세계화는 세계적 차원에서의 인적 교류를 가능하게 하면서도 사람과 사람의 차이, 민족 차이, 문화 차이를 특정 지역과 그곳에 실존하는 공동체에 남겨둔 것이라 할 수 있다. 그러므로 글로벌 시대의 발전은 인간이 초국적, 초지역적 차원에서 교류할 수 있는 방법과 수단을 찾았다는 의미에 국한된다. 이러한 교류는 서로를 방해하거나 침범하지 않는다. 때문에 사람과 사람 사이에 형성되어 고착화되고 구조화된 연결은 가정과 주거지역, 국가와 같은 특수한 조직체계 속에서 변함없이 존재한다. 요컨대 세계화는 현대인에게 곤란과 고민을 표출할 수 있는 출구를 제공했으며, 아울러 자신을 자유롭게 표현할 수 있는 특수한 공간을 제공했다고 하겠다.

| 전통과 현대화 |

본토화와 세계화는 당대 중국 정치사조가 공간적 차원에서 주목한 주제라고 할 수 있다. 한편 전통과 현대화는 당대 중국 정치사조가 역사적 차원에서 주목한 주제이다. 중국과 같이 유구한 역사와 심오한 문화전통을 가진 국가는 필연적으로 전통과 현대화의 관계라는 중대한 문제에 얽매이게 마련이다. 양자는 모순되고 상충되는 관계이나, 양자의 공존과 포용이 불가능한 것은 아니다. 이 문제에 대한 전통주의자와 서구화론자의

해답은 사뭇 다르다. 과거 신유학과 서구화론의 논쟁이 말해주듯 이 두 가지 경향은 가치적 측면, 실천적 측면에서 첨예하게 대립하는 양상을 보였다. 다른 사조들 역시 이 문제에 대해 의견 일치를 보지 못했다. 이러한 국면은 최근까지 지속되어 전통과 현대화는 1980년대의 정치사조가 예의주시하는 중요한 주제로 자리잡았다.

전통과 현대의 논쟁은 1980년대에 재점화되었는데, 당시 중국이 취한 대외개방적 태도가 불씨를 제공했다고 할 수 있다. 중국은 긴 시간 국제사회와 괴리를 빚어왔으나 마침내 개혁개방을 통해 혁신적 요소를 대거 수용하기 시작했다. 이 때 서구에서 유입된 사상관념이 일부였음에도 불구하고 전통문화와 신앙을 도태시키려는 조짐이 일자, 전통과 현대화의 충돌이 수면 위로 떠올랐다. 서구화론자는 정치제도의 서구화를 주장하는 데에 그치지 않고 생활방식과 가치관념의 서구화를 역설해 문화보수주의자들의 우려를 샀다. 80년대에 부상한 신전통주의는 경제적 현대화 과정에서도 전통문화와 신앙을 유지하고 확대할 수 있는 공간을 보장받기를 희망했다. 유교윤리와 현대 시장경제가 공존하는 동아시아의 경험은 신전통주의의 이러한 입장과 신념을 뒷받침했다.

그러나 전통과 현대화의 충돌은 시장화 개혁이 전면적으로 심화되고 시장경제체제가 구축됨에 따라 점차 세간의 관심에서 멀어지게 되었고, 1990년대 이후에는 나날이 세속화·합리화되는 사회발전의 흐름에 의해 희미해졌다. 특히 서구의 포스트모던 사조가 차츰 유입되면서 전통과 현대화의 가치 투쟁은 점차 개체화된 자주적 행동과 탈중심화된 해체주의 운동으로 대체되었다. 따라서 90년대 이후 신유학은 일종의 학술적 자원으로서 건재할 뿐, 대중적인 화제를 불러일으키지는 못했다. 신전통주의 또한 더는 세간의 주목을 받지 못했다. 어쩌면 전통과 현대, 양자의 관계가 본격적으로 토론될 시기가 미처 도래하지 않은 것일지도 모른다.

제2장

가치의 재건을 위한
현대 중국의 정치사조

1. 인도주의:
국가이데올로기에 대한 재평가

1980년대 인도주의 사조가 처음 유행한 곳은 정치학계가 아닌 문학계였다. 당시 정치학은 정식 학문으로서의 지위를 갓 회복한 상태였기에 집적된 성과가 거의 없었다. 반면 문학은 이미 독보적인 문체와 발언권이 있었기 때문에 1980년대 '문학정치'가 움틀 수 있는 환경이 조성되었다. '문학정치'라는 용어로 80년대 중국 사상계의 상황과 특징·면모 등을 설명하려는 연구자도 있다. 80년대 중국은 가히 문학의 시대라고 할 수 있었다. 문인들이 활약했고 문학잡지, 문학단체와 작품들이 사회 곳곳에 가득했으며, 여기에 철학붐이 잇따라 니체·사르트르와 같은 이들이 청년들의 우상이 되었다. 이러한 문학 붐과 철학 붐의 시너지에 힘입어 당시 사람들은 문학 또는 문학적 수단을 통해 구시대에 억눌렸던 감정(情感)과 미래에 대한 기대·희망 등을 표현했다. 그들이 창조했던 것은 단순한 문학의 역사가 아니라, 이데올로기의 질곡에서 벗어난 중국의 현대화를 희망한 역사였다.[1]

공교롭게도 토크빌(Alexis de Tocqueville)이 확립한 '문학정치'라는 개념은 '문장(文)으로써 도(道)를 밝히는(文以載道)' 중국 고대의 전통에 대한 설명으로 상당히 적확하다. 토크빌에 의하면, 프랑스 문인들은 순수문학과 순수철학에 천착한 독일 등 다른 유럽 국가들의 문인들과 달리 문학·관념세계의 연구와 정치를 긴밀히 결합시켰다. '작가들은 그들의 사상 뿐 아니라 기질과 감정까지도 혁명을 수행하게 될 국민들에게 전수해주었다. 다른 안내자가 없는 완전한 공백 상태에서 오랫동안 작가들의 가르침을 받은 국민들은 작가들의 본능, 기질, 취향 및 습관까지도 몸에 익혔다. 그 결과 마침내 행동해야 할 시기가 도래했을 때, 국민들은 문학의 습성 일체를 정치영역으로 끌어들였다.'[2] 독일인은 철학을 영유했고 프랑스인은 혁명을 영유했다. 미국인은 헌법을 영유했고 프랑스인은 인민주권 위에 건립된 국가를 영유했다. 영국인은 공업과 정치경제를, 프랑스인은 권리의 평등을 우선순위에 두었다. 프랑스인은 정치적 평등을 선택해 인종차별을 지양했고, 시민적 주의주의(唯意志論, Voluntarism)를 선택해 사회의 위계질서 구축을 반대했다. 이것은 장기적으로 민주주의로의 이행을 지향하는 포부의 표현이었다. 1815년에서 1880년에 이르기까지 이러한 특징은 지식인(識者)의 교육에서 드러났다. 국가는 물론

1   復旦大學黃旭博士的論文, 『文學政治與二十世紀八十年代中國的激進主義』(2008), 20쪽.

2   [法]托克維爾, 『舊制度與大革命』(北京: 商務印書館, 1997), 185쪽.

시인과 극작가, 역사학자, 화가 등이 모두 민주주의 제도의 교육자였다.[3] 주쉐친(朱學勤)이 말한 것과 같이 프랑스 민족은 제도적 역량이 아닌 문학과 여성 패션으로 유럽을 선도했다. 문인은 많고 학자는 적었으며, 사상가 또한 기본적으로 문학평론가 출신이다.[4] 천인커(陳寅恪) 또한 중국문화와 프랑스문화의 유사성에 대해 다음과 같이 말한 바 있다.

'서구 여러나라 가운데 프랑스인이 우리와 그 습속 면에서 가장 유사하다. (특히) 과거의 정치풍속에서 유사한 점이 많다. 반면 미국인은 우리와 가장 거리가 먼데 역사적인 상황이 그렇게 만든 것이다.'[5]

중국과 프랑스 양국의 뿌리 깊은 문인전통은 문학정치 또는 문인정치의 모습으로 나타났다. 프랑스 대혁명이 프랑스 성직자들이 누렸던 과거의 영광을 앗아간 뒤 문인들의 지위를 높였다고 한다면,[6] 10년간 이어진 중국의 문화대혁명은 각 학문 영역의 자원을 단절시켜 문혁 이후 문학이 대두되는 계기를 제공했다. 왜냐하면 각 학문 분야의 연구는 중단되었으나 글을 쓰는 전통 자체는 끊어지지 않았기 때문이다. 즉 '문혁'이

---

3 [法]讓-皮埃爾·裏烏, 讓-佛朗索瓦·西裏內利 主編, 『法國文化史』第三卷 (上海: 華東師範大學出版社, 2006), 173-174쪽.

4 朱學勤, 『道德理想國的覆滅』(上海: 上海三聯書店, 2003), 338쪽.

5 吳學昭, 『吳宓與陳寅格』(北京: 淸華大學出版社, 1993), 7쪽.

6 [法]讓-皮埃爾·裏烏, 讓-佛朗索瓦·西裏內利 主編, 『法國文化史』第三卷(上海: 華東師範大學出版社, 2006), 177쪽.

초래한 학술자원과 학과자원의 공백 상태가 역설적으로 문학정치의 탄생에 적절한 기회를 제공한 셈이었다.

천스허(陳思和) 선생이 편찬한 『중국당대문학사(中國當代文學史)』는 당시의 상황에 대해 이렇게 기록하고 있다. 1976년 10월, 문화대혁명이 종결되고 장기간 억압받던 지식인들의 엘리트 의식과 '5·4'신문학전통이 점차 회생하기 시작했다. 이후 1년 반의 시간 동안 아직 문예계에서 '문혁'서사에서 탈피했다는 보편적 자각이 아직 없었을 때, 이러한 회생을 가장 먼저 은근히 알린 것은 '봄소식을 알린 세 마리 제비(三只報春的燕子)'인 「서광(曙光)」, 「반주임(班主任)」, 「골드바흐의 추측(哥德巴赫猜想)」 등 세 편의 문학작품이었다. 바이화(白樺)의 극본 「서광(曙光)」은 중국공산당의 역사에서 소재를 얻어 역사적 비극에 빗대 현실을 풍자했다. 이를 통해 몇 십년간 사람들의 가슴 한구석에 맺힌 극좌 노선에 대한 원망을 쏟아냈다. 류신우(劉心武)의 단편 소설 「반주임(班主任)」은 중학생의 무지몽매함을 소재로 하여, 문혁 10년간 성행했던 반(反)지식·반(反)문화의 정치풍속이 야기한 현실 위기에 경종을 울렸다. 쉬츠(徐遲)의 「골드바흐의 추측(哥德巴赫猜想)」은 보다 직접적으로 문혁 기간 지식인들이 받았던 박해를 고발했으며, 적극적으로 문화지식에 대한 존중과 지식인에 대한 존경을 표현했다. 이 세 편의 작품들은 중국의 당대문학이 새로운 정신을 지향하고 있음을 예고했다.

정치계·사상계의 극심한 변화 또한 유사한 추세를 반영하고 있었다. 주지하다시피, '상흔문학(傷痕文學)'으로 집약되는 문혁 이후 문학의 새출발은 정치영역에서 발생한 개혁파와 '범시파(凡是派)'의 투쟁과 시기적으로 맞물린다.[7] '상흔문학'과 '몽롱시(朦朧詩)'는 개인화된 방식으로 생활의 정서를 표현했는데, 특히 바이다오(北島)와 꾸청(顧城)의 시에서는 부정적, 비판적이면서도 동시에 도전적 태도를 가진 개인의 활력을 느껴진다. 그 중 바이다오의 시 「응답(回答)」은 많은 이들이 들어봤을 법하다.

비겁함은 비겁한 이의 통행증, 고결함은 고결한 이의 묘비명.

보라, 도금된 하늘에서, 죽은 자의 구부러진 그림자가 가득하다.

빙하기는 지났는데, 왜 곳곳에 빙산이 가득한가?

희망봉이 발견되었는데,

왜 사해(死海)에서 수많은 배들이 경합을 벌이는가?

나는 이 세상에 왔다. 지닌 것이라고는 종이와 밧줄, 그림자뿐,

심판받기 전에, 그 심판받는 자의 소리를 읊기 위함이라네.

말해주마, 세상이여,

나는-믿지-않는다! 네 발밑에 1,000명의 도전자가 있다면,

나를 1,001번째로 여겨라, 나는 하늘이 파랗다는 것을 믿지 않는다.

나는 천둥의 메아리도 믿지 않는다.

나는 꿈이 가짜라는 것도 믿지 않는다.

나는 죽은 뒤 업보가 없다는 것도 믿지 않는다.

만약 바다가 제방을 무너뜨리면,

모든 쓴물(苦水)이 내 가슴으로 흘러들어오도록 하라.

---

7   陳思和 主編,『中國當代文學史』(上海: 復旦大學出版社, 1999), 189-190쪽.

만약 육지가 솟구친다면,

인류로 하여금 다시 생존의 봉우리를 선택하도록 하라.

새로운 전기(轉機)와 반짝이는 별들이 지금 끝없는 하늘을 수놓고 있다.

그것은 오천년의 상형문자이며 그것은 미래인들이 응시하는 눈이다.

이 밖에 꾸청의 '칠흑 같은 밤은 내게 흑색의 눈을 주었으나 나는 그것으로 광명을 찾네(黑夜給了我黑色的眼睛, 我卻用它尋找光明)'와 같은 시구는 새로운 시대를 모색하는 가장 아름다운 선언이 되었다. 바이화는 『바이화의 시(白樺的詩)』라는 저서의 서두에서 시가(詩歌)에 대한 정치적 기대와 정감을 다음과 같이 표현했다. '시가란 무엇인가? 당신이 수많은 대중 앞에서 낭독할 때 그것은 곧 인민대중의 외침이 되어서 우레와 같은 공감을 불러일으킨다. 당신이 동지, 가족의 귓가에 읊었을 때 그것은 곧 동지와 가족의 마음의 소리가 되며 떨어지는 가을 잎과 같은 전율을 불러일으킬 것이다.'[8]

그러나 '상흔문학'과 '몽롱시'의 정서적 표현은 이성적 사고를 억제시켰는데, 그것들은 문학정치의 전형을 답습해 '이성과 자연법에서 유래한 단순하고 기초적인 규범들'[9]로 정치를 구성했기 때문이다. 이에 따라 1979년부터 1981년까지 문학영역에서는 소설 위주의 '반성문학(反思文學)' 사조가 형성되었다. '반성문학'은 통시성과 폭넓은 사상적 스펙트럼

---

8   白樺, 『白樺的詩』(北京: 人民文學出版社, 1982).

9   [法]托克維爾, 『舊制度與大革命』(北京: 商務印書館, 1997), 175쪽.

을 바탕으로, 뼈를 깎는 듯한 참회와 절망을 표현하는 이성적 반추를 시도했다는 점에서 '상흔문학'과 대별된다. '상흔문학'의 출현과 '몽롱시'의 유행이 자유롭고 주체적인 (당시의) 분위기를 함축했다면, '반성문학'의 출현과 그 문학작품에 반영된 인도주의 사상의 대두는 정치사조로서의 인도주의를 위한 복선과 분위기를 직접적으로 조성했다.

1970년대 말부터 1980년대 초까지 중국에서 성행했던 인도주의 사조는 포괄적 사회사조로서 당시 사회 곳곳에 전파되었다. 정도는 다르지만 정치사상·철학·역사·문화예술 등 많은 영역에서 이를 수용했고, 심지어 경제와 과학기술 영역에도 영향을 미쳤다. 당시 학계에서는 인도주의에 대한 토론이 매우 활기를 띠었다. 1980년부터 4~5년간 인성론(人性論)과 인도주의는 학술계에서 지속적으로 주목하는 논제였다. 여기에는 철학과 문예, 심리학과 윤리학 등 많은 학문과 연관되어 인간 본성에 관한 개념, 인간의 본성(人性)과 계급성, 마르크스주의와 인도주의, 인도주의와 신시대 문학 등 다양한 문제에 대한 토론이 진행되었다. 비록 이러한 토론은 한층 성숙되지는 못했으나, 사상·이론 영역에서 진행된 토론은 문학창작 분야에 일정 부분 영감을 주었다. 당시 문학창작 영역에서 이루어진 인간의 본성과 인도주의에 대한 긍정과 강조는 사상영역에서 인도주의 사조가 일어나는 데 시종일관 핵심적인 역할을 했다. 말하자면 전체 사회사조에서 문학은 그 본연의 기능을 초월해 다른 영역에서도 역할을 가지게 된 것이다.[10]

---

10   陳思和 主編, 『當代中國文學史』(上海: 復旦大學出版社, 1999), 219쪽.

인도주의(人道主義)라는 용어는 라틴어 후마니타스(humanitas)에서 유래되었다. 이는 고대 로마시대에 개인의 재능을 극대화해 발전시키는 인도정신을 갖춘 교육제도로 나타났다. 즉 인도주의는 중국사상사에서 형성된 개념이 아니라 일종의 수입품이었고 할 수 있다. 어원에 접근해보면 인도주의는 영어에서 두 가지 어휘로 표현된다. 하나는 humanism으로 인문주의, 인도주의라는 뜻을 가진다. 다른 하나는 humanitarianism으로 박애주의, 인도주의로 번역될 수 있다.

어떤 학자는 '인문주의적 인도주의'와 '박애주의적 인도주의'를 다음과 같이 구별한다. '인문주의적 인도주의'는 매우 폭넓고 다양한 함의를 가진 개념으로, 14세기 이래 전개된 다양한 이데올로기 현상과 부르주아 계급의 탄생에 따라 발생한 다수의 사회사조를 아우른다. 그 핵심 내용은 다음과 같다.

(1) '인도'는 '신도(神道)'와 대립되며, '사람 중심'으로서 '신 중심'을 반대한다. 즉, 기독교 사상에 의한 통치를 거부하고 세속정치를 지향한다.

(2) 인간의 가치, 인간의 행복과 존엄, (사후 천국과 상대되는) 인간의 세속생활과 인간 자체를 목적으로 한 생활을 강조하고 추구한다.

(3) 반(反)봉건적 사상운동이다.

(4) 이후 발생한 모든 진보적 사상의 기원으로 인류사상사에 있어 새로운 도약에 해당한다.

반면 '박애주의적 인도주의'의 핵심사상은 애인(愛人), 사람을 사랑하는 것이다. 이 사랑은 남녀와 귀천, 신분과 민족, 계급을 불문한 사랑이며 심지어 인간과 신을 막론한 범애(泛愛)이기도 하다. '박애주의적 인도주의'는 그 기원이 훨씬 장구하다는 점에서 '인문주의적 인도주의'와 대별된다. 고대 그리스의 스토아학파, 고대 중국의 제자백가 중 하나인 묵자(墨子)의 '겸애(兼愛)', 공자(孔子)의 인(仁)사상 등이 모두 계급을 초월한 인도주의의 일종이라 할 수 있다.

'인문주의적 인도주의'든 '박애주의적 인도주의'든 그 이론적 기초는 모두 인성론에 있다. 마르크스와 엥겔스는 이 추상적인 인성론에 대해 비판한 바 있다. 인성론을 비판하지 않고서는 계급이론이 성립될 수 없기 때문이다. 그러나 마르크스와 엥겔스는 인성론을 제외한 인도주의의 내용에 대해서는 상당히 호평했다. 이로 미루어볼 때, 사상사에서 '인문주의적 인도주의'는 '세계관과 역사관'으로서의 의의를 가지며 '박애주의적 인도주의'는 윤리관으로서의 함의를 더 내포하고 있다고 하겠다. 한편 루드비히 포이어바흐(Ludwig Feuerbach)의 인본주의(Anthropologism)는 위의 두 가지 유형을 종합한 인문주의로서, 인간중심주의(Anthropocentrism)의 색채를 갖고 있다.[11] 즉 하나의 철학으로서 인도주의는 전통적으로 인간중심주의에 상용되었으며, 인간 본성을 평가·연구하는 세속적 방법으로 쓰이기도 하였다. 인도주의는 인간 본성에 대한 개념 혹은 인류 공통의 특징을 (긍정적으로) 차용했기 때문에, 이러한

---

11   王建軍, 「人文主義人道主義和博愛主義人道主義—人道主義再探討」, 『百科知識』(北京), 1989 第3期.

공통된 본질의 왜곡과 '상실'에 대한 설명을 시도하는 개념(소외, 비본질성, 물화 등)에 (부정적으로) 호소했다. 인도주의의 관점에서 역사란 인간의 사상과 행위의 산물이다. 그렇기 때문에 '의식', '능동작용', '선택', '책임', '도덕적 가치' 등의 영역이 역사를 이해하는 데 필수적이라고 단언한다. 이러한 인간중심주의적 관점은 이미 알튀세르(Louis Althusser)·하이데거(Sigmund Freud)·라캉(Jacques Lacan)·푸코(Michel Paul Foucault) 등에 의해 철저히 해체되었다.[12]

1980년대 중국의 인도주의 사조는 처음부터 서구 인도주의 철학에 대한 전반적인 이해를 바탕으로 전개된 것은 아니다. 그러나 인도주의의 '인성론' 사상을 계승하여 인간을 계급이론의 구속과 잠식으로부터 해방시키고자 했으며, 그 주된 이론적 근거는 당연히 마르크스의 초기 저작에 대한 이해였다. 특히 『1844년 경제학–철학 수고』 중 '소외(alienation)' 문제에 대한 토론은 당시 중국의 인도주의가 수용한 마르크스주의의 주요 이론 출처였다. 여기에는 문혁 10년의 동란을 겪은 후 중국의 일부 지식인들이 국가이데올로기로서 마르크스주의에 대해 회의하면서 보다 폭넓은 이해를 시도한 것이 주요하게 작용했다. 이 과정을 통해 과거 '진리'로 여겼던 사상과 관념을 새롭게 반추할 수 있었다. 이러한 노력은 초기 마르크스의 '소외'사상에 대한 재발견에서 집중적으로 나타났다. 주지하다시피, 초기 마르크스는 포이어바흐 등 서구 인본주의 철학의 소외 개념을 계승해 이것을 자본주의 생산관계에 대한 분석, 그 중에서도 노

---

12   [英]凱蒂·索珀, 『人道主義與反人道主義』(北京: 華夏出版社, 1999), 3–7쪽.

동에 대한 분석에 활용했다. 마르크스가 말한 소외는 자본주의 생산관계에서 발생한 노동으로부터의 소외를 가리킨다. 인간의 물질적·정신적 생산 및 그를 통해 생산된 상품이 오히려 인간을 통제하는 사회현상을 일컫는다. 소외 개념은 인간의 생산활동과 그 생산의 결과물인 상품이 인간 자체의 특수한 성질과 관계를 저해하는 현상을 함축한다.

소외이론은 서구사상의 처음과 끝을 관통하고 있다. 도시국가의 쇠퇴는 소외가 발생한 최초의 시점이며, 이러한 주체와 객체의 분리는 서구사회가 특정한 구조에 예속되도록 만들었다. 소외는 본질적으로 종교, 근대의 합리화와 연관된다. 영어 alienation은 라틴어 alienatio에서 기원했으며 두 가지 뜻을 지닌다. 첫째, 인간이 묵념하는 과정에서 정신이 육체로부터 분리되어 신과 합일되는 것이다. 둘째, 성령이 육신화(肉身化)될 때 인간의 본성을 보전하기 위해 신성(神性)이 없어지고 신과 죄인이 멀어진 것이다. 마르틴 루터는 최초로 그리스어 성경에서 소외를 뜻하는 개념을 독일어 'hat sich gesausser'로 번역했는데, 이는 자기 상실이라는 의미이다. 소외이론은 르네상스 이후 보다 새롭게 이해되기 시작했다. 최초로 소외의 실체에 대해 언급한 이론은 사회계약설이다. 사회계약설에서 소외는 개인의 권리를 침해하는 부정적인 운동으로, 권리의 포기 또는 양도를 의미하는 것으로 명확히 규정되었다. 휴고 그로티우스(Hugo Grotius)는 라틴어 alienatio 를 통해 소외 개념을 권리의 양도라 설명한 최초의 인물이다. 홉스(Thomas Hobbes)와 로크의 사상 또한 유사하다. 루소(Jean Jacques Rousseau)의 사회계약론은 한 가지 함의를 더 가진다. 그는 개인의 권리와 자유가 양도 불가능하다고 주장했다. 그는 저서 『에밀(Emile)』에서 문명은 인간을 부패하게 하고 자연에 대한 위배는 인간을 타락시키며, 인간은 스스로가 만든 물질의 노예로 전락했다고 일갈했다. 즉 루소는 인간과 자연, 인간과 사회라는 이중 관계 속에서 소외개념의 함의를 확장한 것이다.

마르크스는 경제구조 속에서 소외개념을 설명했다. 마르크스에 의하면 양도란 법률적 의미에서 간단한 상품관계를 표현한 것에 불과하며, 외화(外化)란 화폐 형식으로써 사회관계의 물화를 드러낸 것이다. 소외란 자본주의 제도 아래 가장 일반적이고도 심오한 사회관계를 표현한 것인데 그 실질은 인간이 창조한 세계 전체가 자신을 소외하고 인간과 대립하는 것으로 변해버리는 것을 표현한 것이다. 마르크스는 인간에게 필요한 것은 충분한 생산적 노동을 통해 얻는 진정한 행복이라고 주장했다. 그는 행복이 욕망의 만족에 있다고 보는 공리주의의 시각에 반박했다. 그러나 인간은 창작하고, 자연을 개조하고, 타인과 상호작용하고, 자기 자신의 외화(externalize)를 구체적으로 실현하는 과정을 통해 스스로를 왜곡하고 부패시킨다. 만약 우리가 노동의 결과물을 빼앗긴다면, 노동하는 과정 자체가 압제세력에 대한 굴복으로 전락한다면, 우리의 일체 행위는 우리의 요구를 만족시키는 것이 아니라 우리의 인간성을 파괴하는 억압적 성격의 주범이 된다. 이미 외화된 것은 낯설게 변한다(alien). 다시 말해 건강한 외화가 곧 파괴력을 가진 소외로 변질된다. 소외는 인류가 창조한 모든 것들을 인류의 대립물로 만들어 인간 자체를 지배하는 힘으로 변화시킨다. 노동은 원래의 건강한 본성을 잃어버리는데, 특히 자본주의 생산력은 이러한 노동(현장)을 인간지옥으로 만들어버린다. 인류가 역사상 최초로 기술을 성공적으로 이용해 기아와 질병·빈곤으로부터 스스로를 벗어났을 때, 인류 재산제도의 내재적 모순은 우리가 알고 있는 중세의 그 어떤 암흑보다 더 열악한 고해의 심연에 우리를 빠뜨렸다.[13]

마르크스의 사상에서 소외가 가진 본래 의미는 '노동으로부터의 소외'였다. 즉 '노동이 생산한 대상, 즉 노동의 생산품이 하나의 이질적 존재로서, 생산자에 의존하지 않는 역량으로서 노동과 상호 대립하는 것'[14]이다. 물적 세계와 비례하는 것은 인간 세계의 가치절하이다. 노동으로부터의 소외 사상을 필두로 마르크스는 물질로부터의 소외, 인간의 자기소외, 인간과 그 자신의 '유적(類的) 존재' 혹은 '유적(類的) 본질'로부터의 소외, 인간과 인간의 소외에 대해 제시한 바 있다. 그 중에서도 인간과 인간의 소외가 핵심이다. 마르크스는 인간과 그 자신, 인간과 자연계의 모든 소외가 인간 자신과 자연계, 인간과 다른 인간의 관계에서 나타난다고 보았다. '실천적, 현실적 세계에서 자기소외는 다른 이와의 실천적, 현실적 관계를 통해서만 발현된다.'[15] 따라서 노동소외 과정에서 노동자는 그와 자신의 노동행위, 그와 노동대상과의 소외 관계를 생산한다. 뿐만 아니라 비노동자와 노동자의 노동행위, 비노동자와 노동소유권의 관계를 생산하고 아울러 노동자와 비노동자의 소외관계를 생산한다. 이것

13   [美]羅伯特·保羅·沃爾夫, 『哲學槪論』(桂林: 廣西師範大學出版社, 2005), 304쪽.

14   『馬克思恩格斯全集』第42卷(北京: 人民出版社, 1979), 91쪽.

15   Ibid, 99쪽.

이 곧 노동자와 자본가의 관계이다.[16] 따라서 마르크스는 '사유재산은 노동의 외화 즉, 노동자와 자연, 노동자 자신의 외재적 관계의 산물이면서 결말이며 필연적인 결과'[17]라고 했다. 이것은 마르크스가 말한 네 번째 소외 형태 즉, '인간으로부터 인간의 소외'이며, 이는 현대 중국 인도주의 사조의 발흥에 사상적 원천을 제공했다. 마르크스에게 있어서 인간과 인간의 소외가 불러일으키는 것은 혁명이었고, 비생산자에 대한 생산자의 반동이었으며, 부르주아에 대한 프롤레타리아의 반동이었다. 그러므로 마르크스는 『신성가족(Die heilige Familie)』에서 다음과 같이 말했다.

'부르주아 계급과 프롤레타리아 계급은 동일한 인간적 자기소외를 표현하고 있다. 그러나 부르주아 계급의 경우 이러한 자기소외 속에서 쾌적하고 보장받고 있다고 느낀다. 이러한 소외를 자기 자신이 잘난 것에 대한 방증으로 여기며, 자기소외 속에서 인간다운 실존의 외관을 획득한다. 반면 프롤레타리아 계급은 그 소외 속에서 파괴되고 있다고 느끼며, 그 소외 속에서 자신의 무력함과 인간답지 못한 실존의 현실을 보게 된다.'[18]

현대 서구의 신(新)마르크스주의는 마르크스의 소외이론을 확대해서 독특한 비판이론을 형성했다. 예컨대 실존주의적 마르크스주의를 대

---

16   黃克劍 ,『人韻 — 一種對馬克思的讀解』(北京: 東方出版社, 1996), 262-271쪽.

17   『馬克思恩格斯全集』第42卷(北京: 人民出版社, 1979), 100쪽.

18   『馬克思恩格斯全集』第2卷(北京: 人民出版社, 1972), 44쪽.

표하는 장 폴 사르트르(Jean Paul Sartre)는 마르크스주의가 엥겔스 이후의 마르크스주의자들에 의해 경직화되었다고 비판했다. 그는 개인의 존재와 욕구를 간과한 자연변증법에 반대하고 인간학 변증법을 새롭게 제시했다. 사르트르에 따르면, 개인의 욕구와 그것에서 비롯된 활동이야말로 역사의 첫걸음이며, 개인의 욕구가 결핍된 탓에 타성에 젖은 실천—소외—이 야기되는 것이다. 개인의 욕구가 만족되지 못하면 결핍과 소외는 영원히 사라지지 않는다.[19]

| 인도주의의 주요 관점 |

1980년대 초에 일어난 인도주의 사조는 '문혁'과 밀접한 관계를 맺고 있다. 앞서 언급한 바와 같이 인도주의는 인류중심주의를 신봉했다. 비록 서구 철학계의 수많은 의문을 자아내고, 심지어 해체되었음에도 불구하고 인류중심주의는 중국이 '문혁'을 반추하는데 있어 가장 예리하고 명쾌하며 직접적인 사상적 자원이 되었다. 많은 이들이 알고 있는 것처럼 '문화대혁명'은 중국 인민에게 초유의 재난을 가져왔다. 그 가운데 가장 피해가 극심했던 것은 극좌 정치노선에 의한 인간성의 훼손과 파괴였다. 문혁 당시 진정한 '인간'은 실상 사라져버렸고, '계급투쟁'의 도구가 그 자리를 채워 오로지 두 갈래 유형의 인간만이 존재했는데, 혁명인과 반

---

19   [德]霍克海默, 『批判理論』(重慶: 重慶出版社, 1989).

(反)혁명인이 그것이다. '계급인'·'혁명인'이 진정한 인간을 가린 시대였다. 인도주의라는 정치사조는 이러한 '문혁' 시기의 인간 '상실'에 대한 반성을 통해 촉발되었다. 서구철학에서 인도주의가 인간중심주의적 관점에 기초해 독보적이고 확장적인 측면을 드러냈다면, 1980년대 초 중국에서 발생한 인도주의는 이와 달리 인간에 대한 새로운 탐색과 발견, 인간 사명(使命)에 대한 새로운 인식을 발판으로 중국 문학계와 사상계에 등장했다. '(당시) 사람들은 인간의 존엄을 회복하고 인간의 가치를 높이는 일에 절박하게 매달렸다.'[20] '인성론'이 '계급성'을 대체하고 '인간 본연의 모습'이 '혁명인'을 대체하게 되었다. 이는 (사상계가) 문혁과 결별하고 문혁을 반성하고 부정하고 나아가 전통 사회주의 체제를 반성 했다는 방증이라고 볼 수 있다.

1979년 3월 30일, '4항 기본원칙을 견지하자(堅持四項基本原則)'는 덩샤오핑의 담화가 사상해방의 기본 원칙과 방침을 제공했다면, 1980년 8월 18일, 중공 중앙정치국 확대회의에서 발표한 '당과 국가의 영도제도에 대한 개혁(黨和國家領導制度的改革)'은 재차 사상해방의 기점을 마련했다. 1980년부터 1981년 초까지 정치문화 영역에 대한 비판 운동이 차츰 전개되었고, 인도주의적 마르크스주의는 이러한 비판운동의 가시적인 성과였다.

『독서(讀書)』의 편집장을 역임한 왕후이(汪暉)에 따르면, 신중국 성

---

20   周揚, 「繼往開來, 繁榮社會主義新時期文藝 — 在中國文學藝術工作者第四次代表大會上的報告」, 『文藝報』, 1979年 第11-12期合刊.

립 이후 중국 내에서는 세 가지 유형의 마르크스주의가 공존했다. '반(反)현대적 마르크스주의', '현대화된 마르크스주의'(이것이 곧 덩샤오핑의 정치현실주의에 해당된다), '인도적 마르크스주의'가 그것이다.[21] 반현대적 마르크스주의에 대한 부정은 1979년 이전에 이미 한차례 이루어졌으며, 중국공산당 제11기 3중전회를 통해 다시 정식으로 확인되었다. 그 가운데 진리의 표준에 대한 토론과 1978년 11월 10일부터 12월 15일(36일)까지 진행된 중앙 공작회의는 반현대적 마르크스주의를 반성하고 극복하는 두 가지 중요한 과정이었다. 이는 실제로 '이데올로기의 합리화를 완성'하는 작업이었다. 그러나 합리화 과정만으로는 이데올로기 자체에 대한 회의를 해결할 수 없었다. 따라서 자연스럽게 '인도주의적 마르크스주의'가 등장하게 되었다.

'인도적 사회주의'란 실제 '진정한 마르크스주의'의 모습를 복원하는 것에 가까웠다. 인도주의를 통해 마르크스주의를 보완하고, 아울러 이러한 개선·보완의 움직임에 이론적 근거를 제공하는 것이 그 주된 특징이었다.[22] 이러한 반성과 재구축은 전반적으로 이데올로기에 대한 회의적 성격이 짙었으며, 그 목적은 '반현대적 마르크스주의'에 대한 비판과 '현대화된 마르크스주의'에 대한 극복을 동시에 완성하는 것이었다. 따라서 '인도적 마르크스주의'와 기존 이데올로기의 충돌은 시작부터 예

---

21   汪暉,「當代中國的思想狀況與現代性問題」,『邊緣思想』(海南: 南海出版公司, 1999), 261-297쪽.

22   Ibid.

고된 것이었다. 이데올로기에 대한 회의(懷疑)를 목적으로 한 사조는 자연히 자유로운 기상을 띠며, 기존 이데올로기와 양립하기 어려운 특징을 지닌다. 인도주의는 이데올로기에 대한 비판으로서 일련의 계몽적 특성들이 있었기 때문에 (이를 바탕으로) 그동안 드러내지 못했던 지적 재료들을 유감없이 발휘하기 시작했다.

중국의 '인도주의적 마르크스주의'는 소외 개념을 자본주의적 현대성에 대한 비판이라는 맥락에서 분리시켰고, 이를 전통 사회주의에 대한 비판으로 활용했다.[23] 일부 이론가들이 청년 마르크스의 소외 사상에서 사상적 자원을 탐색할 무렵에서야 인도주의는 문학담론의 표현방식에서 벗어나 이론적 사고로 발전했으며, 마침내 하나의 정치사조로서 기능하기 시작했다.

인도주의적 마르크스주의와 관련된 대표적인 인물은 당시 인민일보사의 부총편집장 왕뤄수이(王若水)였다. 그는 1980년『신문전선(新聞戰線)』제8기에서 발표한「소외문제를 논하다(談談異化問題)」, 1983년 1월 17일『문회보(文匯報)』에서 발표한「인도주의를 위한 변호(爲人道主義辯護)」등 다수의 글을 통해 인도주의적 마르크스주의에 대해 논했다. 왕뤄수이는 마르크스의 '소외' 개념을 무기로 삼아 전통 사회주의와 그 체제를 비판했으며, '노동으로부터의 소외' 개념을 '정치로부터의 소외', '종교로부터의 소외', '경제로부터의 소외' 등으로 그 외연을 확장시켰다. 1980년 6월 왕뤄수이는 중국사회과학원에서 있었던 간담회에서 청중의

---

23   Ibid.

요청에 따라 소외에 대한 자신의 견해를 밝혔다. 그는 현실생활에서 발생하는 소외의 사례를 들었고, 사회주의 사회에도 소외가 존재할 수 있다고 주장했다. 이데올로기가 개인의 미신으로 전락한 이념으로부터의 소외, 인민의 공복(公僕)이 인민의 주인으로 탈바꿈하는 정치로부터의 소외, 맹목적인 경제건설과 빠른 속도·중공업 발전만을 일방적으로 추구하여 결국 부담을 초래하고 환경오염을 유발하는 '경제로부터의 소외' 등이 그것이다. 왕뤄수이는 소외를 학술적으로 개념화했다. 그에 따르면 소외란 '주체가 발전하는 과정에서 그 활동으로 인해 주체와 대립하는 측면이 발생하게 되는데, 이것이 일종의 외재적이고 이질화된 힘이 되어 역으로 주체 자체를 거부하는 것'이다.[24] 이처럼 '소외'이론은 반현대성의 마르크스주의를 비판하는 사상적 무기가 되었다.

한편 인도주의에 의거하여 마르크스주의를 재구성하려는 시도는 인도주의가 하나의 정치사조로서 면모를 갖추기 시작했음을 말해준다. 왕뤄수이의 「인도주의를 위한 변호(爲人道主義辯護)」가 그 대표적인 사례이다. 왕뤄수이에 의하면 (모든) 인도주의에는 공통된 원칙이 있는데, 간략히 말하자면 그것은 인간의 가치이다. 인도주의마다 제각기 인간의 가치에 대한 이해가 상당히 다를 수 있다. 그러나 인간의 가치를 중시하기만 한다면 이는 하나의 인도주의와 또 다른 인도주의의 차이일 뿐, 인도주의와 비(非)인도주의 혹은 반(反)인도주의의 차이가 될 수 없다. '인간

---

24 王若水, 「談談異化問題」, 『新聞戰線』, 1980年 第8期 ; 何與懷, 「一位痛苦的淸醒者 — 紀念王若水」 https://www.aucnln.com/article_5647.htm.

의 가치'라는 말은 마르크스가 일찍이 긍정적인 의미로 자주 사용했으며, 비단 자산계급에게만 적용되는 용어는 아니다. 인도주의는 역사적으로 반봉건적 작용을 하는 동시에 반자본주의적인 기능도 수행했다. 따라서 인도주의를 자산계급의 이데올로기라 말할 수는 없다. 마르크스가 포이어바흐의 인도주의를 비판한 것은 사실이지만, 단 한 번도 인도주의를 근본적으로 부정한 적이 없었으며 오히려 인도주의를 새로운 단계로 발전시켰다. 마르크스와 포이어바흐 모두 인간을 가장 우선시했으며 인간 위에 한층 더 높은 본질이 존재한다는 것을 인정하지 않았다. 포이어바흐는 이데올로기 영역에서 허구적인 초인을 설정하는 것을 반대하는 데에 그쳤지만, 마르크스는 더 나아가 인간을 인간답지 못하도록 폄하하는 현실의 모든 사회관계에 반대했다. 마르크스가 이러한 혁명적 결론을 도출할 수 있었던 것은 그가 현실에서의 인간, 사회에서의 인간을 명확하게 이해했기 때문이다. 마르크스가 철저히 결별했던 것은 역사적 유심론이지 인도주의가 아니었다. 우리가 주장하는 인도주의는 다름 아닌 마르크스주의적 인도주의다. 마르크스주의적 인도주의에서 '인도주의'는 역사상 존재했던 인도주의와의 계승관계를 나타내며, '마르크스주의적'이라는 형용사는 단순한 인도주의와의 차별성을 함축하고 있다.[25] 사실 '마르크스적 인도주의'와 '인도주의적 마르크스주의'는 어느 정도 부합하는 부분이 있다. 왜냐하면 인도주의적 마르크스주의는 인도주의와 소외론·인성론을 기초로 한 반현대성의 마르크스주의에 대한 보완에 해당하기

---

25   王若水, 「爲人道主義辯護」, 『文匯報』(上海), 1983年 1月17日.

때문이다. 그 핵심은 마르크스주의의 본래 면모를 회복하는 데 있었다. 계급적 의미에서 일률적으로 규정된 '인간'을 해방시켜 사회주의 체제의 변혁을 이끌어내는 것이다.

인도주의적 마르크스주의를 최고조로 끌어올린 사람은 중국공산당 내 이론가인 저우양(周揚)이었다. 당대 중국의 유명 극작가이자 좌익영화운동의 개척차인 샤옌(夏衍)은 저우양을 가리켜 '당의 문예정책을 전달하는 자'라고 평가했다. 그러나 샤옌의 평가는 저우양을 설명하기에 불충분하다. 그의 내적 갈등은 '문혁' 이후 비교적 명확해졌다. 1983년 3월 7일, 중공 중앙당교는 마르크스 서거 100주년을 기념해 심포지엄을 개최했다. 여기에서 저우양이 「마르크스주의의 몇 가지 이론 문제에 대한 토론(關於馬克思主義的幾個理論問題的探討)」이라는 제목으로 한 발표는 '반현대적 마르크스주의'의 중요한 지표가 되었다. 저우양에 따르면 '소외'는 판별이 가능한 개념으로서 유심론적 개념이 아니다. 유심론자는 물론 유물론자 또한 그것을 사용할 수 있다. 헤겔(Georg Wilhelm Friedrich Hegel)이 말한 '소외'는 이론 혹은 정신으로부터의 소외이며, 포이어바흐가 말한 '소외'는 추상적인 인간성의 소외를 가리킨다. 반면 마르크스의 '소외'는 현실적 인간의 소외이며, 구체적으로 노동으로부터의 소외를 가리킨다. 이러한 사상은 마르크스의 『1844년 경제학-철학 수고』에서 상세하게 논술된 바 있으며, 훗날 잉여가치 학설로 발전했다. 마르크스는 다양한 소외현상이 인간의 가치를 구속하고 억압하며 폄훼한다고 보았다. 마르크스와 엥겔스가 꿈꿨던 인간해방은 착취제도로부터의 해방에 국한된 것이 아니라 소외의 형식을 띤 모든 예속으로부터의 해방,

즉 전방위적인 해방이었다. 저우양은 사회주의 사회가 자본주의 사회에 비해 우월하다 여기면서도 이것이 곧 사회주의 사회에서 소외가 존재하지 않는다는 판단으로 이어지지 않는다고 주장했다. '소외'는 객관적으로 존재하는 현상이기 때문에 여기에 과도히 민감하게 반응할 필요가 없다는 것이다. 철저한 유물론자라면 현실을 인정하는 것을 겁내지 않는다. 소외가 존재한다는 것을 인정해야만 이것을 극복하는 단계로 나아갈 수 있다. 그렇기 때문에 사회주의 사회의 소외와 자본주의 사회의 소외는 근본적으로 다르다. 또한 사회주의는 그 제도 자체만으로도 소외를 극복할 수 있다. 소외의 근원은 사회주의에 있는 것이 아니라 체제 내부에 있기 때문이다. 궁극적으로 저우양은 마르크스의 '소외'사상을 이해하는 것이 목전의 개혁을 추진하고 지도하는 데 중요한 의의를 갖는다고 보았다.[26] 이러한 '소외론'의 주요 관점은 소외가 마르크스주의의 중요한 개념이며, 이 개념을 적용해 사회현상의 전반을 분석하고 설명할 수 있다는 것이다.아울러 소외이론은 마르크스주의의 기초라는 점을 강조한다. 마르크스는 초기 저작에서 소외이론에 대해 논술했으며, 이러한 소외이론은 그의 후기 저작을 통해 한층 발전되고 심화되었다. 소외론의 주요 주창자들은 소외 개념을 광범위하게 적용해 사회주의의 소외가 사회주의에서 발생하는 일체의 폐단이 집약되어 나타난 것이라는 문제를 제기했다. 이들은 현재 당과 국가의 정치·경제·사상적 측면에서 소외가 발생했으며, 이것이 봉건주의와 결합해 관료주의·주관주의·명령주의

---

26   曹維勁, 魏承思 主編, 『中國80年代人文思潮』(上海: 學林出版社, 1992), 111~112쪽.

및 잘못된 지휘를 초래할 수 있다고 진단했다.[27] 이들이 보기에 개인숭배는 사상의 영역에서 발생하는 기형적인 소외 형식으로서 종교의 영역에서 발생하는 소외와 유사한 것이다. 다른 점은 그 숭배대상이 천국에 있는지 현세에 있는지 뿐이다. 사상과 종교에서 발생하는 소외의 공통점은 인간이 자신이 갖고 있는 본질과 능력으로부터 소외되어 그것을 완전무결한 지고(至高)의 존재에게 헌납한다는 점이다. 인간은 스스로 만든 신들 앞에 무릎을 꿇고 숭배해 자신의 의지와 사상을 잃게 되었다.

인도주의와 소외이론이 유기적으로 연관될 때 그것이 표출하는 것은 인간의 가치를 모색하며 발견하고 인식하는 단순한 문화적 사명이 아니다. 인도주의와 소외이론의 결합은 기존의 국가이데올로기에 대한 인도주의의 도전을 초래했다. 왜냐하면 이때의 인도주의는 문학사조에서 정치사조로 변모하면서 '공통된 인간 본성'을 발굴하려 했기 때문이다. 이 시기의 인도주의는 추상적인 인민성(人民性)을 기초로 사회제도와 정치제도를 구성하려 했으며, 심지어 인민성이 당성(黨性)보다 높다는 입장을 제시해 정치제도와 정치생활에서 만연했던 계급성을 뒤덮어 버렸다. 여기서 우리는 이 시기의 인도주의자들이 사실 마르크스의 '인간과 인간의 소외' 사상에서 이탈했음을 알 수 있다. 자본주의를 비판했던 마르크스의 소외 사상이 기존의 이데올로기와 정치·사회제도에 도전하는 인도주의자들의 사상적 무기로 변질되었으며, 여기에는 (체제) 전복의 의도가 깃들어 있었다. 이로 인해 정치적 올바름의 원칙에서 벗어났

---

27   吳建國等 主編, 『當代中國意識形態風雲錄』(北京: 警官教育出版社, 1993), 555쪽.

으며, 그 정치적 운명 또한 자명해졌다.

인도주의는 기존 이데올로기와의 대립성을 여실히 내비침으로써 이른바 '정신오염'을 정화하자는 운동 속에서 차츰 기세를 잃어갔다. '정신오염의 정화(淸除精神汚染)'라는 구호는 1983년 6월 4일, 중앙당교에서 인도주의와 소외이론을 비판한 덩리췬(鄧力群)의 발언을 통해 가장 먼저 제시되었다. 이후 새로운 내용이 더해져 문예·신문·교육 등 여러 영역에 모두 '정화'의 임무가 주어졌다. 후챠오무(胡喬木)의 「인도주의와 소외문제에 대하여(關於人道主義和異化問題)」(1987년 1월 27일 인민일보 게재)가 이 시기 '정신오염 정화' 운동을 대표하는 문서화된 결과물이다.

| 평가 |

1980년대 초기 발생한 '정신오염 정화' 운동 이후, 이데올로기에 대한 비판에도 다른 갈래가 생겼다. 1986년, 정치체제에 대한 비판이 '서구화론'의 이름으로 전개되었을 때까지만 해도 이데올로기에 대한 비판은 정치체제에 대한 비판으로 대체되었다. 정치체제의 서구화를 주장하는 입장은 1986년부터 1989년까지 이어졌다. '정신오염 정화' 운동이 진행된 시간은 그리 길지 않았으나 추상적인 '인성론'·'소외론'·'인도주의'로 야기된 이론적·관념적 딜레마가 해소되기에는 충분으며, 전통 사회주의와 서구 자본주의를 반성하는 과정 중에 발생한 관념적 혼란들도 정리되었다. 물론 중국 공산당은 정신오염 정화 운동이 비화되어 개혁개방 노선

을 저해하지 않도록 형세를 살펴 완급을 조절했다. 그 결과 '정신오염에 대한 지양'은 사회주의 현대화 건설 과정 속으로 흡수되었고, 중국 현대화 발전의 기본 논리에 보조를 맞추게 되었다. 이로써 일련의 부정적인 영향들이 발생하고 만연하는 것을 피할 수 있었고, 합리적인 문화사상의 발판을 마련할 수 있었다. 이와 관련해서는 왕후이의 다음과 같은 설명이 비교적 정확하다고 말할 수 있다. 르네상스 이후 서구 인문주의가 종교를 비판하기 시작한 것과 같이 중국 내 인도주의적 마르크스주의 또한 전통 사회주의에 대해 비판하기 시작했고, 이는 중국사회의 '세속화' 운동—자본주의 시장화 발전—을 촉발했다. 특수한 맥락에서, 서구 자본주의의 현대성에 대한 마르크스의 비판이 현대화 이데올로기로 전환되어 중국 '신계몽주의' 사상을 구성하는 주된 요소가 된 것이다. 인간의 자유·해방과 같은 추상적 이념들은 인도주의적 마르크스주의를 통해 현대적 가치관으로 탈바꿈했다. 한편, 인도주의적 마르크스주의 자체가 현대적 이데올로기이기 때문에 현대화와 자본주의 시장으로 인해 발생한 사회적 위기에 대응하는 분석이나 비판을 제시하기 어려웠다. 시장과 그 운영규칙들이 나날이 주류 이데올로기로 자리잡아 가던 환경 속에서, 전통 사회주의의 역사적 실천을 비판하는 것을 주된 목적으로 하는 비판적 사고는 자취를 감추게 되었다.[28]

---

28   汪暉,「當代中國思想狀況與現代性問題」,『邊緣思想』(海南: 南海出版公司, 1999).

2. 신전통주의:
가치 재건을 위한 정치적 노력

오늘날 학생들이 고전을 읽는 것이 기사거리로, 앞다투어 보도될 정도로 유학(儒學)과 그 경전들은 우리의 삶에서 상당히 동떨어졌다. CCTV의 '백가강단(百家講壇)' 프로그램이 상업적 수단을 통해 애써 문화적 풍경을 조성한 것만 보더라도 대중들의 전통문화에 대한 이해가 경악할 수준에 이르렀음을 짐작할 수 있다. 1980년대 중국은 오늘날 배금주의 풍조와 선명한 대비를 이룬다. 몇 년간 과열된 문화 붐(文化熱)으로 인해 지식이 제대로 대우받지 못할 때, 지식집단과 일부 이상주의자들은 신유학 부흥에 몰두하는 문화적 분위기 속에서 유교윤리의 현대적 의의를 찾으려 했다.

전통에 새로운 함의를 부여하거나 전통에서 구국의 특효약을 찾으려 하는 시도는 근대 이후 꾸준히 존재했다. 1920년대에 나타난 현대 신유가(新儒家)가 이러한 흐름을 대표한다. 신유가의 학설은 '신유학(新儒學)'이라고도 불렸는데 마르크스주의 계열, 자유주의 서구화론과 어깨를 나란히 하는 현대 중국의 3대 사조 가운데 하나이다. 신유학은 현대 중국의 문화보수주의를 사상적으로 대변한다. ('르포문학(報告文學) 붐', '잡문(雜文) 붐', '시가(詩歌) 붐'을 포함한)'문학 붐', '철학 붐', '문화 붐'은 그 당시 문화를 대변하는 총체적 특징이다. 당시 사람들은 이상주의(理想主義)에 경도된 삶을 살았고, 그 열기는 1950년대 초 중국에 결코 뒤지지 않았다. 그렇지만 오늘날 이상에 좌우된 삶을 사는 이들은 많지 않다. 대다수는 시장화의 흐름에 편승했고 이제 그들에게 문화는 부의 획득 이외의 소일거리, 장식품이 되어버렸다. 그럼에도 불구하고 우리는 그 시대가 지향하고 행한 것에 대해 깊은 존경을 간직하고 있다. 어떻게 보면 오늘날 중국이 이룬 발전은 당시로부터 배양된 것이라 할 수 있다. 문화적 측면에서의 각성과 반성이 선행되지 않았다면, 중국은 현대화 발전 단계로 접어들 수 없었을 것이기 때문이다. 신전통주의가 바로 그 시대의 산물이다. 신전통주의는 한 국가, 한 민족이 직면한 영속적인 문제를 제시했다. 현대화를 지향하는 과정에서 스스로의 정신적 특질을 어떻게 보존할 것인가가 그것이다. 류명시(劉夢溪)는『전통의 오독(傳統的誤讀)』서문에서 다음과 같은 의미심장한 발언을 했다.

나는 21세기가 중국인에게 가장 짧은 세기가 될 것이라 생각한다. 왜냐하면 이미 20세기가 우리에게 매우 많은 시간과 기회, 드넓은 무대를 제공했기 때문이다. (우리의) 역사는 20세기에 압축되었는데 마치 몇 백 년에 걸쳐 이뤄나가야 할 일들이 그 한 세기에 이루어진 것과 같았다. 게다가 각양각색의 방식으로 이것을 해냈다. 유럽, 미국, 일본, 러시아의 경험을 모두 들여와 실험해봤으니 말이다. 그 과정에서 성패와 득실을 따지지 않았고 반복도 서슴치 않았다. 그 결과 세기초의 일들이 세기말에도 행해졌고 전세대가 했던 일을 후세대도 행했다. 겪었던 일들이 또 한 차례 반복됐다. 짐작컨대 21세기에는 이처럼 마음껏 내돌릴 시간이 없으리라.[29]

1960년대 이후 동아시아 유교문화권으로 분류되는 네 마리 용의 부상으로 인해 유교사상의 현대적 의의를 탐색하는 일은 나날이 국제 학술계의 주목을 받게 되었다. 미국의 물리학자이자 미래학자인 허먼 칸(Herman Kahn)의 —'유교문화전통을 보유한 모든 사회는 현대화 과정에 훌륭히 적응할 수 있다'— 견해는 현대 신유가의 연구가 세계적 반응을 얻는 데 기여했다. 중국의 사회발전이 80년대 중후반 고비를 맞았고, 이 때부터 신유가를 위시한 신전통주의가 점차 대륙에서 힘을 얻기 시작했다. 신유가는 하나의 정치문화사조로서 일종의 가치적 결합과 재건을 상징했다. 이론적 기여도(그 이론적 공헌 자체도 매우 미미하다)는 신유가의 가치를 대변하지 못한다. 비록 적용되는 공간이 다소 한정적이며 실천적 기초가 취약하다 해도, 신유가의 가치는 그 정치적·사회적 의의에 있다. 그렇기 때문에 정치사조의 측면에서 신유가를 신전통주의의 일종으로 규정할 수 있는 것이다.

---

29   劉夢溪, 『傳統的誤讀』(石家莊: 河北敎育出版社, 1996), 1쪽.

| '전통'과 그 중의성 |

인류학자와 역사학자들에게 전통은 더 이상 모호한 연구대상이 아니다. 인류학자 로버트 레드필드(Robert Redfield)가 제시한 '대전통(great tradition)'과 '소전통(little tradition)' 개념은 1950년대 이래 두루 통용되었다.[30] 미국 학자 에드워드 쉴즈(Edward Shils)가 집필한 『전통(Tradition)』은 전통 문제를 다룬 대표적인 저작이라 할 수 있다. 그는 계몽운동 이후 서구사회에서 유행했던, 전통과 과학·이성을 이항대립적으로 보는 시각을 비판했다. 나아가 전통은 결코 현대사회 발전의 장애물이 아니며, 이른바 계몽학자와 기술지상의 과학주의 또한 옛 전통의 굴레에서 벗어날 수 없다고 주장했다. 전통은 인류의 사회적 행위에 규범적 작용과 도덕적 감화력을 행사할 수 있는 문화적 파워인 동시에 인류가 역사라는 큰 흐름 속에서 발휘한 창조적인 상상의 축적이다. 그러므로 한 사회가 전통을 완전히 말살하거나 전혀 다른 전통으로 이를 대체하는 것은 불가능하다. 오로지 옛 전통의 기초 위에서 진행되는 창조적인 개조만이 가능하다.

전통의 어원은 라틴어 트라티툼(traditum)이며 과거부터 현재까지 전해오는 사물을 뜻한다. 이것은 영단어 tradition의 기본적인 뜻이기도 하다. 이를 조합해보면, 3세대 이상 연속되어 인류에 의해 가치와 의미가 부여되는 사물을 전통이라 부를 수 있다. 비단 물질적 산물 뿐 아니라 다

---

30   Robert Redfield, 『Peasant Society and Culture』(University of Chicago Press, 1956).

양한 사물과 관련된 관념과 사상, 인물과 사건, 관습, 체제에 대한 인식 또한 여기에 포함된다. 좀 더 구체적으로 말하면 전통은 한 사회가 일정 기간 동안 계승한 건축·기념비·경관·조소(雕塑)·회화·서적·도구와 인류의 기억·설화 속에 보존된 모든 상징적 사물(The Symbolic Construction)을 포함한다. 전통은 인류가 창조해 상징적 의미를 부여한 모든 산물의 복합체이다. 그러나 이러한 설명은 형식적 의미의 전통에 국한된다. 이 외에도 전통은 일종의 특수한 의미를 지니는데, 그것은 대대로 전해오는 사물 변천의 연쇄이다. 즉, 이제껏 수용되고 전해내려오는 하나 혹은 몇몇 주제를 중심으로 형성된 각기 다른 변형의 시간적 연계이다. 종교신앙·철학사상·예술풍조·사회제도 등은 후대로 전해지는 과정에서 다양한 변천을 겪기도 하지만, 공통된 주제와 연원, 유사한 표현방식과 출발점은 보존된다. 따라서 다양한 변형체들 사이에는 언제나 하나의 연결고리로 이어져 있다. 우리가 흔히 말하는 '플라톤주의 전통', '고대 그리스의 민주 전통', '개인주의 전통', '기독교 전통' 혹은 '군주전제 전통', '유교 전통' 등이 모두 여기에 해당된다. 전통은 한 사회의 문화유산으로서 인류가 과거에 창조한 각종 제도와 신앙·가치관념·행위방식 등으로 구성된 표의적 상징이다. 전통은 세대 간에, 역사적 단계 간에 어떤 연속성과 동일성을 유지하게 하여, 한 사회가 자신의 문화를 창조하고 재창조할 수 있는 암호를 구성토록 한다. 아울러 인류의 생존에 질서와 의의를 부여한다. 쉴즈가 제시한 주요 개념 중 하나는 실질적 전통(substantive tradition)이다. '실질적 전통'이란 과거의 성취와 지혜, 전통을 포함한 제도를 추앙해 과거로부터 계승된 모델을 효과적인 가르침으로 간주하는 사상적 경향을 말한다. 종교와 가정에 대한 애정, 조상과 권위에 대한 공경, 고향에 대한 그리움 등을 예로 들 수 있다.

이와 같이 실질적 전통은 자연적이며 영구적인 연속성에서 비롯된 것으로 '만들어진 전통'이 아니다. 영국 학자 에릭 홉스봄(Eric Hobsbawm)이 제시한 '만들어진 전통'이라는 용어에는 실제로 발명되고 구성되어 공식적으로 제도화된 '전통들'은 물론, 그 기원을 쉽게 거슬러 올라가기는 어렵지만 어쨌든 추정은 가능한 시기, 대략 수년 사이에 등장해 급속하게 확립된 '전통들'이 모두 포함된다. 물론 이러한 전통은 영속적이지 않다. 실질적 전통과 만들어진 전통을 비교해보면, 실질적 전통에 대한 부정은 대개 거대한 정치적 모험이자 도박으로 여겨졌음을 알 수 있다. 이와 대조적으로 '만들어진 전통'은 경우에 따라 보다 자주 만들어진다. 전통의 발명이 더 자주 일어나리라 예상할 수 있는 경우는 사회가 급속히 변형됨으로써 '낡은' 전통이 기반하고 있던 사회적 패턴들이 약화되거나 파괴되어 그 결과 낡은 전통들과 충돌하면서 새로운 전통이 만들어질 때나, 아니면 낡은 전통과 그것들을 제도적으로 매개하고 보급하는 수단이 더 이상 융통성 있게 적응할 수 없는 것으로 판명나거나 아예 사라져 버렸을 때다. 전통을 발명해낸다는 것은 (과거에 준거함을 특징으로 하면서 다만 반복되는 것만으로도) 공식화되고 의례화되는 과정이라고 해야 할 것이다.[31] 실질적 전통이 장기간 사람들의 존중과 애착을 받으며 사람들의 행위에 강력한 도덕적 규범 작용을 하는 까닭은

---

31   [英]E·霍布斯保姆, T·蘭格, 『傳統的發明』(南京: 譯林出版社, 2004), 1-5쪽.

이러한 전통이 일종의 신성한 카리스마(Charisma)적 특질을 갖기 때문이다. Charisma라는 용어는 신약성경 고린도후서에서 처음 등장했는데 신의 은총으로 부여받은 자질을 뜻한다. 19세기 독일의 법학자 조옴(Rudolf Sohm)은 이것을 차용해 기독교 교회의 초세속적 성격을 지칭하기도 했다. 막스 베버(Max Weber)는 카리스마를 권위의 이상적 형태 가운데 하나로 규정했다. 이것은 신성한 감화력을 가진 지도자의 비범한 영육적 특질, 선지자·영매·입법자·군사전략가, 신화 속의 영웅이 지니는 비상한 자질과 신으로부터 부여받은 능력을 가리킨다. 또 모든 것이 세속적 사물과 대립되는 초자연적인 영력을 일컫기도 한다. 쉴즈는 카리스마의 함의를 한층 확대했다. 그에 따르면 사람들은 사회 속에 존재하는 일련의 행동규범·역할·제도·상징기호·사상관념과 객관적 물질이 '궁극적인', '질서를 결정하는' 비범한 역량과 관련이 있다고 믿는다. 이러한 믿음으로 인해 그것들은 그 자체로 사람들의 경외를 받고 복종을 자아내는 신성한 카리스마를 갖게 되는 것이다. 전통의 윤리적 규범·제도·법률·상징기호가 카리스마적 특질을 상실하게 되면 사람들로부터 경외받지 못할 뿐 아니라, 사람들 또한 더 이상 그것에 헌신하거나 수호하지 않게 된다. 전통 자체도 사람들에 대한 도덕적 규범 작용과 도덕적 감화력을 점차 상실하게 된다.[32] 근대 서구의 합리화·현대화 과정은 사실상 이러한 실질적 전통을 지양하는 과정이었다. 따라서 위잉스(余英時)는 '서구의 현대는 종교로부터의 탈피요, 중국의 현대는 도덕으로부터의 탈피

---

32   [美]E.希爾斯,『論傳統』(上海: 上海人民出版社, 1991).

다.'라고 했다.[33]

　그러므로 전통은 문화와 다르다. 전통은 고착화된 것으로 항시적이며 무형적인 반면 문화는 시대에 흐름에 따라 변화하고 발전하며 유형적이다. 문화전통과 전통문화는 별개의 개념이라는 것 별다른 이견이 없다. 저명한 철학사가 팡푸(龐樸) 역시 '문화전통'과 '전통문화'는 각각 다른 개념이므로 함께 논할 수 없다고 했다. 한 민족의 전통이 그 문화와 불가분의 관계에 있다는 것은 의심할 여지가 없다. 문화를 떠나서는 그어떤 전통도 탐색되거나 연마될 수 없고, 전통이 없다면 민족의 문화 또한 성립될 수 없는 것이다.[34] 전통문화는 과거에 이미 완성된 것으로 '죽은' 상태라 할 수 있으나, 문화전통은 살아있다.[35] 즉 전통문화는 죽은 문화, 문화전통은 살아있는 문화라 할 수 있다. '문화전통이 형이상적인 도(道: 정신)라고 한다면, 전통문화는 형이하적인 기(器: 몸체)라 할 수 있다. 도(道)는 기(器)속에 존재하고, 기(器)는 도(道)를 떠날 수 없다(道在器中, 器不離道).'[36]

　한편 푸단대학의 주웨이정(朱維錚)은 문화학적 관점에서 문화전통과 전통문화를 다음과 같이 구분했다. '전통문화는 역사에 속하며, 역사

33　劉夢溪, 『傳統的誤讀』(石家莊: 河北敎育出版社, 1996), 353쪽.

34　朱家楨, 厲以平, 葉坦 主編, 『東亞經濟社會思想與現代化』(太原: 山西經濟出版社, 1994), 356쪽.

35　龐樸, 「文化傳統與現代社會」, 『中國社會科學』(北京), 1986年 第5期.

36　朱家鎭, 厲以平, 葉坦主編, 『東亞經濟社會思想與現代化』(太原: 山西經濟出版社, 1994), 356쪽.

는 과거에 속한다. 과거에 벌어졌던 모든 것은 기정된 사실로, 다양한 논리적 가능성만으로 이것을 바꿀 수 없다. 마찬가지로 이론적 해석만으로 역사적으로 이미 존재하고 성행했던 사실 자체를 바꿀 수 없다. 그러나 현대사회의 문화생활에서 이미 사라진 전통은 자연히 그 존재의 근거를 잃게 된다. 이러한 전통을 구현하는 문화적 형태는 명백히 죽은 문화에 속한다. 반면 과거 선조들이 적합하다 여겼던 행위 규범이 이후 계속 적절한 것으로 받아들여지고 예로부터 축적된 가장 알맞은 경험들로 인식된다면, 이러한 문화를 구현하는 문화적 형태는 역사적 유산으로서 현대사회의 문화생활에서 여전히 존재하게 된다. 비록 그 위치와 형태가 변했다고 해도 그것은 살아있는 문화다. 후자가 곧 사람들이 말하는 문화전통이다.[37] 한편 뚜웨이밍(杜維明)은 문화전통을 오늘날까지 향유하고 있는 심리구조의 일부로서의 정신적 자원이라고 본다.

1980년대에 활발하게 진행된 문화토론은 대략 다섯 가지 방향으로 진행되었다. 문화학 이론, 중국 전통문화에 대한 평가, 서구문화에 대한 평가, 중국 전통문화와 서구문화의 관계 및 중국문화의 발전방향이 그것이다. 그 가운데 세간의 이목이 보다 집중된 것은 중국 전통문화에 대한 평가, 중국문화와 서구문화의 관계 설정, 중국문화의 발전방향 등 세 가지 문제였으며, 문화학 이론에 대한 탐색과 서구문화에 대한 연구는 매우 미약한 편이었다.

---

37   朱維錚, 「傳統文化與文化傳統」, 『復旦學報』(上海), 1987年 第1期.

중국의 문화적 전통은 다양한 요소로 구성되어 있으나, 대전통과 소전통을 망라해 모든 계층을 아우를 수 있는 핵심은 단연 유가(儒家)이다.[38] 유가만이 중국의 실질적 전통을 구현할 수 있다. 그렇기 때문에 신전통주의가 비교적 순조롭게 신유학의 부흥을 표방할 수 있었던 것이다. 2천여 년의 세월동안 유학(儒學)은 크게 세 시기에 걸쳐 발전했다. 공맹(孔孟)을 위시로 한 선진(先秦)유학, 유학이 주류 사상으로 새롭게 확립되었던 송·명대 성리학, 1920년대 이래 진행되어 온 신유학이 그것이다.

현대 신유가의 발전 또한 3세대에 걸쳐 진행되었다. 1921년부터 1949년까지가 1세대로, 슝스리(熊十力)·량수밍(梁漱溟)·마이푸(馬一浮)·장쥔마이(張君勱)·펑여우란(馮友蘭)·첸무(錢穆)가 이 시대를 대표하는 유학자였다. 1950년부터 1979년까지가 2세대로, 팡동메이(方東美), 탕쥔이(唐君毅), 모우종싼(牟宗三), 쉬푸관(徐復觀)이 이 시대에 활동한 대표 철학자이다. 1980년대부터 현재까지를 제3세대로 보며, 대표적인 철학자로는 청중잉(成中英), 류수셴(劉述先), 뚜웨이밍(杜維明), 위잉스(余英時)를 들 수 있다.

사실 신유가의 등장은 새삼스럽지 않은데, 중국 근현대철학사를 통틀어 신유가는 줄곧 대표적인 학설이었기 때문이다. 당대 신유학이 계승한 지적 자원과 사상적 자원 또한 위에서 언급한 1920년대-1950,60년

---

38   杜維明, 『現代精神與儒家傳統』(北京: 三聯書店, 1997), 418쪽.

대에 활동한 신유가의 대표적 인물들에게서 비롯되었다. 1980년대 이후 부흥한 신유가는 안팎에서 호응하는 국면을 맞았다. 해외에 체류하고 있는 이들이 나서서 고무하고, 국내의 일부 연구자들이 여기에 호응해 전파하는 양상이었다. 뚜웨이밍은 1980년과 1985년 두 차례에 걸쳐 중국 대륙에서 장기간 강연 활동을 하며 신유학 부흥에 큰 흐름을 조성했다.

이 책에서 말하는 신유가(New Confucian)는 중국 철학사의 성리학, 즉 서구학자들이 말하는 Neo-Confucian[39]을 가리키는 것이 아니다. 1920년대에 발생해 유가의 '도덕'을 계승·발전시키려 한, 성리학을 근본정신으로 하여 유가학설과 서구 학문의 접목·융합을 시도하여 현대화된 당대의 신유가(Contemporary New Confucian)를 모색한 이들과 그 계보를 통칭하는 것이다. 국내외 학술계는 이러한 문화현상을 가리켜 '제3기 유학의 부흥'이라 부른다. 신유가라는 명칭은 장쥔마이의 영문 저작 『신유가사상의 발전(新儒家思想的發展)』이 출판된 후 점차 널리 사용되기 시작했다. 1980년대 중반, 유교문화권으로 분류되는 일부 동아시아 국가들이 약진함에 따라 학술계에서는 유가사상과 현대화 사이의 친화성을 연구하는 사조가 확산되었다. '제3기 유학의 부흥'은 이러한 흐름을 대표하는 표어가 되었다.

당대 중국에서 부흥한 신유학은 세계적으로 진행된 '제3기 유학의

---

[39] 주희(朱熹), 육구연(陸九淵), 왕양명(王陽明)과 명말 고염무(顧炎武), 왕부지(王夫之)를 포함하는 '송명신유학(宋明新儒家)'을 가리킨다. 羅義俊編著, 『評新儒家』(上海: 上海人民出版社, 1991).

부흥' 시류에 적극 호응했다. 1987년 1월 싱가포르에서 '유가윤리와 동아시아 신흥공업국의 현대화'를 주제로 한 국제학술회의가 열렸고, 같은 해 8월 중국에서 '유학국제학술회의'가 개최되었다. 신유가 연구를 주제로 한 서적들이 각종 대형 서점을 가득 매웠고, 신유학은 한순간에 가장 유행하는 학술 용어 가운데 하나가 되었다. 이러한 움직임은 전통에 애착하는 수많은 이들의 상상과 기대를 불러일으키기 충분했다. 특히 1989년 전후 베이징과 상하이 두 곳에서 각각 열린 '유가사상과 현대화', '유학과 미래사회'를 주제로 한 국제학술회의는 이러한 독특한 문화 현상이 진행되는 데 대중적 영향력을 더해 주었다. 팡커리(方克立)는 1990년 현대 신유학 집요 총서의 서문에서 당시의 정경에 대해 언급한 바 있다.

"5년 전, '현대 신유학' 또는 '현대 신유가'라는 것은 사람들에게 매우 생소한 개념이었다. 그러나 오늘날 이것들은 당당히 우리의 잡지와 신문, 서책에 오르내릴 뿐 아니라, 중국 현대 사상·문화 연구의 새로운 영역이자 화두로 신속히 자리잡았다."

"개혁개방으로 인해 국외에서 유입된 다양한 사조가 쇄도하는 상황에서, 중국 본토에서 발생하여 중국 민족문화의 정신을 수호하는 것을 기치로 하고 전통과 현대화, 중서문화의 관계를 해결하는 것을 주요 목적으로 하는 이러한 사상학설이 본토로 회귀할 수 있는 기회를 놓칠 리 없었다. 주로 해외 화교 학자들의 노력에 힘입어 '제3기 유학의 부흥'이 적극적으로 추진되었고, 그 결과 '유학의 부흥'은 80년대 중국의 문화토론에서 당당하게 인기 학문(顯學)의 지위를 차지하게 되었다. 문화토론의 감흥과 그리 멀지 않은 역사적 회고로 인해 사람들은 비교적 빨리 '현대 신유학'과 '현대 신유가' 개념을 받아들일 수 있었다."[40]

중국의 문화전통이 '5·4' 당시 공자 타도(打倒孔家店) 운동에서 이미 한차례 분열을 겪었다는 것은 1980년대 문화계에서 보편적으로 통용되는 관점이었다. 물론 역사학계에서는 이러한 분열의 기원을 좀 더 소급해서 찾으려는 시도가 있을 수 있다. 만주족이 중원을 정복한 이후 실시한 문화통제정책이 중국 문화전통의 분열을 야기한 주범이라는 주장이 그 일례이다. 공자 타도 운동 이후 중국의 문화전통은 '문혁'의 소용돌이에 휘말려 또 한번 치명적인 타격을 입는다. '임표와 공자 비판(批林批孔)' 운동이 시작됨에 따라, 국가이데올로기로서 마르크스주의와 전통이 덧씌워진 모든 사물은 초유의 재난에 직면하게 되었다. 마르크스주의에 대한 도그마식 이해는 마르크스주의를 '극좌'의 함정으로 밀어넣었고, 전통이란 낙인이 찍힌 것은 무엇이든 척결대상 목록에 올랐다. 이는 대중노선에 입각해 일체의 권위를 일소하려는 극단적인 운동이었다.

'5·4' 운동이 반(反)전통을 통해 일종의 가치의 재구성을 시도했다면, '문혁'은 활용가능한 모든 전통자원을 일거에 폐기해버렸다. 급진주의의 홍수 속에서 문혁은 인간의 내면에 잠재되어 있던 야만성을 전부

---

40   方克立, 『現代新儒輯要叢書』(中國廣播電視出版社, 1990).

방출해버렸다. 중국인을 얽매던 모든 도덕적 예속은 이 급진적인 운동에 밀려 일순간 깡그리 사라져버렸다. 도덕이라는 고탑의 붕괴는 당대 중국과 문화전통의 단절을 초래했다. 역사와 현실의 간극은 '문혁'으로 인해 그 골이 더욱 깊어졌다. 그러나 1980년대에 이르러 과거 철저히 부정되고 비판받았던 신유학을 필두로 한 신전통주의, 그리고 그것이 수호하는 '대전통'이 새롭게 소환되었다. 이로써 다시 한번 독특한 정치문화적 경관이 펼쳐졌다. 여기에는 심오한 사회정치적 배경이 자리잡고 있었다.

첫째, 일본과 '아시아의 네 마리 용'의 경제적 도약에 기여했다고 보이는 유교의 신화적 효과가 그 촉진제 역할을 했다. 유학을 기초로 한 아시아 국가의 성공은 중국 학계가 새삼 전통가치에 주목하도록 했다. '유교자본주의'는 일종의 사회형태로서 중국이 지향해야 할 것으로 여겨졌다. 뚜웨이밍은 현대정신의 틀 속에서 유가전통을 고찰했으며, 유가적 특색을 띤 현대성은 동아시아(일본·한국·싱가포르, 중화권의 대만·홍콩과 같은 동아시아 내 신흥 공업국, 중국 대륙·북한·베트남과 같은 동아시아 내 사회주의 국가를 포함)에서 출현할 가능성이 매우 크다고 보았다. 비록 '동아시아 현대성'이 서유럽과 미국의 영향을 지대하게 받았다고 해도 그것은 서구 모델의 복사판은 아니었다. 신흥공업국가이든 사회주의국가이든 모두 전통과 밀접한 관계에 있음은 부정할 수 없다. 나아가 뚜웨이밍은 다음과 같이 말했다.

"동아시아의 전통 가운데 수세기에 걸쳐 주도적 역할을 해온 유가사상이 동아시아 현대성의 성립에 적극적인 역할을 발휘할 수 있다. 유가적 명제,

즉 유가윤리와 동아시아 현대성 간에 존재하는 선택적 친화성은 (프로테스탄트 윤리와 서구 자본주의 정신의 상관성을 증명한) 베버의 명제를 반증해주지 않았으며, 오히려 베버의 명제가 서구에 한정되도록 만들었다. 다시 말해, 서구의 현대화가 비록 역사적으로 동아시아의 현대화를 촉발하긴 하였으나 동아시아 현대성의 내용을 구조적으로 구성한 것은 아니다. 그러므로 동아시아 현대성은 유가를 포함한 동아시아 전통과 서구화가 상호작용한 결과물이다."[41]

프랭크 기브니(Frank Gibney)는 자신의 저서 『디자인의 기적(Miracle by Design)』에서 일본의 '경제기적'의 배경에 대해 상세히 분석한 바 있다. 기브니는 수세기에 걸쳐 형성된 유가적 노동도덕 전통이 일본 경제 성장을 견인한 결정적인 요소 중 하나라고 주장했다. 나아가 그는 일본을 서구 자본주의와 구별되는 '유가 자본주의'로 분류했다. 모리시마 미치오(森嶋通夫)는 1975년 런던정경대학에서 강의할 때 '유교자본주의의 집단주의적 특성'이라는 제목의 평론을 발표한 바 있다. 그는 유가학설이 개인주의를 장려하지 않는다고 말했다. 유교학설은 본질적으로 이성적이며 여타 종교가 공통적으로 갖고 있는 신비주의와 주술적 주문을 지양한다. 일본인이 메이지 유신 이후 매우 신속하게 서구의 기술과 과학을 소화한 데에는 유가학설의 교육에 일정 부분 공을 돌릴 수 있다. 일본의 기업가 시부사와 에이이치(澁澤榮一)는 『논어』의 필사본을 자주 몸

---

41   杜維明, 『現代精神與儒家傳統』(北京: 三聯書店, 1997), 1-3쪽.

에 지니고 다녔다. 시부사와는 상호관계를 강조하는 유가사상이 기업 운영에 필요하다고 생각했는데, 이는 기업이 권력과 영합해 사적 이익 추구에만 골몰하는 타락을 겪지 않도록 방지하기 위함이었다. 그의 목표는 '『논어』와 주판을 바탕으로 현대기업을 건립하는 것'이었다.[42] 미국 UCLA 대학의 윌리엄 오우치(William Ouchi)는 『Z이론-미국기업은 일본의 도전에 어떻게 대응할 것인가』에서 경영학적 관점에 입각해 일본 기업이 어떻게 전체 가치관과 전체 관계(서구의 부분 관계와 고용관계에 상대되는 개념)를 중시하는가에 대해 고찰함으로써 서구의 경쟁·거래·고용·시장기제와 다른 유가적 기업관리 모델을 제시했다.[43] 일본의 경제도약만으로 유학과 현대화 간의 상관성을 설명하기에 충분치 않다고 해도, 아시아의 네 마리 용(한국·싱가포르·대만·홍콩)의 사례가 잇따르면서 신전통주의의 탄생에 직접적인 근거가 갖춰지게 되었다. 일본의 경우 메이지 유신 이후 탈아입구(脫亞入歐)를 거쳐 이미 정치적인 의미에서 서구 열강의 대열에 합류했다. 따라서 일본에게 유가문화는 겉치레에 불과하고, 자본주의적 정치체제와 경제제도야말로 그 핵심이다. 홍콩의 경우 그 경제적 부상과 자유항으로서의 지위는 시장제도와 밀접한 관련이 있다. 또 장기간 영국의 통치 하에 있었기 때문에 유교문화가 얼마나 잔존하였는가에 대해서는 다소 의문이 들 수밖에 없다. 한국은 유교문화권에 속하

---

42 李書有,「關於三次新儒學思潮」,『南京大學學報』(南京), 1987年 第1期.

43 威廉·大內, 『Z理論—美國企業界怎樣迎接日本的挑戰』, (北京: 中國社會科學出版社, 1984).

는 국가 중 하나로 화교사회와는 다르다. 반면 싱가포르와 대만은 화교사회의 현대화와 유교문화의 상관성을 증명하는 가장 적합한 사례라고 할 수 있다. 특히 싱가포르의 리콴유(李光耀)는 아시아적인 국가운영 사상과 전략을 바탕으로 한동안 유교문화권의 정신적 지도자로 불렸다. 리콴유와 싱가포르는 당시 중국에 매우 극적인 영향을 끼쳤다. 이처럼 신유학의 부상은 국내외 안팎이 맞물려 호응한 결과였다. 신유학은 문화와 가치의 재구성을 통해 중국의 현대화를 추진하는 구상을 어느 정도 구현해 보였다.

둘째, 1978년 이래 추진된 시장화 개혁이 야기한 일련의 폐단은 중국 학계가 문화적, 가치적인 반성을 단행하는 계기가 되었다. 서구 자본주의가 수반한 개인주의, 물질만능주의, 소비주의 등 일련의 (사실상 서구에서 기인한 것이 아니라 모든 인류사회가 본래부터 갖고 있던) 문제는 새로운 문화와 가치체계를 확립함으로써 나날이 서구화되어 가는 중국을 구원하겠다는 중국 학계의 의지를 자극했다. 개인이 실종된, 절대적 평등을 추구하던 도덕 세계가 돌연 부와 이익을 추구하는 물질세계로 변모했을 때 발생하는 충격은 오늘날 시장화의 조류 속에서 살아가는 개인들로서는 상상하기 어려운 것이었다. 갑작스러운 변화에 당시 사람들은 너나할 것 없이 갈팡질팡했다. 1980년 『중국청년(中國青年)』잡지에 발표된 "인생이라는 길은 어쩌면 가면 갈수록 좁아지는지⋯⋯"로 시작하는 판샤오(潘曉)의 글은 비단 그 한 사람의 외침이 아니라 일종의 집단적 불안을 대변하는 것이었다. 지식집단은 당시 상당히 심각했던 정신노동자의 입지 축소, 지식의 가치 하락, 배금주의와 같은 사회적 현실과 심리를 일종의 문화 위기로 보았다. 서구문화는 만악(萬惡)의 근원으로 지양해야 할 대상이었고, 전통 사회주의 정신 또한 가치를 재건하는 사명을 담당하기는 어렵다고 판단되었다. 이 때 재소환된 것이 과거 박해를 겪었던 문화 전통이었으며 이는 일견 합리적인 선택인 듯 보였다.

셋째, 신전통주의가 지닌 '정치적 타당성' 또한 그 부상에 기여했다. 신전통주의는 다른 사조가 갖추지 못한 잠재적인 '정치적 타당성'을 지니고 있었다. 집권세력의 국가발전전략과 보조를 맞출 수 있는 건설적인 효과가 그것이다. 심지어 신전통주의는 국가건설과 국가정체성을 위한 제도 외적인 문화자원을 제공하기도 했다. 그렇기 때문에 집권세력 또한 전통을 사회통합과 사회안정에 기여하는 중요한 자원으로서 중시하게 되었다. 전통으로의 회귀, 서구에 대한 극복을 주요 사명으로 하는 신전통주의는 애국주의와 민족주의를 배양하고, 서구 인권외교의 헤게모니를 불식시켜 서구화의 침투에 저항하는 등 특수한 기능을 수행할 수 있다. 이러한 적절한 토양을 갖췄기에 해외 신유학이 대륙으로 유입되어 뿌리를 내릴 수 있었던 것이다. 급진주의와 자유주의를 반대하는데 있어서도 신유학과 주류 이데올로기는 입장을 같이 한다. 주류 이데올로기로서도 전통문화로부터의 지원과 보완이 필요했다. 이로써 신유학은 애국주의를 제창하고 전통문화를 고양하는 과정에서 정당성을 획득할 수 있었고, 차츰 그 영향력을 확대해 나갔다. 여기에 근거해 신전통주의의 역시 나날이 기세를 더했다.

넷째, 신전통주의가 중국에서 부흥하는 데 있어 서구세계의 유교문화 재검토는 주요한 외부적 자극이 되었다. 1988년 7월 1일, 프랑스『캔

버라일보』에는 75명의 노벨상 수상자들이 공동 서명한 아래와 같은 내용의 발의가 실렸다. '21세기를 맞은 인류가 계속해 생존하려면 반드시 2500년 전으로 돌아가 중국의 공자로부터 지혜를 배워야 한다!' 공교롭게도 1988년은 마침 중국의 문화 붐이 최고조에 이를 때였고 신전통주의가 성행한 한 해이기도 했다. 75명의 노벨상 수상자들이 공동 서명한 발의는 신전통주의자들의 자신감을 고취시켰다. 서구세계로부터 들려온 호소가 중국에서 전통의 불꽃이 왕성하게 타오르게 된 중요한 동력으로 작용한 것이다. 당시 적지 않은 이들이 75명의 노벨상 수상자들의 공동 서명한 발의에 흥분을 감추지 못했다. 당시 서구세계가 자신들을 위기로부터 구원할 희망을 왜 중국의 문화전통에서 찾으려 했는지에 대해서는 적지 않은 의문이 남는다. 그러나 중국문화에 대한 서방세계의 찬미가 신전통주의가 '타자'로부터 획득한 유력한 증거로 환치되었다는 점만은 부정하기 어려울 것이다.

| 신전통주의의 주요 관점 |

그렇다면 1980년대에 부상한 신전통주의는 과거 신유가와 무엇이 다른가? 제3기 유학의 부흥은 제1기, 제2기의 유학으로부터 어떠한 영향을 받았으며, 새로운 점은 어디에 있는가?

　　신유가는 공자(孔子)와 맹자(孟子), 이정[二程:정호(程顥),정이(程頤)]과 주희, 육구연, 왕양명 사상의 맥을 계승할 것을 강조한다. 이들의 사상을 중국철학 및 사상의 근본정신이자 주체로 보고, '민주'와 '과학'으로 집약되는 서구 근대사상과 베르그송(Henri Bergson), 루소, 칸트(Immanuel Kant), 화이트헤드(Alfred North Whitehead) 등으로 대표되는 서구 철학을 흡수하고 수용·개조하여 중국사회의 정치·문화적 활로를 찾는 학술적 유파가 곧 신유가이다.

량수밍, 숑스리, 허린(賀麟), 펑여우란, 장쥔마이를 필두로 하는 1세대 신유가는 중국 전통문화의 기본정신과 가치체계를 추앙하면서, 중서(中西)문화가 충돌하는 와중에 중국문화의 주도적인 지위를 지켜내려 하였고 이를 바탕으로 서구의 학문과 접목시키려 했다. 팡둥메이, 탕쥔이, 머우쭝산, 쉬푸관, 첸무를 위시로 한 2세대 신유가는 대륙 본토가 아닌 홍콩·대만 등지에서 주로 활동했음에도 불구하고 그 문화적인 영향력은 대단했다. 2세대 신유가는 서구철학의 방법론을 적용해 중국문화를 설명하려 했고, 현대 서구사회의 폐단에 비추어 중국문화의 장점을 부각시키기도 했다. 이들은 유학을 핵심으로 하는 중국문화의 가치체계를 기초로 서구문화의 긍정적인 요소를 수용하여 중국 본위의 문화를 재구성해야 한다고 주장했다.

1970년대 이래 활동을 이어온 3세대 신유가는 뚜웨이밍, 류수셴을 대표로 한다. 이들은 중국문화를 핵심이자 주류로 하는 유가학설이 불변의 '상도(常道)'를 담지하며, 이러한 '상도(常道)'가 시대에 따라 각기 다른 양상으로 나타날 수 있다는 입장을 가지고 있었다. 신유학은 유가의 기본 정신을 인문(人文)주의에서 찾았다. 유가의 인문주의는 근대에 이르러서도 퇴색하지 않았으며, 유가적 이상은 인류에게 유일무이하면서도 바람직한 신념적 활로를 제공하는 것에 목적을 두었다. 이제 전통적인 '내성외왕(內聖外王)', '내외합일(內外合一)'의 이상에 새로운 내용이 더해져, 유가는 사람과 사람의 조화, 인간과 자연의 조화를 강조하는 가치관념을 표방하게 되었다. 이를 토대로 현대과학의 성과를 적절히 통제하여 사람이 기계적 공업이나 현대 경제제도의 노예로 전락하지 않도록 돕는 것이다. 신유가가 주장한 유가사상의 재구성은 지식인 집단의 비판적 자기인식을 통해 약이 되는 전통은 계승하고 독이 되는 인습은 지양하는 것을 시작으로 서구문화를 수용하는 한편, 그것에 내재된 부정적 현상들을 일소하는 것이었다. 이로써 중국문화를 일신하고, 유가문화의 현대적 의의를 찾아 부흥을 이뤄낼 수 있으리라 여겼다.[44]

1980년대에 등장한 신유학은 이론적 공헌이나 체계 구축에 있어 1세대, 2세대 신유학의 그늘을 벗어나지 못했다. 그러나 제3세대 유학이 새로운 화두와 성찰을 포함하고 있었다는 것만은 분명하다. 신유학이 단순히 문화건설에만 매진했다면 결국 하나의 문화사조에 머물렀을 터이다. 신유가의 연구경향에서 두 가지 대립되는 입장이 존재한다. 하나는 문화적 입장에서 신유학을 보는 것이고, 다른 하나는 정치적 입장에서 신유학을 대하는 것이다. 문화의 입장에서 보면 중국문화는 전통문화와 세계문화를 비교하는 과정에서 응당 현 시대의 요구와 결합해야만 했다. 정치적 입장에서 보면 사회주의 문화와 국학(國學)은 일정한 긴장관계에 있었다. 그러나 중국적 이데올로기와 사회주의 문화를 재정립하려면 전

---

44   曹維勁, 魏承思主編, 『中國80年代人文思想』(上海: 學林出版社, 1992), 854-855쪽.

통적 문화자원을 흡수하지 않을 수 없었다. 당대 중국의 이데올로기 건설과 문화건설에 있어 문화전통의 연속성과 항구성은 간단히 초월될 수 없는 것이었기 때문이다. 1980년대의 신유학은 이러한 정치적 입장에 기초했기에 단순한 문화사조가 아닌 가치의 재건에 주력하는 하나의 정치사조로 거듭날 수 있었다. 물론 당시 신전통주의자들은 정치적 입장에서 문화전통을 평가하는 것을 매우 조심스러워 했으며, 때때로 여기에 대한 우려를 품기도 했다. 이는 필경 유학이 추구하는 많은 원칙이 현대 정치의 원리와 저촉되는 부분이 적지 않았기 때문이다.

1980년대 신전통주의가 포함한 주요 화두는 다음과 같다. 첫째, 유가윤리와 현대화의 관계이다. 이는 곧 유가윤리는 현대화의 동력을 내포하고 있는가와 같은 질문으로 치환될 수 있다. 둘째, 유가학설이 당대 중국과 세계에서 갖는 위치와 운명에 대한 문제이다. 셋째, 중국 문화전통의 창조적 전환 문제이다. 넷째, 유가학설과 현대 민주의 상관성 문제이다. 이 가운데 특히 첫 번째 화두인 유가윤리와 현대화 관계의 경우, 유교문화권에 속하는 싱가포르·대만·한국과 같은 국가들의 약진이 신전통주의자들로 하여금 베버 명제를 반추하도록 자극하는 동시에, 이 명제를 극복하고자 하는 용기를 불어넣어 주었다. '자본주의 정신'의 기원을 '프로테스탄트 윤리'에서 찾는 '베버 명제'의 의의는 발생학적으로 서구의 이성주의와 근대 서구문명의 독창성을 설명했다는 데 있다. 이러한 명제를 논증하기 위해 베버는 프로테스탄트 윤리가 없었다면 과연 자본주의가 발생할 수 있었을까 하는 의문에 필히 대답해야 한다고 생각했다. 그러나 베버는 프로테스탄트 윤리 탄생 이전의 근대 유럽과 그 발전

과정을 검증할 수 있는 역사적 증거를 찾지 못했다. 그랬기에 신교가 아닌 다른 기독교 종파로 돌아와 그 경제윤리가 비유럽 문화권에서 담당한 역할에 대해 고찰함으로써 간접적으로 논증한 데 그칠 수밖에 없었다. 이러한 과정에서 이른바 '중국 명제'가 파생되었다. 중국은 비록 자본주의 성립에 유리한 외재적 조건을 보유했으나 가산제(家産制) 국가의 구조 및 대가족 문화가 만들어 낸 장애를 극복하지 못했다. 이러한 장애로 인해 중국은 (자본주의의) 동력이자 강화 기제인 독창적인 종교윤리를 갖지 못했고, 따라서 중국은 스스로 자본주의의 맹아를 움트게 하지 못했다는 것이 '중국명제'의 주요 내용이다.[45] 그러나 유교문화권에 속한 일련의 국가들이 이룩한 성공적인 현대화 경험은 동아시아 학자들이 이러한 베버명제에 반박하고 그것을 극복할 수 있게 하는 직접적 증거가 되었다. 베버 명제의 인과론적 설명을 그대로 동아시아의 현대화 모델에 적용해 설명하면, 유가윤리는 유교자본주의 탄생에 기여한 정신적 자원일 뿐만 아니라 서구 자본주의의 고질적 폐단을 극복할 수 있다는 결론을 도출할 수 있다. 동아시아 경제의 비약적 발전은 다양한 조건과 동력에 힘입은 것인데 그 중에서도 유가문화가 매우 심층적인 동력에 해당한다고 주장한 학자도 있었다. 중국을 포함한 동아시아 지역은 평화발전 시기에 유가를 지향하면 흥기하고 반대하면 쇠퇴한다는 역사적 사실을 30여년에 걸쳐 증명해 주었다.[46] 동서양이 뒤섞이는 혼합형 문화에서 유

---

45 單世聯, 「韋伯命題與中國現代性」, 『開放時代』 2004年 第1期.

46 唐昌黎, 「時代特征與儒家功能」, 『東嶽論叢』(濟南), 1989年 第1期.

가사상과 서구문화는 서로의 결점을 보완하고 부정적 영향을 억제할 수 있다고 보는 시각도 있었다. 이로써 어느 한 쪽만을 획일적으로 추구해서는 가지지 못하는 비교우위가 형성되어 현대화의 촉진제 역할을 한다는 것이다.[47]

이러한 베버 명제에 대한 신전통주의의 반박은 서구화론자들의 반발은 물론 신유가 내부에서 또한 의문을 불러일으켰다. 예를 들어 팡커리는 동아시아 신흥 공업국의 경제발전은 다양한 요인이 복합적으로 작용한 결과로서, 단순히 사상·문화적 측면에 국한해 설명할 수는 없다고 보았다. 문화환경만을 놓고 보더라도 유교문화의 영향 이외에 본토의 문화전통이 있으며, 근대 이후에는 서구의 정치·경제제도와 문화관념이 대거 수용되었다. 따라서 유가문화만을 과도히 부각시키는 것은 일부분으로써 전체를 가늠하는 것과 같다. 싱가포르의 경제발전은 유가윤리를 추진한 결과가 아니며, 공업 현대화로 인해 다양한 사회문제가 발생하면서 (여기에 대한 해결을 모색하는 과정에서) 유가윤리가 재차 요구되었던 것이다. 홍콩·대만 지역의 경우, 그들의 문화환경과 이데올로기에서 주류를 차지하는 것은 여전히 자유·민주·상업정신 등으로 집약되는 서구적 가치관념이며, 유가전통은 여기에 구색을 맞춘 것에 지나지 않는다. 신유학이 주류가 아닐 때는 그 영향력과 기능이 매우 한정적이어서 별다른 입지를 갖지 못했다. 따라서 동아시아 경제발전을 두고 유가의 '내적 성찰(內聖)'이 '외적 발전(外王)'으로 이어진 것으로 보는 시각은 성립할 수

---

47   馬振鐸,「儒學與現代化漫議」,『東嶽論叢』(濟南), 1988年 第5期.

없다고 했다.[48] 실제 싱가포르는 전통적 유교국가의 복사판이 아니다. 어떤 의미에서 보면, 싱가포르가 신봉하는 것은 유교자유주의로서 유가적 가치와 현대 경제·정치체제를 절충한 것이다. 유교자유주의는 정치적으로는 대의제, 헌정, 정당정치의 양상을 띠며 사대부 정치의 기풍을 구현한다. 정치영역에서 엘리트주의는 싱가포르가 신봉하는 유교자유주의의 주요 표상이다. 경제적으로는 자유시장경제와 유가적 윤리(근검절약, 상부상조)의 결합을 실천한다. 정부와 기업의 긴밀한 관계는 유교자유주의가 경제분야에서 나타내는 주된 특징이다. 문화적 측면에서 유교자유주의는 자유주의에서 권리의식과 경쟁심리를 수용하는 한편, 공동체의 이익을 중시하는 유가적 전통을 보존하고 있다. 실상 유교자유주의는 건설적이고 보수적인 자유주의에 가깝다. 싱가포르에서 신가족주의(新家庭主義, new-familism), 신윤리주의, 유교자유주의는 법치국가, 엘리트 정치, 효율정부라는 제도에 종속되어 있다. 따라서 현대적인 관리제도가 갖춰지지 않으면 유가윤리는 그대로 입지를 상실해 그 기능을 발휘하지 못하게 된다.[49] 뿐만 아니라 동아시아론에서 말하는 냉전 시기에 나타난 동아시아 경제발전의 '종속성' 또한 간과된 측면이 있다. 수입 대체 산업화(Import Substitution Industrialization)에서 수출 주도형 산업화(Export Oriented Industralization)로 전환한 동아시아 국가들은 세계체제 내부에서 확장되고 있으며, 이들은 자본주의 국가 경제가 전반적으로 성장할 때

---

48   方克立, 李綿全主編, 『現代新儒學硏究論集』二 (北京: 中國社會科學出版社, 1991), 364쪽.

49   劉建軍, 「新加坡人民行動黨爲何能長期執政」, 『支部生活』(上海), 2004年 第9期.

세계시장에 진입했다. 따라서 이들은 정치적으로는 미국의 공산주의 봉쇄 전략과 밀접한 관계에 있고, 경제적으로는 자본주의 세계체제에 대한 종속성이 매우 뚜렷하다. '종속성', '이식성'을 특징으로 한 동아시아 신흥 공업국들의 문화적 토대에 대해 논하기 위해서는 아래와 같은 세 가지 문제를 간과해서는 안 된다.

첫째, 2차적 모방 능력을 1차적 창조 능력과 혼동해서는 안 된다. 프로테스탄트 윤리는 오로지 자본주의가 부상할 때에만 그 역할을 발휘할 수 있다는 것이 베버의 주요 관점 중 하나다. 자본주의 체제가 성립된 이후 종교적 동기는 부차적인 것으로 퇴색된다. 베버는 유교와 도교가 중국의 현대화를 지속적으로 저해할 것이라 단정하지 않았으며, 오히려 중국이 자본주의를 발생 시키는 데에 유리한 여러 조건들에 대해 분석한 바 있다.

둘째, 외부적 힘이 개입하는 과정에서 동아시아의 문화전통은 '비연속성'을 갖게 된다. 그러므로 동아시아의 경제윤리가 온전히 유가전통에 의해 태동되고 배양되었다고 보기는 어렵다. 뚜웨이밍은 『싱가포르의 도전: 현대 신유학 윤리와 기업정신』이라는 저서에서 동아시아 신흥공업국 전부를 포스트 유교국가로 단정지을 수는 없다고 강조했다. 각 나라와 각 지역은 모두 자신만의 독특한 전통을 갖고 있을 뿐 아니라, 유가 윤리는 동아시아가 현대화를 실현하는 과정에서 서구적 가치와 결합해 일종의 진화를 겪었기 때문이다.

셋째, 동아시아의 경제성장과 사회 전체의 합리화 과정 한에는 일정한 간극이 존재한다. 이는 유교문화권의 사회 합리화 과정이 완료되지 않았다는 것을 의미한다. 예를 들어 일부를 제외한 해당 지역들 대부분은 정치민주화를 경험하지 못했다. 1997년에 발생한 아시아 금융위기가 동아시아 모델의 실패를 증명한다고 보기는 어렵지만, '종속성'과 '이식성'이 짙은 경제체제의 쇠락을 단적으로 보여준다고 할 수 있다.

결론적으로 아시아의 네 마리 용의 발전경험과 베버의 중국 명제 간에는 간접적 관련성만이 확인될 따름이다. 즉, 엄밀히 검증할 수도, 철저히 반박할 수도 없는 일종의 역사적 명제를 내포하고 있다고 하겠다. '유가윤리와 경제발전의 상관성'에 대한 설명은 표면적으로는 베버의 명제에 대해 의문을 던지면서도 실제로는 베버의 '프로테스탄트 윤리 명제'의 논리를 차용해 시간적·공간적 배경을 간과한 '기능적 등가성'의 전철을 밟고 있다. 따라서 이러한 시도는 동아시아 문화권의 역사적 특징을 이해하는 데에도, 베버의 중국연구의 참고적 가치를 발굴하는 데에도 별 도움이 되지 않는다.[50]

비록 신유학이 1980년대 중국에서 큰 영향력을 발휘했다고 할지라도, 유가의 '내적 성찰(內聖)'이 새로운 '외적 성취(外王)'로 이어질 수 있는가 하는 문제에 대해서는 신유학을 추구하는 학자들조차 불확실한 태도를 보이고 있다. 앞서 언급한 것과 같이 내적 성찰에 기인해 경제적 업적을 이룩했다는 시각은 납득이 어려울 뿐 아니라 객관적인 분석마저 부족하다. 정치적인 내적 성찰을 통해 외적으로 성취하는 것은 더욱 어렵다. 정자동(鄭家棟)은 현대 신유학이 어떤 측면에서는 여전히 전통

---

50   單世聯, 「韋伯命題與中國現代性」, 『開放時代』, 2004年 第1期.

에 사로잡혀 탈피하기 어려운 지경에 있다고 진단했다. 특히 내적 성찰과 외적 성취를 결부짓는 '내성외왕(內聖外王)'식 사고는 신유학이 여전히 전통 유학의 사유방식에서 헤어나오지 못하고 있음을 말해준다. 이른바 내적 성찰이 새로운 외적 성취로 이어진다는 '전환의 전통'은 곧 도덕적 주체(道德主體)의 '전환의 창조'에 해당한다. 그들이 보기에 민주와 과학의 성취는 궁극적으로 하나의 주체가 구축되는 것으로 귀납되지만, 본질적으로는 이 또한 도덕적 주체의 자기전환이자 도덕적 주체의 자기보완 및 개조에 해당한다. 이러한 도덕주의적 입장으로 인해 그들은 과학과 민주의 발전을 견인하는 객관적 경로를 제시할 수 없었다. 다만 현대 신유가가 부르짖은 유가의 '내적 성찰', 인문적 교화, 도덕적 측면에서의 자립·자율·근면·자강을 중시한 도덕 주체의 정립은 인간과 동물을 근본적으로 구분지었고, 사람들로 하여금 완벽한 인격과 지선(至善)의 경지를 추구하도록 하여 타인과 사회, 자연과의 조화를 유도하였다. 이로써 인간의 품성을 계발하고 타성을 길들이며 도덕을 배양하는데 적극적인 역할을 수행했다.[51]

이와 같이 정치사조로서의 신유학은 기실 그 최종적 입장에서는 다시 정치영역을 퇴출시켰는데, 이는 신유학이 현대정치 프레임 안에서 갖는 한계에 기인한 것이다. 이러한 측면에서 보면 제3기 유학의 부흥은 그 이론과 지향에 있어 제1기·제2기 신유학이 담당했던 문화적 사명과

---

51 方克立, 李綿全 主編, 『現代新儒學硏究論集』二 (北京: 中國社會科學出版社, 1991), 363-365쪽.

정치적 사명에 크게 미치지 못했다. 우리는 1세대·2세대 현대 신유학에서 문화적 차원의 재건 뿐 아니라 정치적, 국가적, 가치적 차원의 재건을 발견할 수 있었다. 그들이 표방했던 문화적, 정치적 입장의 확고함과 자신감은 한창 때의 제3기 유학을 압도하고도 남음이 있었다.

| 평가 |

위잉스는 '제3기 유학'은 하나의 가설에 불과하다는 결론을 내렸다. 여기에 대한 그의 발언이 참고할 만하다.

> "나의 개인적 견해에 따르면, 신유학의 주요 특징은 특수하게 구성된 철학적 언어로 특수한 신앙을 전파하는 데 있다. 신앙이 보편적으로 퇴색하고 있는 이 시대에 신유학이 미약하나마 새로운 기능을 발휘할 수 있다면, 비록 몇몇 사람만이 이를 따른다 할지라도 사회질서(정립)에 기여할 수 있다. 개인적으로 여기에 반대하지 않을 뿐 아니라 그렇게 되기를 간절히 바란다."[52]

신유학은 서구화론의 대립항으로 등장하였고, 특히 문화적, 가치적 측면에서 서구화론과 첨예하게 대립했다. 신유학은 문화의 민족성과 그

---

52   劉夢溪, 『傳統的誤讀』(石家莊: 河北教育出版社, 1996), 342쪽.

것이 현대화 과정에 미치는 영향을 제시하는 동시에 전통문화가 갖는 의의를 절대화하였다. 이러한 점에서 볼 때 신전통주의의 '참신함'은 사실 실종되었다고 할 수 있다. 비록 서구문화에서 민주와 과학을 수용했다고 해도 문화본위의 입장을 고수함으로써 그 '새로운 일면'이 상쇄되고 만 것이다. 정치적 시각에서 보면 신유학이 국가권력체계로부터 얻은 승인은 어디까지나 신유학의 도덕적 입장과 그것이 새로운 사회구조를 통합하는 데 발휘하는 기능에 국한된 것이었다. 따라서 신유학이 국가이데올로기 자체를 침식하는 것, 신유학으로 사회주의 문화를 대체하려는 시도는 곧 문화권력으로 국가권력을 대체하려 한 것으로서 국가권력체계가 용인한 범위를 일탈한 것이었다. 이로써 신유학의 명운은 명약관화(明若觀火)해졌다. 더구나 '소전통'을 부정하고 '대전통'을 긍정하는 신유학의 태도는 내부의 긴장과 모순을 배태했다. 신유학은 탄생은 특수한 역사적 배경을 가진다. 1990년대 시장화가 수반한 사회변혁의 합리화 과정은 신유학의 공허한 도덕적 요구를 덮어버렸다. 특히 부에 대한 추구가 점차 사람들의 삶을 좌우하게 되면서 신유학의 호시절에 어둠이 드리우기 시작했다. 그 결과 신유학은 오늘에 이르러 고루한 역사적 메아리가 되어버렸다. 신유학이 재차 역사적 발전을 주도하는 선율이 될 수 있을지, 도덕 자원으로서 기능하며 시장화 과정에서 발생하는 결점을 메울 수 있을지, 그 귀추가 주목된다. 산스렌(單世聯)이 말한 것처럼 유학의 현대적 진화를 앞서 겪은 동아시아 지역들과 비교했을 때, 중국 대륙의 상황은 보다 복잡하다. 개혁 전후 중국사회의 실천을 비교해보면, 중국 현대화 발전의 관건은 문화전통이 아닌 정치·경제체제에 있다는 것을 알 수 있다. 개혁 이전의 정치·경제구조는 중국의 현대화 발전에 불리했으며, 유가문화전통 또한 이 시기 거센 공세에 부딪혔다. 반면 개혁 이후 중국은 신속히 현대화 발전의 길로 들어섰고, 유가전통 역시 다시 존중받게 되었다. 개혁을 전후로 판이하게 달라진 상황은 현재 중국이 정치·경제·문화 사이에서 보다 세밀하고 완전한 토론을 진행하는 과도기에 있다는 사실을 상기시킨다. 엄밀히 말해 중국 대륙에서 유가윤리와 현대화의 관계는 아직 충분히 조명받지 못했으며, 보다 의미있는 문제들도 제대로 제시되지 못했다. 이러한 점에서 베버 명제와 관련된 '문화중국'[53]의 영향사(影響史)를 회고하는 것은 중국의 현대성을 모색하는 중요한 준비라고 할 수 있겠다.[54]

현재 시점에서 신전통주의를 반추해보면 신전통주의가 1980년대에 왕성한 기세를 떨쳤던 것은 사실이나, 그 생존과 확산에 있어 충분한 공간을 확보하지 못했다는 것을 알 수 있다. 그러나 1990년대 이후 급진주의와 자유주의 사조가 점차 빛을 바래면서 또 다른 유형의 보수주의가 서서히 힘을 얻기 시작했다. 현대 신유학의 보수주의적 특징이 정치가 아닌 문화에 있다고 했을 때, 우리는 문화적 입장을 정치적 태도와 동일

---

53 역주-뚜웨이밍이 제시한 '문화중국(文化中國)'은 세 가지 층위의 세계를 포함한다. 1) 중국 대륙, 홍콩·대만 지역, 싱가포르의 중국인 세계(華人世界), 2) 세계 각국의 화교 사회, 3) 국제 무대에서 중국 연구에 종사하며 중국 문화에 주목하는 모든 학술인력, 지식인, 작가, 언론인부터 일반 독자, 대중에 이르는 광범위한 층위의 집단이 그것이다. 杜維明, 「關於文化中國的涵義」, 『杜維明文集』第五卷 (武漢: 武漢出版社, 2002), 409—411쪽.

54 單世聯, 「韋伯命題與中國現代性」, 『開放時代』, 2004年 第1期.

시해선 안 된다.[55]

현대 신유학의 보수주의적 특징이 정치가 아닌 문화 영역에 있다고 했을 때, 우리는 문화적 입장과 정치적 태도를 동일시해서는 안 된다. 신유학의 정치적 입장과 국수주의적 정치적 입장은 완전히 다르다. 전자가 인류문화의 발전에 보편적 의의를 갖는 가치를 모색하는 데 목적을 뒀다면, 후자는 편협한 민족주의적 입장을 고수하는 격이다.[56] 1990년대에 발생한 보수주의의 경우 신전통주의가 고수했던 이러한 문화적 입장을 유기했다. 90년대 보수주의는 중국 현대화 운동의 역사적 경험을 반성하는 한편, 급진주의와 자유주의를 비판하면서 전통으로 회귀할 것을 주장했고 점진적 개량을 통해 사회적 전환을 실현하려 했다. 그럼에도 불구하고 1980년대 신전통주의와 90년대의 보수주의의 모종의 상관성은 부정하기 어렵다. 전자가 후자에 앞서 지표를 제시했다고도 할 수 있다. 현재 많은 이들이 '신보수주의(新保守主義)'라는 개념으로서 이 사조를 설명라고 있다. 리쩌허우(李澤厚)와 왕위엔화(王元華)가 대표적이다. 그 중에서도 리쩌허우와 류짜이푸(劉再復)는 『고별혁명(告別革命)』 선언으로 유명하다.[57] 신보수주의는 (혁명이 아닌) 점진적 개량 노선을 주장한다. 아울러 자유주의를 지양하고 중국의 전

---

55 汪暉,「當代中國的思想狀況與現代性問題」,『天涯』, 1997年 第5期.

56 方克立, 李綿全 主編,『現代新儒學研究論集』二 (北京: 中國社會科學出版社, 1991), 360-361쪽.

57 李澤厚, 劉再復,『告別革命 ― 回望二十世紀的中國』(香港: 天地圖書有限公司, 1997).

통문화를 재건해 중국 현대화의 사상적 자원으로 삼아야 한다고 주장한다. 리쩌허우는 "유가를 주로 하되, 유가와 도가를 상호보완(以儒爲主, 儒道互補)"하게 하는 현대적 유토피아의 건설을 제시함으로써 현대인이 처한 사상적 곤경을 해결하려 했다. 급진적으로 비춰지는 '신좌파(新左派)'마저 보수주의와 다른 듯 같은 목소리를 냈다. '신좌파'는 서구의 포스트모더니즘을 이론적 근거로 하여 반현대성의 입장을 취했다. 그들이 보기에 중국은 이미 현대성을 실현한 "자본화된 사회"였으므로 포스트모던의 시각에서 현대성에 비판을 가하는 한편, 사회주의와 자본주의의 이분법에서 탈피한 제3의 길을 모색했다. 아울러 '신좌파'는 탈식민주의의 기치를 내걸고 서구화를 지양하고 본토문화로 회귀할 것을 주장했다(여기에 대해서는 본서의 4장에서 논함).[58] 실제로 현대성에 대한 '신좌파'의 비판은 보수주의와 호응되는 일면이 있었으며, 방법은 달리도 지향하는 바는 같았다고 할 수 있다. 1990년대의 보수주의는 1980년대 신계몽운동이 좌절된 이후 부흥한 사조이나, 이들이 계몽사상을 유기함으로써 현대성 사상의 불씨는 완전히 사그라들었다. 신보수주의에서 객관적, 중립적인 면모가 발견된다고 해서 이것을 과장하여 평가해서는 안 된다. 특히 보수주의를 긍정하고, 신해혁명과 5·4운동, 80년대 신계몽운동 전체를 부정한 리쩌허우의 견해는 분명 그 타당성이 부족하다. 이러한 시각은 1980년대 신계몽운동의 한 부분이었던 지식집단이 1990년대의 격변을 겪은 뒤 향후 중국

---

58   汪暉, 「當代中國的思想狀況與現代性問題」, 『天涯』, 1997年 第5期.

의 문화와 가치 중건에 대해 가졌던 '역외적 사고(域外思索)'를 반영하고 있다.

제3장

권위체제 개조를 위한
현대 중국의 정치사조

1. 서구화 사조:
권위체제에 대한 급진적 개조

인도주의 사조는 이데올로기에 대한 반성을 촉구하는 목소리를 낸 뒤로 '정신오염' 정화 운동의 압력에 밀려 서서히 사상계의 무대에서 사라져갔다. 개혁개방이 추진됨에 따라 정치사조 영역에서는 이데올로기에 대한 반성에서 정치체제에 대한 비판으로 시선을 옮긴 조류가 대두하기 시작했다. 일당체제와 공유제에 대한 비판은 다당제와 사유제에 대한 찬미를 불러왔다. 마침내 서구화론이 하나의 정치사조로서 수면 위로 부상했다.

1980년대 가장 파급력이 컸던 논쟁은 신전통주의와 서구화론의 대립이었다. 재미있는 것은 양자의 대립이 한 곳에 집중되지 않았다는 사실이다. 신전통주의는 문화의 민족성과 역사의 연속성을 강조하는 데 주력했다. 문화자구(自救)의 사명감과 민족 존망의 위기의식은 신유학 부흥 운동의 내적 원동력이었다.[1] 반면 서구화론은 대부분 이데올로기·문

---

1   方克立, 李綿全 主編, 『現代新儒學研究論集』二 (北京: 中國社會科學出版社, 1991), 361쪽.

화에 대한 반추에서 체제에 대한 반성으로 방향을 틀었다. 5·4운동 시기 부상했던 서구화론의 경우 그 기능이 문명 혹은 문화 영역에 한정되었다고 한다면, 당대의 서구화론은 중국과 서구를 대조하는 시각을 확장해 전통 사회주의 체제를 비판하는 데까지 나아갔다. 그 핵심은 서구 자본주의 국가의 정치제도를 모델로 삼거나 복제하는 데 있었다. 서구화 사조는 '자산계급 자유화' 사상의 발생과 만연을 야기했고, 결국 1989년의 정치적 풍파를 불러일으켰다. 이를 기점으로 정치체제에 대한 비판을 지향하는 서구화 사조는 분화되거나 자취를 감췄고, 이러한 경향은 1992년 이후의 시장화로 인해 더욱 심화되었다. 그 대신 부와 명예, 지식과 같은 자원을 추구하는 다양한 경로에 대한 탐색이 정치체제에 대한 비판을 대체하게 되었다. 이때부터 정치사조의 탄생과 시장화 개혁이 깊이 결부되기 시작했으며, 정치화된 열망은 합리적인 반성으로 대체되었다.

| 서구화 사조의 연원 |

중국 근현대 정치사조를 좌우하는 표준은 '변혁'에 있었다. 변혁을 강구하는 사상들은 대개 급진주의적인 태도와 경향을 보였다. 그러나 이러한 사상들은 변혁과 관련된 주요 문제에 대한 합의를 이루지 못했다. 이를테면 다음과 같은 문제들이다. 어떤 방향으로 변혁이 진행되어야야 하는가? 변혁에 한도란 있는가? 변혁이란 곧 중국의 문화전통을 보존하는 것을 전제로 한 현대화를 이르는 것인가? 변혁은 전면적인 서구화(全盤西

化)와 동의어인가? 서구화론, 마르크스주의, 문화적 보수주의, 그리고 정치적 보수주의 등 다양한 사조의 등장은 중국의 현대화라는 중대한 문제를 둘러싸고 일치된 관점이 도출되지 못했음을 반증한다. 제정(帝政)이 전복된 이후 서구화론과 현대화가 교착하는 시대가 도래했다. 즉, 양자의 교착은 당대가 아닌 근대의 산물이었으며, 중국 근현대 정치사회의 변천을 관통하며 계속해서 중국의 개혁자들을 곤혹스럽게 했다. 사실 장즈동(張之洞)이 제시한 '중체서용(中學爲體, 西學爲用)'은 현대화와 서구화의 충돌을 무마하기 위한 것이었다. 즉, 현대화와 서구화는 동일하지 않다. 5·4 신문화 운동은 일차적으로 중국의 고전지식체계를 허무는 운동이었다. 서구화를 추진했던 다양한 관점으로 인해 서구화론이 고전지식체계의 주도권을 보전하려는 온건한 근대화와의 대결에서 승리했고, '서구화'가 당시 가장 선명한 기치로 떠올랐다. 위잉스(余英時)에 따르면, 중국이 겪은 5·4운동은 먼저 스스로의 문화전통을 부정한 데서 시작했다. (5·4운동의 시각에서) 중국의 문화전통은 바람직하지 못한 것이었으며, (당시 존망의 위기에 처한) 중국의 현 상황을 초래한 주범이었다. 이러한 상황을 타개하려면 우선 서구문화를 취하거나, 근대화 또는 전면적인 서구화를 도모해야 했다.[2]

1930년대 문화대논쟁을 통해 경직된 '동방화'와 '서구화'에 분화가 일어났다. 그 과정에서 파생된 '중국 본위적 관점'과 '현대화'가 점

---

2   余英時, 「中國近代史上的激進與保守」, 李世濤 主編, 『知識分子立場』(沈陽: 時代文藝出版社, 2000), 15쪽.

차 동방화와 서구화의 논쟁을 대체하기 시작했다. 그 결과 현대화는 포용성을 지닌 광의의 개념으로 진화했다. 전면적인 서구화론자인 천쉬징(陳序經)과 후스(胡適)는 현대화는 곧 서구화라는 관점을 피력했다. 천쉬징은 전면적인 서구화의 당위성과 관련해 다음과 같은 네 가지 사유를 제시했다. 첫째, 서구문화에 대한 중국의 태도는 전면적인 서구화 쪽으로 기울고 있다. 둘째, 중국이 역사적으로 서구문화를 수용해왔다는 사실은 전면적인 서구화에 무게를 실어준다. 셋째, 서구의 현대문화가 우리보다 앞서 있다는 것을 부정할 수 없다. 넷째, 우리의 선호 여부와 상관없이 서구 현대문화는 현 세계의 추세이다. 그는 심지어 신중한 태도를 취하는 후스의 서구화 사상을 비판했다. 이는 후스가 1929년 영문으로 작성된 『중국기독교연감(Christian Year-Book)』에 「오늘날 중국의 문화적 충돌(The Cultural Conflict in China)」이란 글을 실으며 '전면적인 서구화(Wholesale westernization)'와 '전심전력의 현대화(Wholehearted modernization)'라는 각기 다른 두 가지 표현을 썼기 때문이다. 천쉬징이 보기에 후스의 서구화론은 그다지 전면적이지도, 투철하지도 않았다. 왜냐하면 후스는 중국이 정자(程子)와 주자(朱子) 이래 나름의 과학적 방법론을 축적했다고 보았고, 이후 중서 양대 철학이 접촉하면서 서로 영향을 주어 동서 합일의 세계철학이 탄생할 수 있는 가능성을 긍정했기 때문이다. 천쉬징의 비판은 이러한 절충적인 논조를 겨냥했다.[3] 후스가 전면적인 서구화를 세계화, 현대화로 대치한 데서 그가 중국문화와 현대정

---

3   楊深 主編, 『走出東方—陳序經文化論著輯要』(北京: 中國廣播電視出版社, 1995).

치·경제제도와의 접목을 의도했다는 것을 알 수 있다. 이처럼 후스가 제시한 현대화 모델은 서구화 모델의 딜레마로부터 탈피를 시도했는데, 이는 중국이 서구화의 함정 속에 함몰되는 것을 예방하기 위한 것이었다. 후스의 노력에 힘입어 현대화와 서구화 사이에 가시적인 경계선이 그어지기는 했지만, 대체로 서구화론은 여전히 급진주의 진영에서 가장 큰 영향력을 갖춘 사조였다. 마치 서구화가 중국 현대화의 유일한 방향인 듯 보일 정도였다. 천쉬징의 전면적인 서구화론과 후스의 절충적 서구화론 모두 대표적인 서구화론에 해당한다. 그러나 서구화론은 처음부터 중국화론 혹은 중국문화본위론으로부터 거센 비판을 받았다. 꾸훙밍(辜鴻銘), 량수밍(梁漱溟), 장선푸(張申府) 등으로 대표되는 중국화론자들은 중국문화의 본위성을 고수하면서 현대사의 한 장면을 장식할 유명한 중국식 현대화와 서구식 현대화의 논쟁에 불을 당겼다.

중국 근현대사에서 서구화론자와 중국화론자의 논쟁은 주로 문화 영역에 한정되었고 이 과정에서 문화 또는 문명이 핵심으로 다뤄졌다. 이 시기의 논쟁과 1980년대에 진행된 서구화론과 현대화론의 논쟁은 사뭇 다르다. 중국의 현대화 시도는 일찍이 19세기 중엽 청(清)왕조의 양무운동(洋務運動)에서 시작되었으며, 이후 1930년대에 이르기까지 한 세기에 가깝게 간헐적으로 이어졌다. 이 기간동안 현대화 사업은 완전히 중단되지는 않았으나, 순조롭지도 않았다. 청왕조와 국민당 정부의 주도 아래 진행된 두 차례의 현대화는 사실상 실패하여 자취를 감췄다. 중국화론자와 서구화론자는 각각 앞선 현대화의 실패에 대해 논했는데, 서구화론자의 경우 그 실패의 원인을 충분히 서구화되지 못한 데서 찾았다. 반면 중국화론자는 중국화 노력의 부족, 즉 이전의 현대화 노력이 중국의 '국정(國情)'에 부합하지 못한다고 일갈했다. 이처럼 양 측은 확연히 다른 관점을 갖고 있었다. 현재 시점에서 보면 양 측의 논술 모두 빈약하기 짝이 없으며 강한 편파성을 띠고 있어 문제의 핵심에 닿지 못했다. 양자 모두 방법론적 측면에서 치명적인 두 가지 약점에 노출된다. 일단 양자 모두 현대화 자체를 더할 나위없이 긍정적인 과정으로 치부하면서 현대화에 내재된 한계를 보지 못했다. 이러한 한계가 곧 현대화 과정이 중국에서 거듭 좌절을 겪었던 주요 원인 중 하나이다. 바꿔 말하면, 중국화론자와 서구화론자는 단순히 현대화의 외적 조건과 외부적 요인에만 주목한 채 중국에서 진행된 현대화의 성패를 분석·평가하는 바람에 현대화의 내재적 요소를 간과했다. 중국의 현대화는 100년에 가까운 시간동안 제대로 실현되지 못했다. 현대화에 있어 외적인 제도와 문화적 요소는 매우 중요하다. 그러나 현대화 자체가 갖고 있는 한계성 역시 그에 못지 않게 중요하다. 현대화는 오늘날까지 인류 역사상 가장 위대한 사회적 진보로 여겨지고 있다. 그러나 그것은 절대 다수의 중국화론자와 서구화론자가 생각하는 것과 같이 온전히 긍정적인 진보 과정이라고 볼 수는 없다. 현대화는 그 자체로 순기능과 역기능이 병존하는 이중성을 지니기 때문이다. 물론 현대화의 순기능은 그 역기능을 크게 웃돈다. 그렇기에 세계 각국이 앞다투어 현대화를 추진했다. 그러나 다른 한편으로 현대화 자체가 지니는 내재적 모순은 여타 사회적 진보과정이 그렇듯 크고 작은 대가를 요구한다. 현대화 자체가 수반하는 부정적 현상은 크게 두 가지로 구별해볼 수 있다. 하나는 현대화 이전에도 존재했고 현대화 이후에 더욱 가중되는 것인데, 빈부 양극화와 나날이 심각해지는 정치적 부패·범죄가 그 사례이다. 다른 하나는 현대화가 유발한 새로운 사회현상이다. 생태오염, 대규모 실업, 이기주의와 금권정치 등이 여기에 속한다. 중국이 한 세기에 가깝게 현대화를 추진하는 과정에서 이러한 부정적 현상들은 지속적으로 존재했고 특정한 사회·역사적 조건에서는 더욱 악화되기도 했다. 이처럼 그 대가가 혹독했기에 중국 인민들은 때때로 현대화를 버거워했고, 중국의 현대화 역정 또한 번번히 좌절되고 말았다. 그렇다고 해서 현대화에 내재된 부정적 현상을 일제히 특정 제도 혹은 문화 탓으로 돌리는 것은 옳지 않다. 왜냐하면 사실 어떤 문명 또는 어떤 사회·정치제도인가와는 관계없이 현대화 노선을 도입하게 되면, 정도의 차이가 있을 뿐, 앞서 언급한 부정적 현상들이 필연적으로 나타나기 때문이다.

중국화론과 서구화론의 관점과 결론은 판이하게 다르며 심지어 첨예하게 대립한다. 그러나 양자는 다른 시각을 가지면서도, 역설적으로 동일한 방법론적 기초를 공유하고 있다. 그들은 문화를 결정적인 변수로 상정했으며, 현대화를 추진하는 동력을 문화에서 찾았다. 그들은 이러한 방식으로 중국 현대화의 성패를 논했다. 서구화론자가 전면적인 서구화를 주장한 것은 중국의 전통문화와 현대 서구의 물질문명이 서로 저촉된다고 여겼기 때문이다. 중국화론자가 중국식 현대화를 주장한 까닭은 중국문화와 현대 서구문명이 융합될 수 있다고 생각했기 때문이다. 이들에게 문화는 모든 것을 압도하는 요소였다. 모든 것을 문화를 통해 설명하려 했다. 이처럼 양자 모두 비슷한 방법론적 오류를 범했기 때문에 그 어느 쪽에서도 중국의 현대화 과정에 대한 심도깊은 분석과 적확한 평가가 이루어질 수 없었다. 물론 문화적 요소의 중요성은 의심할 필요가 없다. 그러나 중국의 현대화 과정에 결정적인 영향력을 행사한 것은 우선 경제적 요소였고, 그 다음은 정치적 요소였다. 유감스러운 것은 1930년대를 전후하여 중국 지식인들이 범했던 이러한 방법론적 오류가 1980년대 일부 지식인들에 의해 재현되었다는 점이다. 1980년대 이후 조성된 '문화열' 속에서 적잖은 지식인들이 재차 문화를 만병통치약으로 여겼다. 이들은 문화의 전환 여부를 중국의 현대화를 좌우하는 관건으로 보았으며, 이를 토대로 중국의 현재와 미래를 설명하려 했다. 이를 타산지석으로 삼아 우리는 1930년대에 진행된 중국화와 서구화의 토론에서 엄중한 교훈을 얻을 수 있다. 중국의 현대화에 결정적인 영향력을 행사하는 것은 경제·정치적 요소이지, 문화적 요소가 아니다. 문화는 중국의 현대화를 제어하는 중요한 역량이기는 하나, 근본적인 동력이 되지는 못한다. 중국 현대화 과정을 추동하는 근본적인 역량은 특정한 사회적·정치적·경제적 원리에서 비롯된다. 중국 현대화 과정에 대한 문화적 분석 및 평가보다 더 중요한 것은 경제적이고 정치적인 분석과 평가이다.[4]

4　俞可平, 「回顧與思考'西化'與'中化'的百年論爭」, 『新華月報』, 2011年 第5期.

서구화 사조의 부상과 변천

1988년, CCTV가 제작한 기획 다큐멘터리 '하상(河殤)'이 전국에서 커다란 반향을 일으켰다. '하상'은 TV라는 강력한 매체를 빌려 유려하면서도 감화력 있게, 그러면서도 일정한 의식을 담고 있는 발언으로 투철한 서구화 사상을 구현했다. 사상적으로 보면 '하상'의 사상적 강도와 깊이는 5·4운동 시기 사상계에서 진행된 중서문명의 대비를 넘어서고도 남았다. 예컨대 농업문명과 공업문명의 비교, 대륙문명과 해양문명의 비교, 폐쇄적 문명과 개방적 문명의 비교, 인치와 법치의 비교 등이다. 가령 천두슈(陳獨秀)가 『청년잡지(青年雜志)』에 발표했던 '청년들에게 삼가 아룀(敬告青年)'은 중국과 서구를 대조하는 기조를 여실히 드러냈다. 자주적이기에 노예스럽지 않음, 진보적이기에 보수적이지 않음, 진취적이기에 물러나지 않음, 세계적이기에 폐쇄적이지 않음, 실리적이기에 가식적이지 않음, 과학적이기에 상상적이지 않음. 이상이 천두슈가 중국과 대조하며 묘사했던 서양의 특징이었다. 이와 같은 중서 대조법은 그의 「동서민족의 근본적인 사상 차이(東西民族根本思想之差)」라는 글에서 더욱 확연히 드러났다. 서양민족은 전쟁을 동양민족은 안정을 본위로 한다든지, 서양민족은 개인을, 동양민족은 가족을 본위로 한다든지, 혹은 서양민족은 법률과 실리를, 동양민족은 정서와 형식을 본위로 한다 등과 같다. 리다자오(李大釗) 역시 「동서문명의 근본적 차이(東西民族根本之異點)」라는 글에서 대조법의 극치를 구현했다.

하나는 자연적이며 다른 하나는 인위적이다.

하나는 안식을 지향하며 다른 하나는 전쟁을 지향한다.

하나는 소극적이며 다른 하나는 적극적이다.

하나는 의존적이며 다른 하나는 독립적이다.

하나는 안일하며 다른 하나는 돌진한다.

하나는 인습적이며 다른 하나는 창조적이다.

하나는 보수적이며 다른 하나는 진보적이다.

하나는 직관적이며 다른 하나는 이성적이다.

하나는 공상하며 다른 하나는 체험한다.

하나는 예술적이며 다른 하나는 과학적이다.

하나는 정신적이며 다른 하나는 물질적이다.

하나는 영혼이며 다른 하나는 육체다.

하나는 하늘을 향하며 다른 하나는 땅에 서있다.

하나는 자연이 인간을 지배하며 다른 하나는 인간이 자연을 정복한다.[5]

지금에 와서 보면 이러한 대조법에서 상당히 뚜렷한 형식성을 발견할 수 있다. 다큐멘터리 '하상'은 5·4운동 시기에 유행했던 대조적 사유와 언어적 수사법을 빌려 감화력이 뛰어난 영상과 문구를 통해 전면적인 서구화 사상을 피력했다. '하상'에 등장하는 대사 몇 개를 소개한다.

---

5   蔡尚思 主編, 『中國現代思想史資料簡編』第一卷 (杭州: 浙江人民出版社, 1982).

사람들은 아직도 진시황이 증축한 만리장성을 기억하는가? 오늘날까지 장성은 아직도 사막 한 가운데 잠들어 있다. 한없이 흩날리는 모래가 북방에서 흘러 들어오고 광풍이 장성을 깎아지른다. 마치 천년간 귀양살이하는 사람 같다. 사막 한 가운데 누워 딱딱하게 굳어진, 하나의 답없는 사색 같다.

잊혀진 진시황의 장성과 달리, 그보다 천년이나 뒤진 명대 장성이 오히려 무진한 숭배를 받고 있다. 사람들은 그것이 지구상에서 유일하게 인공위성에서 관찰되는 인류의 작품이라며 자랑스러워 한다. 심지어 사람들은 구태여 장성으로 중국의 위대함을 상징하려 든다. 그러나 만약 장성이 말을 할 수 있다면 반드시 솔직담백하게 화하(華夏)의 자손들에게 고할 것이다. 자신은 그저 역사적 운명에 의해 건립된 것일 뿐이라고 말이다. 장성은 강성과 성취, 영광 가운데 그 어느 것도 대표하지 못한다. 그것은 그저 폐쇄적이며 보수적인, 무력한 방어의식과 나약함을 설명하고 있을 뿐이다. 그 웅장함과 유구함을 내세워 아직까지 자만하고 뽐내며 자신과 타인을 기만하는 그 모습은 우리 민족의 영혼에 새겨져있다. 아, 장성이여, 우리는 왜 아직도 너를 칭송하고 있느냐? (제2편 명운(命運)에서 발췌)

일찍이 인류 역사에서 가장 성숙하고 찬란한 농업문명을 이룩했던 위대한 민족이 바로 이 농업문명 때문에 한 걸음도 앞으로 내딛기 어려운 고루한 민족이 되어버렸다. 공업문명의 문턱 앞에 서 있을 때 어떤 때는 어린 아이마냥 미숙하고 산만하여 어찌할 바를 모른다. 그러나 이것은 대수롭지 않다. 마침내 그 문턱에 이르렀으니 용단을 내려 들어서면 이 민족은 다시

　　쪽빛의 실종은 갈수록 쇠퇴하는 민족과 문명의 운명을 감추고 있었다. 쉼없이 밀려드는 태평양의 파도는 묵묵히 계속해서 대륙에 누워있는 고루한 민족을 부르고 있다. 이따끔 격동을 불러일으키기도 한다. 태평양을 오고 가는 배들이 페르시아만과 아리비아 반도에 밀려든다. 그러나 쪽빛 해양의 유혹은 황금빛 토지에 비해 아무래도 약하기 마련이다. 그 황색문명이 응집력을 가질 수 있었던 비결은 이 토지 위에서 유가문화가 점차 독존(獨尊)의 지위를 얻은 데 있다.

　　체계를 이룬 유가의 사상은 내륙 문명의 생활규범과 이상을 담고 있다. 동양 봉건사회의 전성기일 때 유가는 비교적 합리적으로 기능했다. 그러나 획일적인 사상통일은 다원적인 발전을 저해했고 풍부했던 해양문명적 요소는 가늘게 솟는 샘물처럼 내륙문명의 황토 위를 적시다 곧 흔적도 없이 사라졌다……

　　내륙문명이 화하의 토지에서 나날이 발전할 때 쪽빛 해양문명은 지중해에서 서서히 몸을 일으키고 있었다.

　　유가문화는 어쩌면 유서깊고 빈틈없는 '법보(法寶)'일지 모른다. 그러나 유가문화는 몇 천년의 세월 동안 민족의 도전정신, 국가의 법치질서, 문화의 혁신원리를 만들어내지 못했다. 오히려 쇠퇴를 거듭하며 부단히 스스로의 정수(精華)를 소모했으며 자신 안에 내재한 생명력이 짙은 요소들을 스스로 말살해 대대로 이 민족의 엘리트들을 숨막히게 했다.

전제정치의 특징은 신비성과 독단성, 임의성에 있다.

민주정치의 특징은 아마도 투명성과 민의성(民意性), 과학성에 있을 것이다.

우리는 지금 혼탁함에서 투명성을 향해 나아가고 있다.

우리는 이미 폐쇄적인 상태에서 벗어나 개방으로 나아갔다.

황하는 반드시 황색 고원을 통과하게 되어 있고

최후에는 쪽빛 대해로 흘러든다. (제6편 쪽빛(蔚藍色)에서 발췌)

이처럼 '하상'은 유려한 대사를 구사하며 중국과 서구 양대 세계를 전체적으로 대조했다. 당시 중국사회과학원 마르크스레닌주의 연구소에 몸담고 있던 장시엔양(張顯揚)은 하상에 대해 다음과 같이 논평했다. "하상'은 기존의 단일한 윤리적 사고가 역사, 사회, 문화적 사고로 변모했음을 보여준다. 현대사회의 발전은 제도, 소유제, 정치제도 등 단일적 요소의 의미가 점점 옅어지고, 종합적 요소의 의미가 커지는 현상을 방증한다. '하상'은 윤리와 정치가 모든 것을 압도하는 사고방식에서 탈피해 다양한 측면을 고려한 종합적인 사고를 시도하고 있다. 이것이 곧 '하상'의 철학적 의의라고 할 수 있다.'[6] 확실히 '하상'은 전통을 전면적으로 부정하는 경향을 담고 있었고 이로써 당시의 신전통주의와 극명한 대조를 이룬다. 전통에 대한 부정과 서구문명에 대한 맹목적인 숭배는 곧 서구화 사조의 정치적 선언이 되었다. 보다 눈여겨보아야 할 점은 '하상'은 표면적으로는 전통을 부정한 데 그쳤으나 그 요지는 사회주의 제도와

---

6   「《河殤》昨天回發首選登」, 『文藝報』, 1988年 7月16日.

중국의 혁명전통에 대한 부정, 나아가 중국공산당의 영도에 대한 거부에 있었다는 것이다. '하상'은 비단 TV라는 파급력이 큰 매체를 이용해 서구화의 분위기를 조성했을 뿐 아니라 비현실적이며 추상적인 민주를 신봉하는 사회 운동을 중국 내부에서 조장했다.

그렇다면 1980년대의 서구화 사조는 어떠한 정치적 주장을 갖고 있는가? 앞서 존재했던 서구화론과 무엇이 다른가?

1980년대의 서구화 사조는 실상 자산계급 자유화의 다른 표현에 불과했다. 서구화론은 체계적인 논증도, 면밀한 연역도 시도하지 않았다. 그저 서구 정치학의 가장 기본적인 개념과 원칙들을 가져와 의심할 여지없는 제1원리로 삼는 데 그쳤다. 나아가 중국은 물질문명과 제도문명 양 측면에서 반드시 서구의 모델을 전반적으로 수용해야 한다고 주장했다. 즉 시장경제체제의 실행 뿐 아니라 그에 상응하는 민주제도의 실현을 피력했다.[7] 좀 더 정확히 말한다면, 이러한 사조는 공식적이고 공개적인 인쇄물을 통해 나타난 것은 아니었다. 주로 거리정치와 살롱정치, 지하 출판물 및 몇몇 학술회의를 통해 표출되었을 뿐이다. 그러나 서구화론이 다른 사조와 달랐던 것은 일련의 정치적 사건을 계기로 그 실천적이고 전복적인 효과를 어느 정도 발휘했다는 점이다. 여기서 일련의 정치적 사건은 다음과 같은 일들을 포함한다.

1979년을 전후하여 발생하였던 '인권시위' 운동 및 '민주 추진' 운동이다. 한 예로 당시 베이징에서는 이른바 '인권 소모임(人權小組)'이 결성

---

7 楊繼繩, 『鄧小平時代』(北京: 中央編譯出版社, 1998), 281쪽.

된 적 있다. 여기에서는 미국 대통령으로 하여금 중국의 인권문제에 관심을 갖도록 해야 한다는 의견이 제시되었다. 상하이에서는 '민주 토론회'가 발족된 적 있으며, 구성원들은 무산계급독재를 만악의 근원으로 여기며 중국공산당에 대한 철저한 비판을 주장했다. 베이징 시단(西單)의 '민주의 벽(民主牆)'은 누구나 자유롭게 견해를 밝히는 문혁 시기의 대자보 문화를 이어나가면서 공개적으로 중국공산당의 영도를 반대했다.

　2) 1981년부터 1983년까지 진행되었던 4항 기본원칙(四項基本原則)에 대한 거부 운동이다. 1981년, 당시 당 중앙은 '건국 이래 당의 약간의 역사 문제에 대한 결의(關於建國以來黨的若幹曆史問題的決議)'에 대한 토론에 돌입해 건국 이래 역사적 경험과 10년에 걸친 '문화대혁명'의 역사적 교훈을 갈무리했다. 이것이 서구화론자들로 하여금 마오쩌둥 사상과 4항기본원칙을 부정하도록 자극했다. 이들은 마오쩌둥 사상을 봉건적 사상으로 보았고, 철저하지 못하고 산간벽지에나 있을 법한 사상이라고 생각했다. 아울러 무엇이 참된 사회주의이고 무엇이 거짓된 사회주의인지 그 누구도 확신할 수 없다고 일갈했다. 더불어 '4항기본원칙'은 사람을 구속하는 무기여서, 삼장법사가 손오공 머리 위의 금고아를 조이기 위해 외웠던 주문처럼 사상해방과 자유로운 토론을 저해한다고 역설했다. 당시 사회에서는 민간에서 자체적으로 편집·인쇄한 지하 간행물들이 적잖이 유통되었고, 서구화론과 자산계급 자유화 사상이 선전되고 있었다. 이후에는 특히 인도주의, 소외문제 및 인성론에 관한 토론이 활발히 진행되어, 이에 자극받은 서구화론자들은 기존의 국가이데올로기에 대한 전복을 구상하기에 이르렀다. 이들은 정신오염 정화운동을 일러

'청소운동' 혹은 '작은 문혁(小文革)'이라 불렸다.

3) 1985년부터 1987년까지 지속된 정치체제 개조 목적의 운동이다. 이전까지의 서구화론이 산발적으로 발생한 개인적 차원의 호소와 지하 간행물에 의지해 국가이데올로기에 대한 비판과 전복을 표방했다면, 1985년부터 1987년 사이에 벌어진 운동은 일련의 정치적 주장을 통해 이데올로기에 대한 비판에서 정치체제에 대한 비판으로 나아갔다. 살롱정치가 거리정치로 이어졌고, '소리의 정치'가 '신체의 행동'으로 옮겨갔다. 청년 학생들이 서구화 사조의 주요 집단으로 등장하면서, 1986년말에는 전국 18개성(省)의 28개시(市)에서 학생운동이 발생했다. 1985년부터 1987년까지, 서구화론은 정치체제개혁에 대한 호소 속에서 중국공산당이 이전 30년동안 그 어떤 좋은 일도 행하지 않았다고 주장했다. 현재당은 썩었으며 당을 개조해야 하고 그 색깔을 바꾸어야 한다고 보았다. '삼권분립'을 고취하고 '다당제'를 실행해야 한다고 주장했다. 이들이 보기에 사회주의의 건설은 환상을 현실적인 목표로 삼는 것과 같으며, 체제적인 측면에서 볼 때 사회주의는 이미 실패한 것이나 다름없었다. 따라서 전면적인 서구화를 추진하는 것만이 유일한 해법이었다. 무산계급전정(專政)은 어디까지나 전제적이고 독재적인 통치에 불과하기 때문에 중국은 민주화의 길을 개척해야만 미래가 있다고 보았다. 당시 서구식 민주에 대한 추구는 모든 것을 압도하는 효과가 있었다. 대부분의 사람들은 민주 자체가 어떤 원리를 포함하고 있는지, 서구 국가들은 구체적으로 어떤 제도를 통해 민주를 실현하고 있는지 제대로 파악하지 못한 상태였다. 서구국가의 정치에 대한 인식은 기본적으로 '삼권분립'과 '다

당제'에서 멈춘 채 더 나아가지 못했다.

4) 1989년 기존 권위체제의 전복을 목표로 했던 '6·4' 톈안먼(天安門) 사건이다. 당대 중국에서 1989년은 유난히 다사다난한 해였다. 1989년 봄과 여름을 지나면서 전국 600여개 대학의 280만명 학생들이 시위에 참여했다. 이렇게 발생한 '6·4'는 중국을 백척간두의 지경으로 몰아넣었다. 서구화론의 책동 아래 학생운동은 곧 반(反)체제, 반이데올로기, 반정부적인 전복적 성격의 운동으로 번졌고, 서구화 사조와 국가권력 간의 충돌이 극에 달했다. 이전까지 자산계급 자유화로 분류되었던 그 어떤 운동도 이처럼 강렬한 전복적 기능을 갖지 못했다.[8] 모든 운동은 언제나 간결하면서도 절대적인, 호소력 풍부한 이데올로기와 친연성을 갖기 마련이다.

상술한 일련의 사건들을 통해 서구화론이 하나의 정치사조로서 인권과 민주, 분권과 같은 정치학 이론의 기본적 개념을 차용했다는 점을 알 수 있다. 동시에 담론과 행동에서 권위체제와의 철저한 결별으로 통해 일종의 거리정치와 운동의 정치로 전환하였다. 서구화론의 최종 목적은 그람시가 말했던 '문화적 헤게모니'를 쟁취하는 것에 국한되지 않고 정치적 헤게모니를 장악하는 데까지 나아갔다. 만약 그람시의 문화적 헤게모니 이론이 유기적 지식인 집단을 상부구조의 관리자라는 종속 계급에서 나아가 지배 계급으로 전환케 하는 것이라면, 그리고 이를 통해 자본주의 사회의 직·간접적인 정치통제체계를 개조하고, 자본주의 사회

---

8   曹維勁, 魏承思主編, 『中國80年代人文思潮』(上海: 學林出版社, 1992), 379-383쪽.

의 혁명적 개조를 실현하는 것이라면,[9] 서구화론의 최종 목적은 기존 권위체제에 대한 전복을 실현하는 것이었다. 즉 다당제로 중국공산당의 영도를 대체하고, 자본주의의 길로 사회주의의 길을 대체하며, 삼권분립으로 인민대표대회제도를 대체하고, 직접 선거로 중국의 선거제도를 대체하는 것이다. 요컨대 서구화론의 정치적 개입은 치료의 차원이거나 단순한 언어적 개입이 아니었다. 그것은 일종의 전복을 위한 개입이었다. 이러한 '전복성 개입'은 사회질서의 붕괴로 이어질 수 있고, 현대화의 성과를 훼손시키는 치명적 위협을 안고 있었다. 1989년의 정치 풍파가 이를 확인시켜 주었다. 이러한 부정적인 측면 때문에 국가 관리자들은 정치적 안정과 사회적 안정을 지키겠다는 결심을 하게 되었다. 나아가 중국 특색 사회주의의 민주 정치를 건설하겠다는 결심을 하게 되었으며, 서구화를 현대화의 전략 체계에서 제외시키겠다는 결심을 하게 되었다.

서구화 사조가 활개를 치고 있을 때, 중국 내부에서는 시종일관 1930년대 유행했던 화두가 자리하고 있었다. 중국식 현대화와 서구식 현대화의 논쟁, 혹은 서구화와 현대화의 논쟁이다. 1930년대 서구화론자들은 서구화가 곧 세계화이며 세계 역사발전의 대세라고 누누이 강조했다. 나아가 이러한 추세는 거부할 수 없으며, 거부한다면 그것은 멸망을 자초하는 격이라고 역설했다. 중국화론자들은 '현대화'의 개념을 재정의하고자 했다. 서구화론자와 달리 그들은 현대화와 서구화를 동일시하지 않았으며, 현대화는 산업화를 핵심으로 한 사회적 진보의 과정이라

---

9   [意]安東尼奧·葛蘭西, 『獄中禮記』(北京: 人民出版社, 1983)

규정했다. 이른바 현대화란 다른 것이 아니라 산업화와 기계화의 의미였다. 중국화론자들이 보기에 현대화의 주요 의의는 경제발전과 생산력의 향상, 국가의 부강에 있었다. 그 중에서도 경제개혁과 생산력 향상이 가장 중요했다. 즉 중국은 철저한 산업혁명을 거쳐야 한다는 것이었다. 왜냐하면 중국의 향후 노선이 자본주의이든 사회주의이든 상관없이 중국의 경제는 응당 개조되어야 하며, 생산력 또한 향상되어야 했기 때문이다. 이처럼 중국화론자들은 망설임없이 서구화와 현대화를 구별지었다. 현대화를 산업화로 규정한 것은 중국화론자들에게 매우 중요했다. 왜냐하면 이러한 시도가 서구의 산업문명과 서구의 정치·문화를 분리할 수 있는 가능성을 제시해주기 때문이었다. 중국이 근본적인 정치문화적 변동을 겪지 않아도 현대화를 실현할 수 있는 것이다. 중국이 현대화를 실현하는 과정에서 반드시 서구화를 채택할 필요가 없어진다.[10] 또한 서구화와 현대화는 서로 섞일 수 있는 부분이 있지만, 동시에 치명적인 충돌로 이어질 부분도 있다. 1930년대 풀지 못했던 이 '현대 명제'가 1980년대 다시 제기되었다. 사실 한 국가가 현대화를 추진하려 하면, 반드시 어느 정도와 한도, 범위 내에서 서구의 현대화 요소를 수용하는 문제에 직면하게 된다. 현대화는 어쨌든 서구에서 발원하였고 이후 세계적으로 확산되었기 때문이다.

이제 살펴볼 것은 1980년대 서구화와 현대화의 두 가지 방향성이 어떻게 한 데 섞이게 되었는지, 그리고 또 어떻게 교묘하게 분리되었는

---

10   俞可平, 「回顧與思考'西化'與'中化'的百年爭論」, 『新華月報』, 2011年 第5期.

가에 대한 것이다. 서구화론은 기본적으로 정치체제를 반추하고 심지어 전복하려는 의지가 있었기 때문에 급진주의의 진영 속으로 편입되었다. 위잉스는 중국의 급진주의 진영이 '5·4'부터 1980년대까지의 역사적 과정을 겪은 뒤 다시 '5·4' 시기로 회귀했다고 진단했다. 서구 주류 문화 속의 민주, 자유, 인권, 개성 해방 등의 관점이 다시금 1980년대 일부 중국 지식인들의 중심 가치가 되었다. 1978년에 시작된 현대화 방침은 1983년의 정신오염 정화운동으로 인해 새로운 장애에 부딪히게 되었다. 개혁 사업이 이러한 운동에 가로막혀 짧게 마감되는 것은 당시 위정자들이 의도한 바가 아니다. 당시 지도층은 개혁개방의 부정적 요소를 제거한다는 취지 아래 개혁개방이라는 사업 자체를 망치고 싶지는 않았다. 1986년 5월 8일, 『인민일보(人民日報)』는 '사회주의 민주 없이는 사회주의 현대화도 없다(沒有社會主義民主就沒有社會主義現代化)'라는 제목의 평론과 함께 당시 국무원 부총리였던 완리(萬里)의 담화를 게재했다. 정치체제개혁을 통해 개혁개방의 성과를 보존하려는 전략이 시작되었다.

정치체제 개혁의 시대가 도래하면서 현대화 운동이 다시 활기를 찾았다. 다니엘 러너(Daniel Lerner)는 『전통사회의 실종(The Passing of Traditional Society)』이라는 저서에서 전통과 현대를 이분법적으로 이해하는 사상적 프레임을 제시했다. 이후 사람들은 현대화를 이해할 때 이 프레임으로부터 자유롭지 못한 경향이 있다. 따라서 중국이 다시 시작한 현대화 전략은 또 다시 이전의 과정을 반복적으로 겪을 수밖에 없었다. 즉 현대화는 다양한 반대세력을 양산했다. 1986년의 중국이라면 서구화론의 귀환과 만연이 이에 해당했다. 서구화론은 현대화 운동의 부산품이라고 볼 수 있다.

　　정치체제에 대한 반성을 중심으로 주로 논의되었던 현대화 사조는 다시 한번 서구화 사조의 탄생으로 이어졌다. 관련 내용을 살펴보면, 관료주의에 대한 재비판, 분권 사조, 수렴 이론, 당정분리, 다당제 등이다. 천천히 서구화론의 방향으로 흘러갔다. 서구화론은 정치에서 경제, 다시 문화에 이르는 전면적인 서구화로 나타났고, 더 중요한 것은 그것이 직접적으로 국가권력의 전반적인 전복 위험을 야기했다는 점이다. 1986년의 '12월 학생운동'은 서구화 사조가 문화권력으로 국가권력을 개조하려 했던 첫번째 시도였다. 문화권력과 국가권력의 충돌은 곧 화약 냄새를 풍기는 정치운동으로 변질되었다. 1986년의 '12월 학생운동'은 개혁개방을 중단시킬만한 위험을 내포하고 있었다. 이러한 상황에서 취할 수 있는 비교적 실용적인 선택은 정치적 자유화(서구화)와 경제적 자유화(현대화)를 분리함으로써 반(反)자유화 세력의 개혁개방 저항과 반대를 해소하는 것이다. 실제로 1984년부터 1986년까지 외자(外資) 이용률이 매년 평균 48%씩 감소하고 있었다. 자산계급 자유화의 반대라는 명분으로 대외개방의 문을 닫아걸어서는 안 되었다. 이는 실상 현대화와 서구화를 완전히 중첩해 보는 것이었다.

　　사실 서구화화 현대화의 분리가 모 아니면 도 식의 극단적 선택이었다고 보기는 어렵다. 서구화의 반대가 반드시 현대화의 반대로 이어지는 것은 아니다. 예를 들어 경제적 자유화 혹은 시장에 기초한 자원 배치는 많은 경우 현대화의 구성 요소이면서 동시에 서구화론의 한 요소라고 할 수 있다. 그러나 이는 경제적 요소로서 서구화론의 정치적 조건과 달리 기존의 권위체제에 대한 전복성을 내포하지 않는다. 따라서 정치적 자유화와 경제적 자유화를 구분하는 것은 개혁개방의 지속을 위한 필연적인 선택이었다. 자유화를 정치적 자유화와 경제적 자유화로 구분짓는 것은 일정 부분 모험이 될 수 있었다. 당시에는 경제적 자유화의 경로가 완전히 개척되지 못한 상태였고, 시장화 또한 한정된 범위에서 추진되었기 때문에 경제적 자유화로 집약되는 현대화는 그다지 철저하지 못했다. 이중가격제 등 계획경제의 잔재 또한 현대화의 확산과 심화를 저해하는 요인으로 작용했다. 이러한 잔재는 현대화를 저해하는 정치체제와 깊이 관련되어 있었다. 계획경제의 타성에 젖어있던 정치체제는 은연중에 현대화의 확산을 억제했고, 이로 인해 현대화가 위축되자 정치체제를 문제시하는 시선이 늘어났다. 서구화 사조가 보기에, 중국에서 부패 등 각종 문제의 범람은 현대화에 대한 정치체제의 제제와 방해에서 비롯되었다. 1988년은 서구화 사조가 현대화 사조를 압도했던 결정적인 한 해였는데, 이는 당시 정치와 경제의 특수한 교착 관계에 힘입은 것이었다. 양자는 그러한 교착상태를 이어가다 1989년에 이르러 명확한 경계가 그어지게 되었다. 1989년 서구화 사조가 유난히 고조되었을 때, 문화권력과 국가권력의 충돌 역시 정점에 달하였고, 유례없는 정치적 풍파로 비화되었다. 이러한 풍파를 거치며 서구화론은 스스로 마침표를 찍었다.

주지하는 바와 같이 서구화론이 가진 기본적인 내용은 대륙문명에서 해양문명으로, 경제적 자유에서 정치적 자유로 나아가는 것이었다. 아울러 권력을 분산시켜 집중화된 권력을 해체함으로써 기존의 권위체제를 전반적으로 개조하는 데 목적이 있었다. 이러한 관점은 당시 중국의 현대화 전략이 용인할 수 있는 한도를 넘어서는 것이었다. 상술했듯이 서구화와 현대화의 갈등은 1989년 이전의 정치사조 전체의 변화를 좌우했다. 비록 1987년 중국 지도부가 앞장서 정치적 자유화(서구화)와 경제적 자유화(중국 현대화의 핵심)을 명확히 구별짓기는 했지만, 이러한 구분은 지식인들의 공명을 얻지 못했고, 오히려 서구화와 현대화 간의 유착은 더욱 긴밀해지고 말았다. 이러한 결과를 발생시킨 원인은 지식과 정치권력의 상호 결합 전통에 있었다. 지식집단은 정치권력을 갈망했고, 정치적 자유화를 통해 정치권력을 획득할 수 있는 신속한 경로를 얻으려 했다. 서구화와 현대화의 교착 및 유착은 중국의 현대화 건설에 있어 뚜렷한 순환 구조를 만들어냈다. 개혁개방이 한 단계 심화되면 거기에 발맞춰 기존의 정치체제를 전복하려는 욕망 또한 움터 확산되기 일쑤였다. 이러한 정치적 혼란이 개혁개방이라는 대업 자체를 망가뜨리지 않도록 하기 위해서는 체제의 힘을 빌려 새로운 정치적 통합을 단행하는 수밖에 없었다. 이 때에는 정치와 사회의 안정이 우선적으로 고려되어 예정된 개혁 전략을 대체하였다. 그러나 이러한 새로운 차원의 (정치적) 통제 자체가 중국의 현대화 건설을 정체시키는 힘으로 작용될 수 있다는 점도 간과할 수 없다. 이렇게 보면 개혁개방을 심화하는 조치는 피할 수 없는 선택인 셈인데, 문제는 이같은 조치가 또다시 서구화 사조의 발호를 야기할 수 있다는 데 있었다. 이처럼 서구화 사조와 당시 지도부의 현대화 전략 간에는 가시적인 대결 구도가 조성되기 시작했다. 이러한 대결 양상이 극단적으로 폭발한 사례가 바로 1989년에 발생한 톈안먼 사건이다. 서구화와 현대화 간에 형성된 대결 구도는 정치권력만을 일원적으로 추구하는 지식집단의 관심을 부와 지식 등 기타 자원에 대한 다원적 추구로 유도해야만 근본적으로 해결될 수 있었다. 그러나 그 해결 시점은 1992년 덩샤오핑의 남순강화가 이루어진 뒤에야 찾을 수 있었다. (남순강화가 촉진한) 시장경제의 합법화는 서구화와 현대화의 결별을 상징했고, 그전까지 자본주의를 조장하는 것으로 여겨져 비판받던 조처들 또한 남순강화 이후 시장경제를 보완하는 조치로 받아들여졌다. 중국 정치현대화의 합리적인 특징이 나타나기 시작한 것이다.

서구화 사조의 전복성 개입 원리는 급진주의의 전형적인 특징이다. 서구화론은 기존의 권위체제에 도전하는 입장에서 반체제적인 경로를 통해 체제 전복적 효과를 발휘했다. 이러한 전복적 기능은 중국의 현대화 성과를 일거에 무너뜨릴 수 있는 위협 요소였다.

보다 중요한 것은 서구국가들에 대한 서구화 사조의 전반적 인식이 간단한 개념과 이른바 정치공식에 국한되어 그 내부의 권력구조와 운영 과정에 대해서는 심화된 연구가 이루어지지 않았다는 점이다. 삼권분립에 대한 인식이 대표적인데, 대다수의 사람들은 삼권분립이 갖고 있는 분권과 견제의 기능만을 주시한 채 그 이면에 자리한 권력집중의 메커니즘을 발견하지 못했다. 현실정치를 운영하는 과정에서 삼권분립이 지향하는 견제와 균형이 유지되기란 쉽지 않다. 대통령 권력의 팽창과 남용은 삼권분립체제에서 관찰되는 주요 정치방향 중 하나이다. 미국에서 대통령 권력이 팽창하는 추세는 2차 대전 이래 미국이 차지하고 있는 패권적 지위와 연관된다. 미국은 그 자신이 보유한 기술력, 군사력, 재력에 힘입어 나날이 '제국'의 모습을 갖춰갔다. 따라서 미국이 구현하고 있는 정치제도는 삼권분립보다는 '제국 대통령제'에 가깝다고 할 수 있다. 삼권분립은 일종의 표상으로, 법적으로 보장되고 가시적이며 민주적으로 보인다. 그러나 삼권분립의 이면에는 법외적인, 그다지 민주적이라고 볼 수 없는 체계가, 잘 드러나지는 않지만 존재하고 있다. 이러한 제도적 체제가 제국 대통령제를 지탱하고 있다. 미국의 국가안보위원회(NSC)와 중앙정보국(CIA), 연방수사국(FBI), 국가안전보장국(NSA), 국가정찰국(NRO), 그리고 그 산하의 부서들이 이러한 체제를 구축하고 있다. 입법권, 행정권, 사법권을 분리한 삼권분립은 고대 중국의 재상권을 매개로 한 '외조(外朝)'와 유사한 측면이 있다. 국가안보위원회를 위시로 한 기구들의 경우 황제권을 중심으로 하는 '내조(內朝)'와 유사하다. 이러한 체계를 통해 만들어지는 정치적 결정은 대개 공표된 공식 정책과 대립된다. 미국 헌법은 미합중국이 사람이 아닌 법에 의거한 정부를 가질 것을 원칙으로 한다. 그러나 이러한 원칙을 깨뜨린 대통령들도 적지 않다. 린든 존슨(Lyndon B.Johnson), 리처드 닉슨(Richard M.Nixon), 로널드 레이건(Ronald W. Reagan))이 대표적이다. '제국 대통령제'와 삼권분립은 미국 헌법과 모순·상충된다. 그러나 '제국 대통령제'야말로 삼권분립에 가리워진 진정한 정치적 암호로서 미국 정치권력의 중추를 대변한다. 어떤 국가의 정치체제이든 그 국가의 국정(國情)과 조응하기 마련이고, 따라서 이를 가리켜 완벽하게 인위적인 산물이라고만 할 수도 없다. 미국의 권력분산체제는 미국이라는 나라가 구체제적 요소나 봉건적 잔재를 거의 갖고 있지 않았기 때문에 가능했다. 건국 초기, 미국 정치의 청사진은 백지에 가까웠기에 건국자들은 자유롭게 정치적 지혜를 발휘할 공간을 확보할 수 있었다. 멕시코의 경우 미국의 헌법을 모방했으나 그것이 멕시코를 부강하게 만들지는 못했다. 특히, 삼권분립체제는 사실상 200여 년에 가까운 시행착오를 거치고서야 차츰 성숙하기 시작했다. 미국의 경우 영국과의 관계가 단절되지 않았을 때, 정부는 분권과 견제의 문제가 아니라 국가의 독립만을 염두에 두었다. 다시 말해 국가가 처한 역사적 단계에 따라 제도 설계자가 주목하는 핵심 문제가 서로 다를 수 있다. 이러한 사실은 많은 후발산업국이 왜 경제성장을 추구하는 단계에서 거의 예외없이 권력 분산이 아닌 집중을 택하는지를 설명해준다. 권력분산체제는 필연적으로 합법화의 외피를 입은 정치투쟁을 동반한다. 그칠 날이 없는 정치적 논쟁은 문제를 해결하지 않고 문제를 만든다. 무엇보다 삼권분립은 국가의 이익을 나누어 가지려는 정치집단에게 합법적인 활동 공간을 제공함으로써 국가 전체의 발전 전략 또한 여기에 영향을 받게 된다. 많은 국가의 정치적 실천이 이를 증명한다. 사실 삼권분립과 미국의 부상은 상관관계에 있지 않다. 미국의 부상은 천연적인 지리적 환경과 풍부한 자연자원, 2차 대전이 제공한 천재일우의 역사적 계기에 힙입은 것이다. 따라서 단순히 삼권분립을 한 국가의 '제도적 구세주'로 여기는 것은 매우 유치한 발상이 아닐 수 없다. 다른 사례로 영국을 들 수 있다. 영국에서 의회가 최고 권위를 가질 수 있었던 까닭은 섬나라로서 비교우위와 국내의 다양한 권력집단 간의 경쟁에 기인한 것이다. 이와 대조적으로 프랑스의 권력집중 노선은 인접국가들과의 충돌에서 비롯된 선택이었다. 인접국과의 충돌이 나폴레옹식 집권체제의 탄생을 촉진했다. 집중된 권력만이 대외전쟁을 효율적으로 수행할 수 있기 때문이다. 이에 프랑스는 대통령을 핵심으로 한 제도를 시행하게 되었다. 여기에 대해 미국 학자 찰스 립슨(Charles Lipson)은 샤를 드골(Charles De Gaulle) 대통령이 개인적인 명성과 국민투표를 혼용하는 방식으로 프랑스를 통치했다고 했다.[11] 이로 미루어볼 때, 근거없이 발생한 정치제도는 없다는 사실을 알 수 있다.

서구화론은 인간의 능력을 무한한 것으로 상정하면서 서구의 정치제도를 그대로 복제할 수만 있다면 중국이 가진 문제를 해결할 수 있다고 보았다. 이는 급진주의에서 흔히 발견할 수 있는 병폐이며, 이러한 서구화론의 오류는 아프리카, 동남아시아, 라틴아메리카의 많은 국가들이 겪은 정치적 실험으로 이미 반증되었다. 서구화론이 지향했던 정치적 개념들이 커다란 반향을 불러일으킬 수 있었던 비결은 다음의 두 가지 배경이다. 첫째, 당시 중국 학술계가 축적한 합리적인 정치학 지식이 매우 일천한 수준에 머물러 있었다. 둘째, 당시 사람들이 집중적으로 획득하고자 했던 자원은 권력이었고, 핵심 문제 또한 정치에 있었다. 당시 중국은

---

11   [美]茱斯利·裏普森, 『政治學的重大問題—政治學導論』(北京: 華夏出版社, 2001), 224쪽.

시장화와 세속화 과정에 진입하기는 했으나, 미처 그에 조응하는 사회적 분열을 겪지 않아 정치 외적 자원에 대한 추구가 미미했다. 그렇기 때문에 서구화론이 주창한 정치적 주제가 스포트라이트를 받을 수 있었다.

2) 현대화와 서구화론이 호응하는 국면이 종결되었다. 1992년 이전까지 현대화와 서구화론은 시종일관 상호 융합과 충돌을 반복했다. 경제적 차원에서는 양자가 같은 의미라는 판단이 합법적으로 공표되기 전까지, 중국의 현대화 추진은 때때로 정치적 차원에서 서구화와 현대화가 같은 의미로 받아들여지는 예상치 못한 결과를 초래하기도 했다. 현대화가 위축되자 정치체제에 대한 비판이 서구화 사조의 핵심 내용이 되었다. 앞에서 살펴본대로 1992년 전까지 중국의 현대화 전략은 일련의 정치적 사건들로 인해 중단을 거듭했고, 중단과 재개를 반복하면서 앞으로 나아가지 못했다. 1992년 이후에는 경제적 차원에서 현대화와 서구화가 결합하면서 정치체제가 시장화를 억제하는 방침 또한 차츰 사라졌다. 정치체제에 대한 비판과 정치권력에 대한 추구는 점차 부에 대한 추구로 바뀌어갔고, 현대화가 지속적으로 추진되면서 현대화와 서구화의 양극 구조 또한 더이상 존재하지 않게 되었다. 아울러 정치적 차원에서 양자가 혼재되어 발생한 불안정 요소 또한 자취를 감추게 되었다.

3) 현대화가 수반하는 예측불허의 상황에 대처하는 일이 장기적인 임무로 자리잡았다. 1992년 이전 현대화가 수반한 예상치 못한 결과는 서구화와 현대화가 정치적 측면에서 결합하는 것으로 나타났다. 이로써 현대화는 필연적으로 정치적 불안정을 야기하게 되었다. 새뮤얼 헌팅턴 (Samuel P. Huntington)은 '현대화는 새로운 부와 권력의 경로를 개척하므

로 부패가 쉽게 발생한다'고 했다. 즉, 현대성은 안정을 수반하는 동시에 불안정을 야기한다는 것이 헌팅턴이 제시한 명제이다.[12] 1992년 이전 현대화가 수반한 예상치 못한 결과는 정치적 자유화로, 정치체제가 현대화를 억제한 데서 비롯되었다. 1992년 이후에는 정치권력과 시장화가 유착하는 모습으로 나타났고, 정치질서가 상업질서를 왜곡하고 말살한 데서 연유했다. 따라서 중국이 합리화 과정에서 어떻게 정치구조의 점진적 개혁을 실현할 수 있을 것인가가 중국의 현대화 과정을 관통하는 중요한 임무로 자리잡았다.

4) 시장경제가 서구화와 현대화의 충돌을 상쇄했다. 서구화 사조와 현대화 사조는 서로 부합되는 측면이 있다. 경제적 자유화가 그 일례다. 한편 상충하는 측면도 존재한다. 정당제도, 사유제와 공유제 등과 관련해서 양자는 첨예하게 대립한다. 시장화가 합법적으로 공표되기 이전까지, 중국의 현대화는 계획경제의 타성에 젖어있던 정치체제에 의해 가로막히기 일쑤였다. 따라서 현대화가 추진됨과 동시에 정치체제에 대한 회의가 피어나는 것은 필연적인 수순이었다. 1989년부터 1992년에 이르는 과도기를 거친 후에 이루어진 덩샤오핑의 남순강화는 시장화의 합법적 승인에 매우 중요한 발판이 되었다. 1994년에 이루어진 헌법 개정을 통해 시장화는 현대화 전략의 기초로 자리매김할 수 있었고, 그 정치적 의의는 중국이 현대화로 가는 길을 열었다는 데 있다. 시장화는 정치체제에 대한 비판과 정치권력에 대한 추구를 부에 대한 추구로 돌려놓았다.

---

12   [美]塞繆爾·亨丁頓, 『變革社會中的政治秩序』(北京: 華夏出版社, 1998).

또 시장화의 실현으로 서구화 사조와 현대화 사조가 경제적 차원에서 결합하게 되었다. 이로써 서구화와 현대화 간의 모순과 충돌은 불식되었고, 중국의 현대화 또한 합리적으로 추진될 수 있는 동력을 찾았다. 반면 이전에 표출되었던 서구화와 현대화를 정치적 차원에서 결합하려는 시도는 사회자원의 충분한 지지를 확보하지 못했기 때문에 중국을 혼란과 무정부 상태로 밀어넣을 위험이 있었다. 서구화와 현대화의 모순과 갈등은 시장화를 주축으로 하는 현대화 과정에서 차츰 중화되었다. 이후 중국은 시장화라는 합리화 운동을 추진하는 과정에서 점진적 정치개혁을 위한 풍부한 자원을 축적할 수 있게 되었다.

결론적으로 서구화론은 당대 중국 정치사조가 문화적 반성의 과도기에서 정치적 반성으로 나아갔다는 것을 보여주는 실례였다. 그 핵심 특징은 언어적 개입에 있는 것이 아니라 기존의 사회주의 정치제도를 부정하고 서구의 삼권분립식 정치제도를 전면적으로 수용하려 했다는 데 있다. 이처럼 단순하면서 극단적인, 특정한 정치학적 신조에서 출발해 중국의 사회·역사·문화적 조건을 전혀 고려하지 않은 입장은 전형적인 서구제도중심론의 사례에 해당한다. 여기에 이르러 서구화론을 신봉하는 지식집단들은 1980년대 초기 문화적 반성의 궤도에서 이탈해 기존 정치제도에 대한 전복을 꿈꾸는 반체제적 노선으로 진입하였다. 서구화 사조가 내포한 전복성 개입원리는 1989년의 정치적 풍파가 발생하는 데 결정적인 작용을 했다. 여기에 대해 덩샤오핑은 상당히 권위적인 분석을 남겼다. '이러한 풍파는 언젠가는 닥칠 일이었다. 이것은 국제적인 대기후와 중국 내부의 소기후에 의해 결정된 일로 반드시 닥칠 일이다. 사람의 의지로 바뀔 수 있는 일이 아니다. 다만 시기의 문제, 정도의 문제가 있을 뿐이다.'[13] 덩샤오핑의 판단에 따르면 서구화론의 핵심은 두 가지로 정리될 수 있다. 하나는 공산당을 타도하는 것이고, 다른 하나는 사회주의 제도를 전복시키는 것이다. 그 목적은 완전히 서구에 종속된 자산계급 공화국을 건국하는 데 있다.[14] 개혁개방은 '제2의 혁명'으로서 극좌적 상태, 폐쇄적 상태에 처해있던 중국을 해방시켜 하나의 혁신적인 역사적 단계로 진입하도록 했다. 중국공산당은 고도의 정치적 지혜와 효율적인 거버넌스 전략을 기반으로, 중국이라는 초대형 국가가 현대화를 실현할 수 있는 경험과 방법에 대해 부단히 모색했다. 실제로 중국은 정치·경제·문화·사회 등 다방면에 걸쳐 세계를 놀랍게 할만한 성과를 이루었다. 1980년대 말 서구화론은 '민주'와 '자유', '다당제'와 '삼권분립' 등 일련의 허황되고 추상적인 개념을 가져와 소련과 동유럽 등지에서 성행하던 페레스트로이카 운동과 미국을 대표로 하는 서구국가들의 책동에 영합하면서, 기존의 정체제도에 대한 전복 운동을 일으키려 했다. 마침내 이러한 운동이 출현함으로써 그것은 국제적 대기후와 국내의 소기후가 이중적으로 작용한 결과라고 했던 덩샤오핑의 판단이 옳다는 것이 입증되었다. 당시 중국의 정치학계는 초보적인 수준에 머물러 있었고, 축적된 학술자원과 지식자원 또한 서구화론이 신봉하는 일련의 개념들이 가진 허황성을 과학적, 학술적으로 규명할만한 수준에 이르지 못했다. 중

---

13   『鄧小平文選』第三卷(北京: 人民出版社, 1993), 302쪽.

14   Ibid. 303쪽.

국의 현대화 성과 역시 서구화 사조의 급진적 비판을 반박할 정도로 축적된 상태가 아니었다. 따라서 많은 학생청년들이 서구화론에 매혹되어 이러한 운동에 휘말렸다. 1989년, 덩샤오핑은 여기에 대해 매우 예리한 평론을 남겼다. '지난 10년간 가장 큰 과오는 교육에 있다. 여기서 교육이란 주로 사상정치교육을 말하는 것으로 단순히 학교, 청년학생에 국한된 교육이 아닌, 인민에 대한 일반적 교육을 가리킨다. 창업의 고난과 중국은 어떠한 국가이고 장래 어떠한 국가로 변모할 것인가와 관련된, 이러한 교육은 (현재) 매우 미미하다. 이것이 우리의 가장 큰 과오다.'[15] 본서의 제1장에서 언급한 대로 정치사조는 지식집단으로부터 발원하였다. 그러나 (이러한 정치사조를 소화할) 방대한 사회적 시스템이 없다면 그 어떤 사상 혹은 관념이라도 개인적인 소일거리에 지나지 않으며, 대중에게 영향을 미치는 공적 역량이 될 수 없다. 그렇기 때문에 당대 중국 정치사조의 부상과 변천은 당대 중국의 지식 생산·보급체계의 개혁과 긴밀히 연관되어 있다. 그 중에서 가장 중요한 것은 출판업의 빠른 성장과 교육제도의 개혁이다. 특히 교육영역에서 개방되고 접촉된 서구의 사상과 관념은 중국의 고등교육체계 내부로 꾸준히 유입되었고,이러한 현상은 오늘날까지 이어지고 있다. 당대 중국 정치사조는 바로 이 교육이라는 지식의 생산·보급 체계를 빌려 부단히 자신의 성쇠와 부활을 내비치고 있다. 40년의 세월이 흐른 지금, 다시 덩샤오핑의 판단을 곱씹어보면 중국 인민, 특히 청년학생들의 사회주의 가치관 교육 문제, 중국공산당이 구축

---

15   『鄧小平文選』第三卷(北京: 人民出版社, 1993), 306쪽.

한 중국 특색 사회주의의 사명과 학교의 지식교육, 지식혁신을 유기적으로 결합하는 문제는 향후 중국의 발전에 있어 여전히 매우 중요하다는 것을 알 수 있다.

2. 신권위주의:
권위체제의 실용화 개조

| 신권위주의 부상의 사회적 배경 |

1980년대 중후기, 중국의 현대화 노선과 정치체제 개혁에 대한 선택 문제와 관련해 중국의 이론계에서 한 차례 격렬한 논쟁이 벌어졌다. 이 논쟁은 '신권위주의'를 둘러싸고 진행되었기 때문에 몇몇 사람들은 이를 일컬어 '민주파'와 '신권위주의파' 간의 논쟁이라 한다.[16] 1988년 말과 1989년 초는 중국의 개혁개방이 10주년을 맞는 시기였다. 개혁의 가치적 목표와 사회·정치구조의 변동과 관련해 새로운 사고가 진행될 때 즈음, '기괴한 정령(精靈) 하나가 날개짓을 하며 사상계의 숲을 지나쳐 가면서' 베이징과 상하이에 일대 대논쟁을 불러일으켰다. 이 정령이 바로 '신

---

16 王小平,「'民主'與'新權威'論戰印象」, 劉軍, 李林 編, 『新權威主義—對改革理論綱領的論爭』, (北京: 北京經濟學院出版社, 1989).

권위주의' 사조이다. '신권위주의' 사조는 일찍이 학술회의와 살롱, 길거리의 신문지상에 등장하며 국내외 매체의 핫이슈가 되었다. '신권위주의' 사조는 지식계의 대대적인 관심을 불러일으키며 지식집단이 중국의 개혁과정을 반추하는 하나의 표현으로 자리잡았다.

'신권위주의'가 1980년대 말부터 90년대 초까지 크게 성행할 수 있었던 까닭은 개혁과정에서 드러난 문제들이 해당 사조를 촉발시킨 때문이다. 특정 사조의 출현은 결코 우연의 산물이 아니기 때문에 사회의 변화 과정에서 그 근원을 찾아야만 한다. '신권위주의'의 출현 또한 특정한 사회적 배경에서 기인한 것이다. '신권위주의'는 중국의 개혁과 발전에 대한 당시 학계의 독특한 이론적 사고를 반영하고 있다. 또한 당시 중국의 현대화 과정에 대한 일부 지식인들의 정치문화적 반응이라고도 볼 수 있다.

아래에서 서술할 몇 가지 국면에서 '신권위주의' 출현의 근원은 찾을 수 있다.

1) 정치민주화가 배태한, 예상치 못한 국면이 '신권위주의'의 부상에 계기를 제공했다. 중국이 1978년 개혁개방의 시대로 진입한 이후 경제발전의 저변에는 늘 정치민주화에 대한 갈망이 잠재되어 있었다. 이 잠재된 욕망은 일부 집단에 한정되었으나, 점차 외부로 팽창하여 비교적 큰 사회적 영향력을 가진 사회심리적 요구로 자리잡게 되었다. 그러나 많은 개발도상국의 사례가 증명하듯이 민주화가 항상 사회의 긍정적인 발전을 수반하지는 않는다. 이것이 '신권위주의'의 이론적 출발점이다. 80년대 중국에서 나타난 민주에 대한 요구는 민주에 대한 이성적 인

식을 기초로 하지 않았으며, 오히려 민주에 대한 오해로 점철되어 있었다. 그랬기에 예측불허의 혼란과 무질서가 초래된 것이다. 민주화가 수반하는 예측불허의 결과를 인지하지 못한 탓이라고 할 수 있다. 특히 분권사상이 힘을 얻고 곧이어 실천으로 옮겨지면서 원래 중국사회가 갖고 있던 사회통합의 비교우위는 침식당할 위기에 놓였다. 그러면서 안정과 발전 사이에서 어떻게 균형을 모색하는 것인가가 많은 이들이 고민하는 중대한 문제가 되었다. 오늘날까지 확실한 해답을 얻지 못한 이러한 문제가 '신권위주의'가 부상하는 중요한 요인으로 작용했다.

2) 경제발전과정에서 나타난 지방주의와 이로 인한 일련의 혼란 상태다. 지방정부에게 권력을 대거 이양하는 개혁은 이른바 '제후경제(諸侯經濟)', '영지경제(領地經濟)'를 유발했다. 지방의 세력이 경제체제를 할거하기 시작하자, 중앙정부의 권위는 유실될 위기에 놓였다. 중국과 같은 초대형 국가에 있어 중앙정부의 권위를 유지하는 것은 필설로는 다 설명하기 어려울 정도로 지극히 결정적인 의의를 가진다. '신권위주의'는 당시 경제발전과정에서 두드러졌던 중앙에서 이탈하려는 경향과 분권경향을 극복하려는 과정에서 탄생했다.

3) 후발산업국들의 성공 사례가 '신권위주의'의 설득력을 암시했다. 후발산업국들의 권위주의적 산업화 전략과 그 성공은 '신권위주의'의 자신감을 배가시켰다. 2차 대전 이후 독립한 많은 후발산업국들은 거의 예외없이 중앙집권노선을 채택했다. 권력집중체제는 경제발전을 보장하는 중요한 요소로 자리잡았다. 이러한 정치와 경제의 이원화(정치적 집권과 경제적 분권)모델은 산업화 과정에서 실용성과 효율성을 발휘했다. 후발 산

업국의 정치-경제 이원화 모델의 성공은 '신권위주의'의 등장을 촉발하는 국제적 배경이 되었다.

| 신권위주의의 역사적 연원 |

중국 근현대사에서는 일찍이 권위주의에 대한 논쟁이 존재했다. 이는 중국이 전통 제국의 상태에서 벗어나 근대화로 나아가는 과정에서 직면할 수밖에 없는 문제였다. 전통의 정치적 권위가 혁명에 의해 파괴되고, 과거 제국의 권위가 소멸하다시피 도태된 이후, 어떻게 이 초대형 국가의 정치발전을 추진해야 하는가 하는 문제는 반드시 답해야 할 문제였다. 기존의 면모를 유지하면서 법리적인 형태를 띤 새로운 권위를 만들어내려했던 근대의 변법자강운동(變法自強運動)은 실패로 돌아갔다. 쑨원(孫文)에 의해 주도된 민주혁명 역시 시종일관 새로운 형태의 권위를 수립하는 일에 매달렸다. 도쿄에서 동맹회(同盟會)가 성립되었을 때 쑨원은 '본 당의 당원은 반드시 중산 선생께 충성할 것을 맹세한다'와 같은 규정을 당장(黨章)에 삽입하려 했으나, 왕징웨이(汪精衛) 등의 강력한 반대에 부딪혀 무산되었을 정도였다. 해당 규정은 '본 당의 당원은 반드시 총리께 충성할 것을 맹세한다'로 수정되어 삽입되었다. 쑨원의 이러한 행보는 그 나름의 고려에서 비롯된 것이었으나, 안타깝게도 타인의 공명을 얻지 못했다. 위안스카이(袁世凱)에 의해 부활된 제정은 짧게 마감되었다. 이후 중국은 군벌정치의 혼란 속으로 빠져들었고 (군사) 독재정치가 배양한 장제스(蔣介石)라는 새로운 권위가 출현했다. 중국은 전통적 권위가 소멸된 이후 줄곧 중국을 대표할 새로운 형태의 권위를 탐색해왔다고 할 수 있다. 따라서 당대 중국에 출현한 '신권위주의'는 그 이론적 연원으로 볼 때, 역사의 장기적인 복선에서 비롯되었다고 할 수 있으며 근대 이후 이어진 중국의 문화적 전승과 사상적 계승에 부응한 것이었다. 이는 근대에 잠재되어 있던 중대한 문제가 오늘날에 이르러서도 여전히 나름의 표현방식을 갖고 있음을 시사한다. 따라서 우리는 현재 시점에서 '신권위주의'의 발생 원인을 이해하는 한편 역사적인 측면에서의 내력까지 두루 살펴보아야만 한다.

'신권위주의'는 어떤 의미에서 역사적으로 존재했던 개명전제론(開明專制論)과 유사한 측면이 있다. 소위 새로운 형태의 권위라는 것도 개명된 전제자(개명군주)와 크게 다르지 않다. 1980년대 일부 인사들이 언급한 개명전제론 또한 실상 온전히 당대의 산물이라고 볼 수 없다. 1906년, 량치차오(梁啟超)는 『신민총보(新民叢報)』에 발표한 「개명전제론」이라는 글에서 현재 중국은 공화입헌제를 실현할 수 없을 뿐 아니라 '민도가 낮고', '시정 기관이 미비'한 까닭으로 입헌군주제의 실현마저 시기상조이며, (따라서 지금으로서는) 개명전제만이 실현 가능한 대안이라고 주장했다. (중국에서) 공화제는 입헌군주제만 못하고 입헌군주제는 개명전제만 못하다'고 했던 량치차오는 서구 열강이 봉건사회의 과도기에서 현대국가로 나아간 데서 계시를 얻은 것으로 보인다. 서유럽이 봉건시대를 마감하고 근대 국민국가 시대로 진입하는 과정에서 개명전제는 분명 적극적인 역할을 했다. 적잖은 개명군주들이 18세기 유럽 대륙에 절대주의 왕정이 성립되는 데 중요한 역할을 했다. 프로이센의 프리드리히 대왕, 오스트리아의 여제 마리아 테레지아와 그의 아들 프란츠 요제프 2세, 러시아의 여제 예카테리나 2세, 스웨덴의 구스타프 3세가 대표적이다. 볼테르(Voltaire), 디드로(Denis Diderot)와 같은 계몽학자들은 물론 중농학파의 학자들까지 개명전제를 추앙해 마지않았으며 '군주와 철학자를 결합시키는 경로를 구축함으로써 일대 변혁을 완성할 수 있었다. 개혁이 순조롭게 진행되기 위해서는 반드시 군주에게 법률적 범위 한에서 행사할 수 있는 전권을 부여해야만 했다. 중농학파의 말을 빌리자면 '합법적인 전제제도'라 할 수 있다. 볼테르는 '한 명의 철학자가 국왕이 되는 것이 인민의 최대 행복이다. (……) 인자한 국왕은 하늘이 지상에 내릴 수 있는 가장 좋은 선물'이라고 말했다. 그렇기에 요제프 2세는 '나는 이미 나의 철학을 발휘해 내 제국의 입법자가 되었으며 나 역시 합리적인 원칙에 따라 제국을 개혁해 나갈 것'이라 공식적으로 선포했던 것이다. 객관적으로 보면 19세기 유럽 대륙에 등장한 개명전제는 봉건제도의 기초와 저촉되는 면이 있었다. 개명전제는 귀족과 교회의 특권을 약화시켰고, 군주의 권력과 국가의 통일을 강조했다. 자산계급은 이러한 과정에서 적잖은 수혜를 입었다. 그러나 '법률 없이 권력 없다. 무한의 권력을 제공하는 법률 또한 없다'[17]고 했던 디드로의 발언이 증명하듯 개명군주의 권력은 일련의 제약에 노출되어 있었다.

근대 이후 중국은 권위주의와 관련해 세 차례의 논쟁을 겪었다. 제

---

17   趙士國, 丁篤本, 「開明專制輪」, 『史學月刊』, 1988年 第1期.

1차 논쟁은 신해혁명부터 '5·4'운동에 이르는 기간에 발생했다. 이 시기 권위의 가장 강력한 주창자는 위안스카이와 주안회(籌安會)의 양두(楊度)를 비롯한 대학자들, 그리고 비극적 인물인 캉유웨이(康有爲)였다. 양두는 '공화제를 시행해서는 강대국이 될 수 없다는 것이 세계의 통례가 되었다'며 자유·평등·공화를 중국의 정치를 어지럽히는 3대 요소로 간주했다. 캉유웨이의 경우 자신이 무술변법 당시 입헌제를 주장한 것은 실상 '국정(国情)을 살피지 못한 거대한 착오'라 반성했다. 아울러 지금 중국에 민주를 도입하는 것은 마치 '걷지도 못하는 어린 아이가 담장을 넘으려는 것과 같다. 추락해 죽지 않을리 만무하다.'고 단언하면서 '중국의 백성은 군주(의 존재)에 익숙하다. 입헌제를 도입하려면 먼저 군주가 있어야 한다.'고 역설했다. 위안스카이의 발언 또한 눈여겨볼 만하다. '국민이 자유를 신성불가침한 것으로 여기게 되면 권력남용도 자유요, 권력투쟁도 또한 자유다. 결사의 자유라는 미명으로 반역을 도모하는 행위도 자유가 될 것이다. 언론의 자유란 말을 빌려 유언비어를 퍼뜨리는 것 또한 자유일 것이다. (이처럼) 불복종을 평등으로 여기고 방약무도한 행위을 자유로 여긴다면 국가가 어떻게 성립할 수 있겠는가?!' 여기서 권위주의를 비호하는 이들의 언설에서 나타나는 두 가지 상황을 살펴볼 필요가 있다. 하나는 서구 정치학 이론에서 말하는 자유·평등·공화와 같은 요소들은 중국에서 제대로 실현되기 어렵다는 것이다. 국민들은 이러한 정치적 가치들을 심각하게 오해하고 있다. 다른 하나는 권위주의를 주장하는 이들이야말로 자유·평등·공화에 대한 뿌리 깊은 오해를 지니고 있다는 것이다. 이들의 발언만 보면 자유·평등·공화와 같은 가치는 민중을 현혹시키고 국가의 근본을 와해시키기 때문에 반드시 근절해야만 한다. 그러나 실제로는 이러한 가치들 자체가 중국사회의 발전과 상충하는 것이 아니라, 이러한 요소들이 중국에서 왜곡되고 오용되었기 때문에 권위의 상실을 초래한 것이다. 위안스카이의 발언은 제정 복고를 위한 변명에 불과하지만, 서구의 가치관념과 중국인의 생활관습이 모순·상충됨을 예리하게 짚어냈다. 량치차오 또한 이러한 점을 인식하고 있기에 '개명전제론'을 저술한 것이다. 개명전제는 전통적인 일인전제와는 다른, 새로운 권위를 상정한다. 이는 도덕적으로 개명된 권위일 뿐 아니라, 정책적으로도 개명된 권위로서 개명된 정책으로 중국의 현대화를 추진한다. 시장화를 추진하는 후발산업국의 군사독재자들과 자연스레 닮은 모습이다.

'신권위주의'와 관련한 제2차 대논쟁은 1920년대말부터 1930년대 중기까지 이어졌다. 어떤 학자에 의하면 장제스 본인이 '(중국은) 대체로 통일을 이루었으나 소란스럽게 자유민주를 부르짖는, 본분을 망각한 몇몇 문인들이 관할지역에 남아있다.'고 인식하면서부터 '신권위주의'가 재차 부상하기 시작했다. 그리하여 다이지타오(戴季陶)의 '공손도통설(孔孫道統說)'과 '민생주의 본체설(民生主義本體說)', 량치차오의 '동서문화설(東西文化說)'과 저우위성(周毓生) 등의 '사회주의설(社會主義說)' 등이 잇따라 등장했다.[18] 량수밍(梁漱溟)은 자고로 중국에서는 인민주권(民有)과 인민

---

18   秦曉鷹, 「跳出歷史的惡性循環─中國關於權威主義的論戰」, 『經濟學周報』, 1989年3月 12日.

복지(民享)는 존재했으나 인민자치(民治)만은 존재하지 않았다며 서둘러 자유민주를 도입해서는 안된다고 보았다. 그랬기에 '중국이 현재 겪는 고통은 (권력의) 독점이 성공하지 못한 데 있다. 군벌은 혁명대상이 될 수 없다.'고 말한 것이다. 다이지타오는 '민생, 민족, 민권은 나란히 성립되지 않는다. 민생주의가 실현된 이후에야 민권주의가 있을 수 있다.'고 했다. 따라서 생산력 발전이 가장 급선무이며, 국가가 계획해 조직하고 관리한 주요 생산기관을 강화해 생산력을 증강해야 한다고 주장했다. 이는 실상 국부 쑨원이 제시한 '군정(軍政)—훈정(訓政)—헌정(憲政)'의 정치발전 3단계설에 대한 부연설명이라고 할 수 있다. 저우위성은 '민주주의, 자유주의는 이미 몰락한 폐물이다. 한 국가의 정치가 자유의 허명에서 비롯된 부패와 몰락으로 빠질 바에야 출중한 재능과 식견, 높은 도덕성을 갖춘 지도자가 독재를 하는 것이 낫다. (……) 맹목적이고 무능한 민중에게 기대는 것보다 차라리 용감하고 현명한 지도자에게 전적인 책임을 지우는 편이 낫다.'고 말했다. 장제스는 '더는 미룰 수 없는 국난 극복을 위해서, 정치경험이 전무한 민족을 지도하기 위해서는 반드시 효율적인 통치권을 빌려 행사해야만 한다. 그러므로 자유민치주의 정치이론에 결코 의존해서는 안된다.'고 못을 박았다. 아울러 '철혈의 지도자와 조직이 출현할 때 중화민족 부흥의 서광이 비쳐올 것'이라고도 했다. 이 때의 논쟁을 분석할 때는 반드시 량수밍, 저우위성의 문화적 차원의 권위주의와 다이지타오, 장제스가 주장한 실천적 차원에서의 권위주의를 구별해야 한다. 전자는 지식인의 책임에 기초한 문화적 비판이며, 후자는 현실정치의 이익에 입각한 권력의 독점이다. 특히 후자의 경우 비록 당시의 정치적 위기

극복을 위한 발로에서 비롯된 것이라 해도, 치명적인 오류에서 자유롭지 못했다. 이들은 국가기구의 독점은 정치적 쇠락을 야기하지 않을 뿐더러 현재로서는 유일한 대안이라는 점을 강조하면서, 자유주의는 국가 동란을 야기하는 근원이라 주장했다. 이러한 주장 속에 내포된 오류는 명백하다. 중국의 정치개혁과정은 늘상 국가의 운명을 결정하는 권리를 민중에게 주느냐, 국가에게 주느냐 하는 양극단 선택의 연속에 있었다. 이는 사실상 매우 유치한 발상으로 더할 나위없이 극단적이다. 서구 사회가 성숙한 정치형태를 이룩할 수 있었던 까닭은 국가가 자발적으로 민주의 요구에 복종한 데 있지 않았으며, 민중이 자발적으로 국가의 규정을 이행한 때문도 아니었다. 다름 아닌 국가와 사회의 분리에서 기인한 것이다. 국가는 사회의 성장에 의지해 생존하고, 사회는 국가의 공급에 의존해 그 운행을 지속할 수 있었던 것이다. 중국에서는 국가와 사회가 이처럼 분리된 적이 없었기 때문에 운명결정권을 일방의 손에 쥐어주는 극단적인 발상과 방법이 가능했다. 시장의 성숙과 계층분화가 선행되지 않고는 이러한 유치한 발상을 일소하는 것이 불가능하다. 따라서 권위주의와 민주주의의 논쟁 또한 시종일관 존재할 수밖에 없었다.

　　권위주의와 관련된 제3차 논쟁은 항일전쟁을 전후로 발생했다. 당시는 중국의 운명이 크게 바뀌는 시기였으며, 이후의 노선에 대한 선택을 요구받는 시기이기도 했다. 다양한 세력이 앞다투어 각자의 대안을 내놓았다. 린통지(林同濟), 허용구(何永佶), 천쳰(陳銓), 레이하이쫑(雷海宗) 등 다수의 역사학자로 구성된 '전국책파(全國策派)'는 니체를 모방한 '초인정치' 학설을 제시했다. 이들은 중국이 당면한 문제를 해결하려면 초인의 의지와 능력에 의지해야만 한다고 주장했다. 이들이 제창한 초인정치와 영웅숭배는 일견 권위주의적 정치를 조성하는데 매진한 것처럼 보이나, 실제로 이들은 게으른 국민성을 교정하기 위한 문화문제와 현실비판에 주력했다.[19] 이것은 전시상태에 대한 응급 조치이기도 했다. 전국책파는 '5·4' 운동 이후의 다양한 문화적 구상을 초월하려 애썼다. 따라서 이들의 '초인정치'는 문화적 반성 색채가 농후했으며, 문화건설의 의지 또한 내포되어 있었다. 이들을 권위주의의 대열에 놓는다면 (량수밍, 저우위성과 같은) 학술적 차원의 권위주의라 할 수 있을 것이다. 그러나 이 초인정치는 어찌되었든 현실에서 실천되어야만 했다. 바로 이 점 때문에 전국책파는 많은 오해와 비판을 받게 되었다. 실천적 차원에서의 권위주의는 항일전쟁 이후 모습을 드러냈다. 장제스는 『중국의 명운(中國之命運)』에서 실천적 차원의 권위주의에 대해 답하고 있다. '성인을 본받고 영웅을 숭배하는 것은 줄곧 중국인의 행위기준이었다.' '사실 대부분의 중국인은 유치하며 사상 역시 복잡다단하다. (따라서 중국에서) 민주를 실행하려면 장기적인 훈련을 거치지 않으면 안된다.' '그러므로 당장 시급한 일은 자유민주를 도입하는 것이 아니라 신성하고 엄숙한 마음가짐으로 법령을 받아들이는 법치 훈련을 강화하는 것이다.' (이것이 선행되지 못한다면) 자유주의는 국가와 민족을 쟁반에 흐트러진 모래처럼 분산시킬 것이며 경제는 무계획적인 상태로 방치될 것이다.' 이처럼 권위에 대한

---

19   溫儒敏, 丁曉萍編, 『時代之波─戰國策派文化論著輯要』(北京: 中國廣播電視出版社, 1995), 15쪽.

장제스의 이해는 학술적인 의미가 아닌, 정치권력의 독점과 정치적 이익의 보호에 착안한 것이었다. 때문에 당시의 대다수 사람들은 이러한 장제스의 국가건설 사상을 가리켜 '권위주의'라 부르지 않았다. 대신 신전제주의(新專制主義)라는 명칭이 붙었다.

　권위주의와 관련된 논쟁은 이상에서 서술한 세 차례에서 그치지 않았다. 권위주의는 청조의 마지막 황제가 퇴위하고 제국이 와해된 이후부터 줄곧 대다수 중국인들의 심중에 내재되어 있던, 해결되지 않은 문제였기 때문이다. 중국과 같은 초대형 국가에 있어 권위의 필요 여부는 문제가 되지 않는다. 그보다는 어떻게 권위를 형상화할 것인지, 어떤 권위를 형상화할 것인지, 권위의 정당성은 또 어떻게 구축할 것인지가 보다 중요한 문제였다. 개혁개방 이후 서구의 일부 정치학 이론들이 동양으로 유입되었고, 현대화를 추진하는 과정에서 권위주의는 다시 한번 많은 학자들의 주목을 받게 되었다. 그 중 중국 학계에 가장 큰 영향을 끼친 이는 하버드 대학의 새뮤얼 헌팅턴이었다. 그의 저작은 '신권위주의'의 이론적 근거로 자주 인용되었다. 사실 헌팅턴은 권위주의에 대한 일련의 제약을 마련했다. 예를 들면 권위주의 정권의 경제정책은 반드시 수출지향형이라야 한다는 것이다. 수출지향형 경제는 보호경제적 조치를 해제하고, 외국인 투자자에게 본국의 경제를 개방하고 해외 수출을 장려하는 것을 주요 내용으로 한다. 그러는 한편 헌팅턴은 국가는 대외개방 이후 반드시 외국과 무역을 진행하게 되는데, 국내의 외국 투자자가 중요한 역할을 하게 될 즈음에 이르러서는 권위주의적 제도가 장기적으로 유지되기는 매우 어렵다고 보았다. 이로 미루어볼 때, 헌팅턴은 권위주의에 많은 제한을 가했을 뿐 아니라 적잖은 회의를 품고 있었음을 알 수 있다. 권위주의가 경제발전을 이룩했다는 사실을 증명할 수 있는 실례는 소수에 불과하며, 고속성장이 소득분배의 상대적 평등을 동반하는 일 또한 극소수의 사례에서만 찾아볼 수 있다. 이러한 측면에서 성공한 사례는 대만과 한국 뿐이다. 따라서 헌팅턴에게 권위주의적 정치제도는 권위주의를 대체할 유일한 제도가 그보다 더 나쁜 제도-모든 것을 통제하는 전체주의와 같은-일 때 또는 어떠한 난제에 대처하기 위해 단기적으로 전체주의 제도를 택해야만 하는 상황이 아니고서는 취하지 말아야 할 부득이한 수단이다.[20]

중화인민공화국의 성립을 기점으로 이러한 문제들은 궁극적인 해답을 얻는다. 당대 중국의 정치발전과정에서 중화인민공화국이라는 새로운 형태의 정치체제의 정당성에 대한 의문이 제기된 적이 없었던 것은 아니다. 그러나 그럴 때마저도 기본적으로 중앙정부의 권위는 동요되지 않았다. 특히 엄밀한 계획경제체제는 이러한 권위를 더욱 견고하게 만들었다. 국가기관이 경제자원 전반을 장악함으로써 정치적 권위는 효율성과 힘을 얻게 되기 때문이다. 물론 자원의 분배를 둘러싼 중앙과 지방의 알력 다툼이 없었던 것은 아니나, 이는 어디까지나 권위체제 내부에서 벌어진 한정된 충돌에 불과했다. 따라서 중앙정부의 조정력에 힘입어 잠정적으로해결될 수 있었다. 중앙정부의 권위에 대한 본격적인 도전은 1980년대 중기에 이루어졌다. 다양한 '민주'사조가 생겨나고 ,지방주

---

20   裴敏欣, 「亨廷頓談權威主義」, 『世紀經濟導報』, 1989年3月27日.

의가 발동하면서 중앙집권체제에 대한 의문이 제기되기 시작했고 거시 경제 질서 또한 혼란스러워졌다. 바로 이 때 '신권위주의'가 하나의 새로운 정치적 설계로서 자연스럽게 등장한 것이었다.

| 신권위주의의 총체적 면모[21] |

'신권위주의'란 무엇인가? 이론계에서는 아직까지 여기에 대한 일치된 견해를 내놓지 못했으나 대체로 다음의 세 가지 특징으로 집약될 수 있다. 첫째, 신권위는 '새로움(新)'과 '권위' 라는 두 축으로 구성되어 있다. 여기서 '새로움'은 현대적 사고의 체현자로서의 정치엘리트를, '권위'는 사회권력의 통제자로서의 정치엘리트를 상정한다. 즉, '신권위주의'란 현대적 사고를 갖춘 정치엘리트에 의해 강권적으로 현대화가 추진되어야 한다고 주장하는 이론적 관점이다. 해당 관점은 특정한 역사적 조건에서는 강력한 신권위의 주도 아래 강권적으로 현대화를 추진하는 것이 곧바로 민주를 도입하는 것보다 더 적절할 수 있다고 역설한다. 따라서 경제영역에서는 자유기업제를 추진하고 정치영역에서는 권력집중체제를 실행하는 사회 이원화의 실현을 가장 시급한 과제로 보았다. 둘

---

21 본절의 많은 부분은 샤오더싱(邵德興)박사의 동의를 얻어 그의 연구성과를 인용한 것이다. 특별히 감사를 표한다. 王邦佐, 潘世偉 主編,『二十世紀中國社會科學: 政治學卷』(上海: 上海人民出版社, 2005), 364-377쪽.

째, '신권위주의'는 제3세계의 비사회주의권 국가만을 지칭하는 표현으로, 초기 현대화 과정에서 겪는 일종의 특수한 정치형태를 말한다. 이는 대의민주에 대한 반동으로서, 개명된 군사적, 정치적 철권통치자에 의해 수립된 권위정치이다. 셋째, '신권위주의'는 제3세계 비사회주의권 국가들이 겪는 정치형태를 지칭하는데 그치지 않고, 전통사회에서 현대사회로 나아가는 과도기적 형태에 대한 통칭으로 보편적 의의를 갖는다. 영국·프랑스·독일·일본 등 발전된 자본주의 국가이든 발전 중인 제3세계 국가이든, 초기에는 대개 신권위적 단계를 겪기 마련이라는 것이다.[22]

　　'신권위주의'에 대한 완전히 일치된 견해가 도출되지는 않았지만, '신권위주의'와 관련된 아래의 몇 가지 내용들은 '신권위주의'의 주창자들 또한 두루 인정하는 바이다. 먼저 '신권위주의'는 지도자라면 응당 경제적 현대화를 지향해야 한다고 주장한다. 따라서 지도자가 설정한 국가운영전략과 발전목표 또한 마땅히 세계경제의 주류적 흐름-시장화 추세- 에 부합해야 한다. 권위의 정당성은 민족주의와 현대화 사업에서 비롯된다. '신권위주의'는 폭넓은 민중의 지지를 획득하기 위해 경제발전과 교육의 보급과 같은 목표를 강조한다. 다음으로 '신권위주의'는 정치적으로 방대한 관료제와 강력한 군사적 역량에 힘입은 하향식 통치를 한다. 그렇기 때문에 '신권위주의'는 정치적으로 매우 강압적인 분위기를 갖고 있다. 군사정치의 철권 통치자는 때때로 정치적 안정을 위해 고압적인 수단을 동원해 반대파를 제압하는 것을 서슴치 않는다. 셋째로 '신

22　劉軍, 「'新權威主義'論爭簡介」, 『光明日報』, 1989年 3月 17日.

권위주의'는 이데올로기적으로 전통적 가치체계에 보다 친숙하다. 전통적 가치체계가 민족정신을 통합하는데 효과적이라고 보기 때문이다. 그러나 눈여겨 보아야 할 점은 현대화를 지향하는'신권위주의'는 서구의 자본과 선진 과학기술, 문화에 대해 개방적인 태도와 정책을 취함으로써 본국의 자본주의 발전을 이루려 했다는 것이다.[23] 마지막으로 개인 자유의 박탈 또는 보장 문제는 '신권위주의'와 구권위주의를 대별하는 분수령이 된다. 요컨대 '신권위주의'는 상품경제와 민주정치로 나아가는 과도기적 단계에서 현대화를 지향하는 강력한 정치적 권위를 수립할 것을 주장한다. 이를 통해 사회통합과 민주정치의 발전을 보장받고, 상품경제 발전에 적합한 사회적·정치적 환경과 조건을 제공할 수 있다. 이처럼 자유시장경제와 권위주의 정치, 관료정치가 공존하는 형국은 이른바 '경성정치'와 '연성경제', '작은 정부, 큰 사회'가 결합된 양상이라 할 수 있다.

정치사조로서의 '신권위주의'는 20세기 중엽에 움트기 시작했다. '신권위주의'는 중국이 개혁개방 노선을 표방한 지 10년이 되는 1988년에 정식으로 제기되어 이론계의 광범위한 논쟁을 불러일으켰다. 당시 개혁은 물가의 팽창, 관료의 횡포, 부패의 만연, 사회적 위기라는 사면초가의 난항에 처해있었다. 따라서 이후의 개혁이 어떻게 진행되어야 하는지, 어떻게 하면 개혁을 한층 심화할 수 있을 것인지, 그 중에서도 정치체제 개혁은 어떻게 추진되어야 하는지, 여기에 맞물린 경제체제 개혁은 필요하지 않을지 등 다수의 문제에 대해 사회 전체가 고민하고 있는 터였다.

---

23   蕭功秦, 朱偉, 「'新權威主義': 痛苦的兩難選擇」, 『文匯報』, 1989年1月17日.

이로 미루어볼 때, '신권위주의' 사조의 부상은 소수 호사가들의 일방적인 희망보다는 당시의 특수한 정치적 분위기와 직접적인 관련이 있다고 하겠다. 즉, '신권위주의'에는 당시의 정치적 국면에 대한 염려와 강력한 힘에 의해 추진되는 정치체제 개혁에 대한 염원이 반영되어 있다.

아래에서 서술할 외부의 사상적 배경과 영향 또한 '신권위주의'의 부상에 일조했다. 첫째, 소련 및 동구권 국가들에게서 비롯된 개혁 압력이다. 소련의 고르바초프는 페레스트로이카라는 개혁 이데올로기와 정치의 공개성을 고취하면서 언로를 열었고, 일련의 역사적 인물과 사건에 대한 재평가를 진행했다. 이러한 소련의 동향은 국제사회에 커다란 영향을 끼쳤고 중국의 이론계 역시 큰 자극을 받았다. 둘째, 아시아의 네 마리 용의 경제발전 사례다. 어떤 학자들은 아시아 네 마리 용이 고도 성장을 이룰 수 있었던 원인을 연구할 때 한국·싱가폴·대만·홍콩은 기본적으로 민주화가 아닌 전제적인 정치체제를 채택했다는 데 주목했다. 전제적인 정치체제와 자유경제가 결합해 경제의 고속성장을 촉진했다는 것이다. 한국의 박정희는 자서전 『우리 민족의 나갈 길』통해 다음과 같은 견해를 피력했다. 장기적으로 봉건통치를 받던 국가의 인민이 갖고 있던 군신(君臣)관념이 하루 아침에 민주사상으로 돌변하는 것은 불가능하다. 유럽과 미국에서 시행하고 있는 대의제 정부의 체제형식을 곧바로 수용하기란 더더욱 어려운 일이다. 동방문명의 국가에서 돌연 서구의 전통적 민주제도를 도입하기를 바라는 요구는너무도 성급하다. (그럼에도 불구하고) 구태여 서구 대의제 정부의 외투를 걸치게 된다면 전체 조직체계에서 하향식 정치부패와 위법행위가 만연할 것이고, 정직하고 성실한 이는 죄악의 구렁텅이로 빠지게 될 것이다. 따라서 동방국가에는 새로운 권위적 중심을 세워야만 사회적 근간을 좀먹는 정치적 부패를 척결할 수 있다는 것이다. 셋째, 미국 학자 헌팅턴의 학설이다. 그가 『정치발전론(Political Order in Changing Societies)』에서 견지하고 있는 일련의 관점은 중국의 정치학계에 큰 영향을 미쳤다. 헌팅턴은 정치질서의 안정이 현대화의 우선적 조건이라 보았다. 전통사회가 현대화 추진에 어려움을 겪는 까닭 또한 현대화를 추진할 강력한 정치권위를 세우지 못한 데서 기인한 것이라 했다. 현대화에 대한 성급한 갈망과 불안, 이것들이 불러온 과격한 행위들은 아직 아무런 준비도 되어 있지 못한 사회를 혼란과 무질서에 빠뜨린다. 따라서 헌팅턴은 사회변혁과정에서 정치적 안정을 유지하기 위해서라면 정치전략적 차원에서 극단적인 방향으로 나아가는 것을 주저할 필요가 없으며, 일당전제와 독재의 정치형식을 취해도 무방하다고 주장했다. 아울러 지식인들의 이상적인 운동에 대한 가장 적절한 대처법은 탄압이라고도 했다.[24] 헌팅턴을 인용해 말하면 '자유없이 질서만 있을 수는 있어도 질서없이 자유만 있을 수는 없다.' 따라서 저발전 국가에 우선적으로 요구되는 것은 민주와 자유가 아니라 정치적 안정과 질서이다.

'신권위주의'는 등장과 동시에 일부 학술계 인사들의 강한 반대에 부딪혔다. 어떤 이들은 신권위주의자를 두고 스스로를 '신권위'로 포장하지만 실인즉 '구권위'의 복사품에 불과하다고 비판했다. 나아가 '신권

24　周志強, 「'新權威主義'及其爭論」, 『解放日報』, 1989年 3月 22日.

위주의'의 실상은 신전제주의로 (이를 주장하는 것은) 일종의 퇴보라며 성토했다. 또 다른 이들은 '신권위주의'와 아시아 네 마리 용을 연관짓는 논거와 ('신권위주의'가 상정하는) 철권통치자에 대한 환상에 대해 비판하면서 '정치엘리트' 혹은 '민주적 엘리트주의(democratic elitism)'로 '신권위주의'를 대체할 것을 주장했다. 자유주의자들의 경우 상품경제를 발전시키려면 반드시 민주정치가 자리잡아야 한다며 응당 민주개혁이 선행되어야 한다고 역설했다. 이처럼 '신권위주의'를 지지하는 측과 반대하는 측이 양립했고, 양자 사이에서 벌어진 격렬한 논쟁에 당시 정치학계의 관심이 집중되었다. '신권위주의'의 지지자와 반대자 간의 논쟁은 1980년대 중후반 세인들의 이목을 집중시키는 당대 중국 정치사조의 문화적 경관으로 자리잡았다.

| 신권위란 무엇인가? |

'신권위주의'를 찬성하는 쪽이든 반대하는 쪽이든, 현대화를 추진함에 있어 권위가 필요하다는 데에는 이견이 없다. 그러나 권위를 어떻게 이해할 것인가에 대해서는 매우 상반된 입장을 보인다. '신권위주의'를 지지하는 측에 의하면 '신권위'란 구체제가 쇠퇴하고 신체제가 태동할 때 역사적 중임을 맡은 '지도자 권위(領袖權威)'를 가리킨다. 이들은 정치가의 비범한 재능과 원대한 전략, 초인적 지혜에 의거해 구시대를 마감하고 새시대를 열 수 있으며, 한 민족과 국가를 인류문명의 새로운 단계로 이끌 수 있다고 주장했다. 이러한 신권위정치는 중국 인민이 회피할 수 없는, 건너지 않을 수 없는 교량이었다. 일부 학자들은 이러한 권위는 지도자 권위인 동시에 (지도자) 싱크탱크의 권위에 해당된다고 했다. 이들은 인류사회의 발전은 대략 세 단계에 걸쳐 진행된다고 보았는데 전통적인 전제권위가 통용되는 단계, '신권위주의'의 보호 아래 개인의 자유가 발전하는 단계, 자유와 민주가 결합하는 단계가 그것이다. 신권위의 참신함은 개인의 자유를 박탈한 기초 위에서 생성된 전제적 권위에 있는 것이 아니라, 권위를 발휘해 개인의 발전을 가로막는 장애를 분쇄해 개인의 자유를 보장하는 데 있다. 그렇기 때문에 개인의 자유 박탈 또는 보장 문제가 신구권위 논쟁의 분수령이 되는 것이다. 어떤 이들은 중국이 처한 상황으로 볼 때 강력한 영도자의 주도로 현대화가 추진되는 편이 곧바로 민주를 도입하는 것보다 적절하다 여겼다. 이들은 궁극적으로 다원민주제를 실현하는 전단계로서 준(準)권위주의를 주장했다. 준권위주의의 본질은 경제영역의 자유기업제와 정치영역의 권력집중이라는 사회의 이원화를 실현하는 데 있었다.

'신권위주의'를 반대하는 측은 현대화를 추진하는데 필요한 권위는 철권통치 혹은 개명전제를 가능하게 하는 권력의 집중을 불러오는 권위나 엘리트의 권위가 아니며, 필요한 것은 오로지 법의 최고 권위 뿐이라 주장했다. 법의 최고 권위가 수립되려면 지도자와 정부의 권위가 상대적으로 약화되어야만 한다. 또는 사법의 독립, 입법과 행정의 분리를 통해 실현될 수 있다. 이렇게 세워진 법의 권위야말로 현대화의 순조로운 진행을 보장할 수 있다. 이른바 엘리트정치는 신권위가 아니라 실상 개인

독재에 불과하다. 이 밖에 민주적인 권위를 수립해야 한다는 주장도 있다. 민주적 권위는 정책결정의 민주화·체계화를 통해 나타난다. 집권층은 엄격한 법적 절차에 따라 생성되고 교체된다. 정책결정과정에서 다수에 승복하는 원칙을 준수하는 한편 의견이 다른 소수의견을 존중하고 보호한다. 이 밖에 정책결정과 시정을 공개해 인민대중의 알 권리와 의정권·참정권을 보장한다. 즉, 인치에서 법치로의 전환을 실현하는 것이 민주적 권위 수립의 요지다. 다원적 권위의 수립을 주장하는 이들도 있다. 이들이 보기에 '신권위주의'는 기실 일원적 권위에 해당한다. 일원적 권위가 권력을 독단해 구축하는 질서란 결국 (권위에 대한) 절대적 복종과 굴복을 전제로 하는 것일 수밖에 없다. 따라서 다원적인 권위가 병존해야만 절대적 복종을 강요하는 사회적 조건이 소멸될 수 있으며, 다양한 권위들이 동등하게 공공질서의 제약을 받게 된다.[25]

| 신권위주의의 발생 조건 |

정치발전모델을 선택하기에 앞서 사회 현황에 대한 분석과 이해가 먼저 이루어져야 한다. '신권위주의'를 주장하는 학자들은 현 단계에서 마주하는 가장 주요한 문제는 여전히 정치와 경제를 일원화하는 '정치전능주의'라고 진단했다. 정치와 경제의 이원화를 실현해야만 경제형태의 전환

---

25   張保拴, 「'新權威主義'討論觀點簡述」, 『爭鳴』, 1989年第4期, 24-27쪽.

과 발전을 담보해 민주정치로 발전하기에 유리한 환경을 조성할 수 있다. 그러나 이러한 이원적 구조가 실현되기 전이라면 혹은 실현된 지 얼마되지 않았다면, 반드시 충분한 권위적인 힘이 나서서 구체제의 수혜자들의 저항을 무마해야 한다. 그렇기에 준권위주의의 실행이 필요한 것이다. 또 어떤 학자들은 충분히 성숙된 건강한 시장경제야말로 정치민주화의 전제조건인데, 정치와 경제의 분리가 되어야만 시장이 제대로 작동할 수 있다고 주장했다. 그러나 정경분리는 대중들의 정치참여를 확대해서는 이루기 어렵다. 왜냐하면 현재 상황에서 선거에 의해 통치권자를 선출하거나 대중들의 정치참여를 확대할 경우, 양자의 분리는 요원해질 뿐만 아니라 시장을 도피하는 현상 또는 특정 이익집단의 조종에 의해 분열된 시장의 출현마저 초래해 기존 권력을 가중시켜 정경분리 시도가 중간에서 차단될 수 있기 때문이다. 따라서 반드시 이성과 현대적 사고를 갖춘 견고한 신권위에 의해 실현되어 힘있게 추진되어야 한다. 시장의 운행은 또한 인구의 다수를 차지하는 중산층을 양산해, 소수가 다수에 복종하는 원칙이 개인의 재산을 박탈하는 원칙으로 변질되지 않도록 하여 민주정치의 원칙과 경제성장의 원칙이 충돌하는 것을 예방할 수 있다. 따라서 '신권위주의'는 시장을 통해 민주정치에 닿는 첩경이라고 할 수 있다. 그러나 중국의 경우 1949년 이후 여러가지 원인으로 인해 중산계급의 성장이 좌절을 겪었고, 역사적으로도 단절이 나타나 중산층에 의해 지탱되며 시장경제와 어울리는 자유민주정치를 즉각 도입할 수 없었다. 체제결정론적 관점에 입각해 서구의 민주적 메커니즘을 도입하는 것은 더더욱 불가능했다. 이러한 현실적인 조건 아래 개혁은 권위에 의해 시작되었고 차례로 전개되면서 점차 심화되었다. '신권위주의'는 특히 유럽의 근대와 아시아의 네 마리 용을 예증으로 삼았다. 국왕이라는 최초의 후견인이 있었기에 영국은 순조롭게 현대화를 추진할 수 있었고, 아시아의 네 마리 용은 전제적인 정치체제를 채택했기 때문에 경제발전을 통한 현대화를 실현할 수 있었다는 것이다. 이를 토대로 신권위주의자들이 내린 결론은 '민주와 자유가 결합하기 전까지 전제와 민주는 얼마간 밀월기를 가질 수 있다. 민주가 자유의 평생의 짝이라고 한다면, 전제는 자유와 민주가 결합하기 전 잠시 그 옆을 채워줄 수 있다.'는 것이다.

그러나 '신권위주의'에 대한 반대 의견을 견지하는 이들이 보기에 정치만능주의의 문제를 해결하기 위한 관건은 정치와 경제의 관계에 있는 것이 아니라 권력구조와 권력관계 자체에 있었다. 과도하게 집중된 권력이 행동적 규범과 과학적인 정책 결정 절차를 결여한 채 어떠한 제약도 받지 않고 사회를 전면적으로 통제할 때, 집중된 권력 자체가 스스로 경제영역에서 물러나기란 불가능하다. 신권위의 수립은 최소 일정한 실증과정을 거쳐야 한다고 주장한 학자도 있다. 타인의 복종을 자아내는 지도자적인 인물과 그에 상응하는 이데올로기가 신앙과 복종을 기초로 수립된 고강도의 응집력을 형성하는 과정이 그것이다. 중국은 장기적으로 지속된 봉건주의의 영향으로 인해 '신권위주의'가 발생할 수 있는 토양을 갖추었으되, 조건은 갖추지 못했다. 이 밖에, 일군의 학자들은 아시아의 네 마리 용과 유럽의 사회발전을 사례로 하여 '신권위주의'를 설명하려 했으나, 이는 견강부회에 가까운 시도였다. 왜냐하면 아시아의 네

마리 용은 모두 수출지향형 자유경제를 구가하고 있었고, 국제시장질서
의 강력한 제약을 받아 정치가 경제에 미치는 관제적 작용은 미미한 수
준에 지나지 않았기 때문이다. 따라서 상품경제(product economy) 위주
로 정치의 엄밀한 통제를 받는 중국의 상황과는 근본적으로 달랐다. 한
편 유럽의 봉건사회는 장원제에 기초해 있었다. 유럽은 중세 이후 수많
은 제후국으로 갈라졌고, 신흥 부르주아지들은 상품경제를 발전시키기
위해 왕권을 옹호할 수밖에 없었다. 이들은 왕권을 통해 봉건제후의 관
세장벽을 타파하고 상품경제 발전의 토대를 마련할 수 있었다. 이 역시
진시황 이후 중앙집권적 봉건주의 국가를 유지해온 중국의 상황과는 판
이하게 달랐다. 당시의 통치자들은 모두 전제군주였으며 어떤 상품경제
의 자유도 허락하지 않았다. 그랬기에 '전제와 자유의 밀월기'가 끝내 도
래하지 못했던 것이다.[26]

| 신권위주의의 근거 |

신권위주의자들이 제시한 '신권위주의' 탄생의 다섯 가지 논리는 다음과
같다. 첫째는 민주 논리다. 현대 민주는 시장 메커니즘의 토대 위에 건립
된다. 민주의 범위와 수준, 안정 여부는 시장의 범위와 수준, 안정 여부
에 의존한다. 시장화의 완성이 곧 민주화의 시작이 되는 셈이다. 그러나

---

26   張保拴, 「'新權威主義'討論觀點簡述」, 『爭鳴』, 1989年 第4期, 24-27쪽.

시장이 민주에 의지해서는 제대로 건설되기 어렵다. 오로지 신권위의 힘에 의존해야만 가능하다. 둘째는 현실 논리다. 당시 사회에는 부패와 끝없이 치솟는 물가 문제 등 더는 좌시하지 못할 문제들이 산적해 있었다. 이러한 문제들은 기존의 집권적 통치는 물론 자유민주적 방법으로도 해결이 불가능하다. 이 때 유일하게 취할 수 있는 대안이 바로 '신권위주의'다. '신권위주의'의 핵심은 시장의 자유를 보장하고 시장의 파괴를 방지할 힘과 시장을 규정하는 질서에 있다. 셋째는 경제성장 논리다. 경제성장 초기에 부를 획득하는 이들은 분명 소수에 불과하다. 따라서 다수가 소수의 이익을 탈취해 사회적 빈곤과 경제적 쇠퇴를 초래하는 것을 방지하기 위해서는 소수가 다수에 복종하는 원칙을 폐기할 수밖에 없다. 서구의 민주는 두터운 중산층을 양산했기 때문에 이러한 원칙을 실현할 수 있었으나, 중국은 이러한 조건을 미처 갖추지 못했다. 넷째는 강권 논리다. 정치와 경제의 일원화는 강권에 의해 조성된다. 강권에 의해 발생한 역량은 강권에 의해서만 해소될 수 있다. 이러한 과정이 선행되지 않는다면 민주정치의 실현은 한낱 환상에 지나지 않는다. 다섯째, 역사 논리다. 모든 전통사회는 구권위적인 사회에 속한다고 할 수 있다. 구권위가 자기혁신을 실현해 신권위 단계로 진입하는 양상은 인류역사에서 보편적으로 관찰된다. 만약 구권위가 현명하지 못해 민중에 의해서 청산되었다면, 사회는 무권위의 분산 상태로 접어든다. 이 때 민중이 현명하다면 이후 새로운 권위를 창출해 정상적인 현대화 단계로 나아갈 것이다.[27]

---

27   梁彦, 「關於新權威主義的論爭」, 『蛇口通訊報』, 1989年 4月 17日.

어떤 학자들은 사회의 발전은 순차적으로 진행된다는 견해를 피력한다.전통사회의 전제적 권위(시대)에서 신권위의 통치단계를 뛰어넘어 단숨에 자유민주적 단계로 진입할 수는 없다는 것이다. 구권위가 쇠락하게 되면 고도로 집중된 권력이 하락하는 과정이 반드시 이어진다. 그러나 하락한 권력은민중의 수중에 쥐어지지 않고 구권위에 의해 구축된 중간 사회구조층에 계류된다.권력이 중간에 계류됨으로써 사회는 일종의 무권위, 무자유 상태로 진입하게 된다. 이 때 신권위가 나서 기존의 사회구조를 해체하게 되면 중간에서 팽창하던 권력은 양극단의 방향으로 치닫는다. 개인의 자유를 발전시키는 것이 한 가지 방향이고, 적정한 중앙집권을 활용해 사회안정을 유지하는 것이 또 다른 방향이다.'신권위주의'를 주장하는 대다수의 학자들은 대의민주제가 전제정체보다 큰 진보성을 띠고 있다고 하더라도, 저발전국가 자체의 민주적 조건이 빈약하기 때문에 대의민주제가 사회발전에 기여하는 바는 오히려 권력의 집중을 수반하는 '신권위주의'만 못하다고 입을 모은다. 왜냐하면 개명된 강권정치는 효율적인 통치를 감행해 사회발전에 필요한 질서와 안정을 유지할 수 있고, 경제발전과 독립적인 중산층의 성장을 위해 상당히 안정적인 사회환경을 조성·제공할 수 있기 때문이다. 어떤 학자가 말한 것처럼 권위주의는 '보이지 않는 손'을 창조하는 과정에서 발휘되는 '보이는 손'이다. 물론 이들 또한 민주정치의 전단계로 기능할 가능성과 여차하면 낙후된 보수적 전통주의로 회귀할 가능성을 동시에 가진 '신권위주의'의 이중성을 인정한다. 그러나 제3세계 국가들의 입장에서 보면 '신권위주의'는 일종의 화근이다. 그러나 수용하지 않을 수 없는 '필수적 화근'이다. 이에 '신권위주의'의 지지자들은 (전통적 전제권위가 아닌) '신권위주의'를 지향하기 위한 네 가지 조건을 제시한다. 민주적 여론과 경제적으로 독립한 중산층, 국가재정과 외부 세계의 진보적 추세가 그것이다. 아울러 나날이 고조되는 사회적 위기만이 신권위가 전통적 전제권위로 타락되는 것을 방지할 수 있다고 했다.[28]

'신권위주의'를 반대하는 학자들 가운데 어떤 이는 세계 역사상 모든 국가는 자유경제와 권력이 집중된 정치체제가 상호 조정하는 발전단계를 거치게 된다고 주장했다. 그러나 여기에는 하나의 전제가 따르는데, 정치와 경제의 이원화가 그것이다. 역사적으로 중국의 전통적 중앙집권통치는 줄곧 경제의 비자유화를 기초로 성립되었다. 현재로서는 소유제 문제를 해결하지 않고는 정치와 경제의 철저한 이원화를 실현할 수 없는 실정이다. '신권위주의'는 저발전국가가 초기 현대화 과정에서 필연적으로 겪게 되는 일종의 정치형태라는 시각도 있다. 중국의 경우 1949년 이후 상품경제가 단절된 탓으로 독립적인 중산계급이 아직까지 출현하지 못했기 때문에 '신권위주의'적 정치형태가 이루어질 배경과 조건이 무르익지 못했다. 그러나 이들에 의하면 '신권위주의'는 정치이론으로서 여전히 중국을 포함한 제3세계 국가들이 현대화 모델을 선택하는 데 있어 일정한 길잡이 역할을 할 수 있다. 어떤 학자는 '신권위주의' 이론이 가진 세 가지 한계에 대해 지적한 바 있다. 첫째, 개혁의 희망을 개인에게 지우고, 개인적 권위에 의거해 자유와 민주를 추진하려 한다.

---

28   劉軍, 「'新權威主義' 論爭簡介」, 『光明日報』, 1989年 3月 17日.

둘째, 경제적 성과가 모든 것에 우선한다. 경제적 대가를 위해 정치적 자유와 여타 가치를 희생하는 것을 주저하지 않는다. 셋째, 실행가능성을 이유로 가장 평탄한 노선을 고집하며, 단기적인 이익에만 급급해 궁극적이고 장기적인 가치지향을 소홀히 한다.[29] '신권위주의'의 정당성 문제와 관련해 어떤 학자는 현대적 권위의 근거는 시민의 기본적인 민주적 권리와 정치적 권위의 정당성 간의 상호 승인으로부터 비롯된다고 했다. 권력의 교체를 보장하는 선거 제도, 권력의 운행에 대한 감시 제도, 권력 구조 간 상호 견제 제도, 권력의 시효를 명시하는 임기제도 등이 확립되고, 이러한 제도가 실제로 기능함으로써 (정치적 권위는) 시민의 충분한 인정을 받게 되고 정당성을 획득하게 된다는 것이다.[30]

| 신권위주의와 중국 현대화의 가치 지향 |

신권위주의자들은 '신권위주의'를 중국의 현대화를 추진하는데 있어 가장 이상적인 가치방향으로 간주한다. 이들에게 민주란 고귀하나 실현될 수 없는 것이다. 중국과 같이 유구한 전제전통을 보유한 개발도상국의 경우 국가가 현대화 사업에 돌입한 초기부터 민주정치를 도입하게 되면 권위의 유실, 사회적 동란과 무질서라는 결과로 이어질 것이 뻔하

---

29   劉軍,「'新權威主義' 論爭簡介」,『光明日報』, 1989年 3月 17日.

30   劉在平,「'新權威主義'討論會綜述」,『光明日報』, 1989年 3月 24日.

며, 최종적으로 국가의 현대화 사업 또한 좌절될 것이다. 반면 현대적 사고를 가진 신권위는 사회 전체로 하여금 적절한 안정과 질서를 유지하도록 해 순조롭게 국가의 현대화 사업 추진해나갈 수 있다는 것이다. '신권위주의'에 대한 반대 의견을 견지하는 측에 의하면 '신권위주의'와 관련된 논쟁은 이전부터 존재했다. 신해혁명 이후, 쑨원의 민주혁명에 반대하고 위안스카이의 권위정치를 숭배한 이들이 생겨났다. 항일전쟁 전야에는 현명한 군벌이 출현해 통치해야 한다고 주장하는 이들이 있었고, 항일전쟁 이후에는 전제를 주장하는 장제스와 민주를 주장하는 마오쩌둥(毛澤東) 사이에서 첨예한 논쟁이 진행되었다. 중국은 역사적 고비를 넘을 때마다 민주와 권위라는 양자 선택 문제에 직면하고는 했다. '신권위주의'의 반대자들은 중국의 현대화는 그 가치선택 문제와 관련해 다음과 같은 명확한 태도를 취해야 한다고 강조한다. 첫째, 경제발전을 가장 우선적인 가치로 설정해서는 안된다. 둘째, 민주와 자유는 분리될 수 없다. 양자가 더불어 가치를 구성해야 한다. 셋째, 민주는 지향해야 할 가치로서 마땅히 현실에서 쟁취되어야 하지, 권위가 그것을 하사하거나 부여하기를 기다려서는 안된다. 더욱이 민주는 권위를 통해 훈련되거나 배양될 수 없다. 어떤 학자들은 한 걸음 더 나아가 가치로서의 민주는 어떤 목적도 기준으로 하지 않는 독립된 가치라고 주장한다. 권력이 집중된 정치체제가 경제적 번영을 촉진하고 사회적 안정을 유지한다고 해도 결코 취할 바가 못되며, 민주를 기타 목적을 실현하기 위한 대가로 삼아서는 안된다. 민주와 자유, 과학을 분리할 수 없는 통일체로 보는 견해도 있다. 민주·자유·과학은 있을 수도 없을 수도 있는 수단이나 조건이 되어서는 안되고, 응당 사회발전을 위한 가치 자체로 보아야 한다는 것이다. 그러나 또 어떤 이들은 '신권위주의'를 긍정하는 것과 민주정치를 긍정하는 것은 모순되지 않는다고 말한다. 전자는 민주를 부정하자는 것이 아니라 '신권위주의'로 하여금 민주를 추진하게 하자는 취지이다. 후자의 경우 역시 권위를 부정하는 것이 아니라 민주적으로 보장된 권위를 원할 따름이다. 전자가 신권위의 주체가 변화한다는 점을 강조하는데 비해 후자는 권위구조의 변화에 역점을 두고 있다. 여기에 차이가 있을 뿐 양자는 정치민주화의 추진 여부와 관련해 의견을 달리하지는 않는다. 어쨌든 '신권위주의'의 반대자들은 중국의 현대화가 추구해야 할 가치는 민주·자유·과학이지, '신권위주의'에 아니라는 의견을 견지한다.[31]

| 신권위와 신생산력(新生産力) |

신권위주의자들은 신권위가 새로운 사회적 생산력을 대표할 수 있다고 생각했다.신권위는 경제적 번영을 촉진하고 정치적 다원화를 실현할 수 있는데, 이것이 바로 생산력의 기본 요소이기 때문이다. 국제적인 사례를 봐도 정치권력이 고도로 집중된 형태 즉, 개인독재를 통해 현대화로 나아갈 수 있다는 사실이 증명되었다.아시아의 네 마리 용이 그러한 사례다. 그러나 '신권위주의'를 반대하는 측은 권력이 고도로 집중된 정치

---

31   張保拴, 「'新權威主義'討論觀點簡述」, 『爭鳴』1989年第4期, 24-27쪽.

나 개인독재, 또는 '신권위주의'의 수립이 반드시 현대화의 실현으로 이어진다고 볼 수는 없으며, 권력의 집중이 현대화 실현의 충분조건이 아니라고 주장한다. 중국은 현대사를 통해 몇 번의 경험적 교훈을 얻은 바 있다. 위안스카이를 민국 초의 혼란 국면을 종결짓고 중국을 부강으로 이끌 강권통치자로 인식한 옌푸(嚴復)의 환상은 연속된 군벌 혼전과 민생이 도탄에 빠지는 결과로 이어졌다. 이것이 최초의 경험이었다. 몇 십 년간 지속된 장제스와 국민당의 전제독재통치는 극강의 권위를 가진 강권통치자에게만 의존해서는 현대화의 길로 나아갈 수 없다는 사실을 더욱 분명히 보여주었다. 세계로 눈을 돌려 보자. 권력의 집중을 통해 경제 발전을 이룬 국가들에게 남은 심각한 사회적 후유증은 잠시 차치하더라도, 권력이 집중된 정치체제 자체의 장단점과 성패는 종종 권위자 개인의 개성·품성·지략·수완·이성·안목 심지어 일시적인 희노애락 혹은 생리적 요소 등에 의해 결정되며, 그 가운데 우연적인 요소가 매우 크다는 점을 알 수 있다. 한 국가의 미래와 명운이 한 개체의 우연성에 기초한 것이라면 위험하기 그지없는 일이다. 따라서 이러한 정치형태는 새로운 생산력을 대표할수 없다. 오로지 민주정치만이 새로운 생산력을 담지해 생산력의 발전을 대대적으로 추진할 수 있다. 또 다른 관점에 의하면 시장과 현대적 기업은 개발도상국의 새로운 생산력을 구성하는 주 요소이다. 따라서 진정한 의미의 신권위라면 반드시 새로운 생산력에 가담해야만 한다. 그렇지 않다면 신권위라는 것도 결국 구권위에서 형태만 바꾼, 구권위의 연속에 지나지 않을 것이다. (그러한) 사회는 민권의 희생을 대가로 하더라도 그것을 어떻게 발전의 기회와 바꾸어야 할지 알지 못한다. 시장과 현대적 기업의 권위를 억누르면 사회를 경제 현대화로 이끌 수 없으며, 민주정치는 말할 것도 없다. 새로운 생산력을 대표할 수 없음은 물론이다.[32]

| 개명전제(開明專制)와 민주적 엘리트주의 |

개혁개방 이후 중국은 권력이 고도로 집중된 정치체제를 정돈하고 당정 분리와 권력이양을 시도하는 등 일련의 개혁 조치를 단행했다. 이로써 장기적으로 중국을 괴롭히던 정치전능주의는 다소 억제되었고, 사회 전체의 활력이 촉진되었다. 그러나 동시에 엄중한 '권위의 위기' 현상이 발생했다. 권위에 대한 인민의 공신력이 하락하면서 중앙정부는 국가경제와 국민생활에 대한 중요 결정사항들을 순조롭게 이행하기 어렵게 되었고, 과거를 그리워하는 회구심리와 (정권에 대한) 반발심리가 일부 사람들의 사상 속에 싹트게 되었다. 이러한 '권위의 위기'가 출현한 원인은 물론 개혁과정에서 발생한 일련의 과오와 나날이 심각해지는 부패와 관련이 있다. 그러나 좀 더 근본적으로 본다면, 이는 '후발외생형(後發外生型)'[33] 현대화 국가가 권위의 전환기에 겪는 '권위의 공동화' 현상에 해당

32 　전게서.

33 　역주-외부적 자극에 의해 비교적 늦게 현대화에 착수한 국가 유형을 일컫는다. 전형적인 특징으로는 정부 주도의 사회경제발전, 발전 이후 사회 다방면에서 발생하는 불균형 현상 등을 들 수 있다. 자세한 것은 孫立平, 「後發外生型現代化模式剖析」, 『中國社會

한다고 할 수 있다. 일반적으로 전통 사회에서 권위는 대개 전통 혹은 카리스마에 기초해 수립된다. 반면 현대사회에서 권위는 법률와 이성에 기초해 수립된다. 한 사회가 전통에서 현대로 나아가는 과정에서 전통적, 카리스마적 권위는 계속해 약화된다. 그러나 그렇다고 해서 법적-합리적 권위가 당장에 수립되지는 않으며, 오히려 '권위의 공동화' 현상이 나타나게 된다.[34] 그렇다면 이러한 '권위의 위기'를 어떻게 극복해야 하는가? '신권위주의'를 주장하는 일부 학자들은 응당 민주화 노선을 포기하고, 전제적인 수단을 과감히 동원해 중앙집권을 강화할 것을 주장한다. 어떤 학자들은 아시아의 네 마리 용의 사례를 들어 준권위주의 즉, '개명전제'를 실행할 것을 권한다. 어떤 이들은 대중 민주주의는 민주화 건설이 일정한 상태에 도달했을 때의 결과라며 초기 민주화 단계에서 이러한 민주를 도입할 수는 없다고 주장했다. 따라서 전통적인 전제정치가 현대적 민주정치로 나아가는 과도기에서 부득이 민주적 엘리트주의를 거치지 않을 수 없다는 것이다.[35] 철권통치자의 강압적인 기풍에 의지해 하향식으로 권위정치를 수립한 뒤, 정치엘리트로 하여금 경제 현대화를 설계·추진하도록 한다는 것이 그 내용이다. 그러나 '신권위주의'의 반대자들은 '권위의 공동화' 현상은 분명 존재하나 이는 해결될 수 있으며, '개명전제'와 신권위는 '권위의 위기'에 대처하는 방법이 될 수 없고

科學』, 1991年 第2期.

34   孫立平,「集權, 民主, 政治現代化」,『政治學研究』, 1989年 第3期.

35   郝望,「論過渡性民主權威」,『政治學研究』, 1989年 第4期.

법제와 민주화에 기초한 새로운 권위를 세우는 것만이 해결책이라고 주장했다. 또 다른 이들은 '권위의 공동화'를 야기한 원인은 권력담지자의 부재 또는 그 소양과 능력의 부족에 있는 것이 아니라, 권위의 정당성 상실과 권위에 대한 인민의 공신력이 하락한 데 있다고 보았다. 따라서 문제의 관건은 지식인으로 하여금 권위를 감당케 하여 민주를 추동할 것인가 아니면 민주를 추동하는 것을 지식엘리트가 현실에서 추구할 바로 보아야 할 것인가에 있었다.[36] 일부 학자들은 '엘리트에 의한 통치'는 신권위가 아니라고 보기도 한다. 현대화된 민주국가는 대개 엘리트에 의해 통치되기 때문이다. 이른바 신권위는 개인독재를 일컫는데 그친다. 다른 일군의 학자들에 의하면 카리스마형 사회가 법리형 사회로 전환되는 과정에서 필연적으로 다른 유형의 사회를 지향하는 전환이 이루어지게 되는데, 이 시기에 엘리트정치는 그 나름의 합리성과 필연성을 드러낸다. 그러나 엘리트정치는 카리스마적인 권위를 가진 지도자적 인물과 그에 상응하는 사회심리적 기초를 필요로 하는데 현재로서는 이러한 조건이 갖춰지지 않았다는것이다. 따라서 문제의 핵심은 엘리트정치는 무엇에 기반해 성립되고 무엇으로 유지되며, 무엇을 근거로 전통사회에서 현대화 사회(법치사회)로의 순조로운 이행을 보장할 것인가 하는데 있었다. 이들은 장기적인 평화발전의 시기에 전제정체 또는 '개명전제' 등 이와 유사한 통치형식을 채택하게 되면, 때때로 정치적(으로 미욱한) 범인(庸人)과 농후한 '관본위'적 심리 및 행위방식을 지닌 관료 실무주의자만을 양

---

36   劉在平, 「'新權威主義'討論會綜述」, 『光明日報』, 1989年3月24日.

산할 뿐이라고 지적했다. 개혁과 건설에 대한 주체의식과 독창성, 슬기로움은 이러한 인물들의 개인독재와 전단에 의해 질식되고 억압된다. 그 결과 모든 사람이 전제정체 하의 관료기구를 장식하는 못이 되어, 정신적으로 독립된 인격과 창조성을 잃게 된다. 권력이 이러한 이들의 수중에 집중된다면 중국의 개혁과 건설이 건강하게 추진될 수 있을리 만무하다. 따라서 중국이 정치적으로 취할 수 있는 유일한 정답은 상품경제의 발전에 따라 동요하지 않고 차근차근 정치민주화를 추진해나가는 것뿐이다.[37]

'개명전제'를 통해 위기를 극복한 뒤 경제적 변혁과 정치적 자유를 추진하자는 신권위주의자들의 관점과 관련해 일부 학자들은 '개명'과 '전제'가 전적으로 결합하는 것은 불가능하다고 지적했다. 개명군주는 역사상 분명 존재했으나 잘못된 방향으로 치닫는 경우도 적지 않았으며, 후계자 양성에 실패하거나 일대 명군이 혼군으로 변하는 경우 또한 있었다. 특히 당대에 들어 사회체계가 복잡해지고 변화가 잦아지면서, 또 세계 전체가 다방면에서 일체화되는 추세가 됨에 따라 '개명전제'는 그 합리성을 상실했다. 왜냐하면 어떤 권위이든 간에 의사표현의 경로가 다양하고 원활하며 선진 과학사상이 자문 역할을 맡고 감독과 제약 기제가 완비된, 아울러 선거와 표결 절차가 갖춰진 민주적인 정치체제에서만 그 결정에 중대한 오류가 없음이 확인될 수 있기 때문이다. 오늘에 이르러 강권통치자의 지적 총명함과 재능의 발휘에 의존하는 모든 주장들은

---

37   郭蘇建, 「論'新權威主義'的誤區」, 『工人日報』, 1989年3月17日.

이미 시대착오적인 발상이 되었다. 민주적 정치체제의 기능은 가장 적합한 인물이 정치사회화의 적기에 가장 적합한 행위 방식으로 권위의 역할을 수행할 수 있도록 보장하는데 있다.[38] 또 다른 관점은 개혁과정에서 권위의 약화와 질서가 균형을 잃는 상황이 발생할 수 있을 뿐더러, 민주를 추진하는 과정에서 저항을 받을 수 있으며, 여기서 더 나아가 민주도 권위도 질서도 없는 상황이 초래될 가능성도 크다고 진단했다. 부패현상과 같은 정치도덕적 충격, 개혁과정에서의 정책적 과오, 회구심리와 반발심리의 만연 등이 모두 권위와 민주의 이중 위기를 형성할 수 있는 국면에 해당한다. 이중 위기의 상호 작용은 또 '혼란—전제—새로운 혼란'이라는 악순환을 불러일으킬 수 있다. 이러한 상황에서 벗어날 활로는 오로지 민주와 법제라는 새로운 권위의 기초의 수립에 있다. 그러나 전통적 권위 기초가 새로운 권위 기초로 전환될 때 '권위의 공동화' 현상이 출현할 수 있으므로 중국이 단기적으로 취할 수 있는 민주화 목표는 대의민주의 형식을 띤 '민주적 엘리트주의'가 될 수밖에 없다는 것이다.[39]

---

38   劉在平, 「'新權威主義'討論會綜述」, 『光明日報』, 1989年3月24日.

39   劉在平, 「'新權威主義'討論會綜述」, 『光明日報』, 1989年3月24日.

| 신권위주의와 '동아시아 모델' |

2차 세계대전 이후 일본을 시작으로 아시아의 네 마리 용이 잇따라 비약적인 경제발전을 이뤘다. 이로써 서구와는 완전히 다른 발전모델이 형성되었다. 동아시아 모델은 '신권위주의'의 성공을 입증하는 더 할 나위 없이 좋은 사례로 간주되었다. 동아시아 모델의 가장 현저한 특징은 자유경제와 권력이 집중된 정치체제의 결합이었다. 여기에 근거해 신권위주의자들은 전제정체가 현대화 실현에 유리하다고 주장하면서, 민주화·자유화와 경제발전을 동시에 진행할 경우 오히려 사회적 혼란과 정국의 불안만 가중된다고 했다. 그러므로 이들은 경제발전의 목적을 달성하기 위해 민주적 자유를 억제해야 한다고 역설했다.[40]

이를 입증하기 위해 일부 신권위주의자들은 프랑스 학자 피에르 레옹(Pierre Léon)의 『세계경제와 사회사』의 내용을 논거로 삼았다. 레옹에 의하면 신흥공업국들은 자유민주제를 도입했을 때 자주 많은 장애에 부딪히게 되며, 종종 강권주의에 도움을 청하게 된다. 라틴아메리카의 사례를 보면 선거에 의해 당선된 대통령은 대부분 구조개혁을 제대로 해내지 못했다. 오히려 정변에 의해 장기집권하는 개인 독재자들이 효율적으로 저발전 상태와 투쟁하며 경제적·사회적 진보를 이룩하는 모습이 관찰된다. 대의제만으로는 복잡한 정치·경제문제에 대응하기 어렵기 때문에 일대 혼란이 야기된다. 혼란과 위기는 또 나약하고 무능한 이의 수

---

40   榮劍, 孫魔, 「'新權威主義': 一種危險的選擇」, 『光明日報』, 1989年3月31日.

중에 있던 민주제도를 덮쳐 질서와 생활, 경제적 번영을 효율적으로 유지하기 어렵게 만든다. 더구나 대의민주제가 신생 국가에 도입될 경우 보다 큰 약점에 노출될 수 있다. 민주제의 채택은 나약하고 무능한 정치체제를 더욱 나약하게 만든다. 구조개혁의 실시는 자주 의회 내 압력단체의 반대에 부딪혀 마비된다. 외관상의 민주보다 전제군주제의 주종관계가 부정부패를 방지하는 데 보다 용이하다.

레옹의 분석에 따르면 의회민주제가 전제정체에 비해 더 큰 진보성을 갖고 있다고 해도, 저발전국가가 시행한 민주제 자체가 빈약하기 때문에 민주제가 사회발전에 기여하는 바는 오히려 상당히 독재적인 '신권위주의'에 미치지 못한다.

이렇게 보면, '신권위주의'는 일정한 합리성을 수반하고 있다. 그러나 이러한 합리성은 저발전국가 자체의 정치·경제·문화적 상황과 불가분의 관계에 있다. 저발전국가의 내부에 이미 중산층이 존재해 상품생산의 정상적인 발전을 보호하는 시장질서가 형성되어 있다고 해도, 이러한 시장질서는 아직 사회질서를 정합할 정도로 강하지 못한 상태다. 이러한 상황에서 현대화 발전은 어쩔 수 없이 강력한 국가역량의 도움을 받게 된다. 강권정치를 통해 효율적으로 통치함으로써 사회발전의 질서와 안정을 유지하고, 경제적 번영과 발전, 중산층의 양산과 성장에 비교적 유리한 사회환경을 조성할 수 있기 때문이다. 사람들은 공업국가에 조성된 강력한 시장원리를 가리켜 사회경제질서를 정합하는 '보이지 않는 손'이라 부른다. 그렇다면 '신권위주의'는 이러한 '보이지 않는 손'을 만들어내는 과정에서 능력을 발휘하는 '보이는 손'이라 할 수 있다.

물론 "신권위주의"가 일련의 합리성을 가진다 해도 그것은 어디까지나 저발전국가의 초기 현대화 과정에서 발생하는 특수한 정치형태에 불과하다. 이를 가리켜 현대화 과도기의 권위주의라고 부를 수 있을 것이다. 중산층이 성장해 힘을 얻고, 민주가 시장운영원리의 기초로서 자리잡게 되면 '신권위주의'는 곧 최후를 맞게 된다.[41]

그러나 '신권위주의'의 반대자들은 동아시아 모델이 권력이 집중된 정치체제를 특징으로 하는 것은 부정할 수 없으나, 그 권력이 집중된 정도와 통제 범위에 대해서는 정량적으로 분석해야 한다고 주장한다. 이들에 의하면 동아시아 모델은 정치와 경제의 이원적 구도가 이미 형성되어 있다는 특징을 가진다는 점에서 중국 대륙과 다르다. 동아시아 모델에서 경제는 모종의 독자적인 자주성을 갖고 활동한다. 시장은 자유롭고 독립적이며, 기업은 독립적인 법인 지위를 가질 수 있고 국제시장을 넘나든다. 정부는 경제발전에 직접적으로 참여하거나 규제하지 않고 행정명령을 동원하지도 않는다. 이러한 이원적 발전모델은 자연스러운 분화 과정을 거쳐 형성된 것으로, 모종의 권위 혹은 철권통치자에 의해 인위적으로 만들어진 것이 아니다. 따라서 동아시아 모델의 권력이 집중된 정치체제를 인용해 '신권위주의'를 설명하려 해도 정치와 경제가 미처 분리되지 못한 조건에서는 어떤 것도 설명할 수 없다.[42]

여기에 대한 다른 해석도 있다. 서구사회의 전제정체는 민주 전통

---

41   蕭功秦, 朱偉, 「'新權威主義': 痛苦的兩難選擇」, 『文匯報』, 1989年 1月 17日.

42   榮劍, 孫魔, 「'新權威主義': 一種危險的選擇」, 『光明日報』, 1989年 3月 31日.

과 자유경제를 기초로 건립되었다. 동아시아와 라틴아메리카의 신흥공업국들이 공업화 과정에서 실행한 권력이 집중된 정치체제, 강권정치즉, '신권위주의' 또한 자유경제에 기반하고 있다. 이들이 '신권위주의'에서 민주주의로 이행할 수 있었던 까닭은 경제·정치·문화 등 각 방면에서 상당한 영향력을 갖춘 중산층이 부상함으로써 '신권위주의'가 민주정치로 순조롭게 전환되는 데 촉진제 역할을 했기 때문이다. 그러나 중국은 이러한 기초를 갖추지 못했다는 것이다.

중국은 전통적 경제구조와 전통적 가치관념체계가 주도적인 지위를 차지하고 있는 전통국가다. 역사적으로 전제는 언제나 민주와 자유의 상극에 있었고, '전제와 자유의 밀월기'나 '전제와 민주의 유착'과 같은 현상은 존재하지 않았다. 사실 전제와 민주가 유착되길 바라는 것은 '신권위주의'자들의 일방적인 희망에 불과하다. (그렇게 되면) 자유와 진리는 하녀처럼 전제의 권위에 종속될 뿐이다. 개혁 이전의 중국이 실행했던 것은 전통적 제품경제 모델이었고 당시 체제는 고도로 권력이 집중된, 정치와 경제가 일원화된 체제였다. 정치가 사회의 모든 자원을 전면적으로 통제했고 경제를 지배했다. 정치·경제·문화의 모든 활동 과정 역시 충분히 사회화되지 못했다. 이처럼 역사적으로 민주전통이 결여된, 나아가 전통적 경제구조를 기초로 한 사회에서 이른바 '신권위주의'를 실행한다면 이는 구체제의 부활을 부추기는 것에 다름 아니며, 10년 개혁의 피땀이 수포로 돌아갈 수 있다. 중국에 '신권위주의'를 도입하는 문제와 서구의 전통적 권위주의 또는 동아시아, 라틴아메리카의 신흥공업국의 '신권위주의' 경험은 더불어 논할 수 없다. 구권위는 그 이름을 바꿔

도 어디까지나 구권위다. 이러한 권위적 정치는 상품경제와 현대화 발전을 크게 저해하는 결과를 가져올 뿐이다.[43]

신권위주의와 민주의 실행가능성

현재 중국의 개혁단계에서 민주제의 도입을 모색하는 것은 바람직하지 않으며 힘있는 전제정체에 의거해 강력하게 개혁을 추진해야만 한다는 것이 신권위주의자들의 주장이다. 그렇기에 이들은 민주화 요구를 담지해 정치체제를 개혁하려는 구상을 가리켜 정치적 낭만주의라 비판했다. 민주는 중국에 혼란을 가져올 뿐이고 중국의 백성들은 이러한 혼란을 견뎌낼 여력이 없다. 중국의 기층 사회에서 민주는 통용되지 않는다. '5·4'운동이 선택한 과학과 민주는 정서주의(情緖主義)에 다름 아니다. 동아시아의 경제는 권력이 집중된 정치체제를 통해 비약적으로 성장했다. 민주화를 강조하면 권력이 약화되고, 그렇게 되면 부패가 사회 곳곳에서 성행할 것이다 등등. 요컨대, 중국에 민주를 도입해서는 안된다는 입장이다.[44]

　'신권위주의'의 반대자들은 '신권위주의'는 '새로운 권위주의'를 표방하지만, 그 실상은 '신전제주의'에 다름 아니며 전제주의의 복고풍이

43　郭蘇建, 「論'新權威主義'的誤區」, 『工人日報』, 1989年 3月 17日.

44　黃萬盛, 「新權威主義批判答問錄」, 『文匯報』, 1989年 2月 22日.

라고 일갈한다. 또'신권위주의'와 맞물려 중국이 현 단계에서 민주를 도
입한다 해도 제대로 운용할 수 있을 리 만무하며 민주의 도입은 일대 혼
란을 부를 것이라는 관점이 나타나기 시작했다. 이들이 보기에 민주는
구조성을 띤 개념으로 각기 다른 차원을 포함한다. 따라서 민주를 구체
적으로 규명하고 난 뒤에야 민주의 실행가능성에 대해 토론할 수 있으
며, 낭만주의적이라 비난받는 민주적 요구에 내포된 진정한 의미에 대
해서도 평가할 수 있다는 것이 이들의 생각이다. 구체적으로 논하면 다
음과 같다. 첫째, 이상적 차원의 민주이다. 이 차원에서 민주는 궁극적인
가치와 인문과학의 이론에서 구체적으로 나타나며, 사회를 구성하는 모
든 개체는 자유로운 인격을 지닌다는 사실을 긍정하며 인격은 균등하다
고 믿는다. 사람들은 사회·정치활동에 참여할 권리가 있으며, 인민주권
의 원칙은 동요되서는 안될 기본 원칙이다. 이것은 하나의 원대한 이상
이며 이러한 이상의 존재함으로써 사회·정치제도가 개선되고 명확한 목
표를 가지게 된다. 만약 이러한 이상을 낭만주의로 간주해 부정한다면
'현실적인' 정치체제 개혁의 목적은 도대체 무엇이란 말인가? 둘째, 구체
적으로 존재하는 사회체제로서의 민주이다. 민주의 이상은 상응하는 사
회체제를 통해 구체적인 사회적 존재로 표현된다. 이것이 민주를 운용하
는 방법이다. 민주가 효율적인 사회제도를 형성하고, 사회에 참여한 민
의를 통해 (권력을 구성하는 데) 요구되는 통계적 다수를 얻게 되면 이것
이 권력의지를 구성하는 기초가 된다. 민주는 어떤 개인의 의지든 그것
이 인민 위에 군림하는 것을 방지한다. 통계적 다수로 인해 민주는 때때
로 최선에 도달하지 못하기도 하지만, 최악으로 치닫는 것을 방지한다.

여기서 필요한 것은 단지 민주적이고 합리적인 절차이다. 체제로서의 민주가 가진 기본적인 기능이 여기에 또한 존재한다. 셋째, 사회적 실천으로서의 민주다. 민주는 선험적 대상이 아니라 실천과 학습의 과정이다. 민주를 실천해야만 민주를 배울 수 있고 운용할 수 있다. '신권위주의'는 민주를 수단으로 간주했기에 민주의 실행가능성을 유난히 강조했던 것이다. 민주화를 지향하는 데는 조건이 없다. 민족주의를 동원해 민주의 인류적 가치를 훼손하는 일이 발생해서는 안된다.[45]

| 신권위주의와 반부패 |

체제전환기에는 제도의 미비와 관리상의 소홀로 인해 권력의 부패 현상이 대거발생하게 된다. 나날이 심각해지는 부패문제를 어떻게 볼 것인가, 권력의 부패문제를 어떻게 해결할 것인가에 대한 각계의 관점은 사뭇 다르다. 상이한 관점은 민주와 전제에 대한 각기 다른 선택을 하게 한다. 신권위주의자는 부패문제의 발생은 권력의 이양에서 기인한 것이라 본다. 권력이 이양되었기 때문에 중앙의 권위가 약해졌고, 이로 인해 부패가 성행하게 되었다는 것이다. 따라서 (중앙의) 전제적인 권위를 강화하는 것만이 유일한 대책이다. 반대자들은 여기에 대해 다른 시각을 보인다. 표면적으로만 보면 부패의 발생은 권력이양과 관계가 있는 듯하

---

45   劉軍, 「'新權威主義' 論爭簡介」, 『光明日報』, 1989年 3月 17日.

다. 중국은 1949년 이후 장기간 간부에 대한 엄격한 관리를 단행해왔고 엄중한 기율로 이들을 단속해왔기 때문에 그 기간동안은 확실히 오늘날과 같은 현상이 발생하지 않았다. 그러나 전제는 부패를 해결하는 근본적인 처방이 되지 못한다. 세계로 눈을 돌려보면 서구의 민주국가에서도 오늘날 중국과 유사한 부패가 발생한다. 그러나 이들은 민주와 법률에 의거해 부패를 징치한다. 인민의 주체적인 참여를 통해 광범위한 사회적 감시체계를 형성하고, 공동의 민의를 대표하는 법률이 사회적 이익을 보호한다. 이렇게 보면 권력의 이양은 민주를 보완함과 동시에 부패를 방지할 수 있다. 전제는 부패를 다스릴 수 있다. 그러나 민주 역시 부패를 다스릴 수 있다. 그러나 양자 가운데 어떤 쪽을 선택하느냐에 따라 결과가 달라진다. 전제로 부패를 다스린다면 민주가 희생되는 결과가 초래된다. 민주로 부패를 다스리게 되면 법리화된 사회로 도덕화된 사회를 대체할 수 있게 된다.[46]

| 신권위주의와 정치안정 |

신권위주의자는 정치민주화에 매우 민감하다. 이것을 사회불안정의 근원으로 보기 때문이다. 따라서 이들은 권위의 재구성은 민주제도를 통해 진행되어서는 안되고, 오로지 '정치적 강압'에 의거해야 한다고 주장한

---

46   黃萬盛, 「新權威主義批判答問錄」, 『文匯報』, 1989年 2月 22日.

다.[47] 더 나아가 민주는 '폭도들의 독재'를 초래할 수 있다며 ,문화대혁명 시기 대중노선이 남긴 뼈아픈 교훈을 상기시킨다. 개혁과정 중에 나타난 문제와 관련해서는 중앙의 권력이 이양된 탓으로 권위가 분산되고 백성들의 좌절감이 커졌으며, 부패문제가 나날이 심각해져 정치적으로 안정된 국면이 망가진 것이라 진단했다.[48] '신권위주의'에 반대하는 이들조차 '신권위주의'가 정치안정과 사회질서를 강조하는 것을 이해한다. 그러나 '신권위주의'의 반대자들이 보기에 1949년 이후 발생한 몇 차례의 정치적 혼란은 민주의 추진이나 도를 넘은 정치참여가 야기한 결과가 아니었다. 오히려 권력에 대한 감시 결여와 민주정치의 미비에서 기인한 것이었다. 따라서 정치안정을 실현하는 근본적인 방법은 권력구조와 정치체제의 개혁, 제도와 조직의 혁신에 있다고 할 수 있다. 중국은 건국 이후 줄곧 행정조직으로 모든 조직을 대체해왔기 때문에 시장조직, 기업조직, 교육·문화조직 등이 모두 행정조직화 되어버렸다. 이러한 사태는 행정조직을 제외한 모든 조직이 위축되는 결과를 낳아 사회 전체의 무질서와 저효율을 불러왔다.[49] 따라서 이들은 민주화와 법제화는 사회주의 현대화가 반드시 거쳐야 할 길이라 여긴다. 민주화야말로 권위의 개조와 수립을 실현할 수 있는 유일한 방법이다. 민주를 말살하면 권위는 독재로 변질될 수밖에 없다. 민주를 연기하면 사회발전의 정체와 쇠퇴만 초

47　榮劍, 孫魔, 「'新權威主義': 一種危險的選擇」, 『光明日報』, 1989年3月31日.

48　黃萬盛, 「新權威主義批判答問錄」, 『文匯報』, 1989年2月22日.

49　李偉, 「'新權威'的歧途」, 『經濟學周報』, 1989年3月26日.

래하게 된다.[50]

　권력이양이 사회적 혼란을 부른다는 관점과 관련해 '신권위주의'의 반대자들은 권위가 효력을 잃고 사회가 질서를 잃는 상황에 직면했을 때는 이러한 무질서는 어떻게 조성된 것인지, 무질서의 근원이 어딘지를 규명하는 것이 관건이라고 역설했다. 이들에 의하면 무질서 상태를 초래한 근본적인 원인은 중앙정부가 될 수 있는 한 사회에게 권력을 양도하지 않으려 했고 이에 시장의 성장에 적합한 조건이 조성되지 못했으며, 크고 작은 사회조직이 제 역할을 다하지 못한 데 있었다. 중앙이 지방에 권력을 이양했음에도 불구하고 지방정부는 여전히 초경제적인 강제력을 동원해 정치와 경제를 하나로 묶는 등 기존의 관리방법을 고수했다. 과도하게 정치적 성과를 강조한 탓으로 정부 행위는 단기적인 목표에 초점이 맞춰졌다. 소유제도가 개혁되지 못했기 때문에 기업은 시장이 아닌 상부의 지시에 책임을 다하게 되었고 이익을 전담하면서 손실은 부담하지 않았다. 고로 정치와 경제가 합일되는 이러한 전통적 정치체제 반드시 개혁되어야 한다. 경제체제개혁을 진행하는 동시에 용단을 내려 정치체제개혁까지 감행해야만 권위의 공동화가 초래한 혼란을 극복할 수 있다.[51]

　요컨대 '신권위주의'와 관련된 논쟁은 중국의 개혁이 분수령을 맞았던 특수한 시기에 발생한 학술적 논쟁이었다. '신권위주의'가 언급했

50　榮劍, 孫魔, 「'新權威主義': 一種危險的選擇」, 『光明日報』, 1989年3月31日.

51　榮劍, 孫魔, 「'新權威主義': 一種危險的選擇」, 『光明日報』, 1989年3月31日.

던 이론적 문제의 대부분은 개혁개방이 심화됨과 더불어 해결될 수 있었다. 그러나 '신권위주의'가 착안했던 어젠다-중국의 현대화 노선과 정치체제 개혁의 방법과 관련한 선택 문제-는 오늘날에도 여전히 심화된 연구와 토론이 요구되는 문제로 남아있다.

| 평가 |

'신권위주의'는 1980년대에 비교적 활기를 띠었던 정치사조이다. '신권위주의'는 서구화론자가 제창했던 민주화와는 판이하게 달랐기 때문에 서구화론자들로부터 강한 비판을 받았다. '신권위주의'와 서구화론의 충돌은 1980년대 중국 정치사조 발전의 총체적 면모를 구성했다. '신권위주의'는 문제에 대한 포착을 기본적인 특징으로 하며, 이 점에서 가치로부터 출발한 서구화론과 다르다. 서구화 사조의 개입원리가 전복에 초점이 맞춰 있었다면 '신권위주의'는 (문제의) 치료에 방점을 두었다. 가치를 역점으로 하는 서구화론과 문제를 역점으로 하는 '신권위주의'는 실상 동일선상에서 대화하기 어려웠다. 이 점 때문에 많은 이들이 '신권위주의'를 오해했고, 심지어 적시하고 반감을 가졌다. 정치사조로서 '신권위주의'는 이미 자취를 감추었으나 '신권위주의'가 제기했던 많은 문제들만은 여전히 오늘날 우리가 숙고해야 할 대상으로 남아있다.

3. 엘리트주의:
권위체제에 대한 지식화 개조

|엘리트주의의 이론적 원천|

엘리트주의는 정치와 역사를 이해하는 하나의 패러다임이다. 가장 극단적인 엘리트주에 의하면 사회는 언제나 소수의 사람(엘리트)의 통치 아래에 있다. 소수의 엘리트들은 사회에서 결정적인 역할을 하며 권력을 자신의 수중에 집중시킨다. 엘리트라는 어휘는 원래 '선출된' 또는 '가장 적합한'이라는 뜻을 가지고 있다. 일반적으로 엘리트는 특수한 사회집단을 가리키며, 엘리트주의는 하나의 역사관이자 정치관이다. 엘리트주의라는 용어는 1960년대 등장해 당시의 급진적 사회운동, 특히 학생운동 과정에서 두루 쓰였다. 이들은 계급이 아닌 엘리트에 근거해 설정된 다양한 권위와 통치형식을 반박할 때 이 용어를 썼다. 학생운동 측은 엘리트주의의 '참여식' 민주사상에 극렬히 반대하며 인간의 기본적 평등을 강조했다. 이탈리아의 사회학자 모스타(Caetano Mosca)와 파레토(Vilfredo

Pareto), 독일의 미헬스(Robert Michels)는 각자 저작을 통해 엘리트주의에 대한 해석을 제시했다.

이탈리아의 사회학자이자 경제학자인 파레토의 분석을 계기로 엘리트라는 용어는 사회과학에서 광범위하게 사용되기 시작했다. 파레토의 엘리트이론은 파레토개인의 인간에 대한 인식과 역사관에 기초해 정립되었다. 파레토가 제시한 용어 중 두 가지 개념에 주목할 필요가 있다. 잔기(residues)와 파생체(derivations)가 그것이다. 잔기는 영속적이며 파생체는 가변적이다. 이른바 잔기란 인간이 고유하게 가진 감정과 정신상태를 나타낸다. 한편 파생체는 개인이 정욕을 은폐할 때나 이성이 결여된 주장 또는 행위에 이성적이고 표면적인 합리화를 제공할 때 사용되는 지식체계다.[52] 군중과 엘리트의 잔기가 일으키는 파동은 역사적 변화과정에서 (양자의) 상호의존적 순환을 결정한다. 현실생활에서 사람들은 늘 자신의 행위에 논리라는 광택을 더하려 애쓴다. 모든 사람은 실질적으로 논리가 결여된 행위에도 논리의 외피를 입히고 싶어한다. 사람들이 비논리적 행위 위에 입혀진 논리적 외피를 영속적인 것으로 여기게 되면 이러한 사회는 정체된다. 사람들이 일단 본능이나 감정에 입각해 행위하게 되면, 심지어 자기 자신을 문화·상징물·가치 등 비논리적 요소에게 맡기게 되면 사회의 유동에 제동이 걸린다.

파레토는 '엘리트 순환(circulation of elites)'이라는 개념을 제시함으로써 사회학에 주요하면서도 영구적인 공헌을 했다. 파레토는 '역사란

---

52   [法]雷蒙·阿隆, 『社會學主要思潮』(上海: 上海譯文出版社, 1988), 436쪽.

귀족들의 무덤'이라는 명언을 남겼다. 인류사회의 역사는 대부분 귀족들에 의해 이어져 왔다. 역사는 소수 특권자들의 삶과 그들 간의 투쟁, 집권, 몰락은 또 다른 소수들 의해 대체된다는 사실을 증명한다. 이러한 역사관에 기초해 파레토는 '엘리트 순환론(theory of the circulation)'을 제시했다. 엘리트 순환론은 상층의 엘리트 계층과 하층의 비엘리트 계층이라는 양대 계층으로 사회를 구획하며 개인(혹은 개별적인 가정)이하층에서 상층 계층으로 변모하는 하나의 규칙적인 패턴을 묘사한다. 여기서 엘리트는 지배계급 뿐 아니라 피지배계급까지 포함하는 개념이다. 이들은 자신의 전문성에 힘입어 상층부로 진입한다. 해당 이론은 사회적 계서제와 통치의 필연성을 상정하는 한편, 상층으로 진입하려는 하층계급의 꾸준한 갈망이 엘리트 계층의 교체를 유발한다고 가정한다. 이에 대해 파레토는 『사회주의체제 제1권』에서 다음과 같이 묘사했다. '새로운 엘리트는 끝없는 순환운동을 통해 사회의 하층계급에서 뛰쳐나와 상층계층으로 편입한다. 그 안에서 세력을 얻고, 몰락함과 동시에 소멸되고 소실된다. 이러한 현상은 역사의 골간 중 하나다. 사회의 위대한 운동을 이해하려면 이 현상에 대해 알아두지 않을 수 없다.' '전쟁을 발동하지 않고 자신의 지위를 지켜려는 엘리트 계층은 이미 전적으로 쇠퇴하는 과정에 있다. (이러한 상황에서) 그들이 취할 수 있는 행동이란 자신의 세력권을 그들이 가지지 못한 패기를 갖춘 다른 엘리트 계층에게 양보하는 것 뿐이다.'[53]

---

53   [法]雷蒙·阿隆, 『社會學主要思潮』(上海: 上海譯文出版社, 1988), 492-493쪽.

파레토는 이성의 진보가 인류를 미증유의 시대로 인도한다고 여겼던 자유주의자와 민주주의자의 착각을 사정없이 폭로했다. 파레토는 1848년 당시대인들의 잘못된 신념과 전혀 다른 견해를 갖고 있었다. 그는 현실에서 민주제는 어떤 제도로 변질되는지, 대의제는 또 어떻게 운행되는지 관찰하면서 다음과 같은 고뇌에 젖은 결론을 내렸다. '아무리 변해도 본질은 달라지지 않는다. 소수특권자들은 항상 우위를 점한다. 소수특권자들은 끝없이 파생체 또는 합리화 이론을 경신하지만 정작 현실은 바뀌지 않는다. 모든 정치체도는 과두제다. 모든 정치가는 이기적이거나 순진하다. 때때로 가장 순진하지 않은, 다시 말해 가장 정직하지 못한 이가 오히려 사회에 가장 보탬이 될 수 있다.[54]

엘리트주의는 장기간 마르크스주의와 다원주의의 공격을 받아왔다. 왜냐하면 엘리트주의는 파워엘리트 또는 지식엘리트로 하여금 마르크스주의에서 정치적, 경제적으로 지배적인 위치를 차지하고 있는 통치계급을 대체하려 했기 때문이다. 이와 동시에 엘리트주의는 어떤 사회든 소수에 의해 통치될 수밖에 없다고 주장했다. 진정한 민주제도라면 엘리트가 통치하는 사회와 충돌하지 않는다. 예를 들어 라이트 밀스(C.Wright Mills)는 재산소유권만을 권력의 기초로 보는 마르크스주의의 시각을 받아들이지 못했다. 그는 경제계급, 정치권력, 사회지위 세 차원을 사회적 분화의 선택가능한 근거로 본 베버의 관점을 차용했다. 밀스가 가장 중시한 것은 재산소유권이나 높은 위신에 대한 추구가 아닌 권력구조였다.

---

54   Ibid. 508쪽.

그는 집중화된 관료조직이 갖는 권력의 제도적 근거에 대해 주목했다. 사회의 주요한 제도적 질서에서 가장 높은 지위를 차지하는 이가 파워 엘리트를 구성한다는 것이 그의 결론이다.[55]

엘리트주의 이론가들은 대개 두 가지 방법으로 사회를 분석하는데 여기서 사회란 긴밀히 결합된 소수가 분산된 다수를 통치하는 사회다. 이러한 통치는 폭력적 수단과 생산수단의 독점을 통해 실현되거나, 한정된 범위에서 특수한 권리를 가진 '중개인'의 통제로 실현된다. 또는 다양한 사회적 가치체계의 수립과 그로 인한 통제를 통해 실현된다.[56]

파레토 이후의 엘리트주의자들은 대부분 엘리트 계층의 심리학을 선택·계승했다. 정치 또는 사회적 조직으로 다양한 제도의 특성의 규정하는 전통은 지양되었다. 이 밖에 파레토가 세운 변화의 모든 의미를 박탈하는 전통과 다양한 제도의 차이를 부정하는 전통 또한 이후의 엘리트주의자들에 의해 효과적으로 계승되었다. 엘리트와 대중의 관계는 가장 기본적인 사회적 관계로서, 정치조직의 권력분배와 공업조직의 권력분배의 관계 문제는 여기에 종속된다. 엘리트이론은 통치와 현행 제도의 이익을 연관지을 뿐 통치와 사회, 문화의 일치성을 논하지 않는다.[57] 한마디로 정의의 원칙에 입각해 사회조직을 개선하려는 노력을 허황된 행위로 본 것이다.

55　[美]D·P· 約翰孫, 『社會學理論』(北京: 國際文化出版公司, 1988), 586쪽.

56　[英]羅德裏克·馬丁, 『權力社會學』(北京: 三聯書店, 1992), 304-305쪽.

57　전게서, 312쪽.

파레토식의 전통 엘리트주의 이론의 취지가 자유민주주의의 허위성을 밝히고 사회적 비판에 주력하는 데 있었다고 한다면, 엘리트이론은 조지프 슘페터(Joseph A.Schumpeter), 다니엘 벨(Daniel Bell) 등에 이르러 점차 개량된 엘리트주의로 진화하였으니 이것이 곧 엘리트 민주주의(Elite Democracy)다. 2차 대전 이후에 등장한 엘리트 민주주의자들 중 파레토에 대한 비판정신이 가장 충만한 학자는 라이트 밀스였다. 밀스가 일종의 비판적 엘리트 민주주의를 대표한다면 조지프 슘페터, 해럴드 라스웰(Harold Lasswell), 다니엘 벨 등은 구조적 엘리트민주주의를 대표한다고 할 수 있다.

앞서 언급했듯이 엘리트주의는 민주제도의 허위성을 고발했고, 이로 인해 다원주의 이론의 많은 비판을 받았다. 이와 동시에 엘리트주의는 정치엘리트와 산업엘리트 사이의, 아울러 모든 엘리트집단 내부에 대한 마르크스주의의 일관된 분석을 거부했기 때문에 마르크스주의자의 비판 역시 피할 수 없었다. 따라서 엘리트이론의 실현과 현대 민주정치를 어떻게 유기적으로 결합시킬 것인가가 엘리트이론에 입각한 해석모형의 지속 가능성을 가늠하는 전제가 되었다. 이러한 문제에 대한 고찰은 '민주적 엘리트통치' 이론에서 두드러진다. 어떤 의미에서 민주적 엘리트통치 이론은 다원주의 민주의 대체품이 되었으며, 초기 민주주의의 참여 원칙에 대한 타협으로 여겨지기도 했다. 민주적 엘리트통치 이론은 현대 민주이론이 가진 정치에 대한 탐미주의적 시각을 지양하는 한편, 현대 민주이론의 개방주의적 특징을 수용했다. 해당 이론은 권력엘리트 간의 충돌과 불일치성에 주목했다. 그랬기에 파레토는 엘리트 순환론을 들어 경직된 엘리트-대중이라는 고정된 이분법을 바꾸려 하였던 것이다. 민주적 엘리트통치를 구현한 정치체제에서 민주적 요소는 주로 엘리트 통치자들의 행위와 약속에 의해 유지되는 것이지, (엘리트에 비해) 해이한 시민들에 의해 유지되는 것이 아니다. 슘페터의 저서『자본주의, 사회주의, 민주주의(Capitalism Socialism and Democracy)』는 흔히 엘리트 민주주의의 지적 원천으로 여겨진다. 엘리트주의자가 보기에 당대 자본주의는 소규모로 긴밀히 결합된 권력엘리트 집단이 지배하는 체제가 아니다. 그렇다고 해서 보편적 주권으로 설명되는, 공중이 원해서 지배를 받는 구조도 아니다. 당대 자본주의가 가진 독특한 정치적 구조는 틀림없는 하나의 엘리트 민주주의 제도이다.[58]

미국의 라이트 밀스는 엘리트 민주주의 이론 연구에 있어 매우 중요한 인물이다. 그는 미국사회에 내재된 분노와 불만을 발견하고 자신의 엘리트주의 사상을 통해 비판정신을 발산했다. 1956년에 출판된 밀스의『파워엘리트(Power Elite)』는 엘리트주의 이론의 대표 저작으로 꼽힌다.『파워엘리트』는 미국사회의 권력구조에 대해 분석하면서 민주정치에 대한 탐미주의적 이해를 넘어섰다. 밀스에 의하면 경제·군사·정치기구에서 가장 높은 지위를 차지하고 있는—재벌, 군벌과 정치인— 사람들이 많게 또는 적게 결합하거나 통일적으로 결합하여 파워엘리트를 형성한다. 이들이 내린 핵심적인 결정들은 미국사회의 기본 구조와 방향을 결정한다. 특히 군사엘리트에 대한 밀스의 분석은 미국의 권력구조에 대한

---

58 [英]羅德裏克·馬丁,『權力社會學』(北京: 三聯書店, 1992), 312쪽.

분석을 한층 성숙시켰다. 전쟁은 미국의 정치무대가 점차 군사엘리트에 의해 점유되도록 만든다. 이것은 사회의 자유민주적 전통을 침해하는 흐름이다. 밀스는 인류의 비이성과 자기기만에 대해 인식할수록 그동안 인류가 어쩔 수 없이 감내해왔던 고통을 절감해야 함을 통감했다. 아울러 그럴수록 인류의 우매함을 질책해야 할 필요성을 느끼게 되었다. 이것은 분노를 생성하고 실망을 느끼는 길로, 풍부한 지식을 바탕으로 편안한 직업을 얻어 일부 인사들을 세계를 굽어보는 지위로 받들어 올리는 길과는 달랐다. 밀스의 눈에 비친 정부·기업·군대는 과거부터 현재까지 미국 최대의 낭비자이자 소비자이다. 이 때문에 사람들은 밀스를 가리켜 20세기의 분노의 사회학자라 부른다.[59]

| 엘리트주의의 기본 관점 |

엘리트주의의 기본 관점은 '엘리트 통치론'이다. 여기서 엘리트는 주로 지식집단을 일컫는다. 엘리트 통치론은 지식집단의 주변화에 대한 일종의 반성에서 비롯되었다. 객관적으로 볼 때 고대 중국의 국가 통치는 엘리트주의의 전통을 내포하고 있다. 고대 중국에서는 지식의 가치가 인정되었으며, 사회적 지위와 정치권력 획득의 가장 중요한 전제가 바로 지

---

59   [美]雷蒙德·保羅·庫佐爾特, 艾迪斯·W·金, 『二十世紀社會思潮』(北京: 中國人民大學出版社, 1991), 280쪽.

식의 섭렵이었다. 지식은 고대 중국에서 가장 중요한 정치자본이자 권력자본이었던 것이다. 당대 중국 엘리트주의의 최초의 맹아는 1980년대초 지식인의 지위와 역할에 대한 논쟁 과정에서 싹트기 시작했다.엘리트주의의 생성은 개혁개방 초기 지식인이 가졌던 지위와 관련이 있다. 중국 개혁개방 초기, 자본집적이 초기 원시적인 상태에 머물러 있을 때 소위 '야만적인 인사들'과 '수준 낮은 집단'이 자본의 독점권을 장악한 탓으로, 중국사회의 변혁은 현대적인 지식화 궤도에서 벗어나게 되었다. 이때 지식집단은 자본과 권력의 주변부를 맴돌 뿐이었다. '수술칼을 드는 것보다 면도칼를 드는 것이 낫다. 원자탄을 만드는 것이 찐 계란을 파는 것만 못하다'는 말이 유행할 정도였다. 이러한 비정상적인 현상들은 지식집단 자체의 불만을 야기했을 뿐 아니라, 위정자의 경각심을 불러일으켰다. 지식인 문제는 곧 사람들의 주의를 끄는 주요한 문제가 되었다. 이 문제에 대한 토론과정에서 엘리트주의가 주창하는 '엘리트통치론'이 등장했다. 1986년 8월 23일, 덩웨이즈(鄧偉志)는 '지식인에 대한 평가를 좀 더 높일 수는 없는가(對知識分子的評價能否再高一點)'[60]라는 제목의 글을 통해 무산계급이 지배계급이 된 그 날부터 지식인은 무산계급의 일부가 되었으며, 지식인은 선진 생산력을 가장 잘 대표할 수 있는 무산계급의 중심이라고 역설했다. 이후 이론계는 '문화엘리트', '사회적 양심', '지식엘리트' 등과 같은 용어들을 광범위하게 사용하면서 지식인이 향후 중국의 정치발전 과정에서 수행할 역할을 형용하기 시작했다.

---

60   鄧偉志, 「對知識分子評價能否再高一點」, 『文匯報』, 1986年8月23日.

'엘리트 통치론'은 심오한 사회적·역사적·사상적 배경을 가진다. 이미 신중국 건국 초기에 '전문가 통치론'이 제기된 바 있다. 사실 문화 엘리트가 국가권력을 장악하는 전통은 문화엘리트와 정치엘리트가 사실상 일체였던 고대 중국의 경험을 통해 증명되었다. 엘리트 의식은 중국의 정치전통을 구성하는 일부라고 보아도 좋았다.

엘리트 통치론이 막대한 영향력을 보유한 정치사조로 발돋움한 것은 1988년 11월, '제1차 전국 현대화이론 연구회'가 시작되면서부터였다. 엘리트 통치론은 주로 세 가지 주장을 포함한다. 첫째, 사회의 엘리트 계층(특히 지식엘리트를 강조)로 하여금 사회 전체를 관리하게 해야 한다는 주장이다. 둘째, 현대화 발전 단계에 있는 중국사회의 성공 여부는 엘리트의 통치에 좌우된다. 따라서 엘리트 통치를 위한 사회적 기초를 부단히 조성해야 한다. 셋째, 엘리트 통치가 정치제도 및 활동의 고효율을 보장한다는 점을 인정한다. 달리 말하면, 엘리트 통치에 도덕적인 잣대를 들이대 함부로 그 옳고 그름을 판단해서는 안된다는 것이다. 엘리트주의자들은 가능한 소수가 다수를 통치해야 한다고 호소했으나 도대체 어떤 소수가 국가를 통치해야 하는지에 대해서는 일치된 견해를 내놓지 못했다. 린젠홍(林建鴻)과 쑨이(孫益)의 개괄에 의하면 해당 사조는 아래와 같은 유파로 분류할 수 있다.[61]

---

61   曹維勁, 魏承思 主編, 『中國80年代人文思潮』(上海: 學林出版社, 1992), 302-306쪽.

● 지식엘리트 통치론

지식엘리트 통치론은 어떤 의미에서 전통적인 지식인정치(士人政治), 현인정치(賢人政治)의 재판(再版)이라고 할 수 있다. 단지 지식엘리트에게 특수한 함의와 책임을 부여했을 뿐이다. 지식엘리트 통치론이 상정하는 지식엘리트는 선진 생산력의 대표이자, 인류의 정신적 자산의 주요 창조자이다. 또 선진 이데올로기의 대표로서 독립성과 역사적 사명감을 가진다. 지식인 역시 현 시대 정치세력의 대표로 간주된다. 지식엘리트 통치론은 지식인이 가진 일련의 선진 사상과 관점을 활용해 중국의 경제·정치체제 개혁을 지도할 것과 선진이론으로 무장, 조직된 지식인의 지휘 아래 농민·노동자 대중의 분산된 잠재력을 옳은 방향을 가진 현실적 힘으로 바꾸어 개혁을 추진할 것을 주장한다. 지식엘리트 통치론자들은 마르크스와 엥겔스, 레닌의 정치활동과 중국의 캉유웨이, 량치차오, 쑨원 및 중국공산당의 창립자들을 전부 아울러 '지식엘리트의 정치 참여'의 모범 사례로 본다.

● 능력자 통치론

능력자 통치론은 지식엘리트를 '사회 엘리트'의 층차로 확대한다. 능력차 통치론에 의하면 지식인은 '새로운 보편계급'(universal class, 인류 전체의 이익과 향후 발전의 방향을 대표하는 계급)이다. 능력자란 동료들로부터 인정받은 개인적 성과와 지위를 획득한 주체로서, 능력자가 곧 지식인이며 지식인이 곧 능력자이다. 중국이 현대화를 달성하는 데 있어 가장 적절한 정치적 수단은 의심할 여지없이 능력자 통치이다. 중국의 지식인이라면 응당 과학과 민주 정신을 보위하고 사회를 변혁시켜야 한다.

● 지식엘리트와 정치엘리트의 결합론

이 관점에 의하면 과거부터 현재까지 사회엘리트는 정치, 사업(事業), 지식이라는 세 가지 유형의 엘리트로 대별되었다. 이들은 시종일관 사회발전을 추동하는 가장 직접적이고 가장 강력한 동력이었다. 3대 엘리트 간의 협력과 적정 수준의 모순과 갈등은 긍정적이고 바람직한 사회의 총량 에너지를 생성해냈고, 최대 한도의 사회적·역사적 발전을 추동했다. 이러한 사회적 대생산이 양성한 독립된(즉, 분립된) 지식인 계층은 지식엘리트와 정치엘리트의 결합을 가능하게 했다. 결합의 목적은 지식엘리트의 기술·가치·인식능력을 사회 각 계층이 공유하고, 정치엘리트의 결정을 통해 이것을 구체적인 사회관계로 '물화(物化)'하는 데 있었다. 양자의 대립은 지식엘리트 개인적 차원의 비극일 뿐 아니라, 국가와 민족 전체의 비극이기도 했다. 특히 중국의 경우 아직까지 사회주의 초급단계에 있기 때문에 정치 메커니즘상 민중의 참여도가 낮다. 이처럼 특수한 환경에서는 정치엘리트와 지식엘리트의 역할이 요구될 수밖에 없으며, 양자가 결합할 이유 또한 충분하다. 양자가 결합하는 방식으로는 ①지식엘리트가 정치엘리트의 싱크탱크를 담당하는 방법, ②지식엘리트가 대중매체를 장악하는 방법, ③지식엘리트가 교육기관을 장악하는 방법, ④지식엘리트와 정치엘리트 간의 협상·대화제도를 확립하는 방법, ⑤정치엘리트의 자질을 갖춘 일부 지식엘리트가 권력기관, 정당 등에 몸담고 리더를 맡아 정치엘리트로 '변신'하는 것과 임기제 또는 상임제의 조건 아래서 정치에 참여해 정무를 논하고, 더 나아가 집권하는 방법이 있다.

● 민주적 엘리트 통치론

민주적 엘리트 통치론은 마땅히 사회엘리트를 위주로 한 정치민주제로 국가를 운영해야 한다고 주장한다. 이 관점은 권위주의 정체에 반대함은 물론 지식엘리트와 정치엘리트의 결합에도 찬성하지 않는다. 그보다는 인민대표대회와 같은 엘리트에 의해 통제된 의회가 정치적 결정에 영향력을 행사해 '권위의 공동화'를 무마해야 한다고 역설한다. 왜냐하면 사람들은 권위와 민주가 모두 결여된 무정부 상태의 도래를 두려워하기 때문이다. 현행 체제 하에서 발생하는 부패현상, 개혁과정 중 발생한 정책적 과오, 회구심리와 반발심리의 만연 등이 모두 그러한 권위와 민주의 이중적 위기를 노정하는 징조로 이는 혼란-전제-새로운 혼란이라는 악성순환을 불러올 수 있다. 여기에 대한 가장 좋은 처방은 새로운 권위의 기초와 법제, 민주적 제도를 수립하는 것이다. 다만 이것들을 수립하는 과정에서 반드시 의회민주의 형식을 띤 '엘리트 통치'라는 과도기를 거쳐야 한다. 사회 각 방면의 탁월한 인재와 집단이 의회(인민대표대회)를 통해 정치적 의견을 개진하고, 정부의 결정과 집행에 영향력과 통제력을 행사하여 합리적인 방향으로 나아갈 수 있게 하는 것이다. 이로써 현대화를 추진하는 양질의 정치적 기초가 점차 성장해 무르익게 된다. 그런 뒤에 새로운 권위의 기초과 정치적 형태를 수립해 효과적이고 안정적인 사회화를 주도하도록 한다는 것이다.[62] 요컨대 민주적 엘리트 통치론의 주요 골자는 엘리트를 주체로 한 의회(인민대표대회)에 새로운 현대 민주정체의 성장을 감독·지도하는 역할을 부여한 데 있다고 할 수 있다. 즉, 해당 관점은 '신권위주의' 및 정치엘리트와 지식엘리트의 결합에 반대하면서, 엘리트민주 형태의 필요성과 과도기적 속성을 강조한다.

| 평가 |

1980년대 중국에서 발흥한 엘리트주의 사조는 비록 나날이 거세지는 민주화 물결과 자유화 추세 그 어느 것과도 어울리지 않았으나, 중국의 현대화를 하나의 문제로 보면서 가치적 요소를 최소한으로 낮췄다. 엘리트주의는 1989년에 전성기를 맞은 사조로서 당시 그 사회적 영향력은 학생층, 지식계, 이론계은 물론 정부와 당의 일부 기관에까지 미칠 정도였다. 엘리트주의는 플라톤의 철인왕, 생시몽(Saint-Simon)의 기술관료주의, 다니엘 벨의 『탈산업사회의 도래(The Coming of Post-industrial Society)』 및 앨빈 굴드너(Alvin Gouldner)의 『지성인의 미래와 새 계급의 성장 (Future of intellectuals and thd rise of the new class)』 등 해당 개념과 저작들이 설명하고 있는 '엘리트정치'와 밀접한 관련을 맺고 있다. 뿐만 아니라 중국 전통의 지식인정치, 현인정치의 맥락을 계승하고 있다. 더 중요한 것은 엘리트주의는 현대화 과정에서 발생하는 병폐를 바로잡기 위한 시도로서 의미를 갖는다는 점이다. 당시 중국의 개혁개방은 나날이 합리

---

62   孫立平, 「第三種擔憂」, 『光明日報』, 1989年 3月 24日.

화, 지식화의 궤도에서 이탈하고 있었고 현대적 기술과 지식은 응분의 존중을 받지 못했다. 여기에 지식집단이 권력과 자본을 마주했을 때 갖게 되는 비주류적 색채가 더해져 엘리트주의 탄생의 온상이 마련되었다. 물론 엘리트주의는 하나의 정치사조로서 문화권력을 국가권력으로 치환하려는 지식집단의 갈망을 나타낸다. 문화헤게모니는 지식집단의 요구와 욕망을 만족시키지 못했다. 따라서 지식자본에 의거해 직접적으로 정치에 몸담는 것이 엘리트주의의 주된 관심사가 되었다. 중국의 시장화 개혁이 심화됨에 따라 지식이 물질적 자본으로 기능할 수 있는 공간은 더욱 넓어졌고, 지식의 정치·사회·경제적 가치가 점차 인정받게 되면서 정치사조로서의 엘리트주의는 차츰 희미해지게 되었다.

4. 정치생태주의:
급진과 보수의 조화

서구화론이 정치적 '급진주의'라면 '신권위주의'는 정치적 '보수주의'라 할 수 있다. 그렇다면 1980년대 중국 정치사조를 좌지우지했던 양대 세력은 곧 급진주의와 보수주의라고 말할 수 있을 것이다. 그러나 이 양대 세력의 중간지대에 머무르며 별다른 주목을 받지 못한 정치사조도 존재했으니, 그것이 바로 정치생태주의다.

| 정치생태주의의 독자성 |

1980년대에 모습을 드러낸 정치생태주의의 기본적인 특징은 급진주의와 보수주의라는 양 극단을 초월했다는 데 있다. 당대 중국의 수많은 정치사조와 비교했을 때, 정치생태주의는 충분한 흡입력을 갖추지 못한 탓으로 제대로 조명되지 못했다. 정치생태주의는 생명 주체와 환경의 상호

관계 및 작용을 연구하는 생태학 이론과 방법을 차용해 정치체계와 다양한 사회환경의 상호 관계를 연구하려 했다. 즉, 생태계의 모형으로 정치 생태계를 연구하려 한 것이다. '생태'라는 어휘는 생활공간이라는 뜻의 그리스어 oikos에서 유래했다. 오이코스(이것은 또 영어 economics의 어원이다)는 아리스토텔레스가 묘사한, 질서에 따른 예속의 체계였다. 남성에 대한 여성의 예속, 부모에 대한 자식의 예속, 주인에 대한 자식의 예속, 주인에 대한 노예의 예속이 그것이다. 가정은 그리스인들이 가족생활을 누리고 그들의 물질적 필요, 즉 음식·온기·보호·생식 등을 대부분 채우는 영역이었다. 이곳은 모든 것에 제철이 있는 자연의 세계였다. 많은 문명들에서 작위와 자연의 구별은 발전되어 있지 않지만, 그리스인의 세계 이해 속에서는 그것이 기본이었다. 지혜가 자연의 명령에 따르는 것에 있다는 생각은 '자연' 개념이 발전한 방식에 따라 서로 다른 철학으로 이어졌다.[63] '자연'이라는 어휘는 19세기 다윈주의적 식물학자와 동물학자들에 의해 널리 사용되었는데, 주로 유기체로서 생명의 성장과정과 그 주변환경 간의 상호 영향 및 작용을 설명하는데 쓰였다. 1920년대의 일부 사회학자들은 이러한 이론을 인류사회에 적용해 복잡한 유기체 내부의 각 요소들 간, 그러한 요소들과 생존환경 간의 상호 작용과 (이들 간) 균형을 이루는 발전방향에 대해 탐색했다. 생물학의 연구이론과 방법을 정치학과 행정학에 적용하는 경향도 나타났다. 일부 학자들은 생물학적 이론과 방법을 차용해 정치체계와 행정체계의 성장과 발전의 규칙

63   [美]肯尼斯·米諾格, 『當代學術入門政治學』(沈陽: 遼寧教育出版社, 1998), 13쪽.

을 제시하려 하였고, 이를 바탕으로 정치체계와 행정체계의 보다 효율적인 운행을 도우려 했다. 이러한 시도는 사유방법으로서 중요한 기능을 갖고 있었다.

중국의 정치문제에 생태학적 의미를 부여한 고찰은 1980년대초에 시작되었다. 이러한 사조는 환경적 변수와 중국 정치발전의 과정을 연관짓는 하나의 새로운 경향을 대표했다. 해당 사조는 보수와 급진 사이의 넓은 중간지대를 점유했기 때문에 회귀할 수 있는 여지를 확보하기에 용이했다. 어떤 가치표준으로 정치생태주의를 한정해야 하는가? 이는 상당히 어려운 문제다. 왜냐하면 해당 사조가 상정하는 중국의 정치발전 과정은 연속성과 돌발성을 모두 내포하고 있기 때문이다. 다만 이 연속성과 돌발성은 서로 대립하지 않으며, 생태주의의 이론적 틀 안에서 화합한다. 생태주의적 정치관은 비록 충분히 조명되지는 못했지만, 이것이 중국의 정치발전과정에 미친 영향은 실로 막대하다. 정치생태주의는 하나의 새로운 정치발전관의 성립을 의미했다.

| 정치생태주의의 유파 |

여기서 우리는 린젠훙과 쑨이가 집약한 정치생태주의의 세 유파를 눈여겨 볼 필요가 있다.[64]

---

64   曹維勁, 魏承思主編, 『中國80年代人文思潮』(上海: 學林出版社, 1992), 370~373쪽.

첫째, 중국의 자연·역사·지리 등 국정(國情) 요소를 중시한 생태역사관 유파다. 현대화를 추진하기 위해서는 중국 각 방면의 실정을 명확히 파악하는 일이 선행되어야 한다는 것이 이 유파가 가진 기본적 입장이었다. 예컨대 중국의 역사적 지위와 현재 중국의 생산기술 기반, 경제제도와 정치제도, 인구현황, 지리환경 및 경제, 자연법칙에 대한 인식 수준 등이 그것이다. 이들은 중국식 현대화는 반드시 중국의 실제에서 출발해야 한다고 주장했다. 더불어 현대화를 추진할 때는 반드시 생태적 균형을 고려해야 하며, 인류와 환경의 조화를 바탕으로 현대화를 계획해야 한다고 강조했다. 이들은 자연환경을 가장 우선시했기 때문에 중국식 현대화는 반드시 중국의 자연생태환경에 적합한 방식으로 추진되어야 한다고 생각했다.

둘째, 사회정치환경을 중시하는 생태정치관 유파이다. 아래 몇 가지 측면을 통해 해당 유파의 구체적 관점을 알 수 있다.

1) 정치체계의 조화와 균형을 중시한다. 중국의 정부기구가 지닌 주요한 병폐는 불균형이다. 그 중에서도 기능의 불균형이 문제의 핵심이다. 따라서 반드시 기구의 기능을 재편해 불균형 상태에서 새로운 균형 상태로 나아가야 한다. 이들은 또 정치조직의 구조와 직능, 정보라는 세 요소 간의 조화의 중요성을 강조했는데, 사회·정치체계의 구조와 기능을 합리화하고 분산된 이익을 통합하는 데 그 목적이 있었다.

2) 정치적 소통의 기능을 중시한다. 몇몇 학자들은 국정 운영에 있어 정치적 소통의 역할은 유기체 속에 흐르는 혈액과도 같은 것인데 중국은 그 정치적 소통의 네트워크가 고도로 일원화된 탓으로 수많은 폐

단이 발생했다고 진단했다. 따라서 이들은 다원화된 정치적 소통 네트워크를 조성해 국가 의사결정의 체계화와 민주화를 보장할 것을 촉구했다.

3) 정치구조의 기능에 대한 연구를 중시한다. 중국의 현행 체제는 하급이 상급에 복종하는 수직적 위계를 이룬 수목형 구조를 가지고 있다. 이들은 이러한 구조적 불균형의 원인으로 정보 전달의 일방향성, 적절한 내부적 협력의 결여, 과도하게 정태적인 구조 등을 꼽았다. 이로 인해 현재 중국의 개혁은 신체제와 구체제가 대치하는 상태에 처해있는데, 마땅히 신체제의 구조적 기능을 성숙시켜 내부적인 소모를 피해야 한다는 것이 이들의 주장이다.

요컨대 세 유파에 속한 학자들은 생태학 원리를 응용해 정치환경과 결합시켜 정치체계를 분석하려 했다. 이들은 자연환경을 중시하는 입장에서 한층 더 나아가 내재적인 정치체계(또는 환경)가 정치 자체에 어떤 영향을 미치는지를 연구하려 했다.

정치구조의 기능을 연구한 세 번째 유파는 정치체제연구는 응당 정치문화·정치체계·정치가치·정치역사 등 다양한 유형의 문화·역사환경의 기초 위에서 이루어져야 한다고 주장했다. 이들은 정치체계의 외재적 환경, 그 중에서도 특히 문화와 전통관념과 같은 '연성 환경(soft environment)'에 대한 연구를 심화해야 한다고 주장했다. 정치체제 개혁은 객관적 환경, 즉 사회라는 거시적인 배경과 유리될 수 없다. 따라서 (정치체제를 개혁하려면) 백년에 가까운 당대 중국의 역사발전과정과 인민의 역사적 선택을 염두에 두어야 함은 물론, 중국 전통의 정치문화가 개혁에 미치는 영향 또한 고려해야만 한다. 예컨대 국민성 연구, 뿌리찾기

문학 연구, 전통 유가문화 연구 등이 모두 해당 유파가 자연스레 발전한 결과물이다.

　　네 번째 유파는 정치생태환경을 사회-문화-역사 등 다양한 방면으로 확장시켰다. 이들은 단순히 특정한 환경만을 중시하는 협소한 관점을 극복하고 체계화·이론화된 면모를 갖추어 나갔다. 이러한 경향을 가장 완벽하게 구현한 학자가 당시 푸단대학에 몸담고 있던 왕후닝(王滬寧) 선생이다. 그는 '새로운 정치발전관을 수립하자(建立一種新型的政治發展觀)'라는 글에서 정치발전은 생태주의적 발전과정이라는 견해를 피력했다. 여기서 이른바 생태주의란 정치발전은 마땅히 일정한 역사-사회-문화적 조건과 조응해야 한다는 의미로 쓰인 것이다. 정치체제는 간과될 수 없으나, 그렇다고 해서 역사를 뛰어넘어 현실을 고려하지 않을 수는 없다는 것이다. 생태주의적 발전관은 정치시스템과 사회환경 사이에는 어떠한 에너지 변환과 동태균형관계가 존재한다고 강조한다. 생태주의적 역사발전은 결코 보수주의의 일종이 아니다. 생태주의적 역사발전관은 사회의 일정한 역사적 조건과 조응하는 정치발전을 추진해야 하며, 사회가 동태적 질서 또는 질서있는 동태를 유지해야 한다고 강조한다. 아울러 정치발전은 사회환경에서 발생하는 모든 변화로 인해 추진된다고 보았으며, 정치발전을 통해 사회발전을 추동해야 한다고 주장한다.[65] 이러한 견해는 왕후닝의 저서 『비교정치분석(比較政治分析)』과 『미국은

65　王滬寧, 「建立一種新型的政治發展觀」, 『中國靑年報』, 1988年8月19日 또는 『新華文摘』, 1988年 第10期.

미국을 반대한다(美國反對美國)』에 비교적 잘 논술되어 있다.

왕후닝은『비교정치분석』에서 정치발전이란 특정 사회의 '역사-사회-문화'적 요구에 반응해 변화하는 안정적인 정치체제의 성립을 의미한다고 밝혔다. 이러한 명제가 뜻하는 바는 다음과 같다. 첫째, 완전한 정치적 기능을 갖춘 정치체제다. 여기서 완전한 정치적 기능이란 반드시 기능의 다양화를 뜻하는 것은 아니다. 기능의 다양화와 과도한 전문화는 때때로 '국가의 비대화', 피라미드식 정치체제, 온갖 전문기관의 난립과 끝없이 확대되는 관료규모와 같은 문제들을 유발할 수 있다. 완전한 정치적 기능이란 특정 사회의 천변만화하는 요구에도 효율적으로 대응할 수 있는 능력을 말한다. 이러한 요구 앞에서 어쩔 줄 몰라 속수무책으로 일관하거나 사회적 요구에 보조를 맞추지 못한다면 정치적 기능을 완비했다고 볼 수 없다. 둘째, 효율적인 행정능력을 갖춘 정치체제다. 효율적인 행정능력이 우선적으로 뜻하는 것은 천차만별의 사회적 사무를 질서정연하게, 신속하고 효율적으로 처리할 수 있는 행정력이다. 아울러 정치체제가 조직 전체에서 발휘할 수 있는 강력한 행정력을 의미한다. 셋째, 민중을 동원해 정치에 참여하게 하는 정치체제다. 넷째, 부단히 변혁을 거듭하는 정치체제다. 완전한 정치적 기능, 효율적인 행정능력과 대중의 참여 이 모두가 정치체제의 부단한 자기혁신적 요구를 포함한 것이다. 충분히 발전된 정치체제라면 낡은 풍속을 청산하고 새로운 기풍을 수립하는 과정을 자체적으로 완성할 수 있으며, 정치적 변혁으로 인해 국가 전체가 마비되거나 소요가 일지 않는다. 충분히 발전된 정치체제는 내부적으로 정치변혁을 수행할 수 있는 능력을 가지고 있다. 이러한 변

혁은 질서와 계획을 갖추고 있다. 한마디로 정치발전은 정치체제 자체가 갖고 있는 자기혁신 능력이다.[66]

　이러한 정치발전관을 기초로 왕후닝은 생태주의적 방법론을 활용한 행정체계 연구에 주력했다. 이러한 성과는 『행정생태분석(行政生态分析)』이라는 저서에서 잘 드러난다. 『행정생태분석』의 출판은 중국의 정치생태주의 사조가 새로운 단계로 진입했음을 단적으로 보여준다. 정치생태주의에서 행정생태주의로의 전환은 생태주의가 이미 정부 시스템을 변화시키는 주요한 사상적 무기가 되었음을 의미한다. 행정생태주의는 중국의 정부개혁을 추동하는 외부 동력을 상당 부분 짚어냈다.

| 평가 |

사조로서의 생태주의 정치관은 1980년대에 별다른 주목을 받지 못했다. 그러나 생태주의가 지닌 침착함과 냉철함은 오늘날 우리의 시선을 끌기에 충분하다. 생태주의는 보수주의도, 급진주의도 아니다. 생태주의는 '보수-급진'의 이분법을 배제하는 것으로 전제로, 중국의 정치발전을 하나의 특정한 생태계 안으로 전치시켜 고찰했다. 이로써 과거로부터 이어진 성숙된 학술적 품격을 보유하는 한편, 확장과 혁신을 주장하는 용기를 지닐 수 있었다. 시장화 정도가 나날이 심화되고 사회구조가 하루가

66　王滬寧, 『比較政治分析』(上海: 上海人民出版社, 1987), 237-241쪽.

다르게 변화하며 세계화의 정도가 높아진 오늘날, 생태주의 정치관이 제시한 정치분석방법은 중국의 정치변혁과 정부변혁에 있어 중요한 참고적 가치를 지닌다고 하겠다. 어떤 의미에서 정치생태주의와 행정생태주의는 그 방법과 시각에 있어 제3의 길과 거버넌스, 선치(善治) 사조의 기원이 되었다고 할 수 있다.

제4장

국가-사회 관계의 재구성을 위한
현대 중국의 정치사조

1. 시민사회 사조:
국가-사회 관계 재구성을 위한 노력 (1)

시민사회론은 중국의 시장화 개혁에 따라 사람들의 주목을 받는 정치사조로 떠오르게 되었다. 시장화는 국가-사회 관계에 대한 중국 학자들의 관심을 불러일으켰는데, 가치문제와 문화문제, 그리고 정치제도에 대한 기존의 관심들은 점차 시장역량과 사회역량에 대한 관심들로 바뀌어 갔다. 시민사회 사조는 단순한 이데올로기 비판이나 정치체제 비판보다는 국가로부터 독립된, 국가 바깥의 권리 공간을 구축하는 것을 더 중시했다. 시민사회 사조의 대표적 인물인 덩쩡라이(鄧正來)가 말한 것과 같이, 중국이 근대화를 추진하는 과정에서 부딪힌 딜레마에서 벗어나기 위해서는 먼저 인식 차원에서 발상의 전환을 꾀해야만 하고, 기존의 논자들처럼 정치적 권위의 전환에만 매몰되어 있어서는 안 될 일이었다. 왜냐하면 중국의 근대화가 직면한 딜레마의 근본적인 원인과 핵심은, 국가와 사회 양자 간에 근대화 발전에 적합한 건전한 구조가 형성되지 못했던 데 있기 때문이다.

    명백하게도, 그간 중국에서 사회 부문은 그다지 독립적이거나 자치적인 영역을 형성한 적이 없었다. 국가권력의 과도한 집중의 문제이든 정치적 권위의 급격한 쇠퇴에 대한 문제이든 간에, 그 자체(내부구조)의 원인이 아닌 이상, 어느 하나 국가-사회 관계(외부구조)와 관계되지 않는 것이 없다. 따라서 이러한 기본 전제 하에서, '국가-사회의 이원적 시각'을 통해 '권위본위(변환)적 시각'을 대체할 필요가 있다.[1]

    일군의 학자들이 시민사회는 필연적으로 근대화와 민주화를 수반한다고 주장하고 있을 때, 또 다른 학자들로부터 비판이 제기되었는데 이는 바로 시민사회 한계론 혹은 시민사회 신화론과 같은 관점들이다. 이 견해들을 통해 사람들은 시민사회의 실체에 대해 보다 잘 이해하게 되었고, 민주화와 근대화가 시민사회의 성장이라는 초석 위에 간단히 구축될 수 있다는 생각은 매우 단순하고 유치한 것임을 알게 되었다.

    중국의 시장화 개혁이 심화되면서 시민사회 사조는 점차 분화되었다. 경제적인 측면에서 개인의 권리(재산권)을 옹호하는 자유주의가 발전해 한 축을 이루었고, 정치적인 측면에서는 정부 개혁을 핵심으로 하는 거버넌스 사조가 성장해 다른 한 축을 담당하게 되었다. 그리고 양자는 국가 이데올로기 내부에서 유기적으로 융합되어 중국의 사회주의 시장경제 체제를 지도하는 중요한 근거로 자리잡게 된다.

---

1   鄧正來, 『國家與社會―中國市民社會研究』(成都: 四川人民出版社, 1997).

시민사회 사조의 부상은 중국사회의 성장과 직접적으로 연관된다. 개혁 개방 이전, 국가는 단위체제를 통해 사회가 통치권력체계 내부로 종속되도록 했다. 따라서 국가와 사회의 관계는 따로 논할 것이 없었으며, 사실상 국가와 단위의 관계가 국가-사회 관계를 대체했다.[2] 시장화 개혁이 추진되고 그 정도가 심화됨에 따라 국가의 통치권력 체계로부터 독립된 새로운 공간이 차츰 모습을 드러냈다. 개인, 기업조직, 사회단체와 같은 요소들로 구성된 이 새로운 영역은 전통적인 단위체제로 포괄되거나 수용할 수 없는 성격을 가지고 있었다. 정치학적 관점에서 보면 이러한 영역은 사회구성원이 자유롭게 선택하고 활동하는 '공공영역'으로 볼 수 있으며, 그 중에서도 특히 경제활동을 중심으로 형성된 자유공간이 세인의 주목을 끌었다.

중국의 근대화 과정에서 발생한 이 구조적 변동은 많은 학자들의 상상력을 자극했다. 중국의 근대화 과정은 일원화된 권력체계의 분산을 유발했다. 사람들은 국가권력으로부터 독립된 이 공공영역에서 시장경제의 평등한 계약관계, 법치준수의 원칙, 사회구성원의 기본 권리 보호, 자치적인 성격을 가진 내부 활동과 관리, 여론을 통한 의견 표출 등이 실행되고, 이를 통해 국가의 활동과 정책에 참여하고 영향을 미치는 과정

---

2   劉建軍, 『單位中國—社會調控體系重構中的個人, 組織與國家』(天津: 天津人民出版社, 2000).

이 형성되고 있다는 것을 발견하게 되었다. 이러한 상황은 1980년대 소련과 동유럽의 모습과 비슷했으며, 자본주의 시장경제가 발전하는 과정에서 시민사회가 형성되었던 과거 서구의 경험과도 유사했다. 이에 학술계는 시민사회라는 하나의 새로운 개념을 차용해 중국의 근대화 과정을 설명하였고, 시민사회의 구축을 통해 아래로부터 민주화를 추진하고자 했다. 시민사회의 구축은 촌민자치와 동등한 수준의 정치적 함의를 갖는데, 이는 체제 바깥에서 민주화를 추동하려 한다는 점, 그리고 사회의 민주가 정치의 민주를 추동한다는 점에서 그러하다.[3] 이러한 시각에 입각해 시민사회 사조와 권위체계의 전환에 주목하는 전통적 사조들을 비교해보면 전자가 좀 더 민본적인 성격과 실천가치를 담보하고 있다고 할 수 있다.

시민사회 사조는 시장경제적 선호 및 일원화된 권력체계를 타파하려는 염원과 화학반응하여 현대적 의의를 가진 정치사조가 되었고, 지식인 집단이 중국의 민주화 과정을 논하는 과정에 가장 중요한 사상적 자원을 제공하게 되었다. 그리고 국가-사회 관계는 점차 정치학계가 가장 흥미를 갖는 화두가 되었다.

---

3   王邦佐, 潘世偉 主編,『二十世紀中國社會科學: 政治學卷』(上海: 上海人民出版社, 2005), 381쪽.

| 시민사회의 함의와 중국적 의의 |

주지하다시피 시민사회(市民社會)는 외래어로 영어 Civil Society의 번역어이다. Civil Society는 '공민사회(公民社會)', '시민사회' 또는 '민간사회(民間社會)'로 번역된다. 위커핑(兪可平)에 따르면 이 각기 다른 중문 명칭들은 완전히 동일한 의미가 아니며 미묘한 차이가 있다.[4] 가장 널리 통용되는 명칭은 시민사회로, 이 권위있는 역명은 마르크스 저작의 중국어 번역에서 비롯되었다. 마르크스는 일찍이 시민사회를 부르주아 계급의 경쟁과 이기주의가 야기한, 사회의 '자연적 연결'이 파괴된 결과로 보았으며, "다양한 형식의 사회적 연결이 개인의 사적인 목적을 이루는 순수한 수단이 되는 일은 오로지 18세기에, '시민사회'에서만 가능했다."[5]

그러나 중국 내 시민사회 사조의 지지자들이 이해하는 시민사회는 경제적 측면에만 머물러 있지 않았다. 이들은 시민사회에 보다 많은 정치

---

4   위커핑에 의하면 시민사회라는 용어는 부정적인 어감을 일정 정도 가지고 있다. 중국에서는 전통적으로 시민사회를 부르주아 사회와 같은 의미로 간주해왔기 때문이다. 민간사회는 대만학자의 번역으로, 역사학자들은 이 표현을 선호한다. 민간사회라는 표현은 근대 중국의 민간조직을 연구할 때 널리 사용되었으며, 비교적 중립적인 명칭이라고 할 수 있다. 그러나 적지 않은 학자들과 정부 공직자들이 보기에 해당 명칭은 마이너적인 느낌이 짙다. 공민사회는 개혁개방 이후 새롭게 제시된 명칭으로 긍정적인 어감을 갖는다. 공민사회는 공민의 정치참여와 국가권력에 대한 제약과 같은 Civil Society의 정치학적 의의를 강조한 표현이다. 덩쩡라이는 사실상 시민사회와 공민사회라는 이중적 의미로 '시민사회' 개념을 사용했는데 이는 후일 거버넌스 사조가 '공민사회' 개념을 사용할 때와 어느 정도 유사하다. 물론 지향하는 바와 이념적인 부분에 있어 차이는 있다. 덩쩡라이가 국가-사회의 이원적 구조를 강조한 데 반해 거버넌스 사조는 코포라티즘(corporatism)의 틀 안에서 거버넌스 모델의 재구성을 강조했기 때문이다.

5   張汝倫, 『思考與批判』(上海: 上海三聯書店, 1999).

적 함의를 부여했다. 이들에게 시민사회란 공공권위의 바깥에 있는 사적인 활동공간(시장, 가정, 사회단체 등) 내지는 사적 활동에서 발생한 (초기 커피숍에서부터 훗날 정당과 대중매체에 이르는) 공공영역이었고, 국가로부터 독립해 그 바깥에 존재하는 사회 또는 고도의 자주성을 갖춘 사회로 간주되기도 했다. 여기에서 시민사회가 응당 갖추어야 할 요소는 다음과 같다.

1) 개인주의: 개인주의 가설은 줄곧 시민사회이론의 기초였다. 개인주의 가설은 개인이 사회활동의 주체라고 주장한다. 따라서 인권에 대한 수호와 발전이 시민사회의 가장 중요한 원칙이 된다.

2) 다원주의: 개인 생활방식의 다양화, 사회단체 조직의 다양성, 사상의 다원화를 요구한다.

3) 공공성과 개방성: 국정 활동의 공개와 공공영역의 개방성은 공중이 공공영역에서 의견을 표출하고 정치에 참여할 수 있도록 하는 전제 조건이다. 따라서 당대의 시민사회론자 중 공개성과 개방성의 원칙을 견지하지 않는 이는 없다.

4) 참여성: 시민이 사회·정치활동에 참여하고 국가권력을 제약하는 것은 시민사회의 중요한 내용 중 하나이다.

5) 법치: 시민사회는 시민사회와 국가의 분리를 법적으로 보장할 것을 강조한다. 국가가 임의로 시민사회 내부의 사안에 관여하는 것에 반대함으로써 시민사회가 진정한 자주적 영역으로 자리매김할 수 있도록 하며, 따라서 국가의 역할은 헌법과 법률이 규정하는 범위 안으로 엄격히 제한된다.

6) 사회자치: 시민사회의 가장 중요한 특징은 국가로부터의 독립성

과 자주권이다. 독립성과 자주권이 보장되어야 앞서 언급한 시민사회의 구조적, 문화적 특징이 유지될 수 있다. 따라서 시민사회는 사회영역에서 광범위한 자치를 실행할 것을 주장한다. 도시커뮤니티자치, 사회단체자치, 학교자치, 지방자치 등이 그것이다. 자치를 통해 시민사회는 현대인의 소극적 자유를 보호하는 온상 역할을 한다.

시민사회론자들의 공통적 특징은 서구의 시민사회 개념으로부터 민주화와 근대화의 발상을 얻는다는 데 있다. 그런데 이는 중국의 시민사회 개념을 모색하는 과정에서 (서구의 개념을) 단순히 이식하려는 경향이 두드러졌음을 의미하기도 한다. 이에 일련의 학자들로부터 의문과 비판이 제기되었다.

덩쩡라이는 중국의 시민사회 개념에 대해 체계적으로 논술한 학자이자 가장 유명한 시민사회 사조의 주창자이기도 하다. 덩쩡라이에 의하면 중국의 시민사회는 사회구성원이 계약적 규칙에 따라 자발성을 전제로, 자치를 기반으로 경제·사회활동을 하는 사적 영역인 동시에 (사회구성원이) 정치에 대한 토론·참여 활동을 진행하는 비공식적인 공적 영역이다. 중국의 시민사회를 구성하는 주체적 요소들로는 개인, 집단, 사회단체, 이익단체가 있다. 이 중에서 기업가와 지식인은 시민사회의 건강한 발전을 추진하고 지도하는 지적 원천이자 원동력이다. 시민사회의 주체적 요소들은 독립된 법적 인격을 가지며, 활동과 내부 운영에 있어 고도의 자치성을 갖는다. 모든 구성원은 자신의 의사에 따라 주체적으로 판단해 특정한 무리 또는 단체에 참여하거나 합류한다. 중국의 시민사회를 내적으로 연결하는 것은 전통적인 혈연적 유대관계나 수직적인 명령성을 띤 행정관계가 아닌, 시장의 거래활동에서 파생된 계약관계다. 즉, 중국의 시민사회는 비공식적인 공적 영역과 사적 영역이 합쳐져 이루어진 것이다. 여기서 사적 영역은 국가 행정수단의 비정상적인 간섭을 받지 않는 경제영역을 가리킨다. 한편 비공식적인 공공 영역이란 국가가 정치적으로 구축해 놓은 경로 외에, 시민사회가 국가의 입법과 정치적 결정에 영향을 미칠 수 있는 다양한 활동공간을 말한다.

그런데 덩쩡라이 역시 중국의 시민사회는 완전한 독립성과 자치성을 갖추지 못했다며 신중한 입장을 보였다. 시민사회 내부에서 이익 충돌과 갈등이 발생했을 때, 또 자체적으로는 이러한 문제들을 해결할 수 없을 때, 외부에서 개입한 국가기관의 관여와 중재 및 조정이 요구되는데, 다시 말해 시민사회의 독립성과 자치성은 상대적인 것으로서 '독립적이지만 자족적이지는 않다'고 할 수 있다. 시민사회의 자립도는 시민사회의 성숙도와 정비례하며, 시민사회가 성숙될수록 그 자립성은 높아지고 자치성 또한 강해진다.[6]

이로부터 우리는 시민사회론의 지지자, 주창자들이 사회학적 견지에서 시민사회를 이해한 것이 아니라, 매우 강한 정치학적 함의를 시민사회에 부여했다는 것을 알 수 있다. 왜냐하면 사회학적 관점에서 보면 Civil Society는 대부분 민간사회를 지칭하기 때문이다. 민간사회는 중국에서 유구한 역사적 전통을 갖고 있다. 따라서 만약 시민사회와 민간사회를 동일시한다면 "고대 중국은 왜 현대적인 민주 정체를 성숙시키

---

6   鄧正來, 『國家與社會—中國市民社會研究』(成都: 四川人民出版社, 1997).

지 못했는가"라는 문제에 대답할 수 없게 된다. 그렇기에 덩쩡라이는 중국 전통의 민간사회와 시민사회는 별개의 성격을 띤, 전혀 다른 역사적 현상이라 강조한 것이다. 시민사회는 독립적이고 자치를 기반으로 하며, 국가와 건전한 상호작용을 하는 것을 목적으로 한다. 반면 민간사회의 경우 국가와 분리되어 이원적인 구조를 형성한 적이 없다. 이것이 양자의 가장 큰 차이이다.

| 시민사회 유익론(市民社會有益論) |

시민사회에 강한 정치적 의의를 부여하는 것이 시민사회 유익론의 주요한 특징이다. 시민사회 유익론에 의하면 국가의 힘을 제약하는 것은 시민사회의 소극적 기능에 해당한다. 즉, 시민사회는 자신의 독립성과 자주성을 보호하기 위해 투쟁하며, 자유를 수호하여 국가의 비정상적인 간섭과 침범으로부터 벗어나려 한다. 한편 시민사회의 적극적 기능은 시민사회의 발전을 통해 다원적 이익을 가진 사회단체를 배양하는 데 있다. 이러한 사회단체들이 어느 정도 성장하게 되면 각자 다른 방식으로 정치적 차원에서 자신의 이익을 표출하려 한다. 이러한 의미에서 보면 시민사회는 민주정치를 꽃피우기 위해 견실한 사회적 기초를 다지는 공간이라고 할 수 있다.[7]

---

7   鄧正來, 「國家與社會—中國市民社會硏究的硏究」, 『中國社會科學季刊』(香港), 1996年.

시민사회는 필연적으로 민주화를 수반한다는 것이 시민사회 유익론의 주된 관점이다. 이러한 주장을 바탕으로 일부 학자들은 중국에서 시민사회가 구축되는 경로와 과정에 대한 나름의 견해를 제시했다. 어떤 관점은 중국에서 시민사회가 구축되려면 반드시 형성단계와 성숙단계를 거쳐야 한다고 주장했다. 이 밖에 중국에서 시민사회가 구축되려면, (정책에 의해 견인되는) 시민사회의 성장 및 발육단계, (체제에 의해 견인되는) 시민사회의 강화단계, (시장에 의해 견인되는) 시민사회의 성숙단계라는 세 단계를 거쳐야 한다는 견해도 있다. 시민사회 유익론자들은 시민사회와 국가 사이의 건전한 상호작용을 통해 중국의 민주화 발판을 마련할 수 있다고 보았으며,[8] 그 요지는 시민사회의 독립성과 자치성에 대한 강조에 있다.

| 시민사회 한계론(市民社會局限論) |

시민사회는 반드시 민주화를 수반한다는 결론은 많은 학자들의 의문과 비판을 불러일으켰다. 일부 학자들에 의하면 서구 시민사회와 국가의 관계는 체제 밖에서의 대결과 통합발전, 체제 안에서의 자치라는 3단계를

總第15期.

8   王邦佐, 潘世偉 主編, 『二十世紀中國社會科學: 政治學卷』(上海: 上海人民出版社, 2005), 382쪽.

거쳐 정립된 것이다.[9] 그러나 마지막 성숙단계, 즉 체제 안에서의 자치단계는 시민사회와 국가 간의 민주적 관계만을 나타낼 뿐, 국가 내부에서 정치적 민주가 구축되는 데는 별다른 영향을 미치지 못한다. 따라서 정치민주화에 있어 시민사회가 갖는 의미는 한계가 뚜렷하며, 시민사회를 중국 민주화 노선의 돌파구로 간주하기에는 무리가 따른다.[10]

| 시민사회 부재론(市民社會泡影論) |

한계론으로부터 한 발 더 나아간 사례도 있다. 어떤 이는 중국의 시민사회 구축 여부 자체에 회의를 갖는다. 시민사회 유익론자는 먼저 이론적인 차원에서 시민사회가 중국에서 성장할 수 있다는 가능성과 필연성을 부여한 뒤, 이를 둘러싼 정밀하고 호소력 짙은 이론틀을 세웠다. 그런데 당시 중국에 시민사회의 성장을 뒷받침해 줄 현실적 근거가 과연 존재했는가? 여기에 대해 다른 목소리가 제기되었는데, 바로 중국에서 시민사회가 구축되는 것은 불가능하다는 주장—즉, 시민사회 부재론—으로, 시민사회를 통해 민주화를 추동하려는 시도는 부질없다는 것이다. 시민사회 불가론은 아래와 같은 논리를 지닌다.

---

9   景躍進, 「'市民社會與中國現代化'學術硏討會述要」, 『中國社會科學季刊』(香港), 1993
      年 總第5期.

10   王邦佐, 潘世偉 主編, 『二十世紀中國社會科學: 政治學卷』(上海: 上海人民出版社, 2005),
      382쪽.

이론의 구축이 반드시 현실에서의 실천성을 담보하는 것은 아니다. 특히 유구한 전통이라는 무거운 짐을 지고 있는 중화민족에게는 더욱 그러하다. 중국의 전통에서 시민사회의 성장에 도움이 되는 자원을 찾기는 힘들며, 중국에서 독립된 시민계급이 형성되는 것 자체도 어렵기 때문에 시민사회의 형성은 더더욱 불가능하다. 또한 고도로 권력이 집중된 중국의 전통적 정치모델과 여기에 조응하는 사회·경제·문화적 기초는 매우 끈질긴 생명력을 갖고 있다. 따라서 국가-사회 관계의 재구성은 엄청난 저항을 불러일으킬 수 있다. 개혁개방이 비록 중국사회의 면모를 일신하기는 하였으나, 아직까지 근본적인 변화가 이루어지지는 못하였기 때문에 단기간에 규범적이고 합리적인 시민사회가 실현되기란 불가능한 일이다.[11]

또한 개발도상국에 시민사회가 건설되려면 상당히 많은 제약적인 요소가 따르기 마련이다. 만약 (시민사회 조성에) 필수적인 조건들이 갖춰지지 못한다면, 시민사회를 구축하려는 노력은 오히려 부작용을 일으킬 가능성이 높다. 근대 중국의 경험을 보면, 전통적인 종법관계 및 혈연적 유대가 낮은 수준의 상품경제와 결합하게 되면서, 새롭게 생성된 사회의 자주적 영역과 사회조직에 가부장적인 '사(私)'적 성질이 개입하게 되었고, 그리하여 기형적인 사회세력과 폭력사회(黑社會)의 조성을 야기하였다. 이러한 현상은 사회가 정상적으로 성장하는 속도를 늦출 수 있어 결국 약한 국가와 기형적 사회라는 양자 구도 하의 악순환을 초래할 수 있

---

11   夏維中, 「市民社會: 中國近期難圓的夢」, 『中國社會科學季刊』(香港), 1993年 總第5期.

다.[12]

| 시민사회 신화론(市民社會神話論) |

시민사회 유익론과 시민사회 불가론의 이면에는 동일한 가설이 자리하고 있다. 바로 시민사회가 한 국가를 민주화로 나아가게 하는 결정적인 역량이라는 가설이다. 이러한 가설은 과학기술과 마찬가지로 가히 현대의 복음이라고 불릴 만하다. 요컨대 시민사회 유익론과 시민사회 불가론은 비록 상반된 방향이었지만 동일한 전제 하에 시민사회에 정치적 의의를 부여했던 셈이다. 그러나 이러한 동일한 전제 하의 낙관론 및 비관론은 모두 시민사회 신화론에 의해 강하게 반박되었다.

시민사회 신화론에 의하면 시민사회는 철학적 측면에서부터 엄격히 규정되어야 한다. 시민사회는 사유재산의 기초 위에 건립된 사적 영역으로서, 개인의 이익 추구가 곧 시민사회의 공의(公意)이다. 시민사회를 근대적 신화로 본 대표적인 학자는 푸단대학의 장루룬(張汝倫)인데, 그는 시민사회를 근대적 맥락에 놓고 시민사회에 내재한 학술적 기초를 비판적으로 집대성 및 고찰하였고, 이러한 고찰을 바탕으로 시민사회를 통해 민주를 담보하려는 시도는 근대성이 개입된 신화에 불과하다고 주장했

---

12 景躍進, 「'市民社會與中國現代化'學術研討會述要」, 『中國社會科學季刊』(香港), 1993年 總第5期.

다. 장루룬이 시민사회를 현대의 신화로 간주했던 근거는 다음과 같다.

첫째, 시민사회는 정의의 빈곤에 직면해 있다. 왜냐하면 시민사회가 이익 추구를 지향하기 때문인데, 이는 시민사회가 가능한 이성적(rational)이려고는 하지만, 종국에는 진리에서 멀어져 합리적(reasonable)이지 못하게 만든다.

둘째, 비록 많은 이들이 시민사회를 국가권력을 제약하는 중요한 역량으로 간주하기는 하지만, 근대 시민사회가 처음 출현했을 때 국가권력은 세계적인 범위에서 지속적으로 팽창하고 있었다. 국가는 명령, 조정, 감시와 같은 수단을 통해 당시 존재했던 다양한 성격의 사회단체와 그 활동 속으로 침투해 들어갔고, 시민단체는 이러한 국가를 저지하지 못했다. 국가는 업무 환경과 교통 및 운송, 교육, 도시의 형태와 그 밖의 많은 것들을 전례없이 통제했다. 국가의 통제는 심지어 국가가 만드는 학교 및 박물관, 각각의 기념일과 출판물에 의해 문화와 민족역사의 서술을 재구성할 수 있을 정도에 이르렀다. 그리고 이 과정에서 당시의 시민사회는 국가권력의 확장을 제약하는 보호벽 역할을 전혀 수행하지 못했다.

셋째, 시민사회의 구축에 의존해 발생한 민주정치는 참된 민주가 아니라 거짓민주이다. 왜냐하면 시민사회에서의 인간은 정치적 동물이 아닌, 경제적 동물이기 때문이다. 시민사회 내 생활의 최고 가치는 공공 영역이나 정치영역에서가 아니라, 경제영역에서 개인적 이익을 추구함으로써 발현된다. 따라서 소위 '민주'는 나날이 정부에 대한 영향력 쟁탈로 비화된다. 이러한 '전체 대 전체'의 전쟁은 정치적 권리를 다투는 투쟁으로, 여기서 민주는 이러한 투쟁의 절차적 수단에 불과하다. 즉, 시민사회 자체가 신화일 뿐만 아니라, 시민사회에 의지해 구축하려는 민주 또한 신화에 다름 아닌 것이다.

넷째, 시민사회는 진정한 민주의 실현을 보장하지 못할뿐더러 실제로는 시민의 민주적 참여를 위한 동력과 능력을 위축시키는 성질을 갖고 있다. 시민사회는 '수단'만 인정할 뿐 '목적'을 망각한다. 계약을 존중하는 것은 곧 형식과 수단을 존중하는 것으로, 궁극적으로는 인간을 자연적 힘의 작용에 의해 지배되는 존재로 규정한다. 시민사회는 실상 이미 소비사회가 되어버렸으며, 이 소비사회에서 대중이 참여할 수 있는 정치는 (또 다른) 권위주의일 뿐 민주정치가 아니다.[13]

| 평가 |

시민사회 유익론과 시민사회 불가론은 중국에서 시민사회가 구축될 수 있는가라는 의제에 대해 상반된 견해를 보였으나, 양자가 전제하는 가설은 거의 동일하다. 시민사회가 곧 민주정치라는 것인데, 왜냐하면 시민사회 자체가 공공영역을 포함하고 있기 때문이다. 한편 시민사회 한계론은 이러한 명제에 대해 신중한 입장을 보였고, 시민사회 신화론은 아예 이러한 명제를 철저히 뒤집어버렸다.

종합해보면, 이들 간 논쟁의 초점은 '시민사회=민주정치'라는 도식

---

13   張汝倫, 『思考與批判』(上海: 上海三聯書店, 1999).

에 대한 찬반 여부에 있다는 것을 알 수 있다. 어떤 학자는 시민사회영역 자체가 사익과 공익, 사적영역과 공공영역의 분화를 내포한다고 주장한다. 사회에 내재된 공공영역은 국가의 공공영역, 즉 정치영역과 같다고도 할 수 없고 사적영역과도 다르다고 할 수 있다. 즉, 사회 내부의 공공영역은 국가정치와 사적 이익이 상호 확장되어 형성된 교차 영역이다. 이 교차영역은 국가에 귀속되지도, 개인에 귀속되지도 않지만 국가와 개인이 다투는 대상이 된다. 18세기 서구에서 진행된 시민사회 논쟁에서는 국가의 공공영역 통제에 대한 우려만큼이나, 사적 이익에 의해 공공영역이 포획되는 것에 대한 우려 또한 표출되었다. 물론 서구에서 이론적으로 국가와 사회, 공공영역과 사적영역의 균형을 도모했던 것은 사실이지만, 현실에서의 논의들은 보통 사적 영역에 대한 공공권력의 침해를 예방하는 쪽으로 경도되었다. 그 결과 도리어 공공영역에 대한 사적영역의 침해가 나타나게 된 것이다. 어떤 서구학자가 지적한 것과 같이, 우리는 방대한 정부와 취약한 사적 영역이라는 구도에 매몰된 나머지, 반대로 사적 이익집단이 공공영역을 포획함으로써 민주제도의 위기가 야기될 수 있다는 사실을 자주 망각한다.[14]

그렇다면 중국에서 시민사회가 구축될 수 있는 가능성이 얼마나 될 것인가? 이는 많은 학자들이 논쟁을 거듭하는 중요한 문제이다. 시민사회가 민주의 충분조건인지 혹은 필요조건인지에 대해서는 여러 유파들 간에 합의된 바가 없다. 중국의 시장화 개혁 과정에서 시민사회의 그

---

14   胡偉, 唐賢興, 『論政治』(南昌: 江西人民出版社, 1996), 175-176쪽.

림자도 볼 수 없었다는 것을 근거로 중국의 민주화 노선의 방향에 심각한 결함이 존재한다는 진단이 있는가 하면,[15] 시민사회 신화론은 시민사회 유익론, 한계론, 불가론에 내포된 가설을 반박하면서 시민사회 그 자체마저 부정했다. 이처럼 시민사회를 근대적 맥락에 놓고 고찰하고 반성하는 철학적 작업은 시민사회를 하나의 극단적이고 철저한 개인 세계로 간주하며, 그러한 시민사회 위에 수립된 근대적 민주 또한 허구적인 것으로 치부한다. 왜냐하면 근대적 민주는 사적 이익을 보호하는 절차적 설계가 되어 있는 관계로, 결국 다양한 사적 세력들이 정부의 영향력을 분할하고 다투는 전쟁터로 변질되기 때문이다. 그리고 이처럼 시민사회와 근대적 민주를 허구적인 산물로 간주하는 철학은 유토피아 정신을 담고 있다고 할 수 있다.

중국의 시민사회 사조는 비국가적 역량을 통해 중국의 민주화를 추진하는 데 초점을 두었다. 해당 사조와 이전의 인도주의, 서구화론, 신권위주의, 엘리트주의 사조 사이에는 이미 분명한 차이점이 존재한다. 즉, 시민사회 사조는 권위체제 자체의 개조에 중점을 두지 않았으며, 사회를 재구성하는 것을 목적으로 하였다. 시장화 개혁이 추진되고 있는 현 시점에서, 사회를 재구성하는 것이 어쩌면 권위체제를 개조하는 것보다 더 중요하도 더 가능한 일로 여겨졌기 때문이다. 그리고 사회가 성공적으로 재구성된다면 권위체계에 대한 개조는 저절로 자연스럽게 이루어질 것

---

15   王邦佐, 潘世偉 主編, 『二十世紀中國社會科學: 政治學卷』(上海: 上海人民出版社, 2005), 383쪽.

으로 보았다.

시민사회 사조는 가설과 개념에 대한 규정 및 그 지향에 있어서 다양하게 해석될 수 있는 여지가 충분했기 때문에 사조 내부의 분화는 불가피한 것이었다. 특히 주의해야 할 점은 의법치국(依法治國) 방침이 제시된 이후 "시민사회 자체가 곧 민주다. 시민사회는 반드시 민주를 수반한다"는 시민사회론의 가설에 대한 관심이 점차 법치와 헌정에 대한 관심으로 치환되었다는 것이다. 비록 법치와 헌정의 고취가 특정 정치사조의 형성으로 이어지지는 않았으나, 이러한 전환은 시민사회 사조와는 다른 방식으로 중국의 민주화와 사회의 재구성을 이해하는 시각이 존재했음을 의미한다.[16] 이러한 전환은 주로 '공민사회(公民社會)' 이론의 거버넌스 및 선치(善治) 같은 개념들에서 드러나고 있는데, 우리는 거버넌스와 선치 개념을 통해 '공민사회'가 '시민사회'라는 명사를 대체하고 있음을 발견할 수 있다. 뿐만 아니라 이 사조들은 사회에 보다 많은 공적 함의를 부여하고 있어, 공민사회론이 협소한 사적 세계로부터 벗어난 이론임을 시사하고 있다.

---

16   王邦佐, 潘世偉 主編, 『二十世紀中國社會科學: 政治學卷』(上海: 上海人民出版社, 2005), 383쪽.

2. 자유주의:
국가-사회 관계 재구성을 위한 노력 (2)

| 중국 내 자유주의의 대두 |

자유주의는 1990년에 부상한 사조 중 하나이다. 이 사조의 부상은 시민 사회 사조가 경제적 측면과 정치적 측면 양쪽에서 진화된 데에서 상당 부분 비롯되었으며, '신좌파' 사조와 대립하게 된다. 자유주의는 명백히 근대적 현상이라고 할 수 있다. 영국의 정치철학자 존 그레이(John Gray)는 『자유주의(Liberalism)』라는 저서에서 확신에 찬 어조로 자유주의가 근대적 학설이며 근대적 이데올로기임을 밝히면서 "역사학자들은 되도록 고대 세계, 특히 고대 그리스와 로마에서 자유관념의 성분을 찾으려 했다. 그러나 이러한 성분들은 단지 자유주의 등장 이전의 내용만 구성할 수 있을 뿐 현대 자유주의 운동을 구성하는 부분은 될 수 없다. 하나의 정치사상과 지식전통으로서 분별 가능한 사상적 요소로서의 자유주의는 17세기가 지나서야 출현했다."고 주장했다. 존 그레이의 판단은 간양(甘

陽)이 말한 '구식 귀족자유주의의 종말과 신식 민주자유주의의 탄생'과 일정하게 연관된다.[17] 통상적으로 보았을 때, 사람들이 자유주의를 추종하던 역사적 시기는 대개 17세기 영국의 청교도 혁명을 기점으로 하며, 존 로크는 자유주의 특징을 가진 최초의 사상가로 꼽힌다.

이로 미루어 볼 때, 서구의 자유주의는 근대 서구사회의 변혁 과정에서 뿌리를 내렸다는 것을 알 수 있다. 자유의 대두와 심화는 근대 서구의 정치적 진화 및 경제적 변혁과 긴밀히 연결되어 있다. 마찬가지로, 1990년대 중국에서 자유주의가 대두된 것 또한 그 나름의 객관적 필연성을 갖는다. 이전의 자유주의자들이 하나같이 전통적 전제정치를 비판하는데 뜻을 두었다면, 1990년대에 대두한 자유주의는 시장개혁의 산물이었다. 시장화 개혁이 자유주의의 핵심을 촉발한 것이다. 왜냐하면 자유주의의 핵심은 외부의 통치에서 벗어나 개인의 자아실현을 위한, 영원히 무너지지 않는 보호막을 만드는 데 있었기 때문이다. 계획경제의 안티테제로서의 시장경제는 우선 충분한 '자유'—보이지 않는 손—를 부여할 것을 국가와 정부에 요구했다. 특히 계획경제를 기초로 한 국가체제와 정부체제를 과감히 개혁할 것을 주문했다.

---

17   甘陽, 「自由主義: 貴族的還是平民的?」, 李世濤 主編, 『知識分子立場—自由主義之爭與中國思想界的分化』, (长春: 时代文艺出版社, 2000).

| 자유주의가 이해하는 '자유' |

서구에서 자유에 대한 이해는 줄곧 하나의 합의점에 도달하지 못했다. 따라서 우리는 '자유'라는, 서구 세계에서 창조된 관념에 대한 일련의 지적 고증을 진행해야만 한다. 그래야 그 원초적 함의와 훗날 변천된 의미를 파악하는 과정을 통해 자유 개념을 이해하고 반추하며, 나아가 추구하는 것이 가능해진다.

가장 먼저 우리 앞에 나타난 것은 인문주의적 자유관이다. 자유는 폭넓은 교육과 연결되어 있다. 이것은 하나의 유서깊은 인문주의적 자유관이다. 오스트레일리아의 앤드류 빈센트(Andrew Vincent)가 말한 것과 같이 '자유(liberal)'라는 용어의 가장 오래된, 정치적 의미를 포함하지 않는 용례는 교육 유형의 일종을 지칭한 것이었다. 중세시대부터 시작된 이러한 교육은 두 가지 내용을 포함한다. 첫째, 일종의 광범위하고 폭넓은 교육을 뜻한다. 둘째, 신사와 자유인(liber)의 교육을 가리킨다. 비록 이러한 '자유'의 원래의 함의에 대해 교육계와 정치계의 관심이 많이 사라지긴 했지만, 그렇다고 완전히 폐기되어 사용되지 않는 것은 아니다. 오늘날 '자유 교육(liberal education)' 관념은 인문학적 훈련과 항상 긴밀히 연관된다.

다음으로, 우리는 자유가 16세기말에 의미의 변질을 겪는 것을 발견할 수 있다. 이 때 자유는 방종과 방탕(libertine)과 같은 의미로 쓰였다. 16세기부터 '방탕'은 두 가지 의미의 방종을 지칭하게 되었는데 도덕적 법칙을 무시하는 행위와 종교적으로 경전의 가르침을 따르지 않고 이단적 사상에 몰두하는 행위가 그것이다. 이처럼 부정적으로 변질된 자유관은 오늘날까지 여전히 사용되고 있다. 특히 국가권력과 정부의 권위를 유지하는데 역점을 두는 사회에서 자유는 곧 이러한 방종의 횡행과 권위 및 질서에 대한 멸시를 뜻하게 되었다.

세 번째로, 자유는 일종의 도덕적 가치와 철학적 범주로서 존재하는데, 이는 근대 사회에서 차지했던 본체론적 지위와 연관된다. 관용, 진보, 개인주의 등의 가치들은 수세기 동안 '자유'보다 앞서 사용되어왔는데, 18세기 이후 이러한 가치들은 '자유적 사상'의 특징으로서 간주되기 시작했다. 우리가 로크와 몽테스키외(Montesquieu) 같은 이들을 자유사상가라 부르는 것 또한 이러한 의미에서이다. 이들은 진작부터 우리에게 유럽 사상에서 자유주의적 이데올로기와 '자유주의'라는 명사가 존재했음을 알려주고 있다. 이 밖에 '자유'라는 용어에 내포된 도량이 넓고, 포용적이고도 개방적이며, 의기와 기개가 있는 측면은, 일종의 철학적 태도로 인식되었다. 이로써 자유에 하나의 철학적 성격이 부여되었다.

마지막으로, 오늘날 우리가 흥미진진하게 이야기하는 '자유'는 정치적인 의미의 자유다. 19세기 유럽에서 자유는 자유당의 득세에 반대한 왕당파에 의해 위험한 개혁주의와 방종이라고 비난받았다. 다행인 것은, 자유가 짧은 암흑기를 거친 후 점차 이러한 경멸적 의미를 떨쳐내고 근대 정치제도를 지탱하는 가장 중요한 정치철학으로 거듭났다는 것이다.[18] 정치철학적 차원에서 자유에 대해 체계적으로 논증한 이로는 영국

---

18   [澳]安德魯·文森特,『現代政治意識形態』(南京: 江蘇人民出版社, 2005), 35-37쪽.

의 사상가 이사야 벌린(Isaiah Berlin)을 꼽을 수 있다. 벌린에 따르면 자유는 정치활동에 참여할 수 있는 권리로서의 자유와 외부(국가)의 속박으로부터 벗어나는 개인적 자유를 포함한다. 이것이 바로 우리가 익히 알고 있는 '적극적 자유'와 '소극적 자유'의 개념이다. 비록 일각에서 완전히 동의하지는 않겠지만, 분명한 것은 이러한 두 가지 자유의 구분이 현대사회의 기본적 논리와 일치된다는 점이다. 벌린이 제시한 긍정적 자유(적극적 자유)와 부정적 자유(소극적 자유)는 이미 전형적인 구분이 되었다. 이른바 긍정적 자유란 자신이 스스로 운명을 주관할 수 있을 때 느끼는 자유이며 부정적 자유는 타인에 의해 방해되거나 징계되지 않고 어떤 일을 할 수 있는 자유에 그친다.[19] 자유에 대한 벌린의 견해는 프랑스의 사상가 벤자민 콩스탕(Benjamin Constant)이 말한 고대적 자유와 현대적 자유에서 태동했는데, 벌린의 소극적 자유와 적극적 자유 개념은 각각 콩스탕이 말한 현대적 자유(개인생활의 자유)와 고대적 자유(정치참여의 자유) 개념과 유사하다.[20] 여기에서 자유는 일종의 시민적 자격으로, 공공 의제에 대한 토의와 정치적 결정에 참여할 수 있는 권리이다. 한편 현대

---

19 벌린에 의하면 freedom과 liberty라는 두 가지 용어는 모두 소극적 자유의 의미를 갖는다. 그는 소극적 자유와 관련해 '주체(한 사람 또는 일군의 사람)가 다른 사람의 간섭없이 스스로 할 수 있는 일을 할 수 있도록 또는 스스로 될 수 있는 존재가 될 수 있도록 용납될 수 있는, 또는 되어야 하는 정도는 어디까지인가?'라는 질문을 던졌다. [英]伯林, 「兩種自由槪念」, 『市場邏輯與國家觀念』, 『公共論叢』第1輯(北京: 三联书店, 1995). 또는 以賽亞·伯林, 『自由論』(北京: 譯林出版社, 2014).

20 甘陽, 「自由主義: 貴族的還是平民的?」, 李世濤 主編, 『知識分子立場―自由主義之爭與中國思想界的分化』, (长春: 時代文艺出版社, 2000), 11쪽.

인의 자유는 우선 현대인이 향유하는, 법률에 의해 보장되고 정부의 간섭을 받지 않는 일련의 개인적 권리를 통해 나타난다. 즉, 현대적 자유는 시민권의 약화를 의미한다.[21] 오늘날 우리는 정치적 거물이 의기양양하게 세계의 질서에 대해 논하고 수중의 권리를 행사하는 것을 흔히 목격할 수 있다. 이러한 현상은 의회제가 조성한 '정치적 번영'이나 '정치적 거품'이라고 보는 것보다는 현대인이 시민권을 행사하기를 포기하거나 시민권을 행사할 여유가 없어져 사적 영역에만 집중하게 되어 야기된 필연적 결과라고 하는 편이 타당할 것이다. 이로 미루어 볼 때, 현대적 자유는 개인과 정치, 사회의 분열을 기초로 수립되었다는 것을 알 수 있으며 사적 영역의 형성과 존재는 자유를 논하는 출발점이라고 할 수 있다.

자유를 근대 정치철학적 개념으로 볼 때, 비로소 정치학적 차원에서 서구 역사에서의 자유의 전통을 탐색하고 정리하는 것이 가능해지며, 자유의 전통에 통시적으로 접근할 수 있게 된다. 『정치(Politics: A Very Short Introduction)』를 저술한 미국의 정치학자 케니스 미노그(Kenneth Minogue)에 의하면 자유는 영어에서 liberty—주신(酒神) 디오니소스의 한 변형인 고대 로마 신화의 리베르(Liber)라는 이름의 신에서 유래한 명칭—라고도 하고, freedom—가정의 우두머리에게 소중한, 노예가 아닌 사람을 의미하는 게르만어 프리(fri)에서 유래—이라고도 한다. 정치학이 부여한 '자유'의 원초적 의미는 노예와 구별되는 자유인이 가

---

21   [法]貢斯當, 『古代人的自由與現代人的自由』(北京: 商務印書館, 1999).

진 독립적인 상태를 가리킨다.

자유라는 용어의 가장 중요한 기능은 자기 신분과 속성을 표명하는 데 있다. 이러한 기능의 연장선상에서, 자유는 인류세계를 '자유 세계'와 '전제 세계'로 나누는 기준이 된다. 즉 자유는 전제적 통치자의 치하에서 생활하지 않아도 됨을 의미한다. 그러나 자유를 이렇게만 정의하게 되면 우리는 여러 궤변에 빠질 가능성이 있다. 가령 내가 돈이 없어서 원하는 것을 할 수 없다면, 가난함이 곧 부자유를 의미한다는 말이 되지 않는가?[22] 미국 남북전쟁 당시, 북부 측은 노예제를 타파해 노예를 해방시키려 했다. 그러나 노예들은 뜻밖의 반응을 보였다. "당신들은 우리에게 자유를 주었으나 우리는 보호자를 잃었으며, 생활의 원천을 얻을 수 있는 기회를 잃었다. 만약 우리의 생활조차 해결하지 못한다면 당신들이 우리에게 갖다 준 자유가 무슨 의미가 있는가?" 이로 미루어 볼 때, 자유가 막상 구체적인 개체에 적용되고 현실생활에서 실현되었을 때, 많은 경우에서 자유는 사치스러운 무용지물에 불과할 수도 있다. 자유주의가 당대 중국에서 쇠퇴한 것 또한 바로 이러한 자유주의의 현실적 딜레마와 일정 부분 관계가 있다. 심지어 미국 남북전쟁 당시 펜실베니아 주(북부에 속함)의 주지사마저 "본주의 흑인 노예는 타락한 계층으로, 해방되면 더욱 (상황이) 악화될 수 있다"고 믿었다. 실제로 노예제의 모든 제한이 일소되고 노동을 강요하는 자극이 없어진 상황은 실질적으로 그들의 처지

---

22   [美]肯尼斯·米諾格,『當代學術入門: 政治學』(瀋陽: 遼寧敎育出版社, 1998), 83-84쪽.

를 악화시켰고, 그의 예상은 적중하게 되었다.[23]

다수의 서구 정치사상가들은 자유를 절대적이며 주체적인 지위로 상정하고 있으며, 자유가 마치 정치의 영혼인 것처럼 간주한다. 자유를 언급하기만 해도 많은 이들은 당장에 "자유가 아니면 죽음을 달라"는 정치적 선언을 떠올리곤 한다. 또는 26세로 요절한 헝가리의 시인 페퇴피(Petöfi Sándor)가 쓴 자유를 찬양하는 다음의 시구를 읊기도 한다. "생명은 얼마나 고귀한가, 하지만 사랑은 그보다 더 소중하다. 그러나 자유를 위해서라면 둘 다 포기해도 좋다." 영국의 사상가 액턴(John Dalberg-Acton) 경은 자유는 더 높은 정치적 목적을 위한 도구가 아니라고 일갈했는데, 자유 그 자체가 가장 높은 정치적 목적이라는 의미이다. 즉, 자유는 더 나은 공공선을 실현하기 위해 필요한 것이 아니라 시민사회와 개인 생활의 가장 높은 목표에 대한 추구를 보장하기 위해 필요한 것이다. 국가활동에서 자유의 증가는 때때로 부르주아적 속성을 부추기기도 하고, 편견을 심화하기도 하며, 심지어 유익한 입법을 방해하거나 전쟁수행능력에 영향을 미쳐 제국의 영토를 제한하기도 한다. 액턴 경에 의하면 "가슴 속에 부끄러움이 없는 사람이라면 그의 국가가 가난하고 나약하며 하찮을지언정 (스스로) 자유롭기는 원하지, 국가가 비록 강력하고 번창하다 해도 (스스로) 노예살이를 원치 않는다"[24]고는 하지만, 기실 이처럼 자유를 인류 역사 상위에 놓는 관념은 일종의 왜곡이었다.

---

23   [英]阿克頓, 『自由史論』(北京: 譯林出版社, 2001), 382쪽.

24   Ibid. 20-21쪽.

시대마다 자유에 대한 이해가 다를 뿐 아니라, 자유를 실현하는 방식 또한 다르다. 그러나 자유는 결국 사회관계 및 정치관계의 재생산과 연관된다. 중세 말기, 개인들의 개체성이 봉건적 권리-의무체계 및 종교적 신성성의 심판으로부터 분리되면서 '자유'가 등장했다면, 근대의 자유는 전제 왕권에 대한 항쟁과 정부권한의 한계에 대한 규정을 통해 나타났다. 당대의 자유주의는 대개 일종의 소비자적 자유의 면모를 지녔는데, 자본주의 사회는 실제로 생산관계와 소유제의 구조를 통해 교묘하게 자유를 일종의 부자유로 치환하였다. 에리히 프롬(Erich Fromm)이 말한 것처럼 자본주의는 인류로 하여금 다시는 전통의 속박에 얽매이지 않도록 할 뿐 아니라, 인류에게 보다 많은 자유를 허락하며 인류의 진취성, 감상능력, 책임감에 대한 훈련에 크게 공헌했다.

그러나 비록 자본주의가 자유가 성장하는 과정에서 일정한 효력을 발휘했다고 해도, 동시에 개인들로 하여금 사회에서 고독과 무의미함, 무력감을 느끼게 한다. 자본주의적 경제제도는 돈을 위해 돈을 번다. 개인적 차원의 성공과 물질적 소득은 경제발전 전체를 구성하고 촉진하는 한 부분일 뿐이다. 개인의 성공과 물질소득은 그저 거대한 기계의 기어와 같으며, 이로부터의 해방이나 즐거움을 논하는 것은 언감생심이다. 개인의 중요성은 가진 자본의 많고 적음으로 결정되며, 자본이 많으면 중요한 기어가 되는 것이고 적으면 하찮은 처지가 될 뿐이다. 이처럼 자유의 허구성에 기초한 분석이 에리히 프롬으로 하여금 자본주의 사회에 은폐되어 있는 '자유로부터의 도피'라는 원리를 발견하게 한 것이다.[25]

자유와 자유적 개체의 탄생은 전혀 인류의 보편상태를 대표하는 것이 아니며, 오히려 역사와 사회의 창조물일 따름이다. 자유는 오직 사회적 관계로만 존재한다. 자유는 소유권이나 자신에 대한 점유가 아니라, 개인들 사이의 특정한 차이와 관련된 속성이다. 자유가 인간의 보편적 조건으로 보이기에 충분할 만큼 널리 퍼지게 된 것은 인류 역사에서 상대적으로 새로운 일이며, 자유의 탄생은 근대성과 자본주의의 출현에 밀접하게 결부되어 있다. 자유는 자본주의 사회의 생활조건과 뗄래야 뗄 수 없이 묶인 특수한 의미를 획득하고 나서야 보편성을 주장할 수 있었다. 또한 자유가 '자기 자신의 운명을 지배하는 능력(ability to master one's own fate)'이라는 특수한 근대적 함의를 지니게 된 것은 사회질서라는 인위적 산물에 대한 사람들의 여러가지 편견과 처음부터 깊게 얽혀 있었다. 우리 사회에서 자유는 사회통합과 체계 재창출에 필수 불가결한 조건이며, 또 사회가 통합되고 체계가 '작동하는' 방식을 지속적으로 재창출하는 조건이다. 개인의 자유는 개인의 생활세계와 사회, 그리고 사회체계를 함께 묶는 고리이다. 이러한 자유의 핵심지위는 원래 생산영역과 권력영역에 한정되었으나, 최근에는 소비영역까지 확장되었다. 현재 우리 사회에서 개인의 자유는 무엇보다도 먼저 소비자의 자유이다. 소비자의 자유는 효율적인 시장의 존재를 바탕으로 하며, 또 거꾸로 자유가 그런 시장이 존재할 수 있는 조건을 보장하기도 한다.[26]

지금까지 자유라는 개념에 대해 지적 고증을 시도해 보았다. 이 과

---

25   [美]佛洛姆, 『逃避自由』(北京: 工人出版社, 1987).

26   [英]齊格蒙特·鮑曼, 『自由』(長春: 吉林出版社, 2005).

정을 통해 보건대, 자유에 대한 정치적 가공은 매우 강한 이데올로기적 색채를 띠고 있음을 발견할 수 있다. 대다수의 서구 정치사상가들은 자유를 하나의 역사적 개념으로 보지 않았다. 그 결과로서 자유는 자연스럽게 하나의 이데올로기로 변모했으며, 그 이데올로기란 바로 모든 사회를 개조해 자유의 속성을 갖도록 하는 것이다. 그리고 이러한 이데올로기가 곧 자유주의이다.

이제 우리는 서구사회가 이해하는 '자유'에 대한 고찰을 뒤로 하고, 중국의 자유주의자가 이해하는 자유로 시선을 돌릴 필요가 있다. 앞서 살펴본 서구에서 이해하는 네 가지 자유를 중국의 문화전통과 정치전통에서 찾는다면, 아마도 인문주의적 자유관과 방종과 같은 의미의 자유관, 두 가지만 발견할 수 있을 듯하다.

유가 학설에 입각해 보면 정치 사무에 대한 참여는 자유가 아니라 일종의 도덕적 책임이다. 서구의 인문주의 자유관은 중국의 문화전통에서 많은 경우 일종의 '영혼의 자유(心靈自由)'로 나타나는데, 이는 곧 쉬푸관(徐複觀)이 제시했던 "유가는 우환에 직면하면 그것으로부터 구제할 것을 요구하고, 도가는 우환에 직면하면 그것에서 벗어날 것을 요구한다"는 명제와 직결된다. 다시 말해 영혼의 자유는 노장(老莊)으로부터 시사된 것이지, 유가의 가르침에서 비롯된 것이 아니다.

쉬푸관은 장자(莊子)사상의 출발점과 종착점에 대해 언급했는데 장자의 사상은 정신적 안정을 구하는 노자(老子)에서 기원하여 정신의 자유해방과 정신자유의 왕국 수립에 대한 요구로 발전한다. 장자는 현대의 미학처럼 아름다움과 예술을 추구해야 할 대상으로 삼아 사색하고 깊이

깨달으려 하지 않았다. 단지 장자는 동란의 시대를 사는 인간의 삶이 겪게 되는, 형구를 찬 듯하며 거꾸로 매달려 있는 듯한 고통에 순응하여 자유해방을 얻을 것을 요구했다. 이러한 자유해방은 현세에서 얻을 수 없으며, 종교인의 싸구려 사상처럼 천상과 미래에서 구할 수도 없다. 오로지 스스로의 마음(心)에서만 얻을 수 있다. 장자는 마음의 작용과 상태를 일컬어 정신이라 했으며, 이것이 곧 자신의 정신에서 얻는 자유해방이었다. 이렇게 얻은 자유해방의 정신이 장자 본인에게는 '도를 듣는 것(聞道)'이었고 '하늘과 더불어 한 무리가 되는 것(與天爲徒)'이었으며, '고요한 하늘과 일체가 되는 경지에 드는 것(入於寥天一)'이었다. 현대어로 풀이한다면 이것이 곧 가장 높은 예술정신의 체현이며, 그저 가장 높은 예술정신의 체현일 수밖에 없었다.[27] 그렇기 때문에 산수화와 같은 중국의 예술작품은 천지의 아름다움과 소박한 아름다움을 표현하는 데 집중한다. 이러한 영혼의 자유는 심지어 개인의 현실생활에 투영되기도 하는데, 무릇 자유로운 영혼을 가진 이는 만물의 움직임에 동요하지 않으며, 비록 역경에 처해 있더라도 태연자약할 수 있다. 이러한 영혼의 자유는 고대 서구의 견유주의(犬儒主義, cynicism)와 달랐으며 현대인이 이해하는 자유와도 천양지차이다.

물론 다수의 서구학자들은 이러한 중국의 인문주의적 자유관에 동의하지 않는다. 예를 들어 프리드리히 하이에크(Friedrich Hayek)는 내적 자유와 진정한 자유를 더불어 논해서는 안된다는 시각을 견지했다. 그는

---

27   徐複觀, 『中國藝術精神』(武漢: 湖北人民出版社, 2009), 42쪽.

자유를 매우 협소한 범위에 국한시켰다. 하이에크에 의하면 자유란 곧 '인간의 조건'으로, 구체적으로는 '사회에서 타인에 대한 강제가 가능한 한 줄어든 인간의 조건'이었다.[28] 어떤 사람이 자유인지 아닌지는 그가 현재의 의지에 입각해 자신의 행동경로를 형성할 것으로 기대할 수 있는지에 따라 결정된다. 타자에서 비롯된 '강제'가 개인의 자유에 침범이 되는 까닭은 이러한 '강제'가 어떤 사람의 주위 환경을 타인에 의해 통제되도록 만들기 때문이며, "다른 사람에 의해서 불가피하게 강요된 상황에서 보다 덜한 해악을 선택한다는 의미를 제외한다면, 그는 자신의 지적 능력이나 지식을 활용하고 있지 못할 뿐 아니라 자신의 목표와 신념에 따르지도 못하는 처지에 있다고 할 수 있다."[29]

따라서, 서구에서 이해하는 자유가 권리와 신분에 초점이 맞춰져 있다면 중국 전통의 인문주의적 자유는 일종의 인생철학으로 체현되었음을 알 수 있다. 노장학파의 영혼의 자유와 비교했을 때, 도의를 짊어지려 했던 유자(儒者)들은 "옥이 되어 부서질지언정 기와가 되어 보전되지는 않겠다는(寧為玉碎不為瓦全)" 생활관을 갖고 있었다. 자신의 사명과 외부의 압박 사이에서 절체절명의 충돌이 발생했을 때 이들은 대개 죽음으로써 도를 지키는 길을 선택했다. 영혼의 자유의 시각에서 보면 유자들은 그들이 짊어지려는 사명 앞에서 이미 부자유한 상태가 된 것이다.

보통 사람들이 이해하는 자유라면 아마도 방종에 가까운 자유일 것

---

28   [英]費裏德裏希·馮·哈耶克,『自由秩序原理』(北京: 三聯書店, 1997), 3쪽.

29   [英]費裏德裏希·馮·哈耶克,『自由秩序原理』(北京: 三聯書店, 1997), 16-17쪽.

이다. 여기서 자유란 책임과 의미에 대한 유기로, 제멋대로 행동하기에 가장 좋은 구실이 된다. 그러나 1990년대에 부상한 자유주의는 자유를 책임과 의무에 대한 '방종'으로 이해하지 않았다. 이들의 자유는 중국 전통의 '영혼의 자유'과도 전혀 달랐다. 사실 많은 이들이 이데올로기로서의 자유주의에만 주목한 탓으로, 이들이 주장한 자유의 내용에 대한 관심은 매우 적은 편이다. 짐작컨대 자유주의자를 자처하는 이들조차 자신들이 지키고자 하는 '자유'가 어떠한 자유인지를 설명하는 데 곤란을 겪을 것이다. 그러나 그렇다고 해서 자유주의가 이해하는 '자유'에 대해 명확히 인식하지 않은 채 덮어놓고 자유주의를 논하는 것은 안될 일이다.

객관적으로 보았을 때, 1990년대 중국의 자유주의자들이 이해하는 자유와 서구에서 이해하는 자유는 어느 정도 상통한다. 우선 자유를 개인의 자유로 간주하고, 그 출발점을 집단이나 사회가 아닌 개인에 두었다는 점에서 그렇다. 자유주의자인 쉬여우위(徐友漁)가 말한 것처럼 자유는 무엇보다도 개인적이다. 여기에서, 개인적 자유를 우선하는 것이 개인의 사회성 말살을 의미하는 것은 아니다. 개인의 자유를 출발점으로 하여 자유주의의 중요한 논변들을 차례로 파생시키는 것뿐이다. 자유주의에 따르면 개인의 재산권에 대한 보호는 개인의 자유를 보장하는 중요한 조건으로, 법적 보호를 받는 사유 재산권을 획득하는 것이 개인적 자유의 기초가 된다.[30] 즉, 중국 내 자유주의에서 자유란 권위를 뜻하며 그 중에서도 특히 재산권을 의미한다는 것을 알 수 있다. 한 서구 학자의

---

30   徐友漁, 「自由主義與當代中國」, 『開放時代』(廣州), 1999年 第5,6月号.

표현을 빌리자면 자유란 개인의 자주, 대중의 간섭을 받지 않는 것, 자아 발전 능력이라는 세 가지 요소가 합쳐져 이루어진 산물이다.[31]

현대사회에서 정부는 제도화된 폭력으로 언제든 (개인의) 재산권을 침탈할 수 있는 위험을 내포하고 있다. 이에 중국의 자유주의자는 자연스럽게 자유를 하이에크식 자유, 즉 '원초적 의미의 자유'로 확장하게 된다. 하이에크의 발언을 빌리자면 이것은 일종의 '사회에서 타인에 의한 강제가 가능한 한 줄어든 인간의 조건'이다. 이러한 원초적 자유는 사실 서구학자들이 제시했던 '소극적 자유'와 '현대적 자유'에 해당한다. 그리고 이렇게 되면 자유는 '개인적' 차원에서 '사회적' 차원으로 이동하게 된다. 성홍(盛洪)의 발언을 빌리자면 우리가 논하는 자유는 틀림없이 '사회적'이다. 사람과 사람 간에 존재하는 이익 분쟁으로 인해 한 개인의 이익이 확장되면 다른 개인이 손해를 입을 수 있다. 따라서 이른바 자유란 이익이 충돌되는 개인 간의 상호작용 속에서 실현되며, 상호작용을 통해 각각의 이익이 균형을 이룰 수 있는 안정적인 규범이 점차 형성된다. 이것이 곧 '자유'들 간의 경계이자, 규칙 또는 제도라고 불리는 것이다. 정부의 자유 보호는 이러한 규칙과 제도를 지키고 보호함으로써 구체적으로 실천된다.

문제는 정부가 사람에 의해 운영된다는 것이다. 정부 역시 자체의 이익을 가진 이익집단 가운데 하나이다. 따라서 정부가 자신의 이익을 위해 이러한 규칙과 제도를 파괴하거나 사회구성원의 자유를 침해할 가

---

31   [英]史蒂文·盧克斯, 『個人主義』(南京: 江蘇人民出版社, 2001), 119쪽.

능성이 다분함에도 불구하고, 정부와 맞설 수 있는 어떠한 힘도 존재하지 않는다. 따라서 자유를 지키는 문제는 곧 어떻게 정부를 단속할 것인가 하는 문제로 귀결된다.[32] 정부를 제약하려는 노력에는 시장화 과정에서 국가-사회 관계를 재구성하려는 자유주의적 노력과 염원이 반영되어 있다. 따라서 상이한 자유와 권리들이 충돌할 때 자유주의자들은 본능적으로 집합적 조직이나 제도가 아니라 개인의 편에 선다.[33]

물론 일부 자유주의자들의 경우 자유를 소극적 자유에 국한시켜 이해하는 것에 불만을 가지고 있다. 리션즈(李愼之), 쉬지린(許紀霖), 주쉐친 등 일부 학자들은 경제적 차원의 소극적 자유로부터 자유 개념을 해방시키려 애썼고, 자유에 보다 많은 적극적인 함의를 부여하고 자유가 일종의 표현방식이자 참여로 전환될 수 있도록 시도했으며, 심지어 현대의 사상적 자원(현대사에서 출현했던 자유주의) 및 꾸준(顧准), 천인커(陳寅恪), 왕샤오보(王小波) 등 비극적인 인물들을 활용하여 자유가 정치적 차원에서 전환될 수 있게 노력했다.[34] 어쩌면 이것이 21세기 초에 등장한 '공공지식인(公共知識分子)'의 사상적 기원일지도 모른다. 그러나 이처럼 자유의 개념을 전환해 보려는 노력은 '자유'에 대한 호소를 표출하는데 그칠 뿐, 자유의 본질에는 닿지 못했다. 그 결과 하이에크가 『자유헌정론(The

---

32   盛洪, 「怎樣用自由保衛自由」, 李世濤 主編, 『知識分子立場—自由主義之爭與中國思想的分化』, (長春: 時代文藝出版社, 2000), 353-354쪽.

33   [英]安東尼·阿巴拉斯特, 『西方自由主義的興衰』(長春: 吉林人民出版社, 2018), 76쪽.

34   許紀霖, 「中國知識分子的自由主義傳統」; 朱學勤, 「1998: 自由主義學理的言說」, 『90年代思想文選』第二卷(南寧: 廣西人民出版社, 2000).

Constitution of Liberty)』에서 자유에 부여한 '정치적 전환'과 '전통적 전환'에 크게 미치지 못했다.

그러나 중국의 자유주의자들은 서구의 권력적·정치적 차원의 자유를 계승하면서 도덕적 차원의 자유를 포기한 나머지, 인문주의적 차원의 자유를 간과하고 말았다. 다시 말해, 자유가 정치적 주체, 경제적 주체로서의 인간과 연결되어 있음에도 불구하고, 이들은 자유가 자본주의의 사회관계와 생산관계에 뿌리를 두고 재생산된다는 사실을 경시했다. 대다수의 사람들이 생계에 쫓기고 있을 때, 자유는 의심할 여지없이 사치스러운 무용지물에 불과하다. 따라서 자유주의는 부자들의 정치적 신조가되어버렸고, 가난한 이들에게는 공감대가 미약했다. 물론 당대 중국의자유주의자들이 이해한 자유가 중국 문화전통에 있어 참신한 사상적 자원이 된 것만은 부정할 수 없다. 하지만 이러한 사상적 자원으로서의 자유는 어디까지나 중국의 근대화와 시장화 과정으로 말미암아 등장한 것이었다.

| 자유주의의 속성 |

중국 학자 주쉐친은 자유주의에 대해 다음과 같이 개괄했다. "자유의 철학은 경험주의이며 선험주의와 대립된다. 자유의 역사관은 시행착오를통해 발전한다는 지론으로, 다양한 형식의 역사결정론과 대립을 이룬다. 자유적 개혁관은 점진주의적인 확장·진화로서, 급진주의적인 인위적 구축과 대립된다. 자유는 경제적으로 시장 메커니즘을 요구하고 계획체제와 대립한다. 자유는 정치적으로 대의제 민주와 헌정·법치를 요구하며 개인 또는 소수인의 전제는 물론 다수의 '공의(公意)'를 명분으로 한 군중독재의 실시에도 반대한다. 윤리적으로는 개인의 가치를 보장할 것을 요구한다. 다양한 가치는 궁극적으로 환원될 수 있으나 개인만은 환원될 수 없으며, 그 어떤 추상적 도구를 위해서도 결코 희생될 수 없다고 여긴다."[35] 이상이 주쉐친의 자유주의에 대한 미화에 가까운 개괄이다.

당대 중국의 자유주의를 전반적으로 이해하려면 반드시 서구의 자유주의가 내포하고 있는 요소와 가치를 파악해야만 한다. 앞서 서술한 바와 같이 자유가 일단 정치·권력 차원에서 새롭게 이해되기 시작하면, 자유주의는 곧 정치적 자유주의의 대명사가 된다. 정치적 자유주의에 대한 논쟁들은 17세기 이후 영국을 비롯한 각지에서 출현해 융성했던 수많은 이데올로기 지형을 묘사한다.[36] 자유주의에 몇 개의 분파가 있는지, 혹은 자유주의에 대한 인류의 이해가 몇 번의 분기점을 지나왔는지와는 무관하게 자유주의는 근대 이후 가장 중요한 정치전통을 구성해 왔다. 다시 말해 자유주의는 서구정치의 대표적인 전통 일체를 근대에 구체적으로 구현한 셈이다. 자유주의가 생존하지 못했다면 서구의 정치전통은 종말을 고할 수밖에 없었을 것이다. 심지어 서구학자들은 자유주의가 후손들을 위해 서구문명 특유의 성과를 보존할 최후의 기회를 제공했다고

---

35   朱學勤, 「1998: 自由主義學理的言說」, 『南方周末』, 1998年 12月25日.

36   [澳]安德魯·文森特, 『現代政治意識形態』(南京: 江蘇人民出版社, 2005), 37쪽.

보기도 한다.[37]

자유주의는 자본주의 제도와 결부되어 있는 까닭으로 자유주의를 지키는 일은 곧 자본주의를 지키는 것을 의미하게 되었다. 이는 자유의 사회적·역사적 속성으로 인해 결정된 것이다. 정치사상사에서 자유주의는 유럽식 자유주의와 영미식 자유주의로 대별된다. 전자는 '추상적 이성'을 인류의 일에 응용하는 데 치중한다. 한편 후자는 경험주의다. 이외에도 스미스주의, 즉 자유주의와 사유제, 재산권 및 보이지 않는 손과 연결된 관점이 존재한다. 해당 관점은 자유주의를 헌정주의 전통에서 바라본다. 로마법의 부흥, 종교개혁 및 독립전쟁 등 세상의 이목을 집중시킨 일련의 운동과 사건들을 통해 개인의 권리와 자유, 사적 영역과 공공 영역의 분리, 계약, 제어가능한 제한된 정부, 인권이나 주권과 같은 관념들이 빛을 보았다. 그리고 이 중 많은 관념들이 곧 자유주의의 핵심 가치가 되었다. 자유주의와 헌정주의의 우연한 결합의 배후에는 서구 자유주의 전통에 대한 심층적인 탐색이 자리하고 있었다.

예일대학의 왓킨스(Frederick Watkins)는 1776년을 '이데올로기 탄생의 해'로 불러야 한다고 주장했다. 왜냐하면 이 해는 스코틀랜드의 경제학자 애덤 스미스(Adam Smith)가 『국부론(The Wealth of Nations)』을 출간한 해이기 때문이다. '자유방임'을 신봉하는 고전적 자유주의는 이 때를 기점으로 탄생했다. 고전적 자유주의는 개인주의 원칙을 고수한다. 개인

---

37 [美]費裏德裏克·沃特金斯, 『西方政治傳統─近代自由主義之發展』(北京: 新星出版社, 2006).

주의는 개인의 가치를 찬양하는 하나의 정치적·도덕적 원칙으로 한정해 볼 수 있다. 또한 이러한 자유주의는 자유를 사수하며, 모든 이가 평등하게 자유의 권리를 획득하고 누려야 한다는 시각을 견지한다. 관습적으로 이러한 자유주의는 소극적 자유로 이해된다. 다시 말해 모든 강제로부터 자유로울 수 있는 자유이다. 이 때 가장 자유가 필요한 영역 가운데 하나는 경제영역이다. 자유경제는 인류의 수요를 만족시키고 이익을 실현하는 데 가장 유익하다. 자유경제는 사람들에게 상대적 평등의 권리를 부여해 생산하고 소비하게 한다. 이것은 곧 정부는 반드시 최소한의 기능만을 보유해야 한다는 의미다. 예컨대 정부의 기능은 법치와 내부 질서를 옹호하고 사유재산과 안전을 보호하는 것 등에 한정된다. 따라서 적극적 정부는 논란을 부를 수 있다.[38]

1880년대에 활동한 영국의 사상가 토마스 그린(Thomas Hill Green)은 고전적 자유주의에 대해 반추하면서 고전적 자유주의가 현대 자유주의로 진화하는데 기여했다. 고전적 자유주의는 정부를 시장에서 추방했으나 현대 자유주의는 정부를 다시 (시장으로) 불러들였다.[39] 고전적 자유주의이든 현대 자유주의이든 정부-시장과 사회라는 관계에 입각해 문제를 사고하는 것에 중점을 두었다. 정부-시장과 사회의 관계는 사적 영역과 공공 영역의 분리를 기초로 성립된 것이었다. 19세기 말에 탄생한 현대 자유주의 또는 신자유주의는 일종의 적극적 자유관을 주장한다. 신자

---

38   [澳]安德魯·文森特, 『現代政治意識形態』(南京: 江蘇人民出版社, 2005), 46쪽.

39   [美]邁克爾·羅斯金等, 『政治科學』(北京: 中國人民大學出版社, 2009), 107쪽.

유주의에 따르면 자유는 마땅히 도덕준칙에 부합해야 하고, 필연적으로 일정한 제약과 강제를 포함한다. 그린에 의하면 자유는 강제와 제한에서 벗어나는 것만을 의미하지 않으며, 자유란 후환에 개의치 않고 제멋대로 행동하는 자유, 특정한 개인 또는 집단이 타인의 동등한 권리를 침탈·독점하는 자유가 아니라고 지적한다. 그린의 제자인 홉하우스(Leonard Hobhouse) 또한 제약의 부재는 일부 사람들의 자유와 또 다른 일부 사람들의 부자유를 야기할 수 있다고 보았다. 가령 한 사람이 자기의지대로 모든 일을 할 수 있다면, 나머지 사람들은 그 사람에게 순종하거나 영합하지 않는 이상 어떤 (자유) 의지도 갖지 못할 것이기 때문이다.[40]

20세기에 자유주의는 한 차례 전환기를 맞게 된다. 이는 고전적 자유주의의 현대적 버전이기도 하고, 그린식 신자유주의의 현대적 계승이라고도 할 수 있다. 바로 신자유주의의 등장이다. 신자유주의는 수많은 학파들의 다양한 관점들을 포함한다. 하이에크를 대표로 하는 오스트리아 경제학파, 밀턴 프리드먼(Milton Friedman)을 대표로 하는 시카고 학파, 제임스 뷰캐넌(James M. Buchanan)을 위시한 버지니아 공공선택학파, 그리고 로버트 노직(Robert Nozick)을 대표로 하는 정치철학사상 등이 여기에 속한다.[41]

주지하다시피, 존 롤스(John Rawls)가 1971년 『정의론(A Theory of Justice)』을 출간한 이후로 영미식 현대 자유주의 이론은 기본적으로 롤

---

40   [英]霍布豪斯, 『論自由主義』(北京: 商務印書館, 1996), 23쪽.

41   何秉孟, 『新自由主義評析』(北京: 社會科學文獻出版社, 2004).

스의 논제에서 벗어나지 못하게 되었다. 중국 학자 덩쩡라이는 롤스의 『정의론』이 의무론적 윤리를 재정립하게 되면서 영미식 정치철학의 발전은 '롤스의 시대' 또는 '롤스를 주축으로 하는 시대'로 접어들었다고 보았다. 이 시대의 주요한 특징은 바로 영어권 세계의 자유주의가 공리주의로부터 나와, '개인의 이익을 핵심'으로 하는 당대 자유주의 담론으로 편입된 것이었다.[42] 공리주의는 모든 개인의 최대 자유와 타인의 동등한 자유는 일치한다고 보았다. 공리주의자 제레미 벤담(Jeremy Bentham)에 따르면 무엇이 쾌락이고 무엇이 고통인지는 스스로가 가장 잘 안다. 따라서 무엇이 행복인지 또한 개개인만이 알 수 있으며, 원칙적으로는 모든 개인이 자신의 행복을 가장 잘 판단할 수 있다는 것이다. 동시에 개개인은 일신의 최대 행복을 추구하는데 이것은 이성을 지닌 모든 인간의 목적으로, 이기적인 선택이 인류의 삶에서 지배적인 위치를 차지하게 된다. 사람들은 다양한 활동을 할 때 (어떠한 가치가) 자신의 최대 행복에 가장 크게 기여할 수 있다면 (그것이) 자신을 제외한 전체의 행복에 어떠한 결과를 가져올지에 대해서는 개의치 않고 전력을 다해 추구하며, 이것이 인간 본성의 필연적인 경향이라는 것이다. 그러나 이처럼 자유주의를 극단적인 개인주의로 밀어붙이는 전통은 인간 본성에 대한 허구적인 이미지였으며, 필연적으로 인류 사회의 멸망을 유발할 것이었다.

형식적 측면에서 보면 신자유주의가 명확히 주장하는 바는 '사회적

42　鄧正來, 「哈耶克的社會理論」, 參見鄧正來爲『自由秩序原理』一書所寫的代譯序.

개인주의'로, 이 때 개인적 선(善)은 사회집단 전체의 선과 결부되어 있다. 정통적·전형적 관점을 가진 자유주의는 점차 도덕적·사회학적 의미에서 순진한 것으로 여겨졌다. 산업화가 파생한 여러 사회적 부작용들은 반드시 보다 대승차원에서 접근되어야 했으며, 개인적 자비심에만 맡겨 처리할 수 있는 사안이 아니었다. 즉, 빈곤, 실업, 질병은 단순히 개별적 개인이 신경을 써야 할 문제가 아니라 공공의 문제이자 사회의 문제이며, 개인적인 역량으로 해결할 수 있는 문제도 아니다. 나아가, 신자유주의의 자유는 단순히 각자의 뜻대로 행하는 것을 의미하지 않으며, 진정한 시민적 자격을 갖춘 원만한 생활과 조화되어야 한다. 시민들은 경제·문화·정치·사회적 수단을 보유한 상태에서 가치있는 관념을 (타인과) 공유해야 한다. 이로 미루어 볼 때 신자유주의가 공동체주의의 일부 관점을 차용했다는 것을 어렵지 않게 알 수 있다.

자유주의에 대한 주요 비판 중 하나는 바로 자유주의는 도덕적 함의가 부족했다는 것이다. 개인 정신에 대한 종교적 숭배는 이미 도덕적 상대주의로 사분오열되었다.[43] 이것이 바로 영국 학자 존 그레이가 제시한 자유주의의 양면성이다. 자유주의의 한 면은 로크, 칸트(Immanuel Kant), 롤스, 하이에크와 같은 이들의 사상을 통해 체현되었다. 이들이 보는 자유주의는 하나의 보편적이고 이성적인, 합의된 지식이면서 인류 전체를 대상으로 가장 좋은 삶의 방식을 실현하려는 의도를 갖고 있었다. 자유주의는 보편적 정치권력에 대한 규정이며, 관용은 이상적

---

43   [澳]安德鲁·文森特, 『現代政治意識形態』(南京: 江蘇人民出版社, 2005), 47-48쪽.

인 삶의 방식에 대한 추구이다. 반면 자유주의의 이면은 토마스 홉스(Thomas Hobbes), 데이비드 흄(David Hume), 벌린, 마이클 오크숏(Michael Oakeshott)의 사상에서 나타난다. 이들이 보기에 자유주의는 하나의 계획으로서, 다른 제도와 생활방식 간의 평화 공존을 실현하려 하며 다양한 형태의 체제 아래에서 사람들에게 의해 추구될 수 있는 공통적인 대안이다.[44]

정치철학에서 서술하는 자유주의는 절대주의와 상대주의(임시방편적)적 자유주의이며, 역사학계에서 묘사하는 자유주의는 개인주의적 자유와 집단주의적 자유주의라는 두 얼굴을 가진다. 서구 자유주의가 몇 개의 유파를 가졌든 그 본질은 변하지 않으며 자유주의의 핵심 요소는 일관적이다. 이러한 요소에는 개인주의, 소극적 자유에 대한 보호, 교환적 정의, 재산권, 시장경제 및 최소국가 등이 포함된다. 훗날 신자유주의는 여기에 대한 가공과 확장을 시도했으나, 이러한 요소들로 구축되어 있는 토대는 훼손되지 않았다.

여기까지 서구 자유주의의 대략적인 내용을 파악해보았다. 그렇다면 당대 중국의 자유주의는 어떠한 면모를 갖고 있는가? 환언하면, 중국의 자유주의와 서구의 자유주의는 어느 정도 연관성을 가지며, 서구의 자유주의는 중국 상황에 부합하는 규범성을 얼마나 갖고 있는가? 당대 중국의 자유주의는 아래의 몇 가지 속성을 포함한다. 이러한 속성들은 서구 자유주의에 대한 해석을 포함하는 동시에 중국의 현실에 대한 성

---

44   [英]約翰·格雷, 『自由主義的兩張面孔』(南京: 江蘇人民出版社, 2002).

찰과 20세기말 중국과 국제사회의 관계에 대한 진단을 담고 있다.

● 자유주의의 개인지향성

자유주의에 몇 개에 유파가 있는지와는 관계없이 이들의 공통점은 개인
주의를 부단히 강조하는 입장에 있다. 이들은 개인의 가치와 권리를 강
조한다. 개인은 천부적 또는 잠재적으로 만물을 초월하는 가치를 지니
고 있기 때문에 마땅히 가장 큰 존중을 받아야 하며, 일련의 기본권을 누
려야 한다는 것이다. 자유주의는 하나의 이론일 뿐 아니라 하나의 이데
올로기이자 하나의 제도이며, 일종의 정치행동 또는 정당의 기치가 될
수 있다. 서구의 각 정치세력들이 공유하고 있는 특징을 찾으라면 그들
은 대부분 자유주의의 신봉자라는 점을 꼽을 수 있다. 이러한 측면에서
중국의 자유주의와 서구의 자유주의는 어느 정도 공통점을 갖는다. 중국
학자 쉬여우위는 자유주의란 개인의 자유를 가장 우선적인 위치에 놓는
것이라 이해했다. 개인은 집단을 이루고 사회를 구성한다. 따라서 발생
학과 본체론적인 입장에서 본다면 개인이 가장 우선시되는 것이 마땅했
다. 인류는 인위적인 척도로 만물을 가늠하고, 개인은 자신의 척도로 타
인과 사물을 대한다. 모든 사람은 온전한 신경과 감정체계를 갖추고 있
으며, 쾌락과 고통 또한 개인적인 것이다. 따라서 인식론과 가치에 입각
해 보아도 개인이 가장 기본적인 단위가 된다.[45] 개인주의는 자유주의의

---

45   徐友漁, 「自由主義與當代中國」, 李世濤 主編, 『知識分子立場—民族主義與轉型中國
      的命運』(長春: 時代文藝出版社, 2000), 416쪽.

원점으로, 이것이 결여되면 자유주의가 아니다. 중국 내 자유주의자들은 서구의 고전적 자유주의를 바탕으로 개인주의를 이해했다. 즉, 개인은 자연권에 의거해 자신의 신체를 전유한, 그 신체와 능력의 '소유자'이다. 따라서 인간이 창출한 이익은 신체 소유권의 확장으로 간주되었으며, 모든 사람은 스스로의 이익을 가장 잘 판단할 수 있다. 따라서 사회제도는 되도록 개인에 대해 재단하는 것을 삼가야 한다는 것이다.

● 자유주의의 경제지향성

자유주의의 경제지향성 역시 중국과 서구의 자유주의가 공유하고 있는 입장 중 하나이다. 로크와 하이에크는 물론 존 그레이 또한 "사유재산은 개인적 자유의 체현"이라는 강경한 견해를 가지고 있었다.[46] 자유주의가 1990년대 중국에서 크게 성행할 수 있었던 까닭은 자유주의가 일종의 경제학적 전향을 실현해 중국 시장화 개혁의 논리와 그 방향성이 일치했기 때문이다. 다시 말해 중국의 자유주의는 사실상 일종의 경제적 자유주의였다. 경제적 자유주의는 부와 재산권을 보호하고, 부자들을 보호하는 확장된 이데올로기적 외피가 되었다. 이로써 자유주의는 1990년대에 어느 정도 주류적인 위치를 차지할 수 있었고, 시장화 개혁이라는 기본 노선이 형성되는 데 중요한 지적·사상적 자원을 제공했다. 어쩌면 자유주의자들은 바로 이 지점에서 중국 내 입지를 찾았을지도 모른다. 이렇게 기세를 확보한 자유주의는 90년대에 무적의 정치사조로 거듭나게

---

46   [澳]安德魯·文森特, 『現代政治意識形態』(南京: 江蘇人民出版社, 2005), 59쪽.

되었다.

기실 중국의 자유주의는 양면성을 가지고 있다. 한 면은 경제적 자유주의요, 다른 한 면은 정치적 자유주의이다. 1990년대의 정치적 자유주의는 권위체제에 대한 도전을 시도하는 한편, 권위체제가 추진하는 시장화 개혁 과정에서 부와 지위를 얻으려 했다. 따라서 정치적 자유주의자는 시장화 개혁의 수혜자이자 권위체제의 비판자인 셈이다. 중국의 정치적 자유주의가 비록 '서구화론'의 (체제)전복적 담론체계와는 상당한 차이가 있긴 했지만, 적어도 기존의 권위체제에 대한 견제(冲击) 기능은 크게 다르지 않았다. 그러나 이러한 견제 기능은 나날이 합리화되는 사회에서 힘을 잃었을 뿐 아니라 권위체제에서 중시될 수도 없었다. 결정적으로 정치적 자유주의가 주창하는 자유는 일반 대중들에게 있어 권리에 대한 보호가 아니라 하나의 낯선 계몽에 지나지 않았다. 하이에크가 말한 것과 같이 걸인에게 자유란 그에 대한 희롱에 불과하다. 1980년대 중국은 경제적 자유화를 수용하는 동시에 정치적 자유화를 지양했는데, 1990년대 중국 역시 경제적 자유주의를 용인하는 동시에 정치적 자유주의를 배격했다. 정치적 자유주의는 자유에 대한 호소 외에는 별다른 유산을 남기지 못했다. 따라서 21세기초 '공공지식인'이라는 입장을 빌려와서야 비로소 사회의 관심을 얻을 수 있었고, 사상 영역을 주도할 발언권을 도모할 수 있었다.

그러나 경제적 자유주의와 정치적 자유주의는 재산권 문제에 대해서만큼은 합의를 이루었다. 다만 정치적 자유주의자가 재산권에 좀 더많은 정치적 의의를 부여했을 뿐이다. 양자가 생각하는 재산권은 시장경제의 초석이었다. 재산권은 시장경제에서의 제도적 안배를 규정하고 정부 확장을 억제하고 방지하는 영구적인 보호막 역할을 한다. 개인 재산권의 개념은 개인이 사회 내에서 스스로를 다스릴 수 있는 정당성과 개인이 사적 영역에 속한 자신의 사물을 지배할 수 있는 권리를 의미한다. 모든 사람의 삶의 목적이 자기발전이라고 할 때, 개인 재산권은 개인이 사회에서 이러한 목적을 실현할 수 있도록 하는 전제가 된다.[47]

특히 정치적 자유주의는 재산권을 개인의 경제적 권리이자 정치적 권리로 보았다. 현대 자본주의 발전사를 통틀어 재산권과 경제적 자유는 개인을 위해 국가의 통제를 받지 않는 영역을 창조해냈고, 정부와 통치자의 전횡 의지를 제약했다. 재산권은 통치권력의 확장을 억제하는 가장 견고한 보호막으로서 민주정치를 위한 가장 견고한 도덕적 기초를 제공했다.

경제적 자유주의는 1978년에 시작된 중국의 경제개혁이 사상 영역으로 확장된 결과물이라 할 수 있다. 경제적 자유주의의 온건 성향과 중국 개혁 간에 형성된 내재적 친화성은 다양한 영역에 침투하였고, 그 결과 (경제적 자유주의는) 중국의 개혁논리를 제시하는 중요한 사조로 발전하게 되었다. 경제적 자유주의는 국가와 정부를 완전히 배척하지 않았으며, 오히려 시장과 정부 간에 균형과 조화를 이루는 것을 이상적 상태로 여겼다. 이러한 국가권력과의 친화성으로 인해 경제적 자유주의는 세인들의 불안감을 조장하지 않을 수 있었다.

---

47   劉軍寧,「鳳能進, 雨能進, 國王不能進─政治理論視野中的財産權與人類文明」,『90年代思想文選』第二卷 (南寧: 廣西人民出版社, 2000).

이처럼 정치적 자유주의와 경제적 자유주의는 각자의 기능을 가장 잘 발휘할 수 있는 영역에서 소임을 다했다. 그러나 양자가 각자 소임을 다하는 국면이 자주 출현하지는 않았다. 시장의 논리와 정부의 논리가 적지 않은 측면에서 상충되었기 때문이다. 시장의 결점은 정부의 역량을 통해 교정될 수 있으나, 정부의 결점을 시장이 교정하기는 어려웠다. 바로 이러한 점 때문에 경제적 자유주의는 시장과 정부의 공존을 주장하면서도, 실제로는 정부가 시장을 대체하는 것을 극렬하게 배격했다. 그런데 경제적 자유주의는 시장의 논리에 따라 일종의 자유주의적 정치 관념을 표방하였고, 이러한 자유주의적 정치 관념과 중국의 경제개혁 즉, 계획경제에서 시장경제로의 전환은 고도로 부합되고 일치되는 것이었다. 따라서 경제적 자유주의의 국가와 정부에 대한 배척은 국가권력이 용인할 수 있는 온건한 방식으로 진행되었다.[48]

비록 경제적 자유주의가 추앙하는 이상적 상태가 중국에서 실현될 가능성은 없었으나, 1978년 이후 중국의 개혁이 사상 영역에서 한차례 심화된 것은 분명하다. 경제적 자유주의가 추후 개혁의 기본 논리를 제시했기 때문이다.

● **자유주의의 보수지향성**

자유주의는 문화적 보수주의의 색채를 띤다. 자유주의의 보수적 색채는

---

48   盛洪, 「為什麽要強調經濟自由主義」, 『90年代思想文選』第二卷 (南寧: 廣西人民出版社, 2000).

혁명 전통에 대한 부정을 통해 나타난다. 서구에서 자유주의는 문화와 전통을 고수하려 했기 때문에 밀려드는 혁명의 거센 흐름에 깊은 공포감을 가졌다. 당대 중국의 자유주의는 근대 이후 중국의 역사 문제에 있어 서구 자유주의와 같은 입장을 보였다. 중국 내 자유주의자들은 중국의 혁명이 시장경제와 자본주의라는 세계 문명의 주류에서 유리되어 있다고 보았으며, 개혁개방은 곧 이러한 주류로의 힘겨운 회귀였다. 프랑스 대혁명에서 기원한 근대 '좌파' 정치문화는 프랑스를 거쳐 중국으로 유입되었고, 최고조에 다다른 '문혁'의 실천으로 발전했다. 이것은 일종의 역사적 갈림길로, 정작 이 갈림길에서 가장 많이 희생된 것은 최초로 동원된 사회 하층의 민중들이었다. '문혁'에 대한 철저한 부정을 통해 도입된 시장 메커니즘은 세계 문명을 향한 힘겨운 회귀였다. 또한 자유주의는 사상이든 실천이든 간에 인민혁명은 (그 자체로) 세계 문명의 조류에 어긋난다고 보았다. 따라서 자유주의자들은 중국은 응당 세계화된 자본주의 정치경제체제로 진입해야 하며, 반드시 자본주의화되고, 민주화되어야 한다고 주장했다.

● 자유주의의 엘리트지향성

자유주의의 엘리트지향성은 간접 민주에 대한 긍정을 통해 표현된다. 자유주의자들은 재산권에 대한 승인은 논리적으로 '무항산자, 무항심(無恒産者, 無恒心)'이라는 결과를 도출한다고 생각했다. 항산(恒産)이 있는 자는 자신의 이익을 보호하려 할 것이고 따라서 반드시 발언과 (의견) 표출 공간, 제도적 보장을 확보하려 할 것이다. 왜냐하면 항산이 있는 자만이 국가권력에 참여하고 제약하는 능력과 자격을 갖출 수 있기 때문이다. 따라서 자유주의자들의 민주는 직접 민주가 아닌 간접 민주였다. 이들에게 민주란 다수의 통치에 있는 것이 아니라 헌정과 분권, 법치에 있었다. 자유주의가 제시한, 직접 민주를 반대하는 근거는 다음과 같다. 직접 민주는 실행이 불가능하다. 직접 민주는 높은 비용과 리스크가 따르며, 저항을 부르기 쉽고 쉽게 감정화된다. 또한 직접 민주는 절차가 없고 일률적이며, 부자유와 폭정을 낳는다. 따라서 직접 민주는 거짓 민주다. 이와 대조적으로 간접 민주는 실행이 가능하며 조화와 협력을 낳고, 비용이 적으며 보다 이성적이다. 간접 민주는 절차를 통해 민의로 귀착될 수 있으며, 다수의 폭정을 방지할 수 있다. 간접 민주와 직접 민주는 같은 사물의 두 갈래가 아닌 반의(反義)관계에 가깝다. 직접 민주를 실현할 수 없는 가장 주요한 원인은 규모의 문제와 (직접 민주가) 폭정으로 흐를 수 있는 경향에 있다.

● 자유주의의 글로벌 지향성

자유주의는 중국의 개혁개방을 세계적 조류로 회귀하는 과정으로 여겼다. 이 세계의 조류란 작금의 자본주의화로 나타난다. 이러한 발상을 바탕으로, 세계화에 대한 경도와 민족주의에 대한 조롱이 자유주의의 정치적 선언을 구성하는 중요한 요소가 된다. 자유주의는 5·4 이후 지금까지 중국에서는 두 가지 정신적 '병폐(病巢)'가 잔존한다고 보았다. 그 중 하나는 '나로드니키주의(民粹主義, populism)'이고, 다른 하나는 '민족주의'였다. 나로드니키주의는 정치질서를 전복하려 드는 화근이었고, 민족주의는 전제주의를 지탱하는 축이었다. 그랬기에 어떤 자유주의자들에 의하면 중국인은 '화이의 구분(華夷之辯)'은 할지라도 민주와 전제의 차이를 따지지는 않는다는 것이다. 또 자유주의가 보기에 세계화는 세계 역사발전의 과정이었고, 중국은 서구사회와 접촉할 것인가 아니면 다시 한번 도태될 것인가 하는 고비에 새롭게 직면해 있었다. (자유주의자가 보기에) 중국은 응당 서둘러 이러한 세계의 주류질서와 융화되어야 하며, 인류사회를 지배하는 보편적 진리의 지배를 수용해야 했다. 따라서 하루빨리 중국을 전면적인 세계화로 이끄는 것이 자유주의의 중요한 목표였다.

| 평가 |

중국에서 시장경제체제의 구축은 권위체제의 변혁을 지향 하는 정치사조와 국가권력 간의 긴장 관계를 해소시켰다. 경제적 자유주의의 일부 판단이 시장화 개혁의 추세와 상응했기 때문에 자유주의는 보수적이고 경제(지향)적 발언을 통해 1990년대 정치사조의 변화를 주도할 수 있었다. 사실 1978년 이후, 특히 1992년부터 21세기 초까지의 개혁은 어느 정도 경제적 자유주의가 긍정했던 특정 원리와 부합했다. 경제적 자유주의는 그 이성적인 태도와 온건한 색채에 힘입어 시장화 과정에서 국가—사회 관계의 모델을 제시할 수 있었다. 경제적 자유주의는 국가—사회 관계의 새로운 전환을 시도하는 과정에서 시장경제의 발전을 저해하는 체제적·권력적 차원의 장애들을 제거해 나갔고, 이로써 중국의 근대화 발전을 위한 합리화된 이성적 기초를 다질 수 있었다.

그러나 경제적 자유주의는 시장논리를 과도하게 추앙한 나머지 시장논리가 가진, 일반 민중의 이익에 대한 은폐된 침탈을 간과했다. 어찌되었든 당시에는 오로지 소수의 사람들만이 시장화 과정에서 자유를 누릴 수 있는 자격과 권리를 가졌는데, 경제적 자유주의자들이 말하는 자유는 대다수 사람들에게 있어 바랄 수 없는 사치품에 지나지 않았던 것이다. 사실 자유주의가 재산권을 지고한, 더 나아가 신성한 위치에 놓았던 것은 정치적 선언의 표방에 불과했고, 그것의 제도적 실현에 있어서는 가감된 부분이 적지 않았다. 사실 서구 국가들의 헌법에서조차 '사유재산은 신성불가침'이라는 표현을 거의 찾아볼 수 없다. 이는 국가와 정치가 사유재산의 법제적 처리를 가능하게 하는 일정한 여지를 남겨둔 것으로 볼 수 있다. 즉, 사유재산이 신성불가침이라는 것은 하나의 정치적 선언으로, 정치제도 설계의 원칙이나 출발점이 될 수 없다. 그리고 당대 중국의 자유주의는 바로 이 공정과 평등, 사회정의 및 공동체에 대한 고의적 배척으로 인해 '신좌파(新左派)'로부터 맹렬한 비판을 받게 된다.[49] 특히 신자유주의를 신봉하던 라틴아메리카의 국가들과 러시아가

---

49 고전적 자유주의는 '개인'을 하나의 단일하고, 자신의 주관성에 갇힌 폐쇄된 존재로 이해했다. 반면 하이에크는 사회적·도덕적 전통이 개체성을 구축한다고 믿었다. 공리주의적 자유주의의 가장 큰 결점은 이성의 유한성을 판명하지 못한다는 것이었다. 고전적 자유(주의)는 시장과 국가의 관계에서 자유방임의 원칙을 신봉하였으나, 훗날의 신자유주의는 조심스럽게 국가를 하나의 지배적인 보호기구로 간주했다. 고전적 자유주의는 형식적 규칙과 절차로 구성된 전체를 유지하는 것이 정의라 생각했으며, (여기에) 하나의 기본적인 법치구조를 제공했다. 법률은 개인의 활동과 선택에 간섭하기 위해 존재하는 것이 아니라, 개인이 그 선호를 표현하는데 형식화된 보호를 제공하기 위해 존재

자력으로 극복하기 힘든 경제위기를 겪게 되면서 이들의 국제적 영향력
은 점차 쇠퇴기로에 접어들었다. 이에 따라 자유주의가 중국의 정책에
영향을 미치던 전성기 또한 마감되었으며, 현재 중국에서 정치사조로서
의 자유주의는 매우 힘겹게 맥을 이어가고 있는 실정이다.[50]

한다. 정의는 개인들이 그 선호를 표현한 뒤의 결과에는 관심을 두지 않는다. (고로) 빈
곤과 경제적 불평등 또는 실업 자체는 정의의 주된 문제가 아니다. 실질적 평등에 대한
추구는 국가의 압력과 기만을 유발한다. 하이에크의 『노예의 길(The Road to Serfdom)』
또한 이러한 관점을 제시하고 있다. 그러나 많은 신자유주의자들은 커다란 부의 불평등
은 불공정한 것임을 명확히 인식하고 있다. 따라서 일종의 제약성을 띤 새로운 분배 형
식으로 이를 바로 잡아야 한다고 주장한다. 그 목적은 시장체제를 파괴하는 것이 아니
라 오히려 시장체제를 완화하는 결과에 있다. 그린이 말한 것처럼 '만약 방임불간섭 또
는 우발적인 자선행위에만 의지하게 되면 타락하는 이들은 부단히 생겨나고 또 늘어날
것이다.' 존 롤스(John Rawls)는 고전적 정의이론을 사회정의 이론으로 발전시킨 걸출한
인물이다. 물론 이것은 사회주의로의 접근이 아니라 평등한 권리를 갖고 평등한 자유를
누리는 사상의 연속선상에 있다. 참조: [澳]安德魯·文森特, 『現代政治意識形態』(南京:
江蘇人民出版社, 2005), 35-83쪽.

50   何秉孟, 『新自由主義評析』(北京: 社會科學文獻出版社, 2004).

3. 신좌파:
국가사회 관계 재구성을 위한
혁명적 시도

| '신좌파'의 유래 |

'신좌파'라는 명칭은 1994년 7월 21일, 『북경청년보(北京靑年報)』에 실린 한 편의 글에서 비롯되었다. 해당 글에서 청년학자 양핑(楊平)은 추이즈 위안(崔之遠)의 글 「신진화론·분석적 마르크스주의·비판법학·중국현실 (新進化論·分析的馬克思主義·批判法學·中國現實)」을 평론하면서 중국에 '신 좌파(新左翼)'이 출현했다고 일컬었다. '신좌파'라는 명칭은 이 때 처음으 로 사용되었다. 해당 글에서 양핑은 '신좌파' 이론을 중국 내 분배과정의 불공정에 대한 비판이자 글로벌 자본주의의 불공정 질서에 대한 비판으 로 이해했다. 이때부터 '신좌파' 또는 '신좌파'라는 명칭은 비판적 입장 에 있는 일련의 학자들을 가리키는 분류가 되었으며, 학술계에서 또한 이러한 명칭이 통용되기 시작했다.

'신좌파'는 자유주의와의 논쟁 과정에서 갑작스럽게 등장했다. 대표적인 사건으로 왕빈빈(王彬彬)이 『천애(天涯)』 잡지에 발표한 「독서찰기: 자유주의에 대하여(讀書劄記: 關於自由主義)」라는 글을 들 수 있다. 해당 글에 의하면 자유주의는 모든 급진적 태도를 반대하며 혁명으로 사회를 바꾸려는 시도에 대해 매우 깊은 공포와 적대감을 품고 있다. 왕빈빈의 글은 과거 자유주의자들의 몇몇 사례를 들어 자유주의자는 특정한 역사적 고비에서 대개 전체주의를 선택하고 전제와 독재를 옹호했다고 주장했다. 뒤에서는 헤르베르트 마르쿠제(Herbert Marcuse)의 관점을 인용해 "자유주의 자체가 전제와 독재로 가는 길을 내적으로 포함하고 있다"고 단언한다. 왕빈빈의 글은 발표된 이후 자유주의자들로부터 일일이 논박 당했다. 이후 '신좌파'와 자유주의의 교전은 1990년대 중국의 지식계를 흥미진진하게 만드는 화제가 되었다. 많은 학자들이 이 대열에 합류했고 적잖은 이들이 양자의 교전을 발판으로 본인의 성숙된 또는 미성숙된 관점을 개진했다.

'신좌파'는 중국의 시장화 개혁과 세계화의 흐름에서 탄생한 하나의 정치사조이다.'신좌파'는 하나의 명칭이지만 여기에는 다양하고 복잡한 해석이 공존할 수 있다. 왜냐하면 좌파란 본디 혁명파에 대한 호칭으로, 혁명을 배반하고 개량을 추구하는 이들은 (좌파와 대척점에 있는) 우파로 일컬어지기 때문이다. 영국 학자 앤드류 헤이우드(Andrew Heywood)가 저술한 『정치학의 핵심 개념(Key Concepts in Politics)』에서는 다음과 같이 '신좌파(New left)'를 정의한다. '신좌파'는 구좌파에 반대할 뿐만 아니라 소련식 국가사회주의와 급진적이지 못한 서구식 사회민주주의 또한 거부한다. '신좌파' 이론은 '청년' 마르크스의 인본주의적 저작과 무정부주의 및 극단적인 현상학, 존재주의의 영향을 받았기 때문에 일반적으로 매우 복잡하다. 그러나 이러한 이론들 또한 일련의 공통점을 가지고 있다. 사회('체계')를 규정하는 강제성에 대한 반박, 해방을 통해 개인의 자치를 이룩하고 개인의 신앙을 실현하려는 시도, 노동자계급을 혁명의 동력을 설정하는 것에 대한 회의, 분권제와 참 민주주의에 대한 선호등이 이러한 공통점에 해당된다. 한편 1990년대에 들어와서 '신좌파'라는 용어는 전혀 다른, 그다지 급진적이지 않은 '새로운' 사회민주주의에 의해 사용되기도 했다.[51]

1960년대 서구의 학생운동에서 '신좌파'는 '구좌파'와 다른 좌익정치 유형을 가리켰다. '신좌파'는 일반적으로 '구좌파'처럼 정당 조직의 형식을 갖지 않는다. 이들은 학생조직의 핵심 세력이거나, 특정 좌익 출판물을 진지이자 구심으로 삼는 느슨한 집단이었다. 다시 말해 '신좌파'는 명확하게 고정적인 조직 형식을 갖추지 않았다. '구좌파'들이 대부분 유럽, 미국 등지에서 합법적인 의회 활동을 하고 있는 것과 대조적으로 '신좌파'는 자본주의 국가를 회의하고 여기에 도전하는 태도를 견지했다. 이들은 대의제 노선을 반대했으며 정치·경제권력이 집중되는 것을 거부했다. 아울러 직접적 투쟁의 경험과 직접 행동을 통해 문제를 해결해야 한다고 주장했다. '신좌파'의 가장 기본적인 특징은 자본주의 국가와 정당을 반대하고 관료와 대의제 정부를 불신한다는 점이다.[52]

---

51   [英]安德魯·海伍德, 『政治學核心概念』(天津: 天津人民出版社, 2008), 82쪽.

52   沈漢, 黃鳳祝, 『反叛的一代―20世紀60年代西方學生運動』(蘭州: 甘肅人民出版社, 2002),

본서는 사상사적 관점에서 '신좌파'의 이론적 기원을 추적하기보다는, 사회구조와 권력구조의 변천과정에서 신좌파가 당대 중국에서 발생할 수 있었던 그 현실적 근원에 주목하려 한다. 사실 중국의 '신좌파'는 남다른 담론으로 그 나름의 독창적 가치를 피력했기 때문에 1960년대 서구사회에서 출현했던 '신좌파'와는 그저 같은 명칭으로 불렸다는 것을 제외하고는 공유하는 바가 많지 않다. 따라서 중국의 '신좌파'는 반드시 특정한 역사적 배경 속에서 이해해야 한다. 그렇지 않으면 '신좌파'에 가해진 많은 비판이 적잖이 궁색해진다.

1990년대 이후 중국의 개혁은 많은 사회경제적 문제를 노정하기 시작했다. 심각한 부패, 사유화, 국유자산의 대량 유실, 빈부 양극화와 같은 문제들이 나날이 극심해졌고 이에 따라 중국의 시장화 개혁을 어떻게 볼 것인가 하는 중대한 문제가 제기되었다. 어떤 학자는 '신좌파'를 가리켜 전혀 다른 서구 각 학파의 사상을 가져와 중국의 현실에 응용하는 과정에서 탄생한 합성품이라고 했고, (신좌파 사상의) 전파는 후기 개혁의 형세에 힘입은 것이라 보았다. 전환기 사회의 복잡성과 급속한 변화는 현실로 하여금 다양한 해석과 다중적인 가설의 공간을 허락하게 했다.[53] '신좌파'는 앞서 열거한 현상들이 시장 자체의 폐단에서 기인한다

22-23쪽. 1960년대 서구의 학생운동에 관심이 있는 독자는 다음의 저작을 참조: 許平, 朱曉罕, 『一場改變了一切的虛假革命—20世紀60年代學生運動』(上海: 上海人民出版社, 2004) ; 呂慶廣, 『60年代美國學生運動』(南京: 江蘇人民出版社, 2005) ; 鄭春生, 『拯救與批判—馬爾庫塞與六十年代美國學生運動』(上海: 上海三聯書店, 2009)을 참조할 것.

53 陳彥, 『中國之覺醒—'文革'後中國思想演變曆程(1976-2002)』(香港: 田園書屋, 2006), 274쪽.

고 주장했다. 이들이 보기에 현재 중국에 존재하는 사회적 병폐는 서구 자본주의의 발전단계에서 이미 등장했던 '서구병(西方病)', '시장병(市場病)'에 다름 아니었다. 현재 직면한 시급한 문제들은 '시장물신주의(市場拜物敎)'에 반대하고 시장의 병폐를 교정하며 사회공정 문제를 해결하는 것이었다.

아울러 이들은 '비판법학'적 관점을 인용해 재산권을 과도하게 찬양하는 자유주의 측을 반박했다. 비판법학의 중요한 이론적 성과 가운데 하나는 18세기 이후 서구에서 이미 민법의 가장 핵심적인 내용-절대적인 재산권-이 해체되었다는 것을 보여주었다는 데 있다. 소유권은 하나의 권력이 아니라 한 다발의 권력으로서, 지금 이 순간에도 분해되고 결합되고 있다. 비판법학이 이론적으로 '재산권'을 분리한 이후에는 당연하게도 생명과 자유의 권리가 재산권보다 더 중요한 헌법적 지위를 갖게 되었으며 충분한 발전과 보장을 받게 되었다. 문제는 이러한 분리와 재구성을 어떻게 경제민주와 정치민주의 방향으로 발전시키느냐 하는 것인데 이를 위해서는 '사유재산권'에 대한 새로운 규정이 필요하다. 이른바 '사유재산권'이란 사회의 각 계층 간의 충분하고도 일상적인 이익 충돌 과정에서 부단히 형성되고 조정되는 것으로, 상대적이며 가변적이다. 경제소유권의 형성은 광범위한 사회·민주활동의 부단한 침투로부터 자유롭지 못하다. 그러므로 현재 보유한 재산권을 고정시켜 '확고'하다고 할 수 없다. 현재 보유하고 있는 권리와 재산관계를 '공개사유화'의 기치 아래 고정시키는 것은 기득권층의 요구를 반영한 처사로서, 개혁에 반대하는 것이고, 경쟁을 반대하는 것이며, 개혁된 시장에서의 새로운 독점구조에 반대하는 것이다. 따라서 '신좌파'는 자유주의자들이 추상화된 '시장'과 '시장화 과정' 또는 '시장물신주의'를 이용해 평등의 가치를 억누르고, 사회경제적 과정과 정치권력 간에 내재한 긴밀성마저 약화시키고 있다고 주장했다. 또한 이들에 의하면, 시장이라는 개념 자체가 "현대사회의 불평등 관계 및 그 권력 구조를 은폐"한다. 중국의 현실에서 근대화는 국가에 의해 주도적으로 추진되었기 때문에 국가는 자본 운동의 구성 요소가 되었으며 이러한 (국가와 자본의) 권력관계는 사회적 부패를 부추기는 주요 온상일 뿐 아니라 사회자원의 불균등한 분배를 야기하는 기본적 전제가 되었다. 이에 '신좌파'는 반드시 제도혁신을 통해 이러한 과정을 조성하는 사회적 메커니즘을 억제해야 하며, 이러한 체제 차원의 부패가 야기하는 경제발전의 장애물을 제거해야 한다고 역설하였다.

| '신좌파'의 속성 |

'신좌파'는 두 가지 키워드를 포함하는데 하나는 '새롭다(新)'는 것이고 다른 하나는 '좌(左)파'라는 것이다. 그렇다면 어디에서 이들의 참신함을 발견할 수 있는가? 런젠타오(任劍濤)에 따르면 먼저 '새롭다'는 점은 구좌파와의 차이를 수반한다. '신좌파'는 국가권력과 직접적으로 결합한 급진 '좌파'의 폭력적 성향, 스탈린주의, 경직된 계획경제, 권력이 집중된 정치체제와 고별했다. 뿐만 아니라 단순한 이데올로기적 관점으로 문제를 논하는 (서구의 고전적 마르크스주의와 같은) 전통 '좌파'의 논리와도 작별

했다. 다음으로, (신좌파의) 참신함은 좌파로서의 입장 혁신에 있다. '신좌파'는 인민민주와 보편민주로 그 입지를 넓혔다. 또 자본주의의 정치권력과 문화헤게모니에 반대하는 태도를 보인다. 전자는 약자를 동정하는 태도에서, 후자는 주류를 비판하는 방식을 통해 성립된다. 마지막으로, '신좌파'의 참신함은 방법적 조정에 있다. '신좌파'는 이데올로기의 비본질주의에 반대하는 태도를 보인다. 이들은 서구 '포스트모더니즘'의 해체주의를 도구로 삼아 근현대 서구의 주류 이데올로기인 자유주의, 이성주의, 자본주의를 한 데 모으고 여기에 비판을 가한다. 또한 단순히 이론들을 판별하기만 하던 기존 양태에, 민족, 국가, 세계에 대해 전적인 책임을 가지려는 태도가 출현하였다.

그렇다면 '신좌파'의 '좌'는 어떠한 함의를 가지는가? 첫째, 자본주의를 극렬히 배척하는 것이다. 자본주의는 소수의 경제·정치엘리트들이 사회자원을 주무르는 제도이다. 반면 사회주의는 노동 인민의 경제민주와 정치민주를 가리킨다. 둘째, '사회주의'를 내세운다. 셋째, 기존의 성과를 부정한다. 기존 성과를 부정하는 까닭은 이러한 성과들이 '불완전' 하기 때문이다.[54]

'신좌파'의 핵심 주장이 이론적으로 일치된 바는 없다. 따라서 상대적으로 가까운 이론들의 조합으로 이루어진 느슨한 정치사조로 보는 편이 타당하다. 그러나 신좌파는 일련의 통합성을 가진 정치사조이기도 하

---

54   任劍濤, 「解讀'新左派'」, 李世濤主編, 『知識分子立場—民族主義與轉型中國的命運』(長春: 時代文藝出版社, 2000).

다. 그 통합성은 대체로 몇 가지 측면에서 드러난다. 첫째, 자유주의를 배제하는 논설이다. 둘째, 시장경제를 거부하는 사고이다. 셋째, 정통 사회과학을 배격하는 화법이다. 요컨대 '신좌파'는 자유주의와 대립되는 선명한 집단지향성, 정치지향성, 급진지향성과 평등지향성, 본토지향성을 갖고 있다고 하겠다.

　'신좌파'는 개인이 아닌 사회에서 출발해 문제를 고찰한다. 명확히 말하면 '신좌파'는 스스로를 사회공정과 인민민주 대변인으로 여기며, 자유주의를 기초로 수립된 일체의 현대정치제도를 청산하고자 한다. '신좌파'가 비판하는 자유주의의 자유는 '불평등한 자유'이다. (자유주의의 자유는) 부자와 강자, 능력자의 자유만을 논할 뿐 사회적 약자의 평등권을 간과해 각자가, 모두가 평등하고 자유로운 도덕적 개체라는 평등한 자유 이념에서 이탈했다는 것이다. '자유주의자'가 이름뿐인 기회적 평등이나 현실적 불평등의 관계, 형식적으로 공정한 법률이 현실에서는 어떻게 운용되고 또 어떠한 문제에 직면해 있는지를 논하는 일은 실로 드물다. 명목과 형식에서 독립적이고 공정한 국가가 기득권층과 취약계층을 각각 마주했을 때 어떠한 역할을 수행하는지 자유주의는 깊이 알려 하지 않으며, 그저 공허한 말들만 쏟아낸다. 이러한 논리에 입각해보면 '시장'이 승리하는 곳에서 수립되는 것은 '민주'가 아니라 기형적인 자본주의에 불과하다.

　민주에 대한 '신좌파'의 견해는 자유주의자들의 거센 공격을 받았다. '신좌파'가 보기에 시장경제의 폐단에서 탈피하려면 사회공정 문제를 해결해야만 했다. 사회공정 문제를 해결하는 주요한 방법은 정치민주와 경제민주를 동시에 발전시키는 것이다. 이를 위해서는 마땅히 역사적 경험을 발굴하여 '제도혁신'을 추구해야 한다. 이 중에서 직접 민주는 특히 중요한 의미를 가진다. '신좌파'는 중국에서 출현한 기층민주에 큰 희망을 걸며 기층민주를 중국 민주의 돌파구로 간주한다. '신좌파'의 논설에서 민주는 단순한 정치민주에 국한되지 않고 경제민주와 문화민주를 두루 포괄한다. 추이즈위안은 경제민주의 청사진을 자주 묘사했는데, 그에 의하면 경제민주는 두 가치 측면을 포함한다. 하나는 거시적인 '경제민주'로 현대 민주국가의 이론적 원칙인 인민주권을 경제영역에 관철하는 것을 의미한다. 각 경제제도가 대다수 인민의 이익에 근거해 안배되고 수립되며 조정된다. 다른 하나는 미시적인 '경제민주'인데 기업 내부에서 민주적 관리를 실현하는 것을 가리킨다. 즉, 노동자의 창조성에 근거해 경제적 효율의 향상을 달성하는 것이다.

'신좌파'는 경제민주와 정치민주의 병행을 주장하면서 다양한 제도혁신의 기회를 모색했다. 그 요지는 '광범위한 노동인민의 '경제민주'를 통해 소수의 경제·정치엘리트가 사회자원을 조종하는 것을 대체'하고, '대중민주운동으로 대규모 '자발적 사유화'를 억제'하자는 데 있다.[55] 구체적으로 말하면 '신좌파'에 있어 민주를 심화한다는 것은 사회의 정치적 동원 수준을 제고할 수 있는 제도를 마련하자는 의미이다. (예를 들어 정치활동에 공공재정을 지원한다거나, 정당과 사회운동을 대중의 소통수단으로 이용할 수 있는 권리를 확대하는 것이다.) 전국민 투표와 조기선거를 통해 인민 전

---

55   崔之元,「制度創新與第二次思想開放」,『二十一世紀』(香港), 1994年8月號.

체의 손에 맡겨 정부 부문 간의 경색된 구조를 신속하게 해결할 수 있는 헌법을 마련하고, 국가기구 밖에서 시민사회 스스로가 (지역적 또는 기능적으로) 조직을 갖춰 주체적으로 토론에 참여해 집단적 문제를 해결하는 사회체제를 수립할 수도 있다.[56] '신좌파'는 중국의 '풀뿌리 민주(촌민위원회 직접선거)'를 매우 지지하며 긍정하는데 그것이 중국의 민주가 건전하게 발전할 수 있는 노선 선택이라고 보기 때문이다.

'신좌파'는 시장을 완전히 자율적인 영역으로 보지 않는다는 점에서 자유주의와 대조된다. '신좌파'는 계몽주의식 협의적 민주관을 초월할 필요가 있다고 보았는데, 여기에서 민주의 본질은 개인의 기본적 권리를 인정하고, 정치·경제·문화적 과정에 대한 공민의 공공 참여를 보장하는 데 있다. 따라서 보다 광범위하고 전면적인 민주를 내세워 독점과 강권, 지배를 억제해야 하며 권력의 시장화, 시장의 권력화를 규제해야 한다는 것이다. 직접 민주의 실행에 기술적 곤란이 따른다 해도 이것이 제도를 설계할 때 기층사회와 취약계층의 이익을 도외시할 이유가 될 수는 없다.

나아가 '신좌파'는 자유주의자들이 경시하는 광범위한 상호작용이야말로 현대 민주 변혁의 기본적 특징이라고 보았다. '신좌파'는 현대의 헌정(憲政)적 민주에 포함된 직접 민주와 간접 민주의 함의를 무시하는 일부 학자들을 비판한다. '신좌파'에 의하면 그들은 직접 민주가 민주적 실천에서 갖는 의미를 외면하고 있으며, 심지어 민중의 보통 참여를 전

---

56   崔之元,「以俄为鑒看中國」, 『二十一世紀』(香港), 1994年8月號.

제주의의 온상으로 보는 관점을 견지하고 있다. 이러한 민주관은 어떤 의미에서든 민주적 정신에 위배된다. 자유주의적 시각에서 보면 급진주의가 숭배하는 혁명이 초래하는 것은 (문혁 식의) 대민주(大民主)와 군중운동의 민주이다. 이것들은 다수가 통치하는 폭민전제(暴民專制)를 야기하기 쉽다. 여기에 대해 '신좌파'는 강력히 의문을 제기한다. 이러한 비판은 실상 민중 의 참여와 요구를 제도개혁 밖으로 밀어내는 것이 지나지 않는다는 것이다. 아울러 공민의 정치참여와 사회집단, 사회계층들의 평등에 대한 요구를 배제하는 것은 민주의 가장 근본적인 동력을 유기하는 것에 다름 아니며, 민주의 목표를 확정할 수 없게 된다고 일갈했다.[57] 또한 우리가 오늘날까지 겪고 있는 고통은 인민과 '다수의 독재'에서 기인한 것이 아니라, 오히려 소수의 정치엘리트와 경제엘리트에 의한 정치와 공공영역에 대한 독점이 '소극적이며 냉소적인 대중'을 만든 데에 기인한다고 지적했다.[58]

세계화와 민족주의의 관계라는 중요한 문제와 관련해 '신좌파'는 다음과 같은 의견을 개진했다. 1990년대 중국의 경제개혁은 권력집중체제와 자본이 일체화되는 형국을 조성했다. 세계화의 배후에는 불평등 관계가 자리하고 있으며, (세계화의) 역사와 과정은 각 지역·사회·개인이 차등화된, 불평등한 구조 속으로 엮여 들어가는 것이다. 따라서 세계화 과정은 결코 평탄하지 않으며 기술혁명에만 의존해서는 달성할 수 없다. 계몽적

57　汪暉, 『死火重溫序』(北京: 人民出版社, 2001), 10-11쪽.

58　韓毓海, 「在'自由主義'姿態的背後」, 『天涯』(海口) , 1998年第5期.

가치와 세계화의 이상을 보호하기 위해 식민주의 역사를 옹호하는 지경에까지 이르게 되면, 세계 자체가 감춰지게 되고 이로써 초래될 많은 고난은 곧 계몽적 가치에 대한 가장 근본적인 배반이 될 터였다. 세계화 혹은 글로벌 자본주의라는 개념으로 작금의 세계적 변화를 묘사한다고 해서 자본주의의 독점적 구조와 그 운행 규칙이 현재 세계의 모든 부분을 대표하는 것으로 치부해서는 안된다. 또한 세계화 과정이 기존의 남북 문제(North-South problem)와 불평등, 정치적·경제적·군사적 독점을 해결하는 것도 아니다. 결국 세계화는 중국의 문제를 해결하는 묘약이 될 수 없다.

자유주의는 두루뭉술하게 '민족주의'와 '나로드니키주의'를 중국 역사의 양대 병폐로 꼽았으나, '신좌파'에 의하면 이것은 일종의 비역사적 태도다. 이러한 태도는 (과거) 강권에 대한 저항과 민중의 참여를 무색케 할 뿐 아니라, 동시에 강권과 폭력에 대한 민중의 저항과 국가중심주의의 차이를 혼동하고 있다. 세계화가 심화된 오늘날, 설사 민족국가가 일정한 충격을 받았다고 해도 "민족국가의 체계가 철저히 와해되거나 재구성되지 않는 이상, 민족이 국가의 통일성의 바탕이 되는 민족국가의 기초는 소실되지 않는다. 보다 중요한 것은 현대의 민족주의와 전통적 민족주의 간에는 중요한 차이가 존재한다는 것이다. 이것을 세계화의 대립물로 간주하기 보다 차라리 세계화의 부산물로 보는 편이 더 타당하다. 민족주의 문제에 대한 토론은 반드시 글로벌 정치·경제와 더불어 논해야 하며 단독으로는 설명할 수 없다."[59] 또한 '신좌파'는 현재 중국 지

---

59   汪暉, 「當代中國的思想狀況與現代性問題」, 『邊緣思想』(海口: 南海出版公司, 1999).

식인들 일부가 너무 성급하게 서구를 긍정한 까닭으로 한 사람의 자유인이 응당 갖춰야 할 자존심과 정직함마저 상실된 지경에 이르렀다고 비판하고 있다. 요컨대 '신좌파'는 새로운 시공간을 배경으로, 혁명적 발언과 비판성을 띤 사상적 자원에 근거하여 시장경제와 세계화현상에 대해 반추했으며, 나아가 사회공정과 평등 등 전통적인 사회주의적 가치와 목표를 모색할 것을 역설했다.

| 평가 |

'신좌파'는 사회정의의 보호자를 자처했으며, 이러한 점에서 서구의 프랑크푸르트학파 등 신마르크스주의자들과 유사한 가치적 고려를 보인다고 하겠다. 자유주의가 중국이 '계몽적 입장에서 괴리'된 것을 비판했다면, '신좌파'는 중국 내 사회불공정 및 국제사회의 불평등에 대해 비판했다. '신좌파'는 중국이 전심전력으로 근대화를 추구해야 한다는 것을 일깨우면서도 신랄한 어조로 서구 자본주의의 근대성에 대해 비판했다. 특히 세계화의 물결이 지구 전체를 뒤덮는 시대에 '신좌파'는 역사적 경험과 다원적 상호작용의 시각에서 하나의 새로운 틀로 중국의 문제를 재구성할 것을 강조했다. 생산과 무역과정이 초국화되고 있는 역사적 현장에서 세계화는 하나의 장구한 역사적 과정으로서 각 지역·사회·개인을 하나의 차등화된, 불평등한 구조로 편입시킨다. 이러한 독점구조를 가진 자본주의는 자유시장이라고 할 수 없으며, 시장 규칙의 세계적 확

산이라고도 볼 수 없다. 오히려 반시장적 역량이라 할 수 있다.

많은 이들이 자본주의적 근대성에 대한 '신좌파'의 비판을 가리켜 전통 사회주의적 실천에 대한 단순한 긍정이라거나, 과거 혁명적 낭만주의로의 회귀로 해석하고는 한다. 그러나 이는 실제와 다르다. '신좌파'는 종합적 차원에서 근대성을 비판했을 뿐 아니라, 사회주의적 근대화 실천에 대해서도 반추했다. 마오쩌둥이 주도한 사회주의는 그 가치관과 역사관, (당시) 설정된 국가건설의 목표로 보았을 때 일면 근대화의 실천임이 분명했다. 그러나 동시에 사회주의 이데올로기와 민족주의에 기초한 일종의 근대성 비판이었다. 따라서 이 시기의 역사 또한 하나의 근대화의 실천으로 볼 수는 있으나, 어디까지나 '반근대적 근대화'에 불과했던 것이다. 특히 '문혁' 기간에 초래된 결과는 자본주의적 근대성이 야기한 후과보다 더한 사념을 자아냈다.

시장물신주의를 비판하는 과정에서 '신좌파'에 속한 일부 학자들은 하층 민중의 입장을 대변하면서 민중의 개혁 참여와 그 과정에서의 수혜를 약속하고, 소수 파워엘리트에 의한 국유기업 분할과 자발적 사유화 과정을 억제해야 한다고 강조했다. 이러한 분석과정에서 이들은 인민의 경제민주를 보장하는 '안강헌법(鞍鋼憲法)'과 개혁개방 과정에서 출현한 향진기업의 사례를 인용하고 높이 평가했다. 이러한 사례에서 합리적인 부분을 취해 발전시킴으로써 제도혁신을 모색하는데 그 목적이 있었다. (신좌파) 지식인의 개인적 내력과 정서적인 기억에서 비롯된, 이러한 사회주의에 대한 색다른 현대적 대안 모색과 '문혁' 시기 여러 요소에 대한 발굴은 자유주의자들에게 계획경제 하에서 구현된 고도의 권력집중 체제의 복사판 또는 극좌 사상의 귀환으로 받아들여졌다.

모든 시대의 비판자는 당시 사회를 위해 흔들리지 않는 냉철한 교량을 놓으려 한다. 그러나 이 교량이 감당할 수 있는 행인의 규모는 한정되어 있다. '신좌파'가 제시한 냉철함과 심오함은 부정될 수 없겠으나, 어쩌면 그 가치는 거기에 그치는 것뿐일지도 모른다.

4. 자유주의와 '신좌파'의 논쟁[60]

1990년대의 사회변혁과 사상적 분화는 자유주의자와 '신좌파' 간의 논쟁을 형성하는 양대 전제가 되었다.[60] 90년대의 사회변혁은 사회불공정, 국유자산 유실, '홍색자본가'의 성장과 같은 대량의 사회문제를 야기했다. 이러한 사회문제에 대한 사상계의 반응은 자유주의와 '신좌파'의 논쟁을 통해 집중적으로 나타났다. 사회변혁과 시장화 개혁의 전면적 추진은 또한 지식집단의 분화를 유발했고 이로써 사상계의 분화가 촉진되었다. 이러한 분화는 지식집단이 서로 다른 사상적 자원을 활용하도록 부추겼다. 이들은 서로 다른 분석방법을 통해 나날이 복잡해지는 사회문제에 대한 나름의 판단을 제시했다. '신좌파'와 자유주의 사이의 논쟁은

---

60 본 절은 상하이교통대학(上海交通大學)의 씨에위에(謝嶽) 박사의 동의를 얻어 그의 연구를 인용했으며, 필자가 부분적으로 수정했다. 씨에위에 박사에게 깊은 감사를 표한다. 王邦佐, 潘世偉 主編, 『二十世紀中國社會科學: 政治學卷』(上海: 上海人民出版社, 2005), 389-397쪽 참조.

1990년대 중국 사상계에서 발생한, 세간의 이목을 집중시키는 문화적 대사건이었다. 이 논쟁의 규모는 컸고 언급된 문제도 많았으며, 영향력 또한 광범위했다. 실로 당대 중국 정치사조의 변천 과정에서 보기 드문 수준이었다. 이 논쟁은 당대 중국 지식집단 내에서 자발적으로 이루어졌으며, 중국 현대사에서 발생한 '동서 문화관계 논쟁', '과학과 인생관 논쟁', '중국사회의 성격 논쟁'에 필적할 정도이다.

1998년 이전까지 양자는 정면 교전하는 양상을 보이지는 않았으며 각자의 길을 가기에 바빴다. 학술연구의 역량을 비교했을 때, 자유주의의 '목소리'가 '신좌파'보다 확연히 높았다. 자유주의자들은 저술활동과 서구 학술서적 번역에 몰두했고, 고전적 자유주의 이론을 도구로 삼아 중국의 현실문제를 연구했다. 이 때 대량의 서구 자유주의 철학서들이 중국에서 빛을 보게 되었으며, 동시에 중국 학자들의 자체적인 연구성과 또한 부단히 발표되고 출판되었다. '신좌파'의 연구성과 또한 괄목할만 했다. 이들 역시 자유주의자들처럼 국외 학술저작들, 특히 서구의 마르크스주의와 포스트모더니즘 관련 논저들을 번역·출판했고 이를 토대로 자신의 견해와 주장을 논술했다. 또 한편으로는 자유주의자들과 고전적 자유주의의 정통 이론을 공유해 여기서 활용가능한 학술적 관점을 발굴하려 했다. 이러한 사실로 미루어 봤을 때 비록 양자의 정치적 관점이 상이하고 사회건설에 대한 방법론적 차이가 있으나, 그들의 사상적 자원은 모두 서구 학술계에서 비롯되었다는 것을 알 수 있다. 즉, 서구의 이론으로 중국의 문제를 분석하려 시도했다는 것이 이들의 공통점이었다.

1998년 이전까지 두 정치유파가 각자의 길을 걸었다면, 1998년이 바로 신좌파와 자유주의가 정면으로 설전을 벌이는 원년이 되었다. 이 해를 기점으로 신좌파와 자유주의의 교전이 수면 아래에서 수면 위로 드러났다. 누가 가장 먼저 수면 아래의 교전을 수면 위로 올렸는가에 대해서는 일치된 견해가 없다. '신좌파'를 대표하는 인물인 한위하이(韓毓海)가 1998년 9월, 『천애(天涯)』 잡지에 「'자유주의'적 입장의 이면('自由主義'姿態的背後)」이라는 글을 발표한 것, 혹은 왕후이가 1997년에 『천애(天涯)』 잡지에 「당대 중국의 사상 현황과 근대성 문제(當代中國的思想狀況與現代性問題)」라는 글을 발표한 것이 그 기점으로 부각되는데, 훗날 몇몇 사람들은 왕후이의 글을 시작으로 양대 정치유파의 정면 충돌이 시작되었다고 보는 등 의견이 분분하다. 그러나 누가 되었든 간에 일대 논쟁을 '도발'한 쪽이 '신좌파' 측이라는 것은 부인할 수 없다.

'신좌파'와 자유주의의 논쟁은 학술적 성격이 아닌 이념적 성격을 띤다. 이 논쟁에 참여한 학자들의 학술적 배경은 비단 철학, 정치학에 국한되지 않는다. 실제로 이들은 각기 다른 다양한 영역에서 몸담고 있었다. '신좌파'의 대표적 인물로는 추이즈위안, 깐양, 한위하이와 왕후이를 꼽을 수 있다. 자유주의를 대표하는 인물로는 쉬여우위, 주쉐친, 리션즈(李慎之), 류쥔닝(劉軍寧), 친후이(秦暉) 등이 있다. 양자 간에 최초로 벌어진 논쟁들은 주로 『독서(讀書)』, 『천애(天涯)』, 『21세기(二十一世紀)』와 같은 잡지에서 전개되었으며, 후에 점차 확산되어 대량의 글들이 국내외 중문 신문과 잡지에서 연달아 소개되었다. 양자 간의 논쟁은 1998년과 1999년에 최고조에 달했다. 2000년 이후에는 점차 소강 상태로 접어들어 현재로서는 이러한 유형의 글들을 만나는 일이 드물어졌다.

'신좌파'와 자유주의가 대립 구도를 형성한 것은 인위적으로 조성된 일이 아니었으며, 근거가 없는 것도 아니었다. 이들의 논쟁은 중국 사회발전의 시간과 공간이 내놓은 산물이자 결과였다. 역사유물주의의 관점에 따르면 사상의 변혁은 사회경제적 변혁에 얽매이며, 경제의 발전상황에 조응하는 사상과 의식이 발생하게 된다. 따라서 '신좌파'와 자유주의의 논쟁은 중국 개혁개방의 현실과 (당시의) 국가적 상황에 깊게 뿌리내려 있다고 할 수 있다. '신좌파'든 자유주의든, 모두 이러한 정황에 조응해 발생한 것이다. 양자가 보기에 90년대 중국사회에서는 많은 문제들이 터져 나오고 있었다. "권력은 아무런 거리낌없이 스스로를 금전으로 치환한다. 국내 자본은 권력에 의탁하거나 기생하지 않으면 그 운영이 몹시 어려운 상황이다. 빈부의 격차는 나날이 확대되고 있다. 금전(자본)은 제2의 악으로 많은 이들은 제1의 악보다 이것을 더 견디기 어려워한다."[61]

이러한 상황에서 지식인들은 중국의 발전방향에 대해 숙고하기 시작했다. 중국의 문제는 근본적으로 어디에 있는가에 대해 '신좌파'와 자유주의자는 각기 다른 진단과 처방을 내렸다. 자유주의자들은 정치문제에 보다 많은 관심을 쏟았다. 이들은 정치체제 개혁을 실행해야 비로소 법치사회를 수립할 수 있고 이로써 권력을 견제하고 시장경제를 바로잡을 수 있다고 보았다. 이것이 중국의 문제를 해결하는 근본적인 해법이

61　徐友渔, 「评中国九十年代的'新左派'之一: 制度创新与国情」, http://intellectual. members.easyspace.com

며, 사회문제를 일소하는 유일한 영약인 것이다. 쉬여우위의 발언을 인용해 자유주의자의 문제의식을 요약한다면 '새로운 상황, 여전한 문제(新情況, 老問題)'라 할 수 있을 것이다. 반면 '신좌파'가 보기에 중국의 문제는 이미 자본주의-시장경제의 위협으로 전이되었다. '신좌파'에 의하면 중국의 활로는 세계경제에 대항하는 현재의 국면에서, 현존하는 어떤 문명도 가지 않은 혁신의 길을 가는 데 있었다.

자유주의 측은 '신좌파'측과 논쟁한 내용에 대해 일찍이 다음과 같이 개괄한 바 있다. 주쉐친이 「'신좌파'와 자유주의의 논쟁('新左派'與自由主義之爭)」이라는 글에서 밝힌 바에 따르면 쌍방이 대립각을 세운 초점은 주로 세 가지 측면에 집중되어 있다. 국가상황(國情)에 대한 진단, 사회적 병폐에 대한 판단, 사회적 병폐에 대한 해법이 그것이다.[62] 이에 대해 쉬여우위는 보다 더 포괄적으로 정리했다. 쉬여우위에 의하면 '신좌파'와 자유주의의 논쟁은 주로 아래와 같은 여섯 가지의 큰 문제들을 둘러싸고 전개되었는데, 바로 1) 시장경제와 사회불공정 문제, 2) 세계화와 (중국의) 국제기구 가입 문제, 3) 중국의 국가상황, 4) 대약진과 인민공사, 문혁에 대한 판단, 5) 1980년대 사상해방운동과 5·4 신문화 운동에 대한 견해, 6) 중국의 근대화이다.[63]

사실 쌍방의 논쟁에서 단순히 표면적으로 드러난 문제만 주목한다

---

62   朱學勤,「'新左派'與自由主義之爭」, 公羊 主編,『思潮: 中國'新左派'及其影響』(北京: 中國社會科學出版社, 2003).

63   徐友漁,「知識界到底在爭什麽」,『社會科學論壇』, 2002年第4期.

면 위의 정리만으로도 양자의 이론적 분기를 파악하기에 충분할 것이다. 그러나 이 논쟁들은 일반적 의미의 학술적 논쟁이 아니며, 논쟁에서 다뤄지는 문제들 또한 개별적이지 않다. 따라서 (이러한 문제들에 대한) 양자의 진술은 읽는 이로 하여금 복잡함과 간명함을 동시에 느끼게 한다. (이들이 다루는) 거시적인 문제 안에는 미시적인 문제가, 미시적인 문제 안에는 거시적인 문제가 포함되어 있으며 학리(學理)적 문제에 비학리적 문제가 끼어있기도 한다. 비학리적 문제는 또 이따금 학리적 문제를 통해 설명되기도 한다. 요컨대 '신좌파'와 자유주의의 정치학 논쟁에 대해 전반적으로 깊게 이해하려면 반드시 관념적 토론에서부터 시작해 치밀하게 소묘해나가야 한다.

| '자유우선(自由優先)' vs. '평등지상(平等至上)' |

자유와 평등은 서구 정치철학이 근대 이후 지속적으로 토론해왔던 핵심 문제이다. 서구 정치철학의 기본적 프레임 또한 자유와 평등 개념 위주로 전개되었다. 자유와 평등이 서구 정치철학의 주된 논제가 된 까닭은 시장 경제의 실행 과정에서 개인의 권리가 고취된 데 있었다. 반드시 '경제인'의 독립적 자주가 보장되어야 하고 (여기에) 어떠한 힘의 침해도 받아서는 안되며, 시장과 관련된 권리를 향유할 수 있어야 한다는 것이 시장 성립의 전제 조건이기 때문이다. 따라서 '신좌파'와 자유주의가 1990년대에 자유와 평등의 논쟁을 벌인 것은 전혀 이상하지 않다. 자유주의 측이 주장한 '자유우선'이든, '신좌파' 측이 주장한 '평등지상'이든 이들의 담론은 모두 중국의 시장경제라는 가장 큰 현실 속에서 출발한 것이다.

자유주의자들은 개인의 자유를 가장 우선적인 위치에 놓고 사고했다. 쉬여우위의 논증에 따르면 이론은 사람을 철저하게 설득하려 한다. 이른바 철저함이란 결국 사물의 근본을 파악하는 것으로서, 사물의 근본은 다름 아닌 사람 그 자체일 수밖에 없다. 사람은 무엇보다 먼저 개인이며, 개인이 무리를 구성하고 사회를 구성한다. 발생학과 본체론적 의미에서 개인은 (모든 것에) 가장 우선한다. 인류는 인위적인 척도로 사물을 가늠하기에, 개인은 나름의 척도로 타인과 외부 사물을 가늠한다. 모든 사람은 완전한 신경·감정체계를 갖추고 있어 기쁨과 고통은 가장 먼저에도, 가장 나중에도 개인의 것이다. 인식론과 가치적인 측면에서 말하면 개인은 기본적 단위이다. 따라서 자유란 우선 개인이다. 개인적 자유의 우선성은 개인의 사회성을 말살한다는 뜻이 아니다. 마르크스가 『공산당선언』에서 말한 바와 같이 이상사회에서는 "각자의 자유로운 발전이 모든 이의 자유로운 발전을 위한 조건이 된다." 즉, 개인의 자유를 출발점으로 하여 자유주의의 일련의 중요한 주장들이 파생되는 것이다.

이 밖에도 쉬여우위는 자유주의에서 개인의 재산 보호는 개인적 자유의 중요한 조건이라고 주장한다. 즉, 법률적 보호를 받는 사유재산이 개인 자유의 기초라는 것이다.[64] 자유주의자들은 '자유우선'을 논증하는 동시에 자유와 평등의 관계에 대해서도 진술했다. 자유주의자들이 보기

---

64   徐友漁, 「自由主義與當代中國」, 『開放時代』(廣州), 1999年5, 6月號.

에 인간의 평등은 법 앞의 평등을 가리킨다. 모든 인간은 자유를 귀착점으로 한 법률에 의해 동등한 보호와 대우를 받아야 한다. 이는 곧 평등이 가진 핵심적 함의이다. 이러한 평등권은 침탈되거나 양도될 수 없다. 평등권의 목적은 모든 이가 최대한의 선택적 자유를 누리도록 하여 다양한 측면에서의 잠재적 능력을 충분히 실현하도록 하는 데 있다. 평등권은 또한 침탈될 수 없는 기본적 권리인 자유를 향유한다는 의미이며, 이로써 (개인은) 타인이나 개인연합체의 침해를 받지 않고 동등한 자유를 향유할 수 있다.

평등은 기회의 절대적 평등을 의미하지 않는다. 단지 기회를 향유할 수 있는 동등한 자유를 뜻할 뿐이다. 평등은 정부가 모든 사회구성원들에게 동등한 보장을 제공하거나, 모든 이가 정부가 제공한 재화를 평등하게 점유할 수 있는 권리를 의미하지 않는다. 경제적 측면에서 평등권이 가리키는 바는 기회의 평등 즉, 개인이 자신의 노력으로 물질적 부를 추구하는 과정에서 어떠한 통제도 받지 않는 것을 의미한다. 자유주의의 관점에 입각해보면 개인을 위해 경제적 측면의 보장을 제공하는 것은 개인 또는 개인들이 자발적으로 조직한 단체(가정과 같은)의 책임이지, 정부의 관할사항이 아니다. 모든 개인에게 경제적 보장을 제공할 수 있는 정부는 존재하지 않는다. 정부가 일단 이 방면의 약속을 하게 되면, 보통 개인으로 하여금 자유를 포기하게 만든다. 그 결과 개인은 경제적인 보장을 획득하는 대신 자유를 잃게 된다. 정부가 개인에게 제공하는 도움이 클수록 수혜자의 신상에 대한 정부의 통제는 늘어난다. 즉, 자유주의는 결과의 평등이 아닌 권리의 평등을 신봉한다.

권리의 평등은 시종일관 자유주의의 핵심적 이상이었다. 평등한 권리는 곧 공평한 대우이며, 인류가 몇몇 방면에서 획득한 평등하게 대우받을 수 있는 권리를 가리킨다. 한편 그들 간의 어떠한 차이가 존재하는지에 대해서는 관심을 두지 않는다. 평등한 결과는 인류가 분배에 있어서 차등을 두는 것을 용납치 않지만, 평등한 권리는 차등을 배척하지 않으며(그것이 기회의 평등한 이용이든 물질적 부의 평균 분배이든), 평등한 결과를 발생하게 하지도 않는다. 자유주의자들은 모든 이는 마땅히 자신을 계발할 권리를 가져야 한다고 굳게 믿는다. 유일하면서도 진정한 평등은 도덕적, 인격적 평등 및 거기에 상응하는 자연적 권리의 평등이다. 경제적 평균은 경제적 진보가 아니며, 재산과 사적 점유가 일단 분리되기 시작하면 자유는 곧 그 토대를 상실하게 된다. 평균주의적 도덕관은 사유재산과 사회적 도덕을 파괴한다. 인간은 천부적으로, 또 능력적으로 불평등하다. 사회가 개체 간의 차이와 다양성, 복잡성을 노정하는 것은 문명사회의 중요한 표식이다. 재력과 사회적 지위의 차이는 서글픈 일이 아닐뿐더러 건전한 사회를 위해 반드시 필요하다.[65]

'신좌파'는 문화적 관점에서 자유주의적 권리관의 보편성에 반박한다. 이들은 평등을 변호하기 위해 '평등지상'의 원칙을 강조한다. '신좌파'에 의하면 자유주의적 권리이론과 유럽·미국의 헌장(憲章)의 특징 가운데 하나는 일련의 개인적 권리를 규정하고, 공민의 존엄함이 평등하게 보장되어야 한다는 입장을 견지하는 것이다. 권리자유주의와 그 법

---

65   劉軍寧, 「自由主義與公正: 對若干詰難的回答」, 『當代中國研究』(北京), 2000年第4期.

적 체현은 개인의 권리를 집단적 목표 앞에 놓는다. 그러나 이러한 자유주의적 권리이론의 초석은 지금 '인정의 정치(承認的政治)'의 도전에 직면해 있다. 자유주의적 권리이론은 보편주의적이며 집단적 목표를 회의하는 모델로, 문화적 차이를 보존하는 것과 같은 집단적 목적에는 아랑곳하지 않는다. 집단적 목적에 호소하는 차이의 정치(差異政治, politics of difference)는 분명 좋은 삶에 대한 실질적 판단을 포함할 뿐 아니라, 어떤 측면 또는 상황에서는 문화보존의 중요성을 인정하여 이것이 심지어 모든 공민을 동등하게 대우할 중요성을 상쇄하기도 한다.

　'신좌파'에 의하면 차이에 대한 자유주의의 경시는 자유주의의 가치중립적 가설에서 기인한다. 이들은 이러한 가설만이 각기 다른 문화적 배경을 가진 사람들의 평등한 교류를 보장한다고 여긴다. 자유주의 이론은 공공영역과 사적영역, 정치와 종교의 구분에 대해 끝없이 중언한다. 그 목적 중 하나는 논쟁을 일으킬 여지가 있는 차이와 분기점을 정치와 무관한 영역에 한정시키기 위해서이다. 자유주의의 가치중립적 가설은 문화적 가치 뿐만 아니라 호전적인 호소를 포함한다. 바로 이러한 원인 때문에 문화다원주의는 자유주의의 보편주의 관념을 비난한다. 이것들은 특정 문화를 타자에게 강요하고, 자신의 모델에 입각해 다른 문화를 (재단하여) 본질이 없는 타자로 만들어버린다는 것이다. 현존하는 민족국가의 절대 다수는 다민족국가이다. 따라서 필연적으로 다원적인 문화(언어, 관습, 신앙 등)를 포함한다. 그러나 현재 세계에서 진행되고 있는 세계화 과정은 이미 기존의 사회구조를 완전히 바꿔버렸다. 유동하는 이민사회에서 주변집단의 문화를 무시하고 자신의 규칙만을 독단적으로 강조하게 되면, 모든 공민의 권리를 효율적으로 보호한다는 기본적 목적 또한 반드시 이로 인해 흐려지게 될 것이다.[66]

| 사회공정문제 |

사회공정은 '신좌파'와 자유주의가 대립하는 주요 소재이다. 개혁개방 이후 중국의 시장경제 건설이 한 단계 심화되면서 사회발전의 문제 특히 불평등 문제가 나날이 부각되었고, 이는 개혁의 진전에 상당한 영향을 미쳤다. '신좌파'와 자유주의 진영은 사회불평등 문제를 판단하는 근거와 그 해법을 제시했고, 각자 나름의 설득력을 가진다. 이 시기 양자가 주고받은 논쟁은 유독 격렬했다. 사회공정에 대한 양자의 논쟁은 아래 두 가지 측면에 집중되었다.

● 중국사회의 불평등 현상에 대한 원인 분석

'신좌파'가 보기에 중국의 빈부 격차와 분배 불균형 현상을 야기하는 근본적인 원인은 과도한 시장화 개혁에 있었다. 시장 메커니즘의 실행은 필연적으로 부익부 빈익빈의 '마태 효과(Matthews effect)'를 유발할 뿐 아니라, 경제위기와 정경유착, 무분별한 생산과 불합리한 분배 등을 초래한다. 아울러 기득권층의 특권적 지위와 (다른 계층의) 노예화 현상을 가

---

66   汪暉, 「承認的政治, 萬民法與自由主義的困境」, 『二十一世紀』(香港), 1997年.

중시켜 중국을 '노예의 길'로 들어서게 한다고 비판했다.

반면 자유주의자들은 현실은 신좌파의 힐난과는 전혀 다르다고 반박했다. 이들이 보기에 현재 중국의 심각한 분배 불균형 현상은 정상적인 시장경제의 결과로 야기된 것이 아니라, 권력을 장악한 이들이 권력을 앞세워 거대한 부당이득을 도모했기 때문에 발생한 것이다. 이러한 문제들은 장기적인 계획경제체제 및 여기에 맞춰진 관리제도들과 연관이 있다. 이것이 바로 시장화개혁이 철저하고 충분하게 실행되지 못한데서 기인한, 잔존하는 계획경제 및 그 관리제도들이 빚어낸 관권과 금권간 야합의 결과이다.

'신좌파'는 양극화와 분배 불공정을 야기한 또 다른 원인은 '효율제일'의 발전주의적 근대화 노선에 있다며, 효율제일과 발전지상의 정책노선을 철저히 지양해야 한다고 강조했다. 여기에 대해서도 자유주의는 다른 목소리를 냈다. 자유주의자들에 의하면 각각의 이데올로기는 효율에 대해 근본적으로 다른 관점을 갖고 있다. 따라서 만약 '효율'의 함의에 대해 묻지 않은 채 효율제일주의를 질책하기만 한다면, 공평과 효율은 대립하게 될 것이고 이는 문제의 해결에 전혀 도움이 되지 않는다. 계획경제와 여기에 상응하는 이데올로기들은 국가가 직접 나서서 모든 것을 도맡아야 하며, 행정명령으로 시장의 조절을 대신해야만 최고의 효율을 달성할 수 있다고 여긴다. 자유주의는 이처럼 개인의 발전권을 국가의 발전권으로 치환해버리는 발전주의에 극력 반대했다. 자유주의자들은 모든 이의 자유와 권리를 존중하는 정치·경제제도만이 공정한 제도라 할 수 있으며, 이러한 제도만이 가장 효율적인 제도가 될 수 있다고 보았다. 계획경제 하에서는 개인적 차원의 공평과 국가가 추구하는 효율 간에 분명 타협할 수 없는 모순이 존재한다. 따라서 자유시장경제와 헌정민주를 실행하는 정치체제가 탄생한 이후에야 이러한 모순이 완화될 수 있다. 이것이 자유주의자들의 주장이다.

● 사회불공정 해소의 대책

이데올로기적 차이로 인해 현재 중국이 갖고 있는 빈부격차 확대, 부패의 만연, 국유자산 유실과 같은 사회적 병폐의 원인에 대한 양자의 진단은 사뭇 다르다. 따라서 양자가 주장하는 해결방법 또한 자연히 근본적으로 다를 수밖에 없다. 전반적으로 볼 때 양자의 주요 분기점은 다음과 같다.

① '신좌파'는 공유제를 유지하고 국가권력을 강화해야 하며, 부의 재분배를 통해 불평등 현상의 심화를 방지해야 한다고 주장한다. '신좌파'는 빈부격차와 분배 불공정을 일소하고 사회적 약자들의 생존환경을 개선하기 위해서는 반드시 정부의 재분배 권한을 확대해야 한다고 생각했다. 따라서 정부가 민간 재원을 수취할 수 있는 정도를 높이고 (이렇게 수취한) 민간재원을 정부에 귀속시켜야 한다고 주장한다. 반면 자유주의자들은 경쟁 규칙의 공정성을 개선해 경제적 자유를 심화해야 하며, 이렇게 만들어진 공정한 경쟁을 통해 부의 계층 간 유동을 조절할 수 있다고 보았다. 동시에 정부의 규모와 직권, 정부가 장악한 자원을 축소해야 한다고 주장한다.

② '신좌파'는 시장화 개혁을 중단할 것을 요구했고, 자유주의는 시장화 개혁의 가속화를 요구했다.

③ '신좌파'는 중국의 자유와 자유주의를 제한해야 한다고 설파했다. 한편 자유주의는 정치민주화로 향하는 발걸음을 재촉할 것을 요구하며 제한적 정부의 수립과 법치와 헌정의 확립을 통해 부패와 권력남용, 사회양극화를 초래한 근본적인 원인을 해결할 수 있다고 주장했다.

정리하자면, 자유주의와 '신좌파' 모두 경제적 분배는 응당 공정한 원칙에 의해 추진되어야 한다고 생각했다. 쌍방의 분기점은 자유주의는 교환의 공정에 역점을 두었고, '신좌파'는 자유주의가 보기에 분배의 결과적 '공정'에만 관심을 쏟는 것처럼 보였다는 데 있다. '신좌파'는 공평한 분배가 생산수단의 공동(국가)점유와 부의 '사회'(국가)적 재분배를 통해서만 실현될 수 있다고 보았다. 자유주의자들은 (신좌파들이 주장하는) '공정'한 결과만을 단편적으로 추구하는 분배과정 자체가 불공정할 가능성이 크다고 보았다. 이들에 의하면 경쟁의 방식에는 공정/불공정 여부가 존재할 수 있으나, 정당한, 공정한 경쟁방식으로 발생한 분배의 결과에는 공정/불공정 여부가 성립될 수 없다. 공정의 원칙은 발견되는 것이지, 정해지는 것이 아니다. 공인된, 공평한 분배의 보편적인 원칙이란 본래 존재하지 않는다. 단선적으로 분배를 강조하는 '사회공정'설은 내적인 모순을 안고 있다. 사람들은 마땅히 규칙에 입각해 게임을 해야 하고 결과는 승리일 수도, 패배일 수도 있다. 공정 자체가 승리자의 전리품이 되어서는 안되며, 분배의 대상이 되어서도 안된다. 만약 몇몇 이들이 특정한 분배의 몫을 얻도록 보장하는 제도가 성립된다면 이는 경쟁에서 특정인이 반드시 승리하도록 보장하겠다는 것만큼이나 황당한 일일 것이다. 이러한 '공정'은 공평한 경쟁원칙에 대한 철저한 부정이며, 보다 큰 불공정을 부를 뿐이다. '공정'의 의도로 개입해 승패의 경계를 무너뜨리고 규칙을 대신해 경쟁의 결과를 정하려 하게 되면 반드시 불공정으로 흐르게 되며, 게임의 진행을 저해하게 된다.

| 민주의 형태: 직접 민주인가, 간접 민주인가 |

직접 민주와 간접 민주는 민주를 구성하는 두 가지 제도형태이다. 일찍이 역사상 이 문제에 대한 장기적인 논쟁이 존재했다. 직접 민주에 찬성하는 이들은 직접 민주제도만이 공민의 의사를 보다 효과적으로 체현할 수 있으며, '주권재민'의 원칙을 제대로 실현할 수 있다고 보았다. 반면 간접 민주를 주장하는 측이 견지한 입장은 이렇다. 이들이 보기에 직접 민주는 다수가 소수의 권리를 침해하는 고질적인 폐단을 안고 있다. 뿐만 아니라 직접 민주는 '규모적 걸림돌'이라는 문제를 가진다. 즉, 인구 대국에서 모든 사람이 직접 자신의 사무를 결정하는 일이 가능할 리 만무하다. 간접 민주제도는 이러한 '규모적 걸림돌' 문제를 극복하는 동시에 다수의 권리와 소수의 이익을 보장할 수 있다. 직접 민주와 간접 민주에 대한 '신좌파'와 자유주의의 논쟁은 기본적으로 위에서 언급한 몇 가지 의제를 둘러싸고 전개되었다.

직접 민주와 간접 민주의 규모에 대한 연구에 있어서는 자유주의 측이 '신좌파' 측을 크게 앞섰다. 자유주의자들은 이론적, 경험적 차원에서 직접 민주의 허황됨을 증명했으며 간접 민주의 보편성을 칭송했다. 자유주의자가 간접 민주와 대의제를 주장한 것은 그들의 '소극적 자유관'과 일맥상통한다. 자유주의자가 직접 민주를 반대한 까닭은 다음과 같다. 직접 민주는 인민 전체의 자주적 통치를 약속한다. 그러나 이를 실천하는 과정에서 또 다수표결제를 채택하게 되고, 표결 때마다 소수의 의견이 부정되는 현상이 발생한다. 다시 말해 직접 민주가 약속하는 것은 모든 이의 통치이지만 이것을 실행하는 과정에서 결국 다수의 통치에 머무르게 된다는 것이다. 인민의 의지와 통치는 다수의 의지와 통치와 동일하지 않다. 다수의 의지가 인민 전체의 의지가 될 수 없고, 다수의 의지가 우위를 차지하게 되면 필연적으로 소수의 의지는 억눌리게 된다. 따라서 이른바 직접 민주란 인민의 주도가 아닌, 기껏해야 다수의 주도에 지나지 않는다는 것이다.[67] 한마디로 자유주의자들은 직접 민주에 반대하는데, 이 반대의 중심에는 역사적으로 유례있는 '다수의 폭정'의 발생에 대한 우려가 자리하고 있었다. 자유주의자들이 보기에 간접 민주는 직접 민주가 현실정치에서 실현되었을 때 유발될 수 있는 다양한 폐단을 극복할 수 있을뿐더러 시장과 사회에 의탁해 개인의 자유를 보호하는데 있어 직접 민주보다 더 큰 포용성을 지니고 있었다. 동시에 간접 민주가 절차화된 제도는 하나의 교정 메커니즘으로 작용해 다수의 폭정이 발생하는 것을 저지할 수 있다고 보았다.

　'신좌파'는 간접 민주의 실현가능성을 논할 때 대개 당대 중국의 구

67　劉軍寧, 「直接民主與間接民主: 近義還是反義」, 『共和·民主·憲政: 自由主義思想研究』
　　(上海: 上海三聯書店, 1998).

체적 문제에 착안했다. '신좌파'는 직접 민주를 지지하는 사유로 두 가지를 들었다. 미국의 경험과 중국의 사회발전에 요구되는 직접 민주의 필요성이 그것이다. 깐양은 「정치민족으로 나아감(走向政治民族)」이라는 글에서 베버의 관점을 인용해 자신이 제시한 '정치민족'의 함의를 규정했다. 베버에 의하면 현대의 경제발전은 반드시 사회의 고도 분업화를 촉진하는데 이로써 사회 전체가 나날이 다원화, 분산화되는 원심(離心)적 경향이 나타난다. 따라서 현대정치의 기본적인 임무는 다원화되고 분산된 사회적 이익을 민족 전체의 정치적 의지와 정치적 구심력으로 응집시킬 수 있는 정치과정을 어떻게 구성할 것인가에 있다. 그렇지 않으면 민족 전체가 사회의 중심에서 이탈하는 위태로운 국면이 초래될 것이다. 따라서 깐양에 의하면 낙후되었던 민족경제가 도약하는 그 이면에는 중요한 문제가 숨어 있다. 바로 민족의 정치적 주도력이 정치적 비전과 정치적 의지를 통해 새로운 정치적 메커니즘으로 구현되었는지의 문제이다. 이를 통해 민족은 사회구조의 어떠한 거대한 변동에도 적응할 수 있게 된다. 그리고 이처럼 광범위한 정치참여로 민족의 정치적 정체성을 응집시키는 민족이 곧 현대의 '정치민족'인 것이다.

깐양은 중국사회에서는 이미 어떻게 '정치민족'을 지향할 것인가의 문제가 제기되고 있다고 보았다. 깐양은 중국의 '정치민족'을 어떻게 수립할 것인가 하는 문제와 관련해 선진국의 경험이 참고할 만하다고 생각했는데, 상기의 글에서 깐양은 선진국의 사례를 들어 중앙의 권력을 강화하는 가장 주된 제도적 기제는 바로 가능한 한 간접 민주적 조치를 줄이고 직접선거를 확대하는 것이라고 밝히고 있으며, 미국 대통령 선거와

의원 선거를 사례로 직접선거의 중요성과 실현가능성을 논증했다.

사실 '신좌파'가 직접 민주를 제창하는 사상적 동기는 여전히 '평등 지상'의 원칙에 있다. 일찍이 깐양은 평등지향의 직접 민주에 대해 다음과 같이 다소 감성적으로 설명한 바 있다.

"민주화란 국가기구가 반드시 사회의 차별 구조를 척결해야 함을 의미한다. 이것은 변하지 않는 사실이다. 유일하게 선택가능한 길은 다음과 같다. 하나는 대중들이 대의제를 외피를 걸친 관료제적 '권위주의 국가'에서 자유도 없고 권리도 없는 채로 살아가는 것이다. 국가는 마치 가축을 다루듯이 공민을 행정적으로 관리한다. 다른 하나는 국가가 공민을 '공동 통치자'로 만드는 방식으로, 공민을 국가 안으로 통합시키는 것이다. '자주적인 민족(主宰民族)'이라면 후자를 선택할 수밖에 없을 것이다. 왜냐하면 이러한 민족이야말로 '세계정치' 안에서 각축을 벌일 수 있기 때문이다. 민주화는 분명 일시적으로 가로막힐 수 있다. 권력자의 이익과 다양한 편견 및 공포증이 연합해 민주화를 반대할 것이다. 그러나 머지않아 이러한 행위에 대한 응분의 대가를 치를 것이다. 대중의 모든 정신력이 국가와 맞서는 데 쓰여질 것이다. 왜냐하면 국가는 여전히 존재하지만 대중들은 자신을 국가의 일부라 여기지 않을 것이기 때문이다. 이러한 피할 수 없는 정치적 결과(민주화에 대한 반대)는 어쩌면 특정 사회집단으로 하여금 이익을 얻게 할지도 모른다. 그러나 단연코 민족 전체의 이익에는 위배된다."[68]

---

68   甘陽, 「反民主的自由主義還是民主的自由主義?」, 『二十一世紀』(香港), 1997年.

자유주의자는 간접 민주에 찬성하고 직접 민주에 반대한다. 따라서 이들이 주장하는 정치개혁은 개인의 자유와 권리를 보장하는 제한적 정부를 수립하는 것이다. 제한적 정부 수립의 관건은 법치의 실현에 있다. 법치를 실현하려면 먼저 헌정정신에 부합하는 헌법이 마련되어야 한다. 헌정 하의 헌법은 기본적 인권을 체현하는 정치적 이상에 근거해 제정된다. 헌법은 정부의 권력을 제한할 것을 요구하는데 선출에 의해 구성되는 입법기관 또한 예외는 아니다. 헌법은 또 정치권력의 탄생이 공민의 자발적 동의에 기초해야 하며, 모든 공적 사무는 정당한 법률적 절차에 입각해 처리될 것을 요구한다.[69] 왜냐하면 자유와 민주는 각기 다른 목표를 가진 별개의 가치이기 때문이다. 하이에크의 주장처럼 수백만의 유권자가 투표를 통해 폭정에 완전히 종속될 수도 있고, 유권자가 자신이 원하는 정부를 선택하는 일이 반드시 자유를 보장하는 것도 아니다. 민주가 선거라는 틀에서 전개되느냐, 헌정과 법치의 틀에서 전개되느냐는 전혀 다른 문제이다.[70]

'신좌파'는 '평등지상'의 정신을 강조하는 것에서 출발하여 중국에서 직접선거제도를 실행할 것을 역설했다. 이들은 정치·사회활동에서 민중의 자주권을 확대할 것을 주장하였고, 민주제도를 건설하는 과정간에 '대약진(大躍進)'과 인민공사(人民公社), '문화대혁명'이라는 역사적 경험으로부터 합리적인 정치자산을 취해 충분히 활용할 것을 제안했다.

---

69   劉軍寧, 「有限政府與政體改革」, 『領導文萃』, 2004年第11期.

70   [英]費裏德裏希·馮·哈耶克, 『自由秩序原理』(北京: 三聯書店, 1997).

'신좌파'의 급진적인 주장은 자연히 자유주의 측의 맹렬한 비판에 부딪혔다. 주쉐친은 '신좌파'의 일원인 한위하이의 비판에 대응하는 과정에서 직접 민주는 고대 도시국가에서나 적합한 제도로, 현대 민족국가에서는 적합치 않다고 강조했다. 만약 고대 도시국가에서 실행했던 직접 민주를 현대 민주국가에서 강행한다면 민주로 시작해 전제로 끝나는 해프닝이 벌어질 뿐이며 프랑스 대혁명 시기 자코뱅 독재와 중국의 '문화대혁명'이 이를 증명한다고 했다. 즉, 자유주의 측은 시종일관 민주를 요구하면서도 무턱대고 고대의 직접 민주를 현재 중국에 소환하는 데에는 결연히 반대했다.[71]

'신좌파'와 자유주의는 각기 다른 학문적 배경을 가지고 있었다. 따라서 문제를 관찰하고 분석하는 시각 또한 상이했다. 설사 같은 사상적 유파에 속한다 해도 중국의 현실문제를 인식하는 방법과 착안점에 있어 큰 차이를 가질 수 있었다. 정치학, 철학, 문학, 경제학 등이 그들의 주요 방법론이었다. 이러한 방법론을 가지고 이들은 정치철학 또는 경제문제, 현실의 정치체제적 차원 또는 세계화와 문화식민주의의 관점에서 나름의 견해를 피력했다. 이로써 양대 유파의 논쟁의 내용과 범주는 무척 방대해졌다.

'신좌파'와 자유주의가 논쟁한 구체적인 내용들을 보게 되면 우리는 다소 일천하다는 느낌을 지울 수 없다. 자유주의 측은 많은 경우 자신의 정치적 주장을 학리(學理)적으로 논증하려 했다. '신좌파'의 경우 체계

---

71   朱學勤, 「1998: 自由主義學理的言說」, 『南方周末』(廣州), 1998年12月25日.

성이나 엄밀한 논리적 연역성이 부족해 설득력이 강하지 못했다. 따라서 양자의 논쟁이 이론적으로 형성된 경우는 드물었으며, 이에 '신좌파'는 자유주의자가 토론하는 정치학 또는 철학문제를 기본적으로 회피하는 방법을 쓰거나, 때로는 '포스트모던' 또는 기타 비주류 이론으로 대응했다. 또한 양자가 토론하는 문제가 분산되어 있던 탓으로 하나의 논제에 천착하여 (서로의 주장을) 갈파하기 어려웠다. 이 점은 '신좌파' 측에서 보다 두드러진다. 이리하여 양자의 논쟁은 필연적으로 깊이가 결여될 수밖에 없었다. 엄밀히 말해, 정치적인 입장에서 대립했던 것을 제외하고는 아직까지 이들의 이론적 맞대결이 형성되지 못했다. 자유주의 측은 마치 준비했다는 듯이 중국의 시장화개혁 과정에서 등장한 일련의 문제에 대해 자유주의적 패러다임으로 적절히 응대했다. 반면 '신좌파'의 응전은 다소 황급하다는 인상을 준다. 외부의 시선으로 보면 그들이 말하는 이른바 '제도혁신' 또한 그저 차별화에만 치중하는 것에 지나지 않았다.

자유주의 측은 학리적으로 그다지 큰 발전을 보이지는 못했으나 그들의 가진 장점은 자유주의 그 자체가 주류 담론이라는 데 있었다. 특히 세계통합이라는 배경 아래 민주화 물결이 확산되는 과정에서 자유주의는 엉겹결에 엄청난 석권지세를 지니게 되었다. 반면 '신좌파'의 열세는 이들이 신봉하는 이데올로기 자체가 좌익적인, 비주류 이론이라는 데 있었다. 이들의 과격한 관점은 시작부터 스스로를 수세적인 위치에 놓이게 했다. 그러나 자유주의든 '신좌파'든, 이들의 이론적 자원은 모두 서구 선진국의 근대화 경험에서 비롯되었다. 따라서 이러한 이론들로 중국의 현실문제를 설명하는 것이 가능한가라는 의구심을 자아내기에 충분했다.

중국역사를 통틀어 살펴보건대, 모든 사상적 논쟁은 대개 사회적 전환기에 출현했다. 바로 여기에 사회변혁에 대한 당혹감과 기대가 반영되어 있기 때문이다. 현대인의 이성은 스스로가 '무지'한 상태로 남게 되는 것을 거부한다. 인간은 언제나 자신의 존재에 대해 합리적으로 사유하고 또 탐색한다. 이것이 사상적 논쟁을 형성하는 심리적 근원이다. 중국 현대사에서 발생한 몇 차례의 논쟁들과 마찬가지로 '신좌파'와 자유주의의 논쟁 역시 역사성을 갖는다. 단지 최근에 발생한 탓으로 역사적 무게감이 떨어져 경시되기 쉬울 뿐이다. 이 논쟁에서 언급된 문제들은 어쩌면 현실 사회발전의 운명과 직결된 대명제(大命題)일지도 모른다. '신좌파'와 자유주의 논쟁의 가장 표면적인 의의는 바로 이들이 문제를 제기했다는 데 있다. 그리고 이것들이 크든 작든, 깊든 얕든, 모두 향후 중국이 반드시 직시해야 하는 문제들임에는 틀림이 없다. 이러한 관점에서 보면 '신좌파'와 자유주의의 논쟁은 분명 시대를 초월하는 의의를 갖는다고 하겠다.

제5장

정부 개혁을 위한
현대 중국의 정치사조

1. 제3의 길:
'좌'와 '우' 넘어서기

| '제3의 길' 부상의 국내외 배경 |

'신좌파'와 자유주의의 논쟁이 나날이 격해지고 있을 때, 좌우를 초월하는 정치사조가 중국 내에서 고요히 떠오르고 있었다. 이러한 사조의 부상은 '신좌파'와 자유주의의 논쟁에 대한 반응일 뿐 아니라 1990년대 세계 곳곳에서 일어나는 정치사조 혁명에 대한 부응이기도 했다. 1990년대 이후 미국의 빌 클린턴(Bill Clinton), 이탈리아의 로마노 프로디(Romano Prodi), 프랑스의 리오넬 조스팽(Lionel Jospin), 영국의 토니 블레어(Tony Blair), 독일의 게르하르트 슈뢰더(Gerhard Schröder)를 대표로 한 정당들이 연달아 집권했다. 이들은 마치 약속이나 한 듯 전통적 '좌파'와도, 우파의 주류를 점하고 있던 '신중도파(the new centre)'와도 차별되는 대안을 사회·정치·경제 각 방면에서 추진할 것을 선언했다. 미국의 클린턴 대통령이 새로운 정치·경제적 대안을 가리켜 '제3의 길(The Third

Way)'이라 명명한 이후 '제3의 길'은 유럽과 미국의 '좌파'정당의 정치적 인 지표가 되었으며, 유럽과 미국의 좌파 세력으로부터 광범위한 호응을 얻어 새롭게 떠오르는 정치운동으로 거듭났다.

많은 이들이 클린턴을 '제 3의 길'의 창시자로 여긴다. 1992년 대통 령 선거에서 클린턴은 '인민을 가장 우선순위에 놓는' 것을 경선의 캐치 프레이즈로 삼았다. 그는 자신이 채택한 정책은 자유주의도, 보수주의 도 아닌 양자의 결합이라 자신했다. 민중들은 이미 좌우 투쟁은 물론 자 유주의와 보수주의의 낡은 담론에도 염증이 난 상태였다. 정부의 책임 은 보다 많은 기회를 만드는 데 있고, 인민의 책임은 이러한 기회를 충분 히 이용하는 데 있다. 영국의 토니 블레어 수상은 집권 이후 '제3의 길' 의 기치를 보다 높이 들어올렸다. 블레어는 직접 '제3의 길: 새로운 세기 를 위한 새로운 정치(The Third Way: New Politics For the New Century)' 라 는 책을 집필했으며, 이는 그가 이끄는 영국 노동당의 정치강령이 되었 다. 실제로 '제3의 길'은 새로운 정치운동일 뿐 아니라 새로운 정치사조 이기도 했다.[1] 보다 중요한 사실은 이 정치사조가 당시 중국에서 맹렬히 진행되었던 '신좌파'와 자유주의의 논쟁을 중재하는 역할을 했다는 것이 다. '제3의 길' 사조는 자유주의와 '신좌파'가 간과했던 중간지대를 효과 적으로 메울 수 있었다.

'제3의 길' 사조가 유럽과 미국에서 먼저 출현한 데에는 그럴만한 배경이 있다. '제3의 길'은 지금부터 서술할 변화들과 밀접한 관련이 있

---

1   陳亦新, 「西方'第三條道路'的新理論」, 『二十一世紀』(香港), 1999年.

다. 첫째, 양대 이데올로기 대립이 종결되었다. 양대 이데올로기가 대립하는 국면이 끝난 이후 경직된 이데올로기적 구속이 해소되면서, 다양한 사조와 탐색이 출현할 수 있는 보다 넓은 발전 공간이 조성되었다. 둘째, 세계화의 가속화로 인해 다수의 새로운 문제와 위협이 등장했다. 과거 세계화의 직접적인 추동자이자, 일관된 수혜자였던 서구 국가들은 이러한 문제와 위협들에 직면하면서 그 대응에 힘겨워 하고 있었다. 민족국가 자체와 냉전 시대에 수립된 서구 중심의 국제기구와 원리에만 의존해서는 정치·경제·문화 각 방면에 가득한 전반적인 문제들을 해결할 수 없었다. 셋째, 정보화 기술의 발전이 산업구조의 변혁을 가져와 국가 발전에 새로운 계기를 제공했다. 넷째, 국내 사회정치구조의 변화가 새로운 사유와 행동을 자극했다. 다섯째, 정치의 '세대' 교체가 서구의 사회정치적 변화에 직접적인 동력을 제공했다.

'제3의 길'은 주로 세 가지 목적을 바탕으로 제시되었다. 첫째, 구좌익·구우익과의 차별화를 꾀하려 했다. 둘째, 좌익정당의 지지층을 재구성하여 정치세력의 새로운 조합을 선보이려 했다. 셋째, 국내의 다양한 사회경제적 문제들을 해결할 전반적인 대안을 찾으려 했다. 국가의 개입과 복지제도를 중시하는 사회주의와 시장과 개인 본위를 숭배하는 신자유주의 모두 과도하게 편협하고 단선적이기 때문에 오늘날 서구세계가 문제를 전반적으로 해결하는 데 있어 어떤 메시지도 제공할 수 없다는 것이었다. 따라서 문제를 해결하는 방법은 사회주의와 신자유주의라는 사고와 모델을 뛰어넘는 새로운 노선을 찾는 데 있었다.[2] 이로 미루어 볼 때 '제3의 길'의 등장은 서구세계가 직면한 시간적·공간적 정황과 밀접한 관련이 있다고 할 수 있다. 특히 나날이 달라지는 문제에 직면하여 좌우 이분법적인 전통적 정치판단은 이미 그 효력을 상실했다. 왜냐하면 이러한 이분법적 판단으로는 새롭게 등장한 녹색당, 페미니즘(Feminism)과 같은 신사회운동의 요소들을 담지할 수 없기 때문이다. 그렇기에 많은 정치인들이 '제3의 길'을 따라 자신의 정치적 선언을 확립하려 시도한 것이다.

1990년 중국에서 '제3의 길'이 대두된 데에는 자연히 내부적인 원인이 있다. 이 내부적 원인의 중요성은 외부적 자극을 크게 상쇄한다. 1990년대는 중국이 사회주의 시장경제체제를 적극적으로 구축해나가던 시기이다. 시장화 개혁이 부단히 추진됨에 따라 일련의 문제들이 잇따라 발생했다. 가장 가시적인 양상은 빈부와 계층의 분화, 정부-사회관계의 긴장, 사회의 유동, 새로운 사회계층의 탄생 등이었다. 사회학계의 연구성과에 근거해 1990년대 사회구조의 변천을 이론적으로 개괄해본다면 층화론(層化論), 파편론(碎片論), 단절론(斷裂論)으로 대별할 수 있다.

'층화론'은 중국사회과학원 사회학연구소의 루쉐이(陸學藝) 를 비롯한 몇몇의 연구원들이 집필한 『당대 중국 사회계층 연구 보고서(當代中國社會階層研究報告)』에서 제시되었다. 이들은 직업 유형을 바탕으로 조직적 자원·경제적 자원·문화적 자원의 점유 현황을 분류 기준으로 하여, 10대 계층과 다섯 가지의 사회적 지위와 등급으로 구성된 당대 중국의 사회분층구조를 그려냈다. 여기에서 10대 사회계층이란 국가·사회관

---

2   楊雪冬, 薛曉源 主編, 『'第三條道路'與新的理論』(北京: 社會科學文獻出版社, 2000), 2-8쪽.

리층, 전문경영인 계층, 사영기업주 계층, 전문기술직 계층, 사무직 계층, 개인 영업자 계층, 상업·서비스업 종사 계층, 산업노동자 계층, 농업노동자 계층, 도시·농촌의 무직, 실업, 유사실업 계층을 말한다. 그리고 다섯 가지 사회적 등급은 사회상층, 중상층, 중중층, 중하층, 하층으로 분류된다. 현재 산업노동자 계층은 전체 사회계층구조에서 22.6%를 차지하는데 그 중 30%는 농민공(農民工)이다. 농업을 주요 수입원으로 하는 농업노동자 계층은 전체 노동인구에서 대략 44%를 차지한다. 도시와 농촌에 존재하는 무직, 실업, 유사실업 계층이 전체 사회계층구조에서 차지하는 비중은 대략 3.1% 정도다. 이들이 곧 사회의 하층으로, 매체에서 말하는 사회적 약자 집단이다. 이로 미루어볼 때, 중국의 사회구조에서 중하층과 하층이 차지하는 비율이 70%에 육박하고 있음을 알 수 있다. 루쉐이가 주도한 '당대 중국사회 계층 변천 연구' 프로젝트팀은 '현재 중국 내 도시의 사회계층구조는 올리브형인 현대적 사회계층구조로 변모해가고 있다. 그러나 농촌지역 또는 도시와 농촌이 통합된 현급 행정구의 경우 그 사회계층구조가 현대적 사회계층구조로 변모하려면 아직 많은 시간이 필요하다'는 기초적인 판단을 제시했다.

'파편론'은 칭화대학(淸華大學) 사회학과 교수인 리창(李強)에 의해 제시되었다. 리창은 현재 중국사회의 이익구조는 매우 신속하게 변화하고 있으며, 사회의 이익집단은 현재 분화, 해체(disorganization), '재통합(reintegration)'되는 과정을 겪고 있다고 보았다. 따라서 그 지위가 상대적으로 고정된 계급 또는 계층 개념은 중국사회의 실제 상황에 부합하지 않는다. 이에 리창은 네 가지 이익집단모델을 활용해 작금의 중국사회를 분석했다. 리창에 의하면 현단계 중국의 사회분화 및 사회분층구조는 파편화되는 양상을 보이며 아직까지 층화 또는 정형화되는 모습을 보이지 않고 있다. 각 군체(群體) 또는 단체의 내부 구성은 이익의 변화에 따라 수시로 조정된다.

리창은 개혁으로 인한 수혜와 피해 상황을 바탕으로 현단계 중국의 사회구성원을 네 가지 이익 군체 또는 집단으로 분류했다. 바로 특수 수혜자 집단(개혁 이후 가장 큰 이익을 본 이들로 민영기업가, 회사경영자, 고위 경영자, 프로젝트 하청업자, 시장에 존재하는 다양한 매니저들, 가수·영화배우·운동선수 등 스타계층, 외국자본·기업과 영합한 외국기업 경영자, 기술자 등이 여기에 해당된다.), 일반 수혜자 집단(개혁 이후 경제 및 다양한 사회자원 방면에서 눈에 띠는 이익을 취한 집단으로 지식인, 간부, 일반 경영관리인, 사무직, 점원, 노동자, 농민 등 각 계층의 구성원들을 포함한다.), 상대적 피해 집단(개혁의 현단계에서 손해를 본 이들을 가리킨다. 개혁 전까지는, 앞의 두 집단이 차지하고 있는 이익의 일부를 획득했었던 이들이다.)과 사회하층집단(산간벽지의 빈곤계층, 걸인, 위조품을 제작·판매하는 이들, 범죄집단 등이 포함된다.)이다.

'단절론'은 칭화대학 사회학과의 쑨리핑(孫立平) 교수가 1990년대 말에 제시한, 현단계 중국사회구조 특징에 대한 견해이다. 기본적인 논점은 다음과 같다. 1990년대 이후 중국사회는 80년대까지는 정부에 의해 통제되던 사회자원이 사회로 확산·배치된 뒤 소수의 수중에서 재집중되는 변화를 겪는다. 공업화·도시화·시장화로의 전환 과정에서 출현한 국유기업에서 면직당한 실업노동자, 도시로 진입한 '농민공' 등 사회적 약자 집단은 '사회구조 밖으로 내쳐져', 이제 전통적인 사회적 신분에서 현대적인 사회적 신분으로의 탈바꿈이 어려워졌다. 농촌사회의 도시화가 중단되면서 도시와 농촌 간에는 영구적인 간극이 조성되었다. 경제개혁의 성과는 그에 상응하는 사회발전의 결과를 수반하지 못했고, 많은 사회구성원들이 경제적 성과를 향유하지 못했다. 이에 따라 하나의 단절된 사회가 형성되었다. 쑨리펑이 말하는 이른바 단절사회란 사회 내 서로 다른 사회적 집단이 경제사회의 발전과 각기 다른 차원에서 조응하여 서로 간의 유기적 연관을 상실한 것이다. 다시 말해, 한 사회 내에 여러 세대에 걸친 사회구성 요소가 동시에 존재하여 상호 간의 유기적 관련성이 결여된 사회발전단계가 공존하는 상태를 말한다.

위에서 열거된 내용들은 중국 사회구조의 새로운 변화를 설명하는 대표적인 관점들이다. 이를 통해 중국의 사회구조를 종합적으로 인식하는 그 해석틀이 학자마다 다르다는 것을 알 수 있다. 그러나 이들의 해석틀이 어떻게 다르든 간에, 중국의 사회구조가 가진 가장 기본적인 문제에 대한 시각은 대체로 일치한다. 첫째, 중국은 개혁개방 이후 경제·사회의 다양한 측면에서 가시적인 성과를 이루었으나, 사회 내 빈부격차는 오히려 나날이 확대되고 있다. 국제적으로 통용되는 수치화된 지표인 지니계수로 측정한 결과, 90년대에 진입한 이후 중국 전역의 도시·농촌지역 거주 가정의 1인당 평균소득의 지니계수는 이미 0.4라는 위험선을 초과했다. 둘째, 중국 도시사회에서는 이미 새로운 중산계급이 출현했다. 그러나 도농통합적 측면에서 보면 중산계급은 사회의 작은 부분에 불과하며 전체 사회구조에서 주도적 위치를 차지하지 못하고 있다. 셋째, 도농분화와 지역분화 문제가 비교적 두드러진다. 현재 중국은 여전히 농업

인구가 큰 비중을 차지하고 있는 국가이다.[3]

　이러한 사회구조의 변천으로 얻을 수 있는 정책적 교훈은 일방향의 정책으로는 나날이 복잡해지는 사회문제를 해결할 수 없다는 것이다. 새로운 시대는 정부와 집권층에게 모든 집단을 포괄할 수 있는 통합적인 정책틀을 수립해 나날이 복잡해지는 사회구조에 대응할 것을 요구하고 있다. 예를 들어, '좌'경화된 정책은 사회공정 문제를 해결할 수 있을지 모르나, 발전의 동력을 억제하는 결과를 가져올 수 있다. 한편 '우'경화된 정책의 경우 발전의 잠재력을 자극할 수 있을지는 몰라도, 보다 심각한 사회불공정과 계층불평등 문제, 심지어 내부적 갈등과 대립을 야기할 수 있다. 이로 미루어볼 때 새로운 사회구조는 통합성과 초월성을 띤 새로운 정책을 요구한다는 것을 알 수 있다. 결국 일방향의 정책은 단적인 측면의 문제만 해결할 수 있을 뿐, 통합적이고 효과적인 국가 거버넌스체계를 구축하는데 있어서는 별다른 도움이 되지 않는다.

　새로운 사회구조는 또 새로운 정책적 경향과 새로운 권력구조의 수립을 요구한다. 의심할 여지없이 '제3의 길'은 이러한 새로운 정책적 경향을 위한 정합적인 이론적 틀을 제공했다. 그리고 새로운 권력구조의

3　嚴海兵,「20世紀90年代以來的在中國社會結構新變化的政治分析」,『江漢論壇』(武昌), 2006年第4期. 이 밖에 陸學藝 主編,『當代中國社會階層研究報告』(北京: 社會科學文獻出版社, 2002); 李强,「中國社會分層結構的新變化」, 李培林等 著,『中國社會分層』(北京: 社會科學文獻出版社, 2004); 中國社會科學院社會學硏究所 編,『2002年: 中國社會形勢分析與預測』(北京: 社會科學文獻出版社, 2002); 孫立平,「90年代中期以來中國社會結構演變的新趨勢」, 鄭杭年主編,『中國社會結構變化趨勢硏究』(北京: 中國人民大學出版社, 2004)을 참조할 것.

수립과 관련해서는 거버넌스와 선치(善治, good governance)사조에서 그 이론적 근거를 찾을 수 있다.

| 제3의 길의 이론적 근원 |

'제3의 길' 사조가 부상하는 과정에서 주목해야 할 영국 학자가 있다. 바로 런던정치경제대학 학장을 역임한 앤서니 기든스(Anthony Giddens) 교수다. '제3의 길'의 이론을 구축한 기든스가 연이어 발표한『좌파와 우파를 넘어서(Beyond Left and Right)』와『제3의 길: 사회민주주의의 부흥 (The Third Way: The Renewal of Social Democracy)』은 매우 영향력이 컸던 저작들로, 영국 노동당의 대대적인 이념 전환을 상징했다. 당시 영국의 수상이었던 토니 블레어는 1995년부터 공개 석상에서 '제3의 길'이라는 용어로 자신의 정치철학을 설명하기 시작했으며, 노동당이 신자유주의와 사회민주주의를 초월한 새로운 노선을 구축했음을 표명했다.[4] 1998년 블레어의 정신적 지주로 불렸던 기든스는 재차『제3의 길(The Third Way)』이라는 저서를 출간했다. 이후에 출판된『제3의 길과 그 비판자들(The third Way and Its Critics)』에서 기든스는 새로운 역사적 조건 아래에서 우리는 구'좌파'가 찬성하는 관료주의와 하향식 정부관리도, 우파가 갈망하는 정부관리의 철저한 소멸도 아닌, 완전히 다른 틀을 도입해야 한다고 주장

---

4   楊雪冬, 薛曉源主編,『'第三條道路'與新的理論』(北京: 社會科學文獻出版社, 2000), 7쪽.

했다. '제3의 길'은 좌파와 우파의 대담과는 전혀 다른 정치관을 제시했다. 좌와 우로 설명되기 어려운 의제가 너무 많아졌기 때문이다.

영미에서 시작된 '제3의 길'은 곧 몇몇 예리한 이들의 시선을 사로잡았다. 그리고 중국 내 자유주의와 '신좌파'의 논쟁은 '제3의 길'에 이르러 완전히 마침표를 찍게 되었다. 비록 '제3의 길'이 중국에서 하나의 사조로서 완전한 형태를 갖춘 것은 아니었으나 자유주의와 '신좌파'의 논쟁을 일단락 짓는 데 있어서는 남다른 의의를 갖는다.

양쉐동(楊雪冬)의 연구에 의하면 '제3의 길'이 설파하는 주요 내용은 다음과 같다.

● 협력성, 포용성을 띤 새로운 사회관계의 수립

1980년대의 신자유주의 개혁은 개인의 적극성을 동원해 자본과 시장의 기능을 극대화했으나 일련의 역효과를 수반했다. 개인, 자본과 시장에 대한 강조 자체가 이것들이 과도하게 발전하는 정당성과 제도적 기초를 부여했다. 그 결과 사회공동체와 국가의 지위가 상대적으로 약화되고 사회적 응집력이 파괴되었으며, 국가의 경제관리능력이 저하되었다. 신자유주의를 신봉하는 우파 역시 외국인 이민 문제를 해결하지 못했으며 복지의 대규모 삭감은 이민자들을 빈곤선 이하의 생활로 몰아넣었다. 끝없이 방대해지는 자본과 대조적으로 도시 내 빈민굴이 출현했으며 증가했다. 동시에 우익 집권층이 극우세력을 방임한 탓으로 쇼비니즘(chauvinism)과 인종주의 현상이 나타나기 시작했다. 그 결과, 이민자와 정착민의 관계가 긴장되면서 충돌이 끊이지 않았다. 이러한 갈등은 사

회 전체를 분열과 충돌로 얼룩진 위험한 상태로 이끌었고 공동체로서의
국가적 토대가 훼손되었다. 줄곧 민족의 '용광로'를 표방해왔던 미국마
저 '샐러드 볼'이라고 불렸다. '제3의 길'은 사회의 과도한 원자화 상태를
문제시하며 협력성과 포용성을 띤 새로운 사회관계를 수립할 것을 제안
했다. 모든 사람과 단체가 사회에 참여해 사회 공동체 정신을 배양하는
것이다. 새로운 사회관계는 아래 세 가지 면모를 포함한다. 첫째, 개인적
가치에 대한 존중을 바탕으로 한 공동체 의식의 확립을 제창한다. 둘째,
자본-노동 관계의 조화로, 위험을 공동 분담하고 이익을 공유하는 노자
관계를 건립할 것을 역설한다. 셋째, 국내 정착민-외국인 이민자 관계의
조화이다.

● 각 정치세력을 응집시키는 새로운 정치중심의 확립

'제3의 길'의 주창자들이 보기에 서구정치는 줄곧 정당정치와 계급정치
의 세상이었다. 정당은 계급의 대변인 자격으로 등장했고, 강한 계급적
특징을 가진 구호와 강령으로 유권자들의 지지를 흡수했다. 좌우 이분법
은 정치적 분파와 입장을 판단하는 가장 효과적인 표준이 되었다. 이러
한 정치는 계급적 경계가 명확하고 계급적 이익 충돌이 끊이지 않던 산
업화 시대에는 분명 합리적일 수 있었다. 그러나 생산력의 변화에 따라
2차산업이 산업구조에서 차지하는 비중이 축소되기 시작했고, 분산적이
고 유연하며 수평적인 특성을 가진 3차산업이 취업인구와 생산가치 부
문에서 2차산업을 앞서기 시작했다. 이와 동시에 서구의 제도체계는 나
날이 완비되었고, 다양한 영역이 연성화되면서 뚜렷했던 계급적 경계가

모호해졌다. 이로써 계급정당을 지지하는 전통적 이론의 설명력과 흡인력이 빈약해졌다.

　서구의 정치영역을 양분했던 정치세력인 좌익의 사회민주주의자와 우익의 신자유주의자들은 2차대전이 종결된 이후에도 여전히 계급정치와 좌우 이분법의 논리에서 탈피하지 못했고, 단순히 소수에 집중된 일정한 사회세력에만 의지했다. 그 결과, 양자는 한 때 정권을 장악했고 한 시대를 풍미했음에도 전체 유권자를 아우르는 통합적인 대안을 제시하지 못했다. 이들의 강령과 행동은 사회를 분열시켰을 뿐 아니라, 정치에 대한 환멸의식을 증가시켜 주류 정치에서 이탈하게 만들었다. 계급정치를 견지했던 좌익의 경우 당시, 특히 1980년대 이후 심각한 좌절을 겪은 뒤 많은 지지자들을 잃었고, 재집권을 위해 강렬한 개혁정신과 비판의식을 포기했다. '제3의 길'의 제창자들에 의하면 좌익 진영이 유권자들의 지지를 회복해 정치의 중심이기 되기 위해서는 이념과 실천 양 측면에서 정치적 규칙과 정당제도를 개혁해야만 했다. 이를 위한 주요 조치는 다음과 같다. 첫째, 좌우 이분법의 정치적 사유에서 벗어나 다양한 정치적 역량, 특히 규모가 큰 중간세력을 결집시킨다. 둘째, 사회정의라는 사회주의의 핵심 가치를 견지한다. 이를 통해 사회의 응집력을 재구성하여 정치영역에서의 중심적 위치와 가치의 호소력을 확립한다. 셋째, 폐쇄적인 기존의 정치제도와 정당제도를 개혁한다. 제도의 포용력을 키워 노동당과 국가정치제도의 현대화를 실현한다.

● 정부 관리에서 정부 거버넌스로의 전환

1980년대 이후 '시민사회' 이론이 서구 학술계에서 각광받기 시작했다. 비록 시민사회에 대한 인식은 통일되지 못했으나[5] 시민사회가 정치와 국가에 상대적인 민간 영역이라는 점, 정치역량의 남용을 제약하는 기능을 한다는 점은 기본적으로 인정되었다. 시민사회 이론은 등장 이후 당시 집권층이었던 신자유주의 세력의 승인과 제도적 지지를 획득했다. 그러나 사회적·정치적·경제적 변화에 따라 시민사회에 대한 이해는 점차 심화되었고, 시민사회의 과도한 팽창 또는 축소는 사회발전을 저해하는 것으로 인식되기 시작했다. 동시에, 극도로 편향된 신자유주의의 '최소 국가' 이론은 국가의 응분의 역할을 경시한다는 약점을 드러냈다. 시민사회와 국가를 조화시켜 양자의 협력을 이끌어내는 것은 분명 이론과 실천 양 측면에서 필연적인 논리적 귀결이었다. 이러한 이론과 실천의 이중적 작용에 힘입어 '제3의 길'의 제창자들은 이론의 최신 발전경향을 예리하게 파악했고, 실천적으로 국가/시민사회의 '이원적 대립'이라는 오류를 탈피할 것과 정부 관리에서 거버넌스로 전환하는 발상을 제시했다. 구체적으로는 협력과 상호작용을 바탕으로 한 정부-시민사회 관계 수립, 중앙-지방 관계의 개혁, 정부 각 기관의 관계 조정, 총체적 정부(holistic government)의 건립, 국제적·지구적 범위의 거버넌스의 실현을 포함한다. '제3의 길'이 제시한 '관리의 축소, 거버넌스의 확대', '민주 없이 권위없다'와 같은 명제와 발상은 중국에서 거버넌스와 선치 사조가

---

5   본 서의 제4장 '국가-사회관계 재구성 중심의 정치사조'를 참조할 것.

부상하는 데 직접적인 이론적 원천을 제공했다.

● 복지국가의 개혁, 국가의 재정립

'제3의 길'의 제창자들은 복지제도의 개혁이라는 난감한 의제에 대해 '절충주의'적인 태도를 보였으며, 각 계층의 이익을 고려할 수 있는 제도를 수립하기 위해 노력했다. 구체적인 내용은 다음과 같다.

첫째, '요람에서 무덤까지' 책임지는 복지제도는 변질될 수 있고 관료주의를 야기하거나 기득권층을 양산할 수 있으며 복지제도의 초심을 왜곡할 수 있다는 복지제도에 대한 신우파의 비판을 수용한다. 둘째, 복지제도의 개혁은 공인된 사실이라는 점을 인정한다. 기든스의 관점에 의하면 소극적 복지관(negative welfare)에서 적극적 복지관(positive welfare)으로의 전환, '책임없이 권리없다'는 원칙의 확립, 기존의 복지국가에서 '사회투자국가(social investment state)'로의 개혁, 사회적으로도 건전한 위험-안전 관계 및 개인적 책임-집단적 책임의 관계의 확립이 요구된다. 셋째, 국가의 재정립으로, 새로운 혼합경제 안에서 국가의 적합한 위치를 모색하는 것이다. 기든스에 의하면 새로운 혼합경제와 과거의 혼합경제의 가장 큰 차이는 공기업과 사기업 간의 균형에 있는 것이 아니라 규제와 규제 해소, 경제영역과 비경제영역 간의 균형에 있다. 새로운 혼합경제에서는 광범위한 사회적 결과가 경제발전의 척도가 된다.[6]

---

6   楊雪冬, 薛曉源主編, 『'第三條道路'與新的理論』(北京: 社會科學文獻出版社, 2000), 9-15쪽.

| '제3의 길': '좌우' 투쟁에 대한 초월 |

'제3의 길'의 사상적 근원은 다루고자하는 주요 문제가 아니다. 주목하는 핵심 문제는 정치사조로서의 '제3의 길'이 어떻게 중국 지식인 집단의 시선을 사로잡았으며, 그것이 당대 중국 정치사조의 변천에 있어 어떠한 의미를 가지는가 하는 점이다.

사실상 자유주의와 '신좌파'의 논쟁은 여전히 전통적인 사유방식에 입각해 중국의 현대화에 대한 일종의 곤혹과 의문을 표현한 것이었다. 중국의 지식집단이 여전히 '좌우' 논쟁으로 여념이 없을 때, 서구에서 등장한 '제3의 길'은 이미 이론적·실천적인 종합과 초월을 완성했다. 아마도 이것이 '제3의 길'이 중국 학자들의 흥미를 불러일으킨 주된 원인일 것이다. 왜냐하면 좌우 논쟁으로는 중국의 현대화 과정에서 나타난 다양한 문제에 대한 효과적인 진단과 해법을 제시할 수 없었기 때문이다.

쉬지린(許紀霖)에 의하면 자유주의와 '신좌파'가 각각 추구하는 목표는 서로 용납이 불가능한 것만도 아니다. 따라서 양자 사이에는 간극을 초월한 '제3의 길'을 갈 수 있는 가능성이 존재한다. 이는 역사적 경험으로도 증명된 바 있다. 일찍이 서구 자본주의 초기단계에서도 양 극단의 긴장이 존재했었다. 한 축은 공상적 사회주의로, 무력 혁명의 방식으로 만악의 근원인 자본주의 제도를 전복할 것을 호소했다. 다른 한 축은 열렬히 자유자본주의의 합리성을 칭송하고 논증하기에 바빴다. 훗날 서구국가는 양자의 상호 비판과 대결을 겪은 뒤 시민사회 운동과 노동운동이 결합했고, 자본주의는 점차 사회주의를 융합했다. 우리가 오늘날 자본주의 또는 자유주의를 언급할 때는 이미 고전적 의미의 그것이 아니다. 자본주의의 역사적 실천과 이를 통해 구축된 당대 이론은 이미 상당 부분 사회주의화된 것이다. 따라서 '역사는 종언했다'거나 자본주의가 승리했다는 표현보다는 자본주의가 사회주의에 융화되어 더불어 승리했다거나, 사회주의가 자본주의의 내부에서 자본주의의 외피를 빌려 승리했다는 표현이 더 적절할지도 모른다.

중국의 경우 신자유주의와 사회민주주의라는 온건한 두 축이 중국 지식계의 주류였고, 상호 간 대화와 내재화 또한 가능했다. 그렇기 때문에 21세기에서 중국만이 20세기의 과격화·극단화의 전철을 되풀이하지 않을 수 있으며, '좌도 우도 아닌(非左非右)', 이성과 격정이 조화된 '제3의 길'을 찾을 수 있었다.[7]

1990년대의 중국은 시장화 수준은 나날이 높아지고, 다양한 유형의 사회문제들이 끊이지 않고 발생했다. 그 원인은 무엇인가? 헌팅턴이 말했던 '현대화는 반드시 불안정을 야기한다'는 명제가 정말 실현된 것인가? 문제의 핵심은 모든 활동이 시장을 거쳐 검증될 때 자유주의가 과도해진다는 데 있었다. 프랑스 총리 조스팽이 '제3의 길'에 대해 간결하게 묘사한대로, 시장경제는 맞으나 시장사회는 아니었다.[8] 위에서 서술한 자유주의와 '신좌파'의 논쟁과 더불어 단편적인 관점은 부분적인 진

---

7   許紀霖等, 「尋求'第三條道路」, 李世濤主編, 『知識分子立場─民族主義與轉型中國的命運』(長春: 時代文藝出版社, 2000), 332쪽.

8   張汝倫, 「第三條道路」, 李世濤主編, 『知識分子立場─民族主義與轉型中國的命運』(長春: 時代文藝出版社, 2000), 339쪽.

실만을 제시할 뿐, 사회적 전환과 국가 거버넌스 체계의 전환에 대한 전반적인 통찰을 제공할 수 없다는 점을 발견할 수 있다. 자유주의가 인권의 보편성을 논증하고 헌법으로 공민의 기본적 자유를 보장해야 한다고 호소한 것은 충분히 존경스럽다. 그러나 이들은 중국적 맥락에서 이탈한 채 사유화와 개인의 재산권 실현을 논했고, 사회공정 문제에 대한 최소한의 관심조차 갖지 않았다. 객관적으로 봤을 때 이는 국유자산을 분할하는 독점 엘리트들은 위한 이론적인 '세탁'에 불과했다. 이들을 가리켜 '양심없는' 경제학자들이라 질책하는것도 완전히 틀린 말은 아니다. '신좌파'가 사회불공정의 현실을 첨예하게 비판한 것도 경의를 표할 만한 일이다. 그러나 이들이 제시한 사회불공정 문제를 해결하는 방안은 단순히 '직접 민주' 또는 '전면민주'에 대한 호소에 그쳤기에, 보다 심화된, 신중한 논증과 제한이 필요하다.[9] 바로 이러한 자유주의와 '신좌파'에 대한 이중적 반성에 기초한 '제3의 길'은 보다 큰 포괄성과 포용성, 종합성을 갖춘 사상틀과 실용적인 정책적 선택지를 제공한다. 이런 의미에서 보면 '제3의 길'은 자유주의와 '신좌파'의 논쟁을 해소 심지어 종결시킬 수 있는 힘을 가졌으며, 중국 정책 결정의 방향과 지향에 있어서도 중요한 시사점을 갖는다.

이로 미루어볼 때, '제3의 길'에 대한 중국 학자들의 관심은 '제3의 길'을 통해 자유주의와 '신좌파' 논쟁을 해소하고 균형점을 찾으려 했던

---

9   許紀霖等, 「尋求'第三條道路'」, 李世濤主編, 『知識分子立場─民族主義與轉型中國的命運』(長春: 時代文藝出版社, 2000), 324쪽.

데에서 비롯되었음을 알 수 있다. 보다 중요한 것은 이들이 '제3의 길' 사조를 통해 중국의 현대화에 새로운 사상적 자원을 제공하려 했다는 것이다. 일반적으로 말해, 1990년대에 추진된 시장화 개혁은 지식집단의 분화를 야기한 동시에 지식집단의 상호 대화와 교류를 가능하게 하는 사상적 접점을 축소시켰다. 그러는 와중에 '제3의 길'이 출현함으로써 지식집단은 좌우 분쟁에서 벗어날 수 있었고, 중국의 현대화 과정에 대한 이성적 관망과 종합적 진단에 도달할 수 있었다.

| 평가 |

'제3의 길'은 비판적이라기보다는 건설적인 성격을 띠고 있다. 이러한 특징은 '제3의 길'의 주장에서 여실히 발견된다. '제3의 길'은 21세기 초기에 울려퍼진 정치적 선언으로, 사회발전과 경제발전, 사회정의 및 국가 거버넌스 등 다양한 요소들을 두루 포괄한다. 이전의 정치사조들의 경우 사조를 구성하는 특정 요소가 핵심이자 주력이 되어 종종 극단으로 치달았다. 기든스는 『제3의 길: 사회민주주의의 부흥』에서 '제3의 길'의 정치관에 대해 논술한 바 있다. 이 새로운 정치관이 가진 주된 원칙은 평등, 약자 보호, 자율성으로서의 자유, 책임이 전제된 권리, 민주주의에 기반한 권위, 범세계적 다원주의, 철학적 보수주의 등이다. 해당 저작은 전통적 좌우를 초월한 '제3의 길'에 대해 다음과 명확히 서술했다. "'제3의 길' 정치는 문제설정의 범위가 이전의 좌우논쟁의 틀보다 넓어졌음을

인정하는 동시에, 사회정의에 대한 핵심적 관심사를 보존했다. 평등과 개인의 자유는 충돌할 수도 있다. 그러나 평등주의적 조치들은 종종 개인에게 열린 자유의 범위를 확대한다. 사회민주주의자들에게 자유란 행위의 자율성을 의미해야 한다. 그런데 이것은 더 나아가 보다 넓은 사회 공동체들의 관여를 요구한다. 동시에 제 3의 길 정치는 개인과 사회 간의 새로운 관계, 권리와 의무에 대한 재규정을 모색한다."[10]

어쩌면 서구세계에서 '제3의 길'이 갖는 의의가 중국에 시사하는 바가 전혀 없다고는 할 수 없을 것이다. 표상적으로 보면 서구 체제의 입장에서 '제3의 길'은 자본주의 탄생 이후부터 지속되었던 자본주의를 구원하는 비관주의 전통을 연명시켰고, 자본주의의 내부적 약점을 인정하는 동시에 적극적으로 그 해결 방안을 모색했다. 특히 냉전의 종결로 인해 곤경에 빠진 서구의 주류 가치관과 글로벌 담론의 패권을 재구축하여 세계화 과정에서 서구의 근본적 이익을 보호하는데 기여했다.[11] 장루룬(張汝倫)은 철학적 관점에서 '제3의 길'에 참신한 의의를 부여했다. 그가 보기에 '제3의 길'은 이른바 '객관적 필연'이라 일컬어지는 논리 또는 법칙에 지배되지 않으려는 인류의 자유의지를 구현했다. 이러한 의미에서 볼 때 '제3의 길'이야말로 진정한 '자유의 길'이라 할 수 있다.[12]

---

10 [英]安東尼·吉登斯, 『第三條道路』(北京: 北京大學出版社, 2000), 68쪽.

11 楊雪冬, 薛曉源主編, 『'第三條道路'與新的理論』(北京: 社會科學文獻出版社, 2000), 21쪽.

12 張汝倫, 「第三條道路」, 李世濤主編, 『知識分子立場─民族主義與轉型中國的命運』(長春: 時代文藝出版社, 2000).

2. 거버넌스와 선치(善治): 정부 개혁에 대한 호소

21세기 초 중국 정치학계에서 가장 각광받았던 학술적 용어는 단연 '거버넌스(治理)'이다. '거버넌스(governance)'는 라틴어와 그리스어에서 유래하였으며 통제·인솔·조종을 뜻했다. 거버넌스는 오랫동안 통치(government)와 번갈아 사용되었는데, 주로 국가의 공공사무와 관련된 관리영역과 정치영역에서 사용되었다. 그러나 1990년대 이후 서구 정치학, 경제학에서 새로운 함의를 부여하면서부터 governance는 government와 완전히 다른 방향성을 지니게 되었다. '거버넌스'에 새로운 함의가 부여되면서, 국가와 정부는 더는 공공사무를 관리하는 유일한 역량이 아니게 되었다. 글로벌 거버넌스 위원회가 1995년에 발표한 『우리의 지구촌 이웃(Our Global Neighborhood)』이라는 제목의 연구보고서는 '거버넌스'라는 용어에 대해 비교적 권위있는 규정을 내놓았다. 거버넌스란 개인과 기관, 공(公)과 사(私)가 공통의 문제에 임하는 많은 방법들의 집합이다. 거버넌스는 상호 충돌 또는 서로 다른 이익을 조정할 때 발휘되며, 협력적 행동을 채택하는 공식적 제도와 규칙이다. 또한 다양한 사람들의 동의 또는 이익에 부합되는 것으로 여겨지는 비공식적 제도를 포함한다.[13] 이로 미루어볼 때 거버넌스 체계는 포용하는 요소에 있어서 이미 통치체계를 크게 넘어섰음을 알 수 있다. 거버넌스는 하나의 사조 또는 이론으로서 정치학 연구의 발전을 선도했을 뿐 아니라 새로운 사회관리체계를 확립했으며, 새로운 가치지향을 드러내 보였다. 공공관리에서 사적 부문과 비정부조직을 배제하는 시대는 이미 끝난 것이다.

서구에서 거버넌스 사조가 출현하마자 중국 학자들의 관심이 집중되었다. 당시 중국은 20여년의 개혁개방을 겪은 후 사회 관리를 요하는 영역이 나날이 확대되는 시기로 접어들었다. 사회 다원화의 정도가 제고됨에 따라 정부에만 의지해서는 많은 문제들을 효과적으로 해결할 수 없었다. 특히 정부의 경우 전통적 관성에만 입각해서는 일원화된 통치 지위를 확립하는 것이 어려워졌다.

쇄신의 시대에 접어들어 사람들은 새로운 정치적 사유방식을 통해 나날이 달라지는 세계를 대할 필요성을 느끼게 되었다. 전통적 '좌우' 이분법을 초월해야만 사회발전과 사회관리과정에서 다양한 요소들이 차지하는 합당한 위치에 대해 새롭게 이해할 수 있고, '좌우' 분쟁의 곤경과 딜레마에서 빠져나올 수 있다는 사실을 깨닫게 된 것이다.

이러한 시각에서 보면 거버넌스와 선치 사조는 제3의 길 사조와 일정하게 연관된다. 서구로부터 유입된 거버넌스와 선치 사조는 정치 문제

---

13   俞可平主編, 『治理與善治』(北京: 社會科學文獻出版社, 2000), 4쪽.

에 대한 중국학자들의 영감과 지혜를 자극했다. 이제 보다 많은 사람들이 정부의 전통적 관리 방법, 관리 체계에 대한 개혁을 거쳐야만 정부가 직면한 딜레마에서 근본적으로 탈출할 수 있다는 것을 인식하게 되었다. 거버넌스 사조는 중국이 정부의 위치를 새롭게 고찰하는데 있어 사상적 자원을 제공해주었다. 이로써 정부와 개인, 사회를 막론하고 정부 자원과 비정부 자원의 결합을 토대로 한 공공관리체계가 수립되어야만 통치에서 거버넌스로의 전환을 실현해 정부가 전통적인 제도적 관성에서 벗어날 수 있다는 점을 인식하게 되었다. 따라서 통치에서 거버넌스로의 전환은 정부 개혁을 중심으로 한 정치사조의 부상을 의미했다.

| 거버넌스 사조 부상의 내적 원인 |

효율적인 거버넌스 체계의 구축과 좋은 거버넌스에 대한 추구는 특정 집단의 요구가 아닌, 중국 내 다양한 역량과 집단이 공통으로 희망하는 바였다. 거버넌스와 선치 사조의 부상은 정치권력의 성격 변화와 정부 기능의 전환 및 사회적 전환과 긴밀히 연결되어 있다. 이러한 일련의 변화는 새로운 사회구조와 권력구조의 탄생을 촉진했을 뿐 아니라, 새로운 국가 거버넌스의 이념과 방식의 전환을 직접적으로 유도했다. 왜냐하면 새로운 사회구조와 권력구조 아래에서, 단순히 국가와 정부에만 의존해서는 효율적인 국가 거버넌스가 이루어질 수 없기 때문이다. 새로운 사회적 역량은 이미 부지불식간에 국가 거버넌스의 과정 속으로 침투한 상태였다. 중국 개혁개방의 현대적 성과에 대한 충분한 평가가 밑바탕이 되어 전통적 국가이념, 통치 전통과는 전혀 다른 거버넌스와 선치 사조가 정치학계에서 부상하게 되었다.

● 정치권력의 성격 변화에 대한 정치적 요구

중국공산당과 전통적 사회주의 국가의 집권당 간의 차이는 중국공산당의 선진성에 대한 추구 및 시대 변화에 발맞춰 부단히 진화하는 시의성에 있다. 로크가 살았던 시대에 입법기관이 행정기관에 영혼을 불어넣는 기관이었다면, 중국에서 중국공산당은 정치권력에 부단히 새로운 동력과 생명력을 불어넣는 가장 중요한 역량이다. 이러한 사명은 중국공산당이 시기와 형세를 살펴, 끊임없이 정권의 성격 변화를 추동해 온 과정에서 잘 나타난다. 정권의 성격 변화는 중국이 발전과 효율, 안정과 질서 간의 균형을 도모해 효율적인 국가 거버넌스 모델을 구축함으로써 구현되는 것이다. 이는 곧 당대 중국의 국가 거버넌스가 고대의 정치권력처럼 단순히 성인의 가르침과 선조의 법도를 따르는 것이 아니라[14] 현대화와 세계화, 시장화와 민주화라는 상황적 특성을 염두에두고 국가 거버넌스 모델을 적극적으로 재구축하는 작업임을 말해준다. 즉, 당대 중국의 국가정권은 새로운 통치사상의 자원과 제도적 자원을 흡수하는 데 있어 결코 서구 국가에 뒤지지 않는다고 할 수 있다. 영미권 국가들이 '좌우'를 초월한 제3의 길을 찾고 있을 때, 중국 역시 정치권력의 성격을 혁

---

14   劉建軍, 『古代中國政治制度十六講』(上海: 上海人民出版社, 2009).

신하는 과정을 통해 적극적으로 효과적인 통치 전략을 모색하고 있었던 것이다.

정권은 정치학이 주목하는 핵심 문제이다. 사회·경제·문화 및 통치자의 관점과 지향 등 다양한 요소의 제약으로 인해 정권은 각기 다른 역사적 시기마다 다른 성격을 가지게 되었다. 정치권력의 성격은 때때로 역사적 변천에 따라 다양한 면모를 보인다. 모든 정치권력은 내적인 계급적 성격을 갖고 있으며 각기 다른 시기마다 서로 다른 역사적 성격을 내보이기도 한다.

● 통치형 정권에서 혁명형 정권으로

수천년간 이어져 온 고대 중국의 정치권력(이하 정권)들은 기본적으로 통치형이다. 통치형 정권의 핵심은 어떻게 통치지위를 유지할 것인가에 있다. 2세, 3세를 거쳐 만세까지 제국을 이어나가려 했던 진시황의 발상은 통치형 권력을 가장 잘 보여주는 사례다. 고대 황제들은 외환(外患) 보다는 내우(內憂)를 더 우려했다. 외환보다 내우가 자신의 통치지위를 더 위협할 수 있기 때문이었다. 모든 정치제도의 설계는 한 가지를 염두해두고 전개되었다. 그것은 바로 강산의 성과 사직의 이름을 바꾸지 않고(江山不改姓, 社稷不改名) 유지하는 것이었다. 즉, 국성(國姓)의 유지와 왕조의 존속이었다.

고대 중국의 과학기술 연구로 명성을 얻은 저명한 학자 조지프 니덤(Joseph Needham)은 왜 14세기 중국에서는 산업혁명이 발생하지 못했는가라는 문제를 제기했다. 경제학자들과 역사학자들에 의하면 18세기말 서구에서 산업혁명을 가능하게 한 주요 조건은 14세기 중국에 이미 존재했다. 그런데 왜 14세기 중국에서는 산업혁명이 발생하지 않았는가? 이 문제가 바로 여러 세대 사람들을 곤혹스럽게 한 '조지프 니덤의 수수께끼'다. 지금까지도 여기에 대해 납득할만한 답안을 내놓은 이는 드물다. 니덤이 이러한 명제를 제기한 것은 고대 중국의 정치권력의 성격에 대한 이해가 부족한 데서 비롯되었다. 과학기술의 성취는 한 나라가 가진 정치권력의 성격을 반영하지 못한다. 예를 들어 2차 세계대전 당시 독일 정권의 성격과 현재 미국 정권의 성격을 더불어 논할 수는 없다. 물론 고대 중국이 찬란한 문화를 보유했으며, 초기 선교사들이 흥미진진하게 이야기하던 관료제를 발전시켰다는 것은 부정할 수 없는 사실이다. 그러나 그 어떤 풍부한 물질조건도 정치권력의 통치 속성을 좌우할 수는 없었다. 더구나 저우쩐허(周振鶴)가 말한 것과 같이 한대(漢代)와 당대(唐代)에 구가했던 태평성세는 의식(衣食)이 극도로 궁핍하지 않았을 뿐이지, 우리가 상상하는 것만큼 풍족하거나 평안했던 것도 아니었다.[15]

적잖은 현대 정권들이 여전히 통치적 성격을 갖고 있다. 그러나 통치적 속성이 곧 통치형 정권으로 이어지는 것은 아니다. 통치는 정치권력의 기능에 불과하며 국가정권의 생명력은 통치의 범주에 한정되지 않는다. 만약 어떤 정권이 통치형이라면, 이 정권의 모든 활동은 어떻게 통치적 지위를 유지할 것인가를 핵심으로 한다. 국익과 인민의 이익을 희생하는 것을 대가로 통치지위의 연속성을 유지할 수도 있다. 청(淸)말 정

---

15   周振鶴, 『中國古代地方行政制度史』(上海: 上海人民出版社, 2005).

권의 수많은 행태가 이 점을 증명한다. 다시 말해 통치형 정권에서는 오로지 사적 세계만이 존재할 뿐, 공적 세계가 존재하지 않는다. 한무제(漢武帝)의 염철 전매와 명태조(明太祖, 주원장)의 해금정책이 그 뚜렷한 증거다. 팽창적 성격을 가진 상업체계와 정치적 권위에 도전하는 이단 사상은 이러한 고정된 통치형 권력 안에서 발생하기 어려웠다. 즉 고대 정권은 어떻게 통치지위를 유지할 것인가라는 문제를 기반으로 제도를 설계하고 조정했다는 것을 알 수 있다.

통치형 정권에서 혁명형 정권으로의 전환은 중국정치발전사에 있어 진정한 변혁에 해당된다. 근대 이후 사람들은 서세동점과 서학의 유입이 2천여년 역사에서 미증유의 국면을 초래했다고 여겼다. 그러나 사실 미증유의 국면을 유발한 것은 동서 세계의 조우가 아니라 고대 정권의 성격과는 전혀 다른 혁명형 정권의 탄생이었다. 쑨원이 제시한 '천하위공(天下爲公)', '삼민주의(三民主義)'와 마오쩌둥이 제시한 인민민주혁명 이론은 근대의 변혁이 황제와 주인을 갈아치우는 것을 목표로 한 고대의 봉기나 정권 교체와는 전혀 다르다는 것을 증명한다.

혁명은 새로운 사상을 내세워 권력과 자원의 재분배를 진행하는 것이다. 혁명 성공의 관건은 혁명의 교의와 사상에 있다. 이 교의와 사상은 고대 통치형 정권의 핵심과 전혀 부합하지 않는다. 쑨원의 혁명이론은 서구 현대정치사상을 충분히 흡수한 상태에서 제시된 것이다. 비록 전통 제도의 일부 요소들을 수용했다고 해도(일례로 오권헌법(五權憲法)의 고시권) 그 속성은 전통이 아닌 현대를 지향한다. 쑨원은 중화민국(中華民國)의 국부로서 중국이 현대의 민주와 공화를 지향하는 정치적 출발점을 마련했다. 비록 공화정이 길게 이어지지는 못했으나, 이 정권이 가졌던 참신한 일면은 과거의 어떤 정권 교체와도 비교할 수 없다.

혁명형 정권과 통치형 정권의 철저한 분리는 마오쩌둥을 핵심으로 한 중국공산당에 의한 개혁과 재구성을 통해서 이루어졌다. 마오쩌둥은 독보적인 정치적 지혜를 발휘해 마르크스주의의 중국화를 완성하였고 중국의 혁명형 정권의 확립과 발전에 중요한 사상적 자원을 제공했다. 계급이론, 인민민주혁명 이론, 통일전선 이론, 정당이론 및 군사이론 등 중요한 사상적 자원에 힘입어 중국공산당이 주도하는 정권은 철저한 개혁적 속성을 갖출 수 있었다.

통치형 정권의 속성은 어떻게 통치 지위를 유지할 것인가에 있고, 혁명형 정권의 속성은 어떻게 인민의 정치적 해방과 현대국가의 건립을 이룰 수 있는가에 있다. 양자는 전혀 다른 노선과 전혀 다른 정치적 목적을 추구하고, 전혀 다른 정치적 사명을 담당한다. 이러한 정치적 권력의 성격 변화는 서구 근대의 절대주의 왕정국가가 현대 민주국가로 전환하는 과정과 더불어 논할 수 있다. 왜냐하면 양자 모두 봉건 시대의 종말과 현대사회의 출현을 촉진했기 때문이다.

● 혁명형 정권에서 발전형 정권으로

혁명형 정권이 자리를 잡은 후 중국공산당의 국가운영전략은 점차 혁명 이후 사회의 재건과 발전과정에 초점을 맞추었다. 이는 1950년대 중국의 새로운 전략적 선택으로서 혁명형 정권에서 발전형 정권으로의 전환을 추동했다. 1950년대에 혁명적 색채가 짙었던 적이 있기는 해도, 혁명 이후 발전의 총체적 규율을 따르는 것이 전반적인 추세였다. 특히 제1차 5개년 계획의 완성은 현대 국가건설에 비교적 견실한 토대를 제공했다. 심지어 '문화대혁명' 시기에도 중국 방위산업의 발전은 중단된 적이 없었다.

그러나 발전형 정권이 지속된 기간은 그리 길지 않았다. 극좌 사조가 범람하면서 차츰 발전형 정권의 확장이 저지되었다. 극좌 사조는 '문화대혁명' 때 최고조에 이르렀고, '무산계급 독재 하의 계속혁명' 이론의 지도 아래 중국은 점차 발전형 정권을 건설하는 궤도에서 이탈하기 시작했다. '혁명'의 불길이 중국 전체로 번져나가면서 중국의 현대국가 건설은 중단되었다. 발전형 정권에서 혁명형 정권으로의 회귀는 중국의 경제체계를 붕괴 일보 직전으로 몰아넣었다. 범세계적 시각에서 보더라도 이와 같은 역사적 과정은 '혁명 이후 사회'의 발전 법칙에 어긋나는 것이었다. 이러한 상황에서 제11기 3중전회가 새롭게 발전형 정권으로 향하는 여정에 시동을 걸었다.

1978년에 개최된 제11기 3중전회는 혁명형 정권이 다시금 발전형 정권으로 전환하는 서막을 열었다. 제11기 3중전회부터 현재까지가 중국이 발전형 정권을 재구축하는 기간에 해당한다. 혁명형 정권의 목적은 인민의 정치적 해방과 현대국가의 확립을 실현하는 데 있었다. 반면발전형 정권의 목적은 현대국가 건설에 필요한 자원을 개발해 민생 개선을 위한 견실한 기초를 마련하고, 이로써 독보적인 부국강병의 길로 나아가는데 있었다. 덩샤오핑이 제시한 '발전은 확고한 원칙(發展是硬道理)', 장쩌민(江澤民)이 제시한 '발전은 국가를 통치하고 부흥시키는 가장 중요한 요건(發展是執政興國的第一要務)'에서 후진타오(胡錦濤)가 제시한 '과학적 발전관(科學發展觀)'에 이르기까지, 중국공산당의 국가건설과정은 일맥 상통하며 부단히 쇄신되었다. 발전형 정권이 당대 중국에서 갖는 중대한 의의는 과거 어떤 정권과도 비교할 수 없다. 현재 중국이 가진 확장된 국 제적 시야, 개혁개방 이후의 번영, 생활수준과 국제적 지위의 향상 모두 가 발전형 정권과 밀접한 관련이 있다. 거대한 역사적 흐름에서 개혁개 방 40년의 세월은 아주 짧은 순간에 불과할 수 있다. 그러나 개혁개방이 갖는 쇄신적 일면은 중국 역사상 그 어떤 시대와도 비교할 수 없는 것이 다. 왜냐하면 개혁개방은 정권에 새로운 성격을 부여해 발전형 정권이라 는 새로운 형태를 확립했기 때문이다.

정권에 새로운 성격이 부여된 뒤 중국이 감당해야 할 압력과 충격 또한 과거 어떤 시대도 겪어보지 못한 것이었다. 국제화의 압력, 세계화 의 압력, 시장화의 압력, 유동집단의 압력, 새로운 사회계층의 압력이 그 것이다. 그렇다면 40년의 개혁개방이 확립한 발전형 정권에서 중국의 사 회적 안정과 질서가 유지될 수 있었던 원인에 대해 고찰해봐야 한다. 그 원인은 각 방면의 압력에 대한 중국 정치제도의 대응과 해소에 있다. 표 면적으로 보았을 때 중국 정치체제의 전체적인 면모에는 큰 변화가 없 었다. 그러나 중국 정치체제 내부의 개혁과 정부의 공공관리체계의 혁 신은 줄곧 진행중이었다. 기층민주와 당내민주의 발전, 사회주의 건설자 개념의 확립, 의법치국(依法治國) 등이 그 예이다.

모든 제도혁신 중 가장 중요한 두 가지는 다음과 같다. 첫째, 당의 자기쇄신능력의 제고이다. 지난 40년간, 당의 자기쇄신능력은 날로 강화되었고 자기쇄신의 메커니즘 역시 부단히 탐색되고 혁신되었다. 서구 다당제 국가의 경우 다당제 그 자체로 정치적 균형을 포함한다고 할 수 있다. 그러나 중국과 같은 일당 통치의 국가에서는 정당의 자기쇄신능력이 국가의 명운을 좌우하는 마지노선이 된다.

둘째, 당과 정부의 시장관리능력과 사회조정능력의 향상이다. 당은 자기 선진성을 유지하는 동시에 국가운영능력을 제고하는데 매진했다. 이것은 한 문제의 양 측면이다. 과거 40년간 현대사회를 관리하는 중국 공산당의 능력은 부단히 향상되었고, 현대사회를 관리하는 제도혁신 또한 줄곧 지속되었다. 농촌의 촌민자치, 도시의 사구자치(社區自治) 등이 이를 방증한다. 40년간 새로운 경제조직과 사회조직이 끊임없이 생겨났으며, 이는 중국 단위체제 해체의 산물이었다. 이 중에서도 유동집단에 특히 주목할 필요가 있다. 왜냐하면 중국이 발전을 가속화하면서 추진한 시장화와 민영경제의 확대로 인해 인구 유동이 발생했기 때문이다. 현재 중국의 유동집단은 역사상 존재했던 이민(移民)처럼 정부에 의한 통일적 인구 배치나 전쟁과 재난에서 비롯된 것이 아니라 시장화 과정에서 발생했다. 현대사회는 이민이 많을수록 사회 각 지역의 균질화 정도 또한 높아진다. 일례로 미국의 경우 인구유동성이 매우 큰 까닭으로 지역적 차이가 비교적 작은 편이다. 현재 중국에서 유동집단은 중국 도농구조의 균형을 유지하는 매우 중요한 변수다. 2억명에서 3억명에 달하는 유동집단없이는 중국의 농촌이 지탱될 수 없다. 물론 중국은 앞으로 유동인구와 관련해서 보다 많은 문제에 부딪히게 될 것이며, 아직까지 유동인구를 효과적으로 관리하는 적합한 방법을 찾지 못했다. 그러나 무엇이 어떻든 간에 40년간 중국이 해낸 제도와 원리 측면에서의 혁신은 전체 사회구조 재구성에 대한 요구와 추세에 크게 부응했다고 하겠다.

발전형 정권은 정부에 새로운 기능을 부여했다. 우리는 과거 40년간 중국정부의 역할이 통치와 관리를 강화하는 기능에서 경제발전을 추동하는 기능으로 변화했음을 어렵지 않게 발견할 수 있다. 그간 중국정부는 경제발전의 대리인으로서 시장화 과정에 직접 개입해왔다. 정부가 직접 국제 협상에 참여하고 기업의 투자를 유치하는 일은 세계적으로도 드문 경우이다. 그러나 현재 중국이 처한 발전단계가 이를 가능하게 했다. 현재 중국의 정부-시장 관계는 이론적 측면에서 보면 그 경계가 명확하나 실제 현실에서는 다소 모호한 일면이 있다. 그러나 40년의 경제발전과 시장의 번영, 특히 1992년 덩샤오핑의 '남순강화' 이후의 고속성장은 중국이 방향성에서는 큰 오류를 범하지 않았다는 것을 증명한다. 정치학적 관점에서 보았을 때 발전형 정권이 일단 확립되고 난 뒤 그 정당성은 민족의 역사적 기억에만 머물지 않고 발전의 업적에 자리잡게 된다. '발전은 확고한 도리', '발전은 국가를 통치하고 부흥시키는 데 있어 가장 중요한 요건'이라고 했던 중국 공산당 지도층의 발언의 의미가 여기에 있다. 즉, 발전은 이미 단순한 정책 또는 전략에 국한되지 않고 정당성의 기초를 확립하는 가장 중요한 요소가 된 것이다.

● 향후 발전전략: 발전형 정권과 서비스형 정권의 동시 추진

발전형 정권의 핵심은 부국강병에 있다. 경제적 세계화현상과 이에 따른 국가 간 경쟁이 날로 격화되는 시대에 발전형 정권의 확립은 중차대한 일이 아닐 수 없다. 그러는 한편 우리는 발전형 정권에서 정부는 대개 경제 활동의 주체이자 사회활동의 직접적 개입자로서 존재하는 경향을 발견할 수 있다. 즉, 발전의 질과 속도, 성과가 정권의 정당성을 구성하는 주요 요소가 된 것이다. 위의 기술을 통해 우리는 1978년에 시작된 개혁개방이 발전지향의 국정운영전략을 확립했다는 것을 확인할 수 있었다. 그리고 이러한 전략은 '발전형 정권'을 구축하는 중요한 기점이 되었고, 개혁개방은 '발전'에 정치적 정당성을 새롭게 규정하는 지위를 부여하였다.

'발전'에 대한 덩샤오핑의 일련의 논술을 통해 당대 중국에서 발전이 가지는 중요성에 대해 짐작할 수 있다. 개혁개방이 없었다면, 한마음 한뜻으로 발전을 모색하지 않았다면, 중국은 파멸의 길을 걸었을지도 모른다. '발전'은 이미 단순한 정책적 전환이나 국가운영전략의 혁신이 아닌, 정당성을 재구성하는 역사적 선택이 되었다. 1978년부터 현재까지 중국은 기본적으로 '발전지상(發展至上)' 전략에 입각해 전진해왔다. 사회안정을 도모하고 평화적인 국제환경을 구축하기 위한 모든 전략과 조치는 발전의 연속성을 보장하고 그 성과를 제고하기 위함이었다. 발전지상적 전략의 설계는 인민의 생활수준을 크게 향상시켰을 뿐 아니라, 40년에 걸친 발전과 번영을 가능하게 했다. 아울러 당대 중국의 정권으로 하여금 본질적으로 완전히 쇄신된 면모를 구현하게 하였고 이로써 과거 모든 정권이 가졌던 정치적 편협성을 극복할 수 있었다.

시장경제의 발전과 사회관리체계의 성숙에 따라 현재 중국은 발전형 정권과 서비스형 정권을 구축하는 이중 전략을 기본적으로 확정한 상태다. 지금까지 발전은 중국의 미래를 좌우하는 가장 우선적인 주제였다. 물론 여기서 말하는 발전이란 무분별한 조방형(粗放型) 발전을 의미하는 것이 아니라 인민들로 하여금 발전의 과실을 향유할 수 있도록 하고, 환경을 보호하며 기술혁신을 추진하는 기초 위에 세워진 과학적 발전이다. 이와 동시에 후진타오가 제시한 '사람을 근본으로 하는(以人為本)'이라는 집권이념은 정권에 새로운 성격을 부여했다. 그 핵심은 서비스형 정권의 구축을 추진하는 데 있었다. 서비스형 정권의 구축은 정치자원을 개발하고 집권 토대를 공고히 하려는 새로운 전략적 선택이면서, 40년 개혁개방의 필연적 요구이기도 하다.

'과학적 발전'과 '인본(以人爲本)'은 중국이 현대국가를 건설하는데 있어 중요한 버팀목이다. 과학적 발전은 발전형 정권에 새로운 내용을 부여했고, 인본이념은 새로운 정치권력의 형태를 도출해냈다. 양자 모두 부국강병과 중화민족의 위대한 부흥이라는 원대한 목적을 가지며, 동전의 양면과 같은 관계를 형성한다. 후진타오가 제시한 것과 같이 발전은 당이 국가를 통치하고 부흥시키는 가장 중요한 사무로서 반드시 끝까지 견지되어야 하며, 어떤 시기 혹은 어떤 상황에서도 동요될 수 없고 놓아서는 안된다. 동시에 발전은 반드시 사람을 근본으로 하는 지속가능한 과학적 발전이어야 한다. 서비스형 정권은 다음과 같은 두 가지 규범성을 갖는다.

첫째, 경제발전에 요구되는 서비스와 보증을 제공한다. 혁명형 정권에서 발전형 정권으로 전환하면서 정부는 경제적 주체로서 경제활동에 침투하게 되었다. 한편 서비스형 정권이 수립됨으로써 향후 발전과정에서 정부는 일부 영역에서 차츰 물러날 것이 요구되었다. 경제발전에는 나름의 규범이 따르기 때문이다. 경제발전이 위기에 직면하거나 역행하게 되었을 때, 발전형 정권에서 서비스형 정권으로의 전환을 마친 상태라면 정부는 자연스럽게 제3의 힘으로서 경제과정에 개입할 것을 요구받게 될 것이다. 이로써 정부는 보다 강화된 정당성 기초를 확보할 수 있게 된다. 그러므로 발전형 정권에서 서비스형 정권으로의 전환 문제는 정당성을 구성하는 요소를 확대하고 재구축하는 차원에서 이해해야 한다. 이것은 시장경제의 요구이면서, 또한 정치권력 자체의 사명이 되어야 한다.

둘째, 사회와 민생에 기여한다. 발전형 정권이 주로 정부와 경제의 관계설정에 매진했다면, 서비스형 정권은 대체로 국가와 사회, 정부와 사회의 관계에 주목한다. 프랑스의 사상가 기조 (François Pierre Guillaume Guizot)가 말한 것과 같이 현대국가는 두 가지 측면의 구성과정을 포함하는데 하나는 정부가 사회를 구성하는 과정이고, 다른 하나는 사회가 정부를 구성하는 과정이다. 국가의 발전은 사회적 자원을 필요로 한다. 합리적인 정부와 사회도 현대국가의 성숙된 품격을 나타낸다.[16] 시장화가 발전함에 따라 중국 사회는 새로운 성장과정을 겪게 되었다. 그렇기 때문에 현재의 정치체제 개혁은 어떻게 새로운 국가-사회 또는 정부-사회 관계를 구성할 것인가 하는 문제에 초점이 맞춰져 있다. 새로운 집단과 계층의 이익 표출, 새로운 조직의 생존 공간, 사회 내 자주적 교류 등은 이미 중국 정치체제 개혁을 이끄는 새로운 이정표가 되었다. 따라서

---

16 [法]基佐, 『歐洲代議制政府的歷史起源』(上海: 複旦大學出版社, 2009).

정부와 시장, 정치체제 개혁과 경제체제 개혁이라는 이분법적 사유에서 탈피해 새로운 거시적 프레임 안에서 중국의 정치체제 개혁을 이해해야 한다. 사회의 성장은 서비스형 정권의 구축에 자원과 동력을 제공하고 있으며, 서비스형 정권의 구축은 집권의 정당성을 재구축하는 과정이자, 정권과 정치의 본의(本意)를 복원하는 과정이기도 하다.

중국 사회주의 정치의 발전 노선은 발전형 정권과 서비스형 정권이라는 이원화 전략을 통해 성립되었다. 중국이라는 동양 최대 국가의 거버넌스 모델 역시 이러한 이원화 전략을 통해 구축된 것이다.

● 정부의 복합적 기능에 대한 외재적 영향

후발 산업국에서는 발전형 국가형태 뿐 아니라 발전형 사회와 발전형 생활양식이 형성었다. 동아시아 국가들의 고속성장 또한 발전형 정권의 확립에 힘입은 바가 적지 않다. 그러나 민주화와 세계화의 압력 아래 동아시아의 발전국가(developmental state)들은 각기 다른 수준이긴 하나, 일정한 전환 또는 쇠퇴를 겪었음은 부정하기 어렵다. 중국 역시 40년간 발전국가의 궤적을 따라 성장했다. 그러나 중국의 경우 발전형 정권이 유발한 예상치 못한 결과들이 미친 영향을 부단히 반추했다. 특히 지방정부가 발전형 정권에서 서비스형 정권으로 변모하는 과정에서 공공 거버넌스 체계의 성장과 중국적 특색을 가진 협치주의(共治主義)적 체계를 발견할 수 있다.

이러한 지방정부의 변신은 지방 거버넌스의 질적 성장과 사회안정에 직접적으로 영향을 미치는 중요한 변수가 되었다. 중국사회가 전환하는 과정에서 지방정부의 서비스에 대한 사회와 민중의 요구는 중앙정부에 대한 요구보다 훨씬 높았다. 다시 말해 향후 중국의 발전과정에서 각급 정부는 그 속성과 직능에 있어 일정한 분화를 겪게 된다는 것이다. 발전형 정권의 경우 중앙정부에 대한 적용도가 지방정부에 대한 적용도보다 높다면, 서비스형 정권의 경우 지방정부에 대한 적용도가 중앙정부에 대한 적용도보다 높다고 할 수 있다. 이러한 분담은 발전과 효율적인 거버넌스 간의 균형을 담보한다. 지방 거버넌스의 경험적 교훈을 통해 공공 거버넌스 체계의 구축이 서비스형 정권의 수립을 추동하여 사회안정을 유지하고 정부-사회 관계를 개선하는 데 중요한 기초가 되었음을 알 수 있다.

이른바 지방정부란 지방사회, 지방 민중들과 직접적 관계를 형성하고 자원의 수취와 재분배 능력을 보유한, 권위있는 조직과 기구를 말한다. 지방정부는 지방 권위의 매개체이며 집권당과 중앙정부 또는 상급 지방정부가 관철하는 정책과 의도를 실행하는 중추이고, 지방사회에서의 갈등 발생과 확산을 억제하는 제어장치이기도 하다.

장징(張靜)의 연구에 따르면 중국에서 지방의 권위[17]는 근대 이후 '관료화'되는 과정을 겪었다. '공적 신분'을 보증하던 지방권위의 기능이 관료체계로 이양되면서, 지방권위와 지방사회의 경제적 이익과의 상관성은 차츰 약해졌다. 이것은 곧 지방의 권위가 지방 자체로부터 떨어져 나온 것과 다름없었다. 지방의 권위는 곧 관료체계 안으로 통합되었다.

---

17   역주-여기에서 '지방의 권위'는 '중앙'에 대비하여 그 지방이 고유하게 지닌 정치적 전통 및 관습을 지칭하는 것으로 이해할 수 있다.

이로써 기존의 지방 내부의 권위와 사회는 '공적 이익'으로 연결되기 시작한 내적 응집 구조에 의해 와해되었다.[18] 그 결과 지방의 권위와 지방사회의 이익의 일치성은 차츰 약화되었고, 지방 자체의 통합 구조 또한 점차 해체되어 지방의 권위가 가지고 있던 합법적 지위와 지방의 사회·정치·경제는 점차 그 연관성을 상실하게 되었다.

그런데 지방정부가 여러 측면에서 큰 변화를 겪었다는 사실도 발견할 수 있다. 먼저 지방정부는 자체의 특수한 정치적 우위와 행정적 우위에 힘입어 지방의 경제성장과 자원 총량의 확대를 주도할 수 있게 되었다. 다른 한편으로는 '탈관료화' 과정이 수반되었다. 다시 말해 지방정부가 지방사회의 공동 이익을 담지하는 주체로 변모하는 과정이 이루어진 것이다. 이로써 지방정부는 삼중(三重)의 신분을 부여받게 되었다.

첫째, 정책 실행자로서의 지방정부이다. 지방정부는 국가 정치권력 체계의 말단으로서 매우 중요한 부분이다. 지방정부는 우선적으로 '공식 신분(官方身份)'을 부여받는다. 민중들의 마음 속에 자리잡은 지방정부는 곧 국가 권위의 대표자로, 집정당의 의지를 표출하는 주체이다. 민중들의 정치적 관점과 정치적 인식은 지방정부의 판단에서 비롯된다. 이러한 지방정부의 역할은 근대 이후 태동했으며, 당대에 이르러 정립되었다. 지방정부는 국가 전체의 정치권력을 지탱하는 토대이다. 시장화 개혁이 추진된 이후에도 이러한 지방정부의 역할은 여전히 매우 견고하다.

둘째, 자원의 확충자이자 수취자로서의 지방정부다. 시장화 개혁 이

---

18   張靜, 『基層政權』(杭州: 浙江人民出版社, 2000), 30쪽.

후 재정체계의 제약과 지방정부의 규모 문제 등 다양한 변수의 영향으로 지방정부는 점차 시장 내부로 개입하게 되었고, 심지어 어떤 때는 '시장 주체'로서 직접 시장에 진입하기도 했다. 이를 지방정부의 '시장주체화'라 일컫는다. 우리가 익히 아는 외부 자본의 유치(招商引資)행위가 여기에 해당한다. 지방정부는 일련의 정보 독점권과 자원의 가격결정권, 정책제정권을 보유함으로써 지방의 경제성장을 추동하는 과정에서 흔들리지 않는 경쟁 우위와 비교 우위를 가질 수 있었다. 이로써 지방정부는 자원의 확충자이자 수취자로서 자리매김할 수 있었고 재정적 제약으로 인한 어려움을 효과적으로 억제했다. 그러나 각급 정부의 직능이 조정됨에 따라 지방정부의 이러한 속성 또한 이미 여러 곳에서 쇠퇴하는 조짐을 보이기 시작했으며, 현재 발전형 정권에서 서비스형 정권으로 전환하는 와중에 있다.

　　셋째, 지방의 공동이익 대표자이자 창출자로서의 지방정부다. 이러한 역할은 지방정부와 사회의 융합과 동화, 협치를 촉진한다. 장징의 연구가 말하고 있는 것과 같이 전통사회에서 지방의 권위가 가지는 정당성은 지방의 공동이익에 공헌하는 바에 달려있으며, 지방의 권위가 소유한 재산 또는 학문에 좌우되지 않는다.[19] 현시점에서 지방의 권위가 가지는 정당성 또한 해당 지방이 통제하는 자원의 많고 적음, 경제적 성과의 정도 및 상급 정부가 제정한 정책의 실행 정도에서 비롯되지 않는다. 지방정부의 정당성은 지방의 권위가 통제하고 있는 자원이 사회건설에 환원

19　　張靜, 『基層政權』(杭州: 浙江人民出版社, 2000), 25쪽.

되는 정도 및 상급 정부가 제시한 정책과 지방사회를 결합시키는 지혜를 얼마나 창조적으로 발휘하느냐에 달렸다. 이로써 우리는 정책 실행자, 자원의 확충자이자 수취자, 지방 공동이익의 창출자이자 대표자라는 삼중 역할이 합쳐진 지방정부여야만 사회질서를 재구성하고 조화사회(和諧社會)를 건설하는 사명을 수행할 수 있다는 것을 알 수 있다. 그 중에서도 지방 공동이익의 창출자이자 대표자라는 역할이 상당히 중요하다. 이를 통해 우리는 적극적으로 경제성장을 추진하는 지방정부가 왜 사회적 인정을 받지 못하는지, 상급 정부가 제정한 정책을 기계적으로 실행하는 지방정부가 왜 민중들로부터 배척당하는지에 대해 설명할 수 있게 된다.

지방 거버넌스의 질적 수준은 지방 공동이익의 실현 정도에 의해 결정된다. 지방정부는 응당 지방의 공동이익을 만들어내고 발견하며 대표하는 논리에 입각해 자신의 기능적 위치를 확정해야 한다. 지방정부는 지방 공동이익의 건설자, 대표자, 발견자로 거듭나야만 사회를 효과적으로 통합하고 집권의 기초를 공고히 하는 목적을 달성할 수 있다. 지방정부가 관료화 경향을 보이기 시작하면 필연적으로 지방사회와의 간극을 유발하게 되어 지방 공동이익의 건설을 논할 수 없게 된다. 뿐만 아니라 사회질서의 파열과 집권 토대의 약화 또한 피하기 어렵다. 따라서 지방 거버넌스를 추진하는 과정에서 어떻게 지방의 공동이익을 관철시킬 것인가 하는 문제는 중국사회에 있어 매우 중요할 수밖에 없다. 지방 거버넌스의 논리는 지방정부 특수한 속성을 부여한다. 즉, 지방정부는 반드시 사회와의 상호 침투, 융합을 통해서만 지방의 공동이익을 구축할 수 있다는 속성이다.

40년간 개혁개방을 겪은 중국에서 사회관리를 지탱하는 자원은 날로 성장세를 보이고 있다. 사회의 다원화 정도가 향상됨에 따라 많은 문제들이 단순히 정부에만 의존해서는 효과적인 해결을 볼 수 없게 되었다. 특히 지방정부가 전통적 관성에 입각해 일원화된 통치 지위를 확보하는 일은 이미 어렵게 되었다. 이러한 쇄신의 시대에 맞아 사람들은 새로운 정치적 사유방식을 통해 나날이 달라지는 세계를 바라볼 필요성을 느끼게 되었다. 정부 자원과 비정부 자원의 상호 결합을 바탕으로 한 지방의 사회 관리체계가 수립되어야만 통치에서 거버넌스로의 전환을 실현할 수 있고, 지방의 사회 거버넌스 자원 결핍 현상을 근본적으로 극복할 수 있다. 그래야만 지방의 권위를 매개체로 한 지방정부가 흔들리지 않는 정당성 기초를 갖게 되어 지방사회 거버넌스의 효율성이 제고될 수 있다. 따라서 사회적 역량을 사회 거버넌스 체계 안으로 끌어들이는 정도와 규모가 사회 거버넌스의 효율성을 결정하는 중요한 변수가 된다. 효율적인 사회 거버넌스는 사회적 역량이 그 공적 기능을 발휘할 수 있는 공간을 확보할 뿐 아니라 지방정부의 노선과 방향 또한 결정짓는다. 공공 거버넌스 체계는 지방정부와 사회의 연결과 협치를 위한 제도화된 접점을 제공한다.

지방 거버넌스가 지방의 공동이익을 뒷받침하는 기본적인 방향이라고 한다면, 지방의 권력구조 또한 다양한 역량의 공동 참여과정을 통해 형성된다. 이러한 참여과정은 중국 특색의 협치주의적 지방 거버넌스 구조를 만들어냈다. 이른바 협치주의란 지방의 공동이익에 입각한다는 전제 아래 형성되어 제도화된, 각계각층이 참여하는 거버넌스 구조이다.

먼저 지방정부는 지방사회의 조직자이자 관리자로서 가장 중요한 기능을 발휘한다. 왜냐하면 사회주의의 특수한 제도원리는 전환과정이라 해서 일시에 사라지는 것은 아니기 때문이다. 하나의 역사적 유산으로서든 현실적 제약조건으로서든 사회주의의 제도적 요소는 전환과정에서 중요한 작용을 한다. 그러나 작금의 지방정부는 과거 전통적 지방정부와는 다른 면모를 보이고 있다. 정책실행자로서의 지방정부, 자원확충자이자 수취자로서의 지방정부, 지방 공동이익의 대표자이자 창출자로서의 지방정부는 일체를 이루며, 동시에 공존한다.

다음으로, 지방정부는 사회에 대한 연성적 침투 및 사회와 융합하는 방법으로 지방 거버넌스 체계를 구축한다. 여기에서 '침투(滲透)'라는 표현은 지방 차원의 사회관리 노선의 변화를 함축하고, '융합(融合)'이라는 표현은 그 사회관리의 형태적 전환을 함축한다. 이와 동시에 지방정부는 '탈관료화'라는 목표를 효과적으로 실천하며 명령·통제·감시에 의존한 사회관리의 경로의존성에서 탈피해 지방정부의 건전한 전환을 실현한다. 지방정부의 운영원리는 일반적으로 두 단계를 거치게 되는데, 첫째, 통치논리에서 발전논리로의 전환이고, 둘째는 발전논리에서 서비스 논리로의 전환이다. '서비스 논리'를 통해 지방정부는 사회와의 거리를 좁히고 정부와 사회의 충돌을 해소한다. 이로써 중국 특색의 지방 공공 거버넌스의 제도구조를 구축한다.

이로 미루어볼 때, 중국의 현대화 정도가 심화됨에 따라 정부의 역할 또한 조용한 전환을 겪었음을 알 수 있다. 계획경제체계에 부합하는 정부관리모델은 시장경제와 사회적 분화, 전환의 시대에서 이미 지속될 수 없는 것이었다. 현재 중국의 각급 정부는 그 고도의 기능적 복합성으로 인해 경제발전과 사회관리의 첨단에 위치해 있다고 할 수 있다. 예를 들어 정부는 경제발전의 추동자이나, 때로는 경제적 주체로서 시장체계 내부에 직접 개입하기도 한다. 이와 동시에 정부는 공공서비스의 제공자이면서 또 다양한 사회적 모순의 조정자이기도 하다. 이처럼 고도로 복합되고 중첩되는 기능을 가진 정부의 존재는 어쩌면 현재 중국에서만 가능한 것일지도 모른다.

중국의 현대화 건설이 부단히 추진되면서 정부는 이미 '초점 위치(焦點位置)'에 자리잡고 있다. 초점 위치란 정부가 경제발전을 추진하고 공공서비스를 제공하며 사회관리를 유지하는데 있어 최전방에 위치함을 말한다. 다양한 사회적 문제와 갈등은 최종적으로 정부 쪽으로 몰려든다. 문제를 해결하는 경로 또한 정부 쪽으로 집중된다. 고로 정부는 유례없는 부담을 짊어지고 있다. 이러한 배경을 바탕으로 법치정부, 책임정부, 서비스정부를 구축하고자 하는 현대적 요구가 발생했고, 이것이 거버넌스와 선치 사조의 부상을 촉발했다.

● **사회적 전환에 대한 정치적 반응**

사회의 성장은 40년에 걸친 중국 개혁개방이 획득한 가장 중요한 현대적 성과 중 하나이다. 중국사회가 단위 체제의 예속으로부터 벗어나 세속화의 궤도에 들어선 뒤 사회적 분화와 전환이 뒤따랐고, 이에 따라 국가 거버넌스에 대한 사회의 새로운 요구가 발생했다. 재산권을 기초로 한 사회적 구성과 새로운 형태의 조직을 연결고리로 하는 새로운 사회구조의 성립이 그 가시적인 증거이다. 따라서 중국의 공공관리체계는 반드시 새로운 사회적 요소를 수용해야만 했다. 고로 오늘날 성장하기 시작한 사회는 기존의 전통적 중국 사회와 다르다는 것을 알 수 있다. 오늘날의 중국 사회는 전통사회가 갖지 못한 현대적 요소와 권리 기초를 포함하지만, 서구의 자치형 공동체 사회와도 명확히 다른 차이점을 갖는다. 또한 새롭게 형성된 사회 세력들은 제도화 경로를 통해 자신의 정치적 요구를 표출하려 한다. 차츰 성장하기 시작한 사회는 아직까지 성숙한 정도에 도달하지 못했다고 할 수 있다. 그러므로 사회적 전환이라는 용어로 오늘날 우리가 직면한 시대를 설명하는 것은 비교적 타당하다.

사회적 전환이 수반하는 정치적 효과는 이중적이다. 이러한 정치적 효과는 일면 적극적인 역량으로 나타나, 제도화 방식을 통해 다양한 주체에 국가 거버넌스에 참여하는 경로를 제공할 수 있다. 이것이 곧 중국 사회의 전환 과정에서 출현한 민주에 대한 요구이다. 다른 한편으로 사회적 전환은 압력 효과를 일으킬 수 있다. 다시 말해 참여의 경로가 경색되고 사회적 요구가 적극적으로 반영되지 못할 때 일련의 사회적 저항이나 집단시위(群體性事件)가 필연적으로 발생할 수 있다. 최근 몇년간 발생한 일련의 집단적 사건은 각급 정부를 자극해 효과적인 거버넌스의 경로와 체계를 탐색하도록 만들었다. 사회적 전환기는 이익의 재분배, 권력의 구조적 이동과 사회집단의 재조합과 관련된다. 최근 몇년간 서구 학자들은 중국 내에서 발생하는 사회적 항쟁에 큰 관심을 보였다. 그 관심의 초점은 사회적 항쟁과 민주화의 상관성에 집중되어 있다. 이들은 사회적 항쟁에 중국의 민주화 실현에 시동을 거는 동력이 포함되어 있다고 보았다.

일반적으로 사회적 항쟁이 민주화의 실현을 촉진하려면 반드시 다음과 같은 조건이 만족되어야 한다. 첫째, 전국적이고 공공적인 민주화 요구가 제기되어야 한다. 편협한 요구는 아주 작은 문제만을 해결할 수 있을 뿐이다. 둘째, 항쟁 조직이 반드시 일정한 규모를 이루어야 한다. 셋째, 사회적 항쟁은 국제적인 연대의 수립을 필요로 한다. 넷째, 민주화 취지를 가진 사회적 항쟁은 응당 전국적인 초계급연합을 수립해야 한다.[20] 사회적 항쟁 이론의 대두는 사람들이 혁명 이후 시대의 민주화를 이해하는 데 중요한 이론적 도구를 제공했다.

현재 중국의 각급 정부가 다양한 사회적 항쟁의 압력을 받고 있음은 부정할 수 없다. 그렇다면 이러한 압력은 어떻게 해소되어야 하는가? 거버넌스와 선치 사조는 여기에 대한 새로운 대안을 제시할 수 있다. 중국의 현황을 보건대, 사회적 항쟁을 해소하는 주요 방법은 두 가지이다. 첫째, 제도 건설을 통해 질서있는 민주의 실현과 지방 거버넌스 체계의 혁신을 보장한다. 둘째, 법치화 수단을 통해 신형 법치정부와 법치적 사회환경을 구축한다. 사회적 항쟁이 효율적인 거버넌스 방식을 통해 해소된 이후에는 권위주의 정부에서 법치정부로의 전환을 촉진한 정책적, 제도적 성과를 각각 적절히 보존함으로써 신형 거버넌스 체계의 도출을 이끌어낼 수 있다. 그 중에서도 법치정부의 수립을 통해 효율적인 지방 거버넌스 체계를 만드는 일이 특히 중요하다.

---

20   謝嶽, 『社會抗爭與民主轉型』(上海: 上海人民出版社, 2008), 222쪽.

서구의 정치발전 과정에서 사회적 저항 운동은 중단된 적도, 사라진 적도 없다. 여기저기서 끊임없이 발생하는 사회적 저항 운동은 서구의 정치발전 과정을 관통한다. 그전에 이러한 사회적 저항 운동은 법률에 대한 국민의 믿음 자체를 흔들기보다는 오히려 서구의 법치화 정도를 날로 높이는 중요한 동력이 되었다. 서구에서는 정부, 정치인, 정당에 대한 불신임과 법률에 대한 신임이 병존했는데 이것이 바로 '불신임-신임'이라는 양 극단이 공존하는 정치문화·심리구조이다. 이러한 정치문화·심리구조는 독재자가 존재할 수 있는 유대를 끊고 그 토대를 와해시켰으며, 다른 한편으로는 법률의 존엄성과 권위, 정당성을 보장했다. 법치 국가에서 정당, 정치인, 정부에 대한 조소와 풍자는 그친 적이 없었으며, 심지어 민주에 대한 냉소 마저 끊이지 않았다.[21] 그러나 법률에 대한 조소와 모욕은 드물었다. 고로 서구 정치문명은 민주의 기초 위에 세워졌다기보다 법치의 기초 위에 세워졌다고 보는 편이 타당할 것이다.

아리스토텔레스는 법률을 보편성을 띤 진술로 간주했다. 인민들은 법률에 보편적으로 복종함으로써 구원을 얻는다. 법률에 대한 신임은 양법(良法)의 기초 위에 성립된다. 법률 자체가 정의를 대표하며 법적 언어는 지고한 국가적 언어이자 정치적 언어이다. 법률은 모든 저항 세력을 이성화의 궤도 안으로 끌어들일 수 있는 최후의 방어선이다. 아리스토텔레스는 정치체제의 좋고 나쁨에 대해 논한 적이 없다. 귀족정이든 민주정이든 군주정이든, 해당 정치체제와 조응하는 정치적 미덕이 존재한다.

---

21   [美]托馬斯·戴伊, 『民主的嘲諷』(北京: 世界知識出版社, 1991).

그러나 정치체제에 좋고 나쁨이 없다하여 법률 또한 좋고 나쁨이 없다는 뜻은 아니다. 그가 제시한 모두가 복종할 수 있는 법은 좋은 법률, 곧 양법을 뜻한다.

서구 정치발전 과정을 되돌아봄으로써 우리는 법률에 대한 신임이 곧 정치문명의 기반을 다지는 시작점이자 사회적 갈등을 해소하는 종착점임을 알 수 있다. 끊임없이 발생하는 사회적 항거운동이 정치체제 자체를 해체하거나 전복하는데 까지 이르지 않은 까닭은 사회적 갈등을 해소하는 법률적 공간이 견고하기 때문이었다. 갈등을 빚는 양자 또는 다자는 이러한 법률적 공간에서 궁극적으로 화해할 수 있었다. 법률은 최고의 권위를 가지기 때문에 사회적 갈등에 대한 법률의 판결은 정치체제의 존속을 보장하는 가장 중요한 기초가 된다.

이상의 서술을 통해 우리는 사회적 갈등의 법률적 해결이 정치문명을 이성적이고 건전한 방향으로 발진하게 하는 중요한 동력임을 알 수 있다. 고로 사회적 항쟁에는 강렬한 민주적 상징이 부여되었다기보다는 법치적 함의가 깃들어 있다고 보는 편이 더 적절할 것이다. 일부 국가와 지역에서 발생한 사회적 저항 운동은 민주화를 지향하며 과격하게 치닫다가 정작 충분한 법률적 함의를 갖추지 못하기도 한다. 이러한 '결손된 민주(透支的民主)'는 법치적 보장이 결여된 탓으로 포퓰리즘과 극단주의의 범람을 허용하게 된다. 이와 대조적으로 또 다른 국가에서는 좋은 (well-being) 삶의 정착을 내세워 사회적 저항 운동이 발생하는 토양 자체를 차단하고, 동시에 '양법'이라고 보기 어려운 법률의 존엄성에 의존해 인민들의 생활방식과 외연을 한정하기도 한다. 따라서 우리는 다음과 결론을 도출할 수 있다. 법률적 보장과 기초를 상실한 민주화는 매우 빈약하며 포퓰리즘과 극단주의적 경향을 야기하기 쉽다. 마찬가지로 '양법'이 결여된 사회에서는 정치 또한 건강하지 못할 것이다. 만약 사회적 갈등을 해결하는 법률이 양법이 아니라면, 그리고 정의를 담지한 법률이 아니라면, 사회적 항쟁을 법률적으로 해결하는데 곤란을 겪을 것이며, 법적으로 해결한다 해도 그 법률에 신뢰가 따르지 못할 것이다. 만약 사회적 항쟁이 민주적 결손만을 야기한 채 법치화의 향상을 수반하지 못한다면 사회적 항쟁이 발산한 포퓰리즘적 운동들은 끝없는 혼란, 심지어 폭력사태를 초래할 수도 있다.

● 사이버 공간의 정치적 활성화

사회의 성장을 논할 때 우리는 사이버 공간의 부상이라는 새로운 사회적 배경을 간과해서는 안될 것이다. 사이버 공간의 대두는 중국이 효과적인 거버넌스와 선치를 추구하는데 있어 가장 중요하면서도 가장 직접적이며 가장 강력한 외재적 동력의 발생을 상당 부분 이끌었다. 주지하다시피, 20세기말 인류사회의 가장 위대한 창조는 사이버 공간의 형성이다. 사이버 공간은 매우 큰 잠재적 경제성을 바탕으로 새로운 조직형태와 상거래 경로를 만들어냈고, 전통적인 사회구조는 물론 기존의 인적 교류방식과 사회조직의 방법을 변혁시켰다. 사이버 공간의 대두는 특히 강한 정치학적 함의를 띤다. 여론을 드러내 주는 사이버 공간은 전통적인 실제 공민사회와 다른, 가상의 공민사회를 생성했다. 그러나 정통적인 정치학 이론은 때때로 이러한 가상의 공민사회에 발맞추지 못하는 모습을 보였다. 따라서 가상의 공민사회는 새로운 정치이론의 탄생을 유도하는 계기가 되었고, 시간, 공간, 정치, 소통, 장소, 신분, 지위, 구매, 판매 등 모든 개념과 활동들은 이러한 가상공간에서 새롭게 이해되기 시작했다.

전통 공민사회는 실체성을 띤 세력(집단, 결사, 계급 등)과 직관적인 제도적 설계를 통해 운영된다. 따라서 현실적인 물리적·제도적 공간에서 공민사회의 확장을 통제하고 제약하는 일은 어렵지 않다. 특히 국가가 모든 폭력적 수단을 독점한다는 전제 아래 발생하는 공민사회와 국가의 대립은 보통은 국가의 승리로 끝났다. 민주화의 실패 또한 공민사회의 우매함 때문이 아니라, 대개 공민사회가 국가와 필적할만한 자원을 갖추지 못한 데에 기인한 것이었다. 국가가 제도결정권과 정보심의권을 장악하고 있을 때, 인민의 목소리는 실상 국가의 폭력에 의해 가라앉고 만다. 인민은 그저 국가가 통제하고 선택한 정보의 세계 안에서만 읽고 생각할 수 있을 뿐이다. 즉, 이것은 단선적인 정치 세계이다. 소위 언론의 자유를 보장하고 있다는 국가들 또한 마찬가지로 상업적 메커니즘을 통해 정보에 대한 독점과 통제를 완비하고 있다. 그리고 이러한 구조 속에서 보통 사람들의 외침은 그저 어찌할 바를 모르는 비명에 그치게 된다.

20세기 말, 이처럼 말살될 위기에 처해있던 공민사회의 생명력은 사이버 공간이 등장함에 따라 새로운 공간에서 되살아났다. 공민사회의 본성은 '발언'에 있고 국가의 본성은 위협과 공포로 대중을 '침묵'하게 하는 데 있다. 아무리 자질구레한 소리라도 국가의 통제권과 심의권에 의해 걸러진다. 왜냐하면 전통적 정치공간은 국가에 의해 완전히 좌우되기 때문이다. 전통적 정치공간의 확장은 전적으로 국가의 선악과 시혜에 의존하는 사회변화에 불과하였다. 또한 전통적 정치공간이 가지는 수용의 한계, 높은 비용과 이단적 의견이 제기될 위험성 등으로 인해 전통 공민사회의 확장에는 뚜렷한 물리적·제도적 한계가 잇따랐다. 사이버 공간은 이러한 전통적인 실재의 정치공간이 지닌 한계를 극복하여 전통 공민사회가 직면한 곤경을 해결할 수 있게 만들었다.

사이버 공간은 온라인 정치(online-politics)라는 새로운 정치형태의 탄생을 촉진했다. 특히 오프라인 정치(offline-politics)의 취약성이 온라인 정치의 팽창을 더욱 자극했다. 진정한 정치는 영원히 소멸되지 않는다. 아무리 국가가 더할 나위없이 폭주하는 시대라 해도 사람들은 계속해 목소리를 내고 교류할 수 있는 경로와 공간을 찾는다. 전통 공민사회의 실패는 정치의 소멸을 상징하지 않는다. 오히려 '새로운 정치'가 탄생하는 계기를 제공했다. 국가의 폭주는 시작부터 취약한 기본 요소를 내포한다. 국가의 광기를 계승한 통치자가 특권적 지위를 보존할 버팀목을 찾는다면 그것은 바로 대중의 정치적 무지이다.

그러나 정치는 마치 공기처럼 사람들의 생활 면면으로 스며든다. 영리한 자본주의가 상업적인 경로를 동원해 정치를 제거하려 애써도 정치의 존재 자체를 근본적으로 소멸시킬 수는 없다. 아무리 억누르려 해도 때가 되면 다시 살아난다. 오프라인 정치가 상당히 발달한 국가라고 해도 정치적 의제와 함의들이 쇄신되고 재생하는 속도는 늘 예상을 초월한다.

일반적으로 오프라인 정치가 취약한 국가에서 온라인 정치의 탄생이 가장 용이하다. 그 까닭은 매우 간단하다. 발언할 수 있는 제도적·법률적 공간이 없기 때문에 사람들은 제도적·법률적 공간에 의해 잠식되지 않은 공간을 찾아 목소리를 낸다. 여기에 이어 또 하나의 현상이 존재한다. 사회적 위계구조가 견고할수록, 계급적 장벽이 높을수록, 사람과 사람 간의 사회적 거리감이 해소되기 어려울수록 온라인 정치는 더욱 번성한다. 역시 매우 간단한 이유에서이다. 공민의 권리가 법률에 의해 제약되고, 사회적 위계에 예속되는 환경에서 거대한 수용공간을 가진 사이버 공간은 공민의 권리를 환영하는 가장 좋은 장소가 되기 때문이다.

전통적인 정보세계와 비교했을 때 사이버 공간은 그 수용공간이 클 뿐 아니라 비용이 적고, 갱신 속도와 전달 속도가 매우 빠르다. 전통적인 정보세계에서 발언할 수 있는 사람은 선택된 자이고, 발언의 내용 또한 심의되고 고려된 것이다. 청중은 피동적으로 이러한 정보를 읽고 받아들일 뿐, 선택하거나 판단할 수 없다. 전통적 정보공간의 한계와 경계는 국가의 손에 의해 철저히 조정된다. 국가의 폭주 또한 여기에서 발생한다. 모든 목소리가 국가에 의해 통제되기 때문이다.

인류가 창조해낸 사이버 공간은 새로운 정치 공간을 찾는 '가상 공민'들의 갈증을 풀어주었다. 이것이 곧 자유로운 공기를 내뿜는 정보세계이다. 국가는 이것을 제어하고 싶은 욕망이 있으나, 여기에 대한 기술적인 난이도와 통제의 비용이 매우 높기 때문에 곤란을 겪을 수밖에 없다. 전통적 정보 세계는 거물(大人物)들의 세계이다. 하지만 사이버 공간은 소시민들에게 무대를 제공한다. 사이버 세계는 차등성을 띤 신분사회가 아니다. 소시민들이 집단행동과 사회적 항쟁을 통해서만 목소리를 낼 수 있는 시대는 이미 지나갔다. 생각해보자. 과거 소시민은 궁중연회에서 설 자리를 찾을 수 없었고 조정(朝廷)에 그림자조차 들이밀 수 없었으며, 고급 사교장소에서는 소시민의 입장을 허락하지 않았다. 사이버 공간이 탄생하기 전까지 어떤 시대, 어떤 국가도 각양각색의 인사들이 함께 이야기할 수 있는 무대를 만들지 못했다. 그러나 21세기초에 이르러 이 환상은 현실이 되었다. 대의제가 다양한 세력이 대결하는 현실 세계에서 발명되어 위정자로 하여금 인민의 목소리를 경청하게 하도록 했다면, 사이버 공간은 신화에 가까운 기술을 통해 다양한 목소리를 대외적으로 내보내는 하나의 플랫폼을 창출해냈다. 비록 현실에서 차등적 세계는 여전히 존재하나, 사이버 공간에서 점차 완전히 수평적인 세계가 형성되었다. 이러한 수평적 세계는 현실의 차등적 세계를 보완하며, 그에 필적하는 대등함을 보여준다.

사이버 공간이 생성한 공민사회가 가상현실이라는 점은 부정할 수 없다. 이곳에서 '자유'는 일종의 무질서 상태에 가깝다. 익명의 신분을 바탕으로 행위하기 때문에 책임, 권리, 의무 등 전통적인 정치개념들은 이곳에서 기존의 효력을 발휘하지 못한다. 이러한 점은 꼭 과거 중국 당대(唐代)의 감찰제도에서 나타나는 '풍문에 근거해 남을 탄핵하는(風聞談事)' 관습과 유사하다. 소문과 유언비어에 의존하게 되면 함부로 예단하게 되고 자의적으로 굴게 된다. 왜냐하면 이 곳은 익명의 세계이며 별다른 노력없이도 진입이 가능한 세계이고, 자신의 신분을 숨기기에도 더할 나위없이 좋은 세계이기 때문이다. 모든 사물은 양면성을 지닌다. 가상공간의 무한함, 진입의 편리함과 신속한 재생성이 이 공간의 치명적인 양면성을 만들어낸다. 가상공간은 현실의 차등적 세계와 신분사회의 구속으로부터 자유로울 수 있고, 소시민과 약자를 위해 새로운 정치적 무기를 제공하는 일면을 갖는다. 그러나 다른 한편으로 가상공간은 권리, 의무, 책임 등 실제 개념이 단체로 효력을 잃어 충분한 개혁적 효과를 갖지 못한, 극도로 무질서한 상태를 보이는 면모를 가지고 있다. 진실된 모습을 모니터 뒤에 감춘 채, 마음대로 낭설을 일삼는다. 이것이 가상성이 취약성으로 이어진 경우이다. 이 때문에 현실세계에서 단결된 힘을 이루기 어렵다.

물론 온라인정치가 구현하고 있는 가상의 자연상태는 현실세계를 비춰주는 거울이라고 할 수 있다. 위정자는 이 거울을 통해 진실된 사회의 본 모습을 볼 수 있으며, 약자는 이 거울을 통해 풍문을 도구로 국가에 압력을 행사하는 법을 발견한다. 만약 실명제를 실행해 익명의 장막 뒤에 숨은 실체를 끌어내게 된다면 이러한 평면적 세계는 현실의 차등적 세계 내부로 동기화되어 국가가 통제하는 범위 안으로 흡수될 것이다. 그렇게 되면 현존하는 사회의 본 모습은 관찰되지 못할 것이다. 이 점은 곧 국가 거버넌스 차원의 손실로 이어진다. 왜냐하면 국가 거버넌스 차원에서 들을 수 있는 사회의 목소리가 일시적으로 모두 사라지게 되면 정치세계 전체가 곧장 침묵 속으로 빠져들고, 유일한 정보의 근원이 사라지게 된다. 이렇게 되면 적확한 정치적 결정과 국가운영전략은 또 어떻게 마련할 것인가? 소시민이 신분을 은폐하고 숨을 수 있는 장소가 없어지면 발언의 용기마저 사라지게 된다. 이러한 상황이 지속되면 장기적으로 집적된 원망은 집단적 항거가 발생하는데 동인을 제공할 것이고, 새로운 정치는 또다시 구태 정치의 궤도로 회귀하게 된다.

이 익명의 가상세계를 실제 신분을 바탕으로 한 세계로 변화시키는 일은 기술적으로 가능하고 제도적으로도 조정이 가능하다. 그러나 위정자로서는 그 막대한 비용에 대해 고려하지 않을 수 없다. 가상공간은 국가 거버넌스에 새로운 난제를 제시했다. 현재 세계화에 편승한 국가가 가상공간을 국가 거버넌스 체제의 밖에만 묶어놓거나 국가 거버넌스 체제의 실용적인 부품으로만 사용하는 일은 거의 불가능하다. 현대 글로벌 사회의 밖에서 스스로를 완전히 봉쇄시킬 요량이 아니라면 말이다.

익명의 정치세계는 비록 극도로 혼란스럽지만 매우 진실되다. 진실된 무언가가 완전히 수평화된 세계에서 부단히 표출된다면 국가와 인민 모두 유익할 수 있다. 이러한 익명의 정치세계를 실명의 정치세계로 전환하는 방법은 기술적인 차원에서 득보다 실이 많고, 국가 거버넌스 차원에서도 국가와 인민에게 독이 된다. 익명의 정치세계는 나름대로 무질서의 미학을 구현하며 또 나름의 정치적 효과를 수반한다.

우리는 사이버 정치운동이 '힘이 곧 정의'라는 명제를 반박하는 중요한 역량이라는 것을 분명히 발견할 수 있다. 그러나 공공기관이 여론을 식별하거나, 여론으로부터 자유로운 상태에서 침착하고 정확하게 정의로운 세계의 결심과 용기를 표현하는 일은 제대로 이루어지지 못한다. 왜냐하면 사이버 세계를 통해 형성된 민의(民意)가 정의의 유일한 대변인이 되기 때문이다. 사이버 민의는 대중정치의 또 다른 표현형식이 된다. 그러나 반(反)주지주의와 반(反)이성주의가 대중정치를 구성하는 주된 요소인 만큼, 대중정치는 복잡한 정치문제에 간단히 응답하고 처리하며, 급진적인 극단세력과 포퓰리즘적 사고방식을 대표한다.[22] 보다 우려스러운 점은 법적 권위를 대표하는 공공기관마저 이 정의를 향한 외침과 민의 앞에서 움츠러든다는 것이다. 한나 아렌트가 말한 것처럼 법에 대한 경멸은 모든 운동의 특징이 되었다.[23] 특정 사건에 초점을 맞춘 사이버 운동은 이미 법의 테두리에서 벗어났다. 왜냐하면 익명의, 은밀한 가상세계에서 법률은 이미 완전히 폄하되어 법의식의 작용 메커니즘마저 그 효력을 상실하는 지경에 이르렀기 때문이다.

대중정치는 사이버 세계에서 극단적인 평등성을 획득한다. 이 곳에서 민중은 평등하고 이름없는 비슷비슷한 개인으로 조직되기 시작한, 변화 중인 복합체이다. 이 안에서는 모든 개체의 사상과 정서가 동시에 표출된다. 프랑스의 학자 세르주 모스코비치(Serge Moscovici)는 『군중의 시대』에서 다음과 같이 말한 바 있다. 어떤 집단 또는 일군의 민중들은 구속에서 벗어난 사회적 동물로, 도덕적 금기로부터 느슨해진다. 사람과 사람 간의 차이가 소멸된다. 사람들은 보통 폭력적 행위를 통해 자신의 이상과 감정, 영웅주의, 야만적 잔학성, 이상행동, 자기희생 등을 표현한다. 소란스럽고 정서적으로 격앙된 집단이 곧 인간 무리의 진정한 특징이다. 이들은 맹목적이고 통제불능의 세력으로서, 인력으로 불가능한 일도 해내며 어떤 장애도 극복할 수 있고, 심지어 인류가 몇 세기에 걸쳐 축적한 성과를 깡그리 파괴하기도 한다. 영향력을 갖춘 인물이 등장하게

---

22   [美]托馬斯·戴伊, 『民主的嘲諷』(北京: 世界知識出版社, 1991), 17쪽.

23   [美]漢娜·阿倫特, 『極權主義的起源』(北京: 三聯書店, 2008), 329쪽.

되면 대중정치는 부흥된 종교로 변화한다.[24]

대중정치의 이러한 측면을 고려했을 때, 공공기관의 판결이 격앙된 민의와 영합하게 되면 총체적인 정의의 표준에서 멀어지게 되고, 중국의 내구적인 정치신임은 성립되지 못할 뿐 아니라 새로운 사회적 항쟁을 촉발하는 온상이 조성될 것이다. 왜냐하면 보편주의와 총체주의를 체현하는 법적 권위가 공공기관의 잘못된 판단으로 인해 폄하될 수 있게 때문이다. 이렇게 되면 이후 공정한 판결이 이루어지더라도 공중의 인정과 복종을 획득하기 어렵게 된다. 이로 미루어볼 때 사이버 공간의 정치적 영향에 어떻게 적절히 대처해야 하는가 하는 문제는 당대 중국의 국가 거버넌스 차원에서 시급히 해결해야 문제 중 하나임을 알 수 있다. 특히 어떻게 다양한 '정의 쟁탈전'으로부터 초연해져 총체적인 정의를 유지할 것인가가 매우 중요하다. 총체적 정의는 '다같이 우위에 서 있는 공정'이다. 공정은 일련의 규범이다. 모두의 우위를 위해 우리는 이성적으로 이를 준수해야 한다.[25] 총체적 정의는 공공기관에게 포퓰리즘의 희생물도, 강권의 노예도 되지 않는 판결을 내릴 것을 촉구한다. 사실 총체적 정의란 공공 권력기관과 사회 대중이라는 이중 구조와 이들 간의 상호 제약을 의미한다.

---

24 [法]賽奇·莫斯科維奇, 『群氓的時代』(南京: 江蘇人民出版社, 2003), 5-7쪽.

25 [美]羅伯特·L·西蒙, 『社會政治哲學』(北京: 中國人民大學出版社, 2009), 85쪽.

거버넌스와 선치: 새로운 정치관

앞서 말한 것과 같이 정통 정치학이론에서 정부를 언급할 때 우리는 자연히 '폭력적 수단을 합법적으로 독점하는 권위적 조직'이라는 정의를 떠올리게 된다. 이러한 정의는 강렬한 자유주의적 색채를 띠고 있다. 정부-시장, 국가-사회의 이원대립적 프레임은 줄곧 우리의 정치적 사유를 좌우했다. 결국 문제는 국가와 사회가 협력하는 국면에서 건전한 거버넌스 형태를 이룰 수 있을 것인가, 또는 국가를 핵심으로 하는 축과 사회를 핵심으로 하는 축을 제외한 '제3의 길'을 개척할 수 있는 가이다. 우리는 앞에서 분석한 정치권력의 성격 혁신에 대한 정치적 요구, 정부의 복합적 기능에 대한 외재적 영향, 사회적 전환의 정치적 효과와 사이버 공간의 정치적 활성화를 통해 중국 내 다양한 세력이 전통적 모델과 다른 국가 거버넌스 체제의 구축을 요구하고 있음을 알 수 있었다. 거버넌스와 선치 사조는 이 문제에 대해 긍정적으로 답하고 있다.

현재 정치학계에서 거버넌스와 선치 사조에 대한 논술은 비교적 일찍, 비교적 치밀하게 이루어졌다. 이 분야에서 손꼽히는 이는 베이징대 정부관리학원의 위커핑(俞可平) 교수다. 위커핑이 보기에 정부의 행위로 구성된 국가의 통치가 정치를 분석하는 핵심 내용이라는 점은 현재까지 유효하다. 그러나 경제적 세계화와 정치민주화를 배경으로 공민사회의 조직들은 점점 더 많은, 보다 중요한 공공관리의 직능을 맡고 있다. 정치학자들은 이처럼 민간조직으로서 독립적으로 업무에 임하는 공공관리, 아울러 민간조직과 정부 두 영역의 협력 하에 진행되는 공공관리활동을 더이상 정부통치라 부르지 않고 '거버넌스(治理)'라 일컫는다. 거버넌스라는 용어의 기본적 함의는 정부 또는 민간의 공공관리조직이 정해진 범위에서 공적 권위를 운용해 질서를 유지하고 공중의 수요를 만족시키는 것을 뜻한다. 즉, 거버넌스란 하나의 공공관리활동 및 공공관리과정을 말한다.

거버넌스와 통치의 기본적인 차이는 다음과 같다. 먼저, 거버넌스는 권위를 필요로 하지만 그것이 반드시 정부의 권위일 필요는 없다. 반면 통치가 가지는 권위는 반드시 정부의 것이다. 다음으로, 관리과정에서 권력을 운영하는 방향이 다르다. 정부권력의 운영방향은 언제나 하향식이다. 한편 거버넌스는 상하가 상호 작용하는 관리과정으로서 협력, 협상, 파트너쉽, 공동 목표의 설립과 승인과 같은 방식으로 공적 사무에 대한 관리를 실행한다. 관리의 범위 또한 다르다. 정부의 통치가 미치는 범위는 영토를 경계로 한 민족국가에 한정된다. 거버넌스가 영향을 미치는 대상은 보다 광범위하다. 마지막으로, 권위의 기초와 성격이 다르다. 통치의 권위는 주로 정부의 법령에서 비롯된다. 거버넌스의 권위는 공민들의 합의와 승인에서 비롯된다. 전자는 강제성을 위주로, 후자는 자발성을 위주로 한다. '통치를 줄이고 거버넌스를 늘리는 것'이 서구 정치학자들과 정치인들 사이에서 유행하는 구호가 되었다.

국가와 정부가 탄생한 이래 선정(善政)은 모두가 바라 마지않는 이상적인 정치관리모델이다. 여기에는 동서고금을 막론하고 예외가 없다. 선정의 내용은 중국이든 외국이든, 고대이든 현대이든 기본적으로 유사하다. 선정은 통상 몇 가지 요소들을 포함하고 있는데 엄정한 법률, 청렴

한 공직자, 높은 행정효율, 양질의 행정서비스가 그것이다. 이 선정에 상응하는 것이 바로 '선치(善治)'이다. 간단히 말해 선치란 공공이익을 최대화하는 사회관리과정이다. 선치의 본질적 특징은 공공생활에 대한 정부와 민간의 협력적 관리에 있다. 이것이 국가와 사회, 정부와 민간 간의 참신한 관계를 상정하는, 가장 이상적인 상태이다. 선치는 10가지 기본적 요소를 갖는다. 정당성, 법치, 투명성, 책임성, 응답, 효율, 참여, 안정, 청렴, 공정이 그것이다.[26]

이로 미루어볼 때, 거버넌스와 선치 사조는 하나의 새로운 정치관을 대표하고 있음을 알 수 있다. 이러한 새로운 정치관은 헤겔식 절대국가주의의 재판이 아니며, 국가의 확장을 응징하고 억제하려는 자유주의의 부활은 더욱 아니다. 전통 정치학이 홀대했던 많은 개념들이 기존의 개념들에 대해 강한 대체성을 띠기 시작했다. 협력, 협상, 파트너쉽, 승인과 같은 개념들이 통치, 강제, 압박, 권력과 같은 개념들을 대체하고 있다.

| 정부의 통치에서 협력적 거버넌스로 |

거버넌스와 선치 사조의 부상은 우리로 하여금 중국의 현대화 과정을 새롭게 사고할 수 있도록 해주었다. 정부 주도의 현대화 모델과 시장 주도의 현대화 모델은 과거 1980년대 중국 학술계의 주요 화두였다. 아시

---

26   俞可平主编,『治理與善治』(北京: 社會科學文獻出版社, 2000).

아의 네 마리 용과 일부 개발도상국들의 권위주의 모델은 신권위주의의 부상을 자극했고, 이로 인해 서구 자유주의의 신념 또한 자극되어 시장 주도 모델의 탄생으로 이어졌다. 이 두 가지 모델이 모두 관심을 갖는 공통된 주제는 현대화 과정에서 정부의 기능과 위치 설정 문제이다.

공공영역은 시장과 정부 사이에 위치해 있으면서도 오랫동안 정치학의 시야에 들어오지 못했다. 위르겐 하버마스(Jurgen Habermas)의 '공공영역' 이론은 거버넌스와 선치 사조를 구성하는 최초의 사상적 자원이 되었다. 해당 이론은 전통사회와 근대사회에 대한 중국 학자들의 상상력을 자극했을 뿐 아니라, 이들이 현대화 과정에서 부상한 사회공공역량에 충분한 정치적 관심을 갖도록 했다. 서구 학자들이 보기에 공공영역은 사적 영역과 구별되면서, 또 국가영역과 대별되는 자치적인 역량을 대표한다. 하버마스에 따르면 공공영역은 국가와 사회 사이에서 조정을 담당하는 영역으로서 이 영역에서 공공의견의 매개체로서의 공중(公眾)이 형성된다. 이러한 공공영역은 공공성의 원칙과 관련된다. 이러한 공공성은 한 때 군주와의 이면협상 및 정치투쟁에서 획득할 수 있었다. 이후 이러한 공공성은 공중이 국가활동에 대해 민주적 통제를 하는 단초가 되었다.[27] 즉, 공공영역에서는 사회 전체가 공적 매체를 통해 의견을 교환한다. 이를 바탕으로 문제에 대한 의문이 제기되거나 공통된 인식이 형성된다. 공공영역은 정치 외적인 공공생활공간으로, 이 곳에서 정치권력은

---

27 哈貝馬斯, 「公共領域」, 汪暉, 陳燕穀主編, 『文化與公共性』(北京: 三聯書店, 1998), 125, 126쪽.

반드시 경청하는 태도를 보여야 한다.[28] 하버마스의 공공영역 이론은 현대 자본주의의 양상을 비판하면서 등장했다. 공공영역은 국가로부터 독립적인 자치영역으로서 존재한다. 따라서 거버넌스와 선치 사조는 코포라티즘과 협상민주 노선에 따라 국가와 사회의 중간지대에 보다 풍부한 건설적인 색채를 부여하게 되었다.

중국의 현대화 과정은 주로 시장화 개혁의 형식으로 표현되었다. 시장화 개혁 밖에서 정부와 사회는 별다른 주목을 받지 못했다. 이론상 현대국가에서는 정부, 시장, 사회가 각자 맡은 바 소임을 다한다. 현재 유행하고 있는 정부-사회-시장이라는 세 가지 요소의 분석틀(BGS, business-goverment-society)[29]은 우리가 현대화 과정에서 정부와 사회가 발휘할 수 있는 기능에 대해 다시 한번 숙고할 수 있게 해주는 새로운 시각을 제공한다. 중국은 현재 강력한 정부와 거대한 시장이 병존하고 있는 상황에 직면해있다. 한편 건설적인 역량으로서의 사회는 아직까지 제대로 계발되지 못했다. 이러한 상황이 초래된 원인은 정부 자체의 경로의존성이 아직까지 통치의 궤도에서 빠져나오지 못해 거버넌스와 선치로의 전환을 실현하지 못한 데 있다. 다행인 것은 현재 정치지도자와 지식집단을 포함한 거의 모든 이들이 중국이 지금 이러한 곤경에 직면해 있다는 것을 충분히 인식하고 있다는 점이다. 정부의 경우 이미 사회

---

28   查爾斯·泰勒, 「公民與國家之間的距離」, 『文化與公共性』(北京: 三聯書店, 1998) 200, 202
      쪽.

29   [美]喬治·斯蒂納, 約翰·斯蒂納, 『企業, 政府與社會』(北京: 華夏出版社, 2002).

에 대한 전면적인 통제를 실현할 수 없게 되었다. 정부가 직면한 제도적, 자원적 결함은 전능주의(全能主義)적[30] 정부의 관념이 이미 그 시효를 다했다는 것을 말해준다.

한편 사회는 사회 자체의 논리에 입각해 다양한 사회조직과 비영리조직을 필두로 참여 거버넌스의 목소리를 내고 있다. 이에 많은 학자들이 국가-사회관계에서 정부-공민사회의 관계로 그 시선을 옮기고 있다. 현재 중국에서 발생하고 있는 문제는 정부의 월권 및 확장과 밀접한 관련이 있다. 전능한 정부에서 제한적 정부로, 큰 정부에서 작은 정부로, 정부의 통치에서 정부와 공민사회의 협력으로의 전환은 곧 사람들의 이목을 집중시키는 학술적 주제가 되었다. 중국이 공민사회의 목소리를 필요로 하고, 정부와 공민사회의 협력적 거버넌스를 필요로 하고 있다는 것은 정부개혁을 중심으로 한 정치사조가 21세기 중국의 정치발전을 관통하는 하나의 창이 되었음을 말해준다.

---

30 역주-여기서 전능주의(全能主義, Totalism)란 정치학자 쩌우당(鄒讜)이 제시한 개념으로, 정치기관의 권력이 언제든 무제한적으로 사회의 모든 계층과 영역에 침투하고 통제할 수 있다는 지도사상이다. 전능주의 정치는 이러한 지도사상을 기초로 한 정치사회를 뜻한다. 자세한 것은 鄒讜, 「中國廿世紀政治與西方政治學」, 『政治研究』, 1986年第3期.

| 공민사회: 거버넌스와 선치의 주춧돌 |

오랜 기간 국가와 개인 사이에는 독립된 조직이 존재하지 않았다. 국가
는 단위라는 특정 조직을 통해 사회에 대한 국가권력의 잠식을 실현할
수 있었다.[31] 시장화 개혁의 정치적·사회적 결과는 정부의 통제를 벗어
난 영역에서 나타났다. 단위체제의 완화는 공민사회에 대한 사람들의 관
심을 유발했고, 공민사회는 단위체제 이후의 사회에 대한 대체성 제도이
자 조직적 자원으로서, 거버넌스를 유지하고 선치를 가능하게 하는 주춧
돌이 되었다.

사회에 대한 우리의 이해는 그간 헤겔식 시민사회의 틀에서 벗어나
지 못했다. 사적 이익을 추구하는 시민사회는 꽤 오랫동안 '공공세계'의
바깥으로 배척되었다. 그러던 와중에 거버넌스와 선치 사조가 부상함으
로써 사회의 공공가치를 재고하는 데 사상적 자원을 제공했다. 이러한
방향으로 문제를 사고하게 되면서 '공민사회' 이론이 집중적으로 등장했
다. '공민사회'로 '시민사회'를 대체하는 것은 단순한 명칭의 변화가 아
닌, 하나의 관념혁명에 해당되었다. 왜냐하면 시민사회 사조에서 사회는
국가와 상호 대립·충돌하는 사적영역으로서 출현했기 때문이다. 반면
공민사회 사조에서 사회는 정부와 협력하는 주체로 등장했다. 공민사회
가 반드시 파괴성을 동반하는 것은 아니다. 공민사회는 자체 제약과 자

---

31   劉建軍, 『單位中國: 社會調控體系變革中的個人, 組織與國家』(天津: 天津人民出版社,
      2000).

체 거버넌스, 자체 지원을 통해 사회모순을 크게 완화할 수 있고 사회발전을 촉진할 수 있다. 공민사회와 정부의 관계 또한 항시 대립하는 관계가 아니라 상호 보완하고 협력하는 관계이다.[32]

국가와 사회 사이에 위치한 다양한 자치조직들이 최근 이목을 끌고 있다. 이러한 조직들의 존재는 좌우를 초월한 '제3의 길'이 개척되기 시작했음을 보여주는 중요한 상징이다. 공민사회이론이 이러한 유형의 조직들을 매우 긍정적으로 평가하고 있다는 점은 현대국가에 대한 반성과 초월을 방증한다. 이로써 비정부조직은 근대 정치문명의 위기를 극복하는 중요한 요소로 자리잡았다. 공민사회이론에 의하면 국가와 시장 사이에는 개인생활을 넘어서는, 그러나 국가정치영역보다는 낮은 공간이 존재한다. 바로 여기에서 많은 비정부조직과 비영리조직들이 활약하고 있다. 공민사회의 존재로 인해 정치권력과 경제권력에서 비롯된 독재는 그다지 위협적이지 않게 되었으며, 인민들은 비로소 보다 많은 권익을 보장받게 되었다. 오늘날 공민사회 이념은 정치·경제 영역의 독점세력에 대항하는데 자주 활용되면서 광범위한 관심을 불러일으키고 있다.

비정부조직은 현대국가라는 권력의 중추를 해체하는 가능성과 마주하게 했을 뿐 아니라, 사회의 자치와 자체 발전에도 비교적 알찬 조직적 자원을 제공했다. 먼저 비정부조직과 비영리조직은 광범위한 참여를 통해 정치체계에 영향을 주는 중요한 경로로 자리잡았다. 특히 정치의 투입과 산출 부분에서 그러했다. 비정부·비영리 조직의 활동은 가치선

---

32   莊禮偉, 「中國: 呼喚公民社會」, 『城市管理』(上海), 2003年第5期.

도, 지역발전, 사회복지와 같은 활동을 통해 정치의 투입과 평가에 지대한 영향을 미쳤다. 무엇보다 비정부조직은 현재 시점에서 중요한, 많은 가치관념들을 제창했다.

다음으로 비정부·비영리 조직의 대두는 공민사회의 발전 정도를 가늠하는 중요한 척도로서 공민사회의 발전, 정치문화의 발전, 정치체계의 개방성과 효율 등 일련의 지표를 포함한다. 그 결과 공민사회와 공공정신이 부상할 수 있었다. 비정부조직이 정치발전과정에서 발휘한 역할은 곧 초미의 관심사가 되었다. 줄리 피셔(Julie Fisher)에 따르면 '공민사회의 역량은 공민과 국가 사이에서 작용하는 중개 조직의 수량과 연관된다. 엄밀한 의미에서의 중개 영역은 시민단체에서 그들 커뮤니티의 발전 또는 사회변화를 추동하는 NGO까지를 포함한다.' 피셔는 더 나아가 '최근 30년간 NGO는 지속가능한 발전을 추진하고 공민사회의 발전을 배양하는 역할을 했다.'고 평가했다.[33] 비정부 조직은 공민 공동체 가운데 하나로, 강한 공공정신을 갖는다. 그 구성원들은 평등한 정치관계를 맺고 있으며, 그 활동은 주로 비정부 조직의 네트워크를 통해 시작된다. 고로 비정부 조직의 부상과 정치발전 간의 가장 중요한 상관성은 바로 공민사회와 공공정신의 고취에 있다.

또한 비정부·비영리 조직의 부상은 상향식 민주 역량의 강화를 의미한다. 레스터 살라먼(Lester M. Salamon)의 한 조사에 따르면 '공민행동

---

33   [美]朱莉·費希爾, 『NGO與第三世界政治發展』(北京: 社會科學文獻出版社, 2002).

주의의 주요 확장세는 이미 최근 몇십 년 동안 굉장히 뚜렷해졌다.'[34] 마지막으로, 비정부 조직은 엘리트와 대중 간의 연계를 강화해 전반적으로 사회 전체의 단결과 통일을 추진한다. 이는 공민사회의 성립과 정치체계의 개선에도 도움이 된다. 비정부 조직이 활약하는 대다수 국가에서 비정부 조직은 사회엘리트와 대중의 결합을 촉진한다. 특히 GRO(grassroots organization)라 불리는 풀뿌리 지방조직이 이 방면에서 중요한 역할을 한다. 이러한 활동들이 다수 이어지면서 엘리트와 대중 사이에는 매우 견실한 연계가 성립되었다. 이는 사회의 안정과 공공정신의 형성에 직접적으로 기여하기에 공민사회의 형성에 있어서도 매우 중요하다. 최근 몇십 년간 빠르게 발전한 비정부·비영리 조직이 이러한 방면에서 담당하는 역할이 점점 더 중요해지고 있다. 선진국에서는 이미 엘리트와 대중의 연계가 정치체계 차원에서 매우 중요한 제도적 배분으로 자리잡은 바 있기도 하다.

| 평가 |

먼저 거버넌스와 선치 사조의 부상은 정부의 변혁을 상징한다. 계획경제의 영향으로 정부는 꽤 오랫동안 줄곧 권력체계의 핵심적 위치에 있었다. 계획경제시대의 정부는 자원의 재분배권을 장악하고 있었기 때문에

---

34 Lester Salomon, 'The rise of nonprofit sector', *Foreign Affairs*, 1994 7/8.

모든 조직과 개인은 기본적으로 정부와 정부를 대표하는 단위조직이 주도하는 재분배에 의지해 생존해왔다. 시장화 개혁의 심화는 권력체계 내에서 정부가 일방적으로 차지했던 지위를 바꾸어놓았을 뿐 아니라, 정부의 성격 자체를 변화시켰다. 이제 정부는 단순한 통치자 또는 통제자로서 존재하지 않는다. 정부는 거버넌스의 한 축일 뿐, 전권을 가진 대표가 아니다. 중국과 같이 정부 본위주의가 매우 강한 나라에서 이러한 정부관은 의심할 여지없이 혁명적 의의를 가진다.

다음으로, 거버넌스와 선치 사조의 부상은 사회관의 변혁을 보여준다. 사회는 자유주의가 공언하는 절대적인 자치영역이 아니며, 그저 개인적 이익 추구에 몰두한 나머지 그 어떤 공익적 고려도 존재하지 않는 사적 영역도 아니다. 공민사회이론은 사회에 도덕적 영감과 윤리적 책임을 불어넣을 뿐 아니라, 보다 많은 공적 책임을 부여했다. 실제로 기업은 단순히 이윤을 추구하는 개인조직이 아니라는 '법인공민(法人公民)' 개념이 떠오르고 있다. 이는 현대사회에서 순수한 사적영역이란 존재하지 않다는 사실을 시사한다. 이러한 새로운 사회관은 시장화의 궤도에서 무한히 확장되고 있던 개인들을 다시 '정치'의 궤도로 끌어들여 그 본질을 구현하는 공공상태로 회귀시킨다. 그리고 이 새로운 사회관이 현재 시장화 개혁을 추진하고 있는 중국에게 있어 매우 큰 건설적인 가치를 지닌다는 점은 의심할 여지가 없다.

제6장

세계화에 대응하기 위한
현대 중국의 정치사조

1. 세계화와 반(反)세계화

세계화는 현재 세계에서 가장 논란이 되고 있는 화두다. 세계화는 이미 거스를 수 없는 객관적 추세가 되었다. 그러나 다른 한편으로 세계화에 반대하는 목소리 또한 세계 각지에서 들려온다. 오늘날 세계에서 세계화만큼 판이하면서도 첨예하게 대립되는 평가를 불러오는 화제는 아마 드물 것이다. 중국에서도 세계화를 지지하는 목소리와 반대하는 목소리가 동시에 울려퍼지고 있다. 세계화와 반(反)세계화는 첨예하게 대립되는 정치사조로서 자본주의 세계에 대한 서로 다른 시각을 드러낼 뿐 아니라, 전혀 다른 가치성향을 표출한다. 이 때문에 우리는 세계화와 반세계화를 서로 다른 두 개의 사조로 보는 것이다. 이 두 개의 사조는 세계는 물론 향후 중국의 발전과정에 대해서도 지속적인 영향력을 가질 것이다.

| 세계화의 함의 |

세계화라는 용어는 이미 널리 알려져 있지만, 정작 학술계에서는 이에 대한 엄밀한 정의가 이루어지지 않았다. 『브리태니커 백과사전』에서 제프리 왓슨(James Watson)은 세계화를 문화 용어로서 "일용품과 아이디어의 확산을 특징으로 하며, 전 세계에 걸친 문화 표현의 표준화를 가져올 수 있는 일상의 경험으로 이루어진 과정"으로 정의하고 있다. 세계화에 대한 세계은행의 공식적인 정의는 "다른 나라의 거주자들과 자발적 상거래에 착수하기 위한 개인과 기업의 자유와 능력"을 담고 있는 순수 경제 용어로서 세계화를 진술하고 있다.[1] 기든스는 세계화를 "세계적 범위에서 진행되는 사회관계의 강화"로 정의한다. 세계화는 상호 간에 물리적 거리가 존재하는 다양한 지역을 연결시켜, 먼 곳에서 발생한 사건이 현지의 일에 영향을 미치게 만들며, 그 반대의 경우도 가능하게 한다. 미국 학자 제임스 미텔만(James H. Mittelman)에 의하면 세계화는 사회적 관계가 이루어지는 시간과 공간을 압축했다. 또 다른 미국 학자 맨프레드 스티거(Manfred B. Steger)에 의하면 세계화란 다향성(多向度)을 지닌 사회적 과정을 의미한다. 이러한 사회적 과정은 세계적 범위에서의 사회적 교류와 상호 의존을 창출하고 이를 증가시키고 확장, 강화시키며 동시에 사람들로 하여금 현지와 원지(遠地)의 관계가 나날이 심화되고 있음을 실감케 한

---

1   [美]納楊·呂達, 『綁在一起』一書中的導論 (北京: 中心出版社, 2008).

다.[2] 이처럼 많은 학자들이 세계화에 대해 나름의 정의를 내리고 있다. 따라서 본서는 세계화를 어떻게 정의할 것인가 하는 문제는 차치하고, 세계화에 내재된 실질에 초점을 맞춰 세계화의 유형을 분류하려 한다.

　국제학술계에서는 세계화를 세 가지 유형으로 분류한다. 글로벌 문명으로서의 세계화, 발전의 함정이자 압력체제로서의 세계화, 변혁역량으로서의 세계화가 그것이다. 여기에 상응해 당대 중국학술계에는 세계화와 관련한 세 가지 입장이 존재한다. 자유주의 세력은 대부분 세계화의 매우 강력한 지지자이자 찬미자이다. 반면 '신좌파'는 서구의 네오맑시스트들과 유사한 역할을 하며 세계화가 동반한 의외의 결과에 대해 통렬하게 비판하고 반성한다. 이들이 보기에 세계화는 서구 헤게모니의 세계적 확장과 다르지 않다. 이 밖에 세계화에 대한 이데올로기적 판단에서 탈피한 학자들의 시각에서는 세계화가 객관적인 세계 현상이자 세계 과정이다.

● 글로벌 문명으로서의 세계화

세계화를 지지하는 시각에서 세계화는 '글로벌 시대(Global Age)'의 도래를 의미한다. 새로운 시대의 세계화는 단순히 경제적 세계화에 국한되지 않는다. 경제적 세계화는 가장 원초적인 동력일 뿐이다. 세계화는 인류 사회의 발전 추세를 나타내는 역사적 운동이다. 맥루한(Herbert Marshall McLuhan)이 정보화의 관점에서 정의한 세계화는 '지구촌(global vilage)'의

2　[美]Manfred B. Steger, 『全球化面面觀』(北京: 譯林出版社, 2009), 8-10쪽.

형성을 뜻한다. 맥루한에 의하면 정보화 혁명은 각국을 연결하는 시간과 공간을 단축했다. 특히 1990년대에 부상하기 시작한 디지털화 물결은 유사 이래 가장 중요한 기술진보의 흐름이었다. 인터넷은 세계를 하나의 통합체로 묶어놓았다. 정보는 광케이블선을 통해 공간적 장애를 극복하고 빛의 속도로 전세계 곳곳으로 자유로이 퍼져나갔다. 인적 교류는 보다 용이해지고 신속해졌다. 세계는 점점 작아지고 있다. 광활한 지구에서 생활하지만 마치 한 마을에 사는 것처럼 소통이 가능하다. 세계는 지금 '지구촌'으로 변하고 있다.

자유주의 경제학에서 세계화는 곧 전세계적 범위에서 진행되는 자본의 자유로운 유동과 배치이다. 세계화의 핵심 논리는 신자유주의로서, 국가의 간섭을 지양하고 시장의 자기발생적 조정에 모든 것을 내맡긴다. 신자유주의의 논리는 자본 유동의 자유화는 물론, 무역의 자유화 또한 요구한다. 그 어떤 장애도 상품과 서비스, 자본의 자유로운 이동을 막아서는 안된다. 어떤 중국 학자들은 경제적 세계화에 보다 풍부한 정치적 함의를 부여한다. 이들의 정치적 상상에 의하면 전세계적 범위에서 진행되는 자본의 자유로운 유동과 배치는 민주진영에 속한 국가에 국한되지 않고 민주 가치의 전 세계적 확산을 촉진할 것이다. 고로 세계화는 세계를 민주가 주도하는 평화의 시대로 이끌 것이다.[3] 또 어떤 학자들은 세계화가 글로벌 의식의 형성을 의미한다고 했다. 세계화과정이 가속화되면

---

3   劉軍寧, 「全球化與民主政治」, 胡元梓, 薛曉源主編, 『全球化與中國』(北京: 中國編譯出版社, 1998).

서 환경오염과 지속가능한 발전 문제, 인구성장과 그 특질 문제, 경제적 세계화와 개발도상국 문제와 같은 다양한 문제들이 계속해 발생하고 있다. 따라서 민족국가의 경계를 초월한 사유방식과 가치관념을 통해 인류 전체가 직면한, 해결이 불가피한 문제들을 해결해야 할 필요성이 대두되기 시작했다. 로마클럽(Club of Rome)은 이러한 관점을 대표한다. 이들에 따르면 세계화는 곧 글로벌 문제의식과 글로벌 합의의 도출이다. 어떤 학자들은 수렴론적 관점에서 세계화를 이해하기도 한다. 이들에 의하면 세계화는 인류가 지속적으로 공간적 장애와 제도·문화와 같은 사회적 장애를 초월함으로써 세계 각국 및 각 지역이 경제·정치·문화 등의 영역에서 공통성을 늘리고 차이성을 줄이는 방향으로 발전해 가는 것이다. 또한 세계적 범위에서 충분한 소통과 보다 많은 합의를 도출하고 (이를 바탕으로) 공동 행동을 실현하는 과정이다. 요컨대 세계화 사조는 새로운 시대의 도래이다. 게다가 이 시대는 희망으로 가득찬 장미빛 시대이다.

● 발전의 함정이자 압력체제로서의 세계화

세계화는 전세계적 범위에서 문명의 결실을 공평하게 나누는 결과를 수반하지 못했다. 오히려 공상업을 위한 일종의 착취 메커니즘을 설계했으니, 자본주의 제도의 전세계적 확산을 돕는 메커니즘과 선진국의 개발도상국 통제를 가능하게 하는 국제적 메커니즘이 그것이다. 이로써 세계화를 일종의 발전의 함정, 압력체제로 보는 시각이 세계화반대자들의 중요한 관점이 되었다. 국제적으로는 물론 중국 내부에서도 강력한 반세계화사조가 존재한다. 국제적으로는 자문명과 자민족 및 특정 지역의 문화적 전통과 가치관념체계를 수호 내지 찬양하는 취지를 띤 종교·문화운동이 이미 정치 또는 이데올로기 운동의 양식 가운데 하나로 발전했다. 즉, 정치사조화된 것이다. 이슬람 부흥운동과 프랑스에서 발생한 프랑스 문화를 보위하자는 우익운동이 반세계화 사조를 대표하는 중요한 운동이다. 스인홍(時殷弘)에 따르면 중국에서는 대략 1990년대초 이후 민간에서 '반세계화 이데올로기'가 초보적으로 형성되었으며, 이는 통칭 '좌파' 사조의 일종으로 간주되었다.[4] 어떤 중국계 재미학자는 이 '좌파사조'를 '구좌파', '중도좌파', '신좌파' 세 가지 유형으로 분류했다. '반세계화' 진영에서는 특히 구좌파와 신좌파로 구별할 필요가 있다. 구좌파에게 있어 '경제적 세계화', 신경제(新經濟)와 지식경제, 국제관례와의 연계, 세계경제체제로의 진입 등 정부와 기업, 학술계에서 유행하던 주요 화두들은 모두 도리에 어긋나는 죄악이었다. 신좌파의 경우 입버릇처럼 '포스트 식민주의(postcolonialism)'에 대한 반대, 즉 서구중심론에 대한 반대를 외쳐댔다. 이들은 중국이 이미 세계화에 휩쓸리고 있으며, 서구의 '좌파'들이 묘사하던 자본주의의 추악함이 자국의 현실이 되었다고 보았다. 따라서 이들은 중국은 마땅히 외부로부터 유입된 자본주의적 초국적 기업이 자국의 경제와 문화를 잠식하는 것을 억제해야 한다고 주장했다.[5] 세계화의 반대자가 보기에 세계화는 초국적 기업, 자유무역, 과학기술의

---

4   時殷弘,「當今世界的反全球化力量」, 龐中英主編,『全球化, 反全球化與中國』(上海: 上海人民出版社, 2002), 3-4쪽.

5   王思睿,「試論今日中國的左派光譜」,『世界中國』(香港中文大學中國文化研究所網站), 2001年6月6日.

혁신과 국제경제체제의 전세계적 확산을 의미한다. 아울러 이는 전세계의 자본주의화와 (그로 인한) 빈부 양극화, 사회적 분열, 환경재난 등을 뜻하는 것이기도 했다. 이 모든 것이 포스트 식민주의의 확장과 문화침략, 경제적 재착취를 야기한다는 것이다. 따라서 대다수 국가들에게 세계화는 기회나 서광이 아닌 함정과 침략에 불과하다. 이러한 관점은 '신좌파'의 참신한 담론을 통해 포장되었고, 이미 사람들의 이목을 끄는 민간 이데올로기로 발전했다.

● 변혁역량으로서의 세계화

물론 세계화 대세론과 반세계화론이라는 양 극단의 사조 외에 상대적으로 온건하고 중립적인 사조 또한 존재한다. 이러한 사조는 세계화를 객관적으로 관찰되는 역사적 운동의 일부로 본다. 많은 학자들이 영국 학자 기든스의 관점을 수용해 세계화를 사회·정치·경제의 신속한 변혁을 추동하는 핵심 역량으로 보았다. 나아가 세계화가 당대 세계를 재구축할 것이라 여겼다.[6] 세계화는 기회와 위기를 동시에 내포하고 있는 이중적 운동이다. 글로벌 시대에 한 국가의 입지는 세계화의 흐름에 적응하고 그것을 제어하는 능력에 따라 결정된다. 이러한 시각에서 보면 변혁역량으로서의 세계화는 모든 민족국가의 생존과 발전에 혹독한 도전과제를 던져주면서도, 세계의 중심에 우뚝설 수 있는 기회를 제공하기도 한다.

---

6   周惠明,「西方全球化理論與反全球化思潮」, 龐中英 主編,『全球化, 反全球化與中國』
    (上海: 上海人民出版社, 2002), 175-176쪽.

세계화 물결은 21세기 인류사회의 가장 굵직한 특징이다. 과거 마르크스와 엥겔스는 매우 구체적인 표현으로 '자본주의화'를 주요 형태로 하는 제1차 세계화 물결을 묘사한 바 있다. "자산계급이 세계시장을 개척한 까닭으로 모든 국가의 생산과 소비는 세계적인 것이 되었다. (……) 과거 어떤 지역과 민족은 자급자족적이고 폐쇄적 상태에 머물렀으나, 여러 민족의 상호 교류와 상호 의존에 의해 대체되었다. 자본주의화로 대표되는 세계화는 모든 민족에게-멸망하고 싶지 않다면-자산계급의 생산방식을 채택하라며 강요한다."[7] 이러한 단계의 세계화는 지구상에서 피차 분리된 민족, 국가 간 교류로 형성된 세계적 개념의 일체화 과정이다. 이러한 세계화는 국가의 자본 약탈, 영토 확장과 시장 확대를 동력으로 한다.[8]

20세기말부터 시작된 세계화는 '자본주의화' 형태로 이루어진 '세계화'와 판이하다. 20세기말에 시작된 세계화 과정은 보편성과 특수성, 필연성과 우연성같은 요소들이 어우러져 단순한 자본주의보다 복잡한 면모를 드러냈다.

이러한 세계화는 먼저 경제영역의 세계화로 나타났다. 경제적 세계화는 주로 자본의 세계화, 상품의 세계화, 통신의 세계화로 나타난다. 이

---

7   『馬克思恩格斯選集』第1卷(北京: 人民出版社, 1972), 254-255쪽

8   徐勇, 曾峻, 「全球化, 契約與政治發展」, 胡元梓, 薛曉源 主編, 『全球化與中國』(北京: 中國編譯出版社, 1998), 73쪽.

러한 현대적 경제요소들은 하루빨리 민족국가의 경계를 허물 것을 요구하며, 여기에 상응하는 글로벌 유동 공간 즉, 세계시장 또는 글로벌 시장의 조성을 요구한다.[9] 이로 미루어볼 때, 경제과정은 이미 '비영토화'되고 있다는 것을 어렵지 않게 알 수 있다.[10] 경제적 세계화가 유발한 순기능과 역기능이 공존하고 있음은 부정하기 어렵다.[11] 경제적 세계화가 수반한 직접적인 정치적 결과는 다음과 같다. '글로벌 개념은 하나의 방향이자 유일한 방향을 제시했다. 경제활동의 공간은 민족국가의 경계를 초월해 확대된다. 여기서 중요한 것은 정치적인 조정 공간 역시 확대되고 있다는 것이다.'[12] 경제적 세계화의 충격으로 인해 민족국가와 주권정부의 성격과 이것들이 인류의 정치영역에서 발휘했던 기능에 변화가 생겼다. 이 뿐 아니라 문화와 사회 또한 세계적인 범위에서 진행되는 자본의 확장에 따라 재구축되고 있다. 특히 국제 거버넌스의 부상으로 국제체제의 기본 단위는 나날이 다원화되고 있다. 또한 국제 거버넌스를 구성하는 요소, 국제 거버넌스를 규정하는 규칙의 주체 역시 기본적으로 서구 선진국들에 의해 좌우되고 있다. 이는 경제적 세계화가 경제적으로 치명적인 모순을 내포하고 있음을 말해준다. 경제적 세계화는 서구 선진국들의

---

9 俞可平, 「為什麼全球治理是必要的與緊迫的?」, 龐中英 主編, 『全球化, 反全球化與中國』(上海: 上海人民出版社, 2002), 335쪽.

10 [德]烏·見克·哈貝馬斯, 『全球化, 反全球化與中國』(上海: 上海人民出版社, 2002), 19쪽.

11 龐中英 主編, 『全球化, 反全球化與中國』(上海: 上海人民出版社, 2002).

12 拉爾夫·達倫多夫, 「論全球化」, 「全球化與政治」, 212쪽, 龐中英 主編, 『全球化, 反全球化與中國』(上海: 上海人民出版社, 2002), 335-336쪽.

우세를 조성한다. 그러나 거스를 수 없는 필연적인 추세가 되어 버렸다.

세계화가 정치와 문화영역에서 빚어낸 역설 또한 이에 상응하는 모습으로 나타났다. 정치·문화영역에서 자유, 평등 등 인류사회의 기본적 가치들은 점차 보편화 추세를 띠게 되었다. 그러나 다른 한편으로 이러한 가치들의 보편화 과정은 약육강식의 자연상태에서 전개되기에 많은 국가들에게 이러한 가치들은 허상에 불과했다. 차이에 대한 관심은 보편에 대한 거부감을 양산했다. 고로 21세기의 세계화는 다음과 같은 모습일 것이라 짐작할 수 있다. 21세기의 세계화는 함정을 감춰두는 한편, 출구 또한 내포하고 있을 것이다. 국가를 해체하는 한편 국가의 개입을 자극할 것이다. 보편성을 표출하는 동시에 특수성을 강화할 것이다. 국제정치의 시각에서 보면 현재 나날이 통합되는 세계의 경제와 다문화적 상태는 결코 이에 상응하는 새로운 국제정치적 형태로 발전하지 않았다. 세계화된 경제적·문화적 과정은 여전히 민족국가체제를 그 정치적 울타리로 하고 있다. 심지어 작금의 민족국가는 전과 달리 현 시대의 경제·문화과정에 적극 개입하고 있으며, 스스로를 글로벌 경제활동의 대리인으로 간주하고 있다고도 할 수 있다. 이러한 의미에서 보면 민족국가는 쇠퇴하고 있다기보다 그 전통적 기능을 전환해 현 세계의 사회관계에 전면적으로 개입하고 있다고 할 수 있다.[13] 이처럼 복잡한 국제체제의 전환과정에서 국가 간 경쟁은 많은 정치적·문화적 흔적을 동반한다. 정

---

13   劉曄,「全球化與公共性: 國際新政治」, 龐中英 主編,『全球化, 反全球化與中國』(上海: 上海人民出版社, 2002), 260쪽.

치와 문화는 점점 서구 선진국들이 주도하는 세계화 과정에 이용될 수 있는 자본이 되었다.

세계화의 역설은 많은 개발도상국들로 하여금 점차 거대한 국제적 압력을 짊어지게 했다. 따라서 세계화에 대한 순응과 세계화에 대한 반대라는 두 갈래 목소리가 전세계에 동시에 울려퍼지게 되었다. 세계화를 지지하는 목소리는 일종의 보편적인 가치관으로 나타나 하나의 정치사조로 자리매김했다. 이들은 세계화가 경제영역을 초월해 하나의 보편적 가치를 나타내는 글로벌 운동으로 거듭났다고 보았다. 어떤 학자는 세계화의 가시적인 동력은 경제통합이며 비가시적 동력은 가치통합, 즉 민주정치와 글로벌 가치의 통합이라 주장한다.[14] 반면 세계화의 반대자들은 세계화를 자본주의화로 귀결시킨다. 즉, 세계화에 대한 반대는 곧 자본주의화에 대한 반대이다. 자본주의에 대한 반대의 핵심은 대기업의 횡포에 대한 반대이다. 반세계화는 이미 1980년대의 반전평화운동 이래 유럽·미국 등지에서 가장 규모가 크며 동원가능한 영역이 넓고, 영향력이 가장 광범위한 새로운 형태의 사회운동이 되었다. "세계는 상품이 아니다", "인민이 이윤으로 귀결된다"는 가장 크게 울려퍼지는 세계화 반대자들의 구호이다. 어떤 학자의 예리한 지적에 따르면 세계화와 반세계화의 과정이 부단히 심화됨에 따라 서구의 좌익들은 최근 몇 년간 이론적으로 신자유주의적 세계화에 대한 비판을 제기했다. 소련과 동구권의 사회

---

14   劉軍寧, 「全球化與民主政治」, 胡元梓, 薛曉源 主編, 『全球化與中國』(北京: 中國編譯出版社, 1998), 68쪽.

주의가 실패한 이후 신우파에 대한 서구 좌파들의 이데올로기적 비판의 물결이 한차례 형성된 것이다. 세계화의 반대자들은 신자유주의적 세계화를 겨냥해 전면적인 이론적 비판을 가했다.[15]

세계화가 우려를 일으킬만한 역설을 내포하고 있는 것과 같이 반세계화 또한 그러한 역설을 내포하고 있다. 2001년, 당시 벨기에 총리 기 베르호프스타트(Guy Verhofstadt)는 세계화를 반대하는 시위자들에게 보낸 공개서신에서 다음과 같이 말한 바 있다. "현재 그 누구도 기후변화와 지구온난화의 존재에 대해 부정할 수 없다. 이러한 문제들은 글로벌 협력을 통해서만 비로소 해결이 가능하다. 모든 사람이 세계자유무역이 가장 가난한 국가에게 미치는 영향에 대해 인식하고 있으며, (세계자유무역은) 세계적 성격을 띤 사회와 생태표준을 요구하고 있다. 몇 년 전, 부도덕한 투기가 멕시코의 페소화와 말레이시아의 링기트화와 같이 약세를 보이는 화폐를 강탈하는 일이 발생했다. 이러한 투기행위에 반격할 수 있는 가장 효과적인 방법은 규모있는 화폐지역(세계화의 다른 형태)을 건설하는 것이다. 세계화를 반대하는 주장들은 어느새 위험하게도 극단주의적이고 '포퓰리즘'적인 우익적 관점으로 입장을 바꾸고 있다."[16]

---

15 周惠明,「西方全球化理論與反全球化思潮」, 龐中英 主編,『全球化, 反全球化與中國』(上海: 上海人民出版社, 2002), 188쪽.

16 居伊·伏思達,『全球化的悖論』, 龐中英 主編,『全球化, 反全球化與中國』(上海: 上海人民出版社, 2002), 356쪽.

| 세계화와 새로운 정치 |

세계화를 하나의 정치사조로 본다면 세계화는 새로운 정치관의 탄생을 의미한다. 이러한 정치관은 민족국가를 중심으로 하는 정치사유의 틀을 타파했다. 만인을 굴복시키고 공포에 질리게 했던 '리바이어던(Leviathan)'은 점차 과거의 정치적 위엄을 상실했고, 민족국가를 보완 또는 초월하는 새로운 정치가 모습을 드러냈다. 이것이 곧 글로벌 정치의 차원이다. 미국 학자 맨프레드 스티거가 말한대로 정치세계화는 전세계적 범위에서 진행되는 정치관계의 강화와 확장을 가리킨다. 이러한 과정은 일련의 중요한 정치적 문제를 제시하는데 이것들은 국가주권의 원칙, 날로 확대되는 정부간 조직의 영향력, (특정) 지역과 글로벌 경영의 전망과 연관된다. 이러한 주제들은 민족국가의 틀을 초월한 정치적 안배와 상응하여 완전히 새로운 개념적 기초를 만들어낸다.[17] 이러한 새로운 정치는 다음과 같은 내용을 포함한다.

● 인정의 정치

세계화 과정에서 민족국가와 민족문화가 어떤 운명에 처할 것인가 하는 문제는 매우 중요한 이론문제이자 현실문제이다. 각국이 서로 분리된 시대의 민족국가는 정체성을 강조했다. 그러나 민족국가 간 경계가 잠식당하자, 민족국가는 타인의 인정을 기반으로 존재하게 되었다. 따라서 글

---

17   [美]Manfred B.Steger, 『全球化面面觀』(北京: 譯林出版社, 2009), 47쪽.

로벌 시대에는 문화다원주의에서 말하는 '정체성의 정치(the politics of identity)'가 '인정의 정치(the politics of recognition)'에 의해 대체된다. 정체성이란 국가와 특정 집단을 존재하게 하는 중요한 기초 중 하나이다. 민족국가가 탄생한 18세기, 사람들은 일종의 새로운 정신에 의해 독려되기 시작했는데 이것이 바로 '애국'이다. '애국'은 18세기에 가장 성행했던 구호다. 정체성이 사라지면 민족국가는 곧 문화적·심리적 기초를 잃는다. 민족국가의 출현이 국제체제의 '내부-외부' 구조를 강화함으로써 국가라는 실체는 잠재적인 배타성을 특징으로 갖게 되었고, 민족주의·애국주의 등 이데올로기에 의거해 타자를 배척하는 역량으로 거듭났다. 글로벌 시대가 도래한 이후 국가 간 교류가 강화되었다. 세계화의 충격으로 인해 각국은 정체성의 경계를 확립하는 일이 나날이 어려워졌다. 이럴 때 단순히 정체성에만 의존하게 되면 자신의 존재를 확립할 수 없게 된다. 정체성은 폐쇄적인 구조에서 쉽게 유지된다. 그러나 개방적인 구조 하에서 정체성 체계는 반드시 이역문화로부터 비롯된 영향과 충격을 받게 된다. 따라서 글로벌 시대의 정체성 문제는 점차 인정의 문제로 치환된다. 다시 말해 글로벌 시대의 자기정체성은 타인의 인정을 전제로 성립된다. '인정의 정치'라는 명제는 우리의 정체성이 부분적으로 타인의 인정으로 구성된다는 것을 일러준다. 만약 타인으로부터 인정을 획득하지 못하거나, 왜곡된 인정을 획득하게 되면 우리의 정체성만 영향을 받는 것에 국한되지 않고 막대한 손실을 초래하게 된다. 이런 의미에서 '사회'는 대화하는 관계를 토대로 성립된다. 만약 어떤 사회가 각기 다른 집단과 개인에게 인정을 공정하게 제공하지 못한다면 그러한 사회는 하나의 강압적 형식으로서 존재하게 된다.

그렇다면 글로벌 시대에 '인정의 정치'는 어떻게 실현될까?

우리는 인정의 정치에 기초해 두 가지 측면에서 세계화를 이해할 수 있다. 먼저, 세계화는 자유·민주 등 보편적 가치의 무한 확산을 의미하지 않는다. 민주적이고 평등한 정치라면 응당 현실 속에 존재하는 차이를 인정해야 한다. 세계화된 민주정치발전이 갖는 가치지향은 평등의 정치, 차이의 정치에 대한 인정을 망라하는 것이다. 차이의 정치는 평등과 존엄의 원칙에서 파생된 것으로, 인정의 필요성은 평등의 원칙을 제대로 관철하는 데 있다. 이것이 곧 차이를 경시하는 자유주의에 대한 비판점이 된다. 다음으로, 인정의 정치에 대한 강조는 반드시 공적 교류를 전제로 이루어진다. 차이를 인정하는 것이 평등 원칙의 반영인 것과 같이 공적 교류 역시 평등 원칙의 표현이다. 헌팅턴이 말하는 '문명의 충돌'은 인정의 원칙에 위배될 뿐더러 평등한 교류의 원칙에도 어긋난다. 문명의 충돌이 가져올 수 있는 결과는 서구문화에 대한 비서구문화의 굴종 뿐이다.[18] 따라서 세계화를 단순히 보편성의 확산이나 민주와 자유의 전세계적 유행으로 보는 시각은 맹목적인 낙관에 지나지 않는다. 마찬가지로, 세계화를 단순히 자본주의화, 서구화로 치부하는 시각 또한 세계화 과정에서 이루어지는 체계와 규범의 재구성과 정립을 간과한 것으로 이 또한 맹목적인 비관에 불과하다.

---

18 劉曄, 「全球化與公共性: 國際新政治」, 龐中英 主編, 『全球化, 反全球化與中國』(上海: 上海人民出版社, 2002), 262-263쪽.

● 글로벌 거버넌스

민족국가를 기본 단위로 한 국제관계와 국제체계는 이제까지 오늘날과 같이 거대한 도전에 직면한 적이 없었다. 글로벌 시대의 두드러지는 특징은 국가의 기능에 대한 잠식이다. 국가의 탄생 이후 국가의 존재를 회의하고 의문을 제시하는 자유주의의 목소리는 줄곧 존재했다. 그러나 이러한 목소리는 글로벌 시대가 도래한 이후에서야 차츰 국제세계에 의해 반영되기 시작했다. 글로벌 거버넌스의 시각에서 보면 민족국가의 시대는 이미 지났고 국가는 더이상 당연하다는 듯이 경제영역의 조정자 역할을 담당할 수 없게 되었다. 따라서 각국의 경제를 조정하는 주권은 마땅히 세계무역기구(WTO), 국제통화기금(IMF), 세계은행(World Bank)과 같은 국제경제조직에게 넘겨주어야 한다. 이 문제에 대한 탁월한 해석을 보인 이로 베이징대의 위커핑을 꼽을 수 있다. 그는 "글로벌 거버넌스는 왜 필요하며 왜 시급한가?"라는 제목의 글에서 저명학자인 맥그루(Anthony McGrew)의 글로벌 거버넌스에 대한 정의를 인용하여 글로벌 거버넌스의 시대적 특징에 대해 열거했다. 앤소니 맥그루에 의하면 글로벌 거버넌스는 (국가기구, 정부간 협력 등)공식적인 제도와 조직의 입제(또는 미입제)와 세계질서를 관리하는 규칙과 규범의 유지를 의미하는 데 국한되지 않는다. 나아가 (다국적기업과 초국적 사회운동부터 수많은 비정부조직에 이르는) 모든 기타 조직과 압력집단이 초국적 규칙, 초국적 권위체제의 탄생을 추구하는 데 영향을 받은 목표와 대상을 두루 포괄한다. 따라서 국제연합체제와 세계무역기구, 각국 정부의 활동은 분명 글로벌 거버넌스의 핵심 요소에 해당된다. 그러나 이것들이 유일한 요소는 아니다. 사회운동, 비정부

조직, 지역성 정치조직 등이 글로벌 거버넌스의 함의에 포함되지 못하면 글로벌 거버넌스의 형태와 동기는 올바르게 이해되지 못할 것이다.[19]

중국의 국제사회 참여도가 높아지고, 무엇보다 중국이 평화굴기(和平崛起)함에 따라 글로벌 거버넌스에 대한 중국학자들의 관심은 그 어느 때보다 고조된 상황이다. 국제 거버넌스라는 이론적 틀을 바탕으로, 국제관계의 유형과 국제관계체계에 대한 중국학자들의 해석 또한 이전과 달라졌다.

| 평가 |

중국 내에 '반세계화'라는 민간 이데올로기가 존재한다고 해도, 세계화는 이미 21세기 중국에서 가장 각광받는 구호가 되었다. 세계화는 다양한 글에서 언급되는 빈도가 가장 높은 용어 중 하나이다. 중국의 경제가 세계화 과정에 일익을 담당하고 있음은 두말할 필요도 없다. 여기에 그치지 않고 중국의 문화와 정치 또한 세계화에 편입하고 있음을 보여주는 여러 특징들이 나타나고 있다. 문화의 시각에서 보면 40여년에 걸친 개혁개방 과정은 사실상 전통관념을 변화시키고, 인류문명의 성과를 수용하는 과정에 다름 아니었다. 무엇보다 민간 이데올로기의 경우 벌써부

---

19   [英]戴維·赫爾德, 『全球大變革: 全球化時代的政治, 經濟與文化』(北京: 社會科學文獻出版社, 2001), 70쪽.

터 세계화에 의해 좌우되고 있다. 이 점은 중국에게 희비가 엇갈리는 결과를 가져다 주었다. 정치적인 시각에서 볼 때 중국이 다양한 국제협약에 조인하는 것은 중국의 정치가 글로벌 세계에 개방되었다는 것을 증명한다. 외재적 역량으로서 세계화는 이미 최근 중국의 변천을 분석하는 데 있어 중요한 변수이자 틀이 된 것이다.

당대 중국의 세계화 사조를 전체적으로 조망했을 때, 우리는 세계화에 대한 대다수 사람들의 판단이 비교적 냉철하다는 것을 알 수 있다. 세계화는 이로움과 폐단을 동시에 지닌 양날의 검이다. 이는 곧 기회와 위기의 병존을 뜻한다. 전반적으로 세계화는 세계 절대다수의 국가들에게 이로움과 폐단을 동시에 제공한다. 중국과 같이 매우 중요한 국제적 지위에 있는 국가의 경우 세계화의 이익은 그 폐단보다 크다. 세계화 과정에 적극적으로 참여한다고 해서 반드시 '서구화'의 맹목적 수용이나 '함정'에 빠지는 결과로 이어지지는 않는다. 세계화에 대한 참여가 '자본주의의 승리'를 의미하는 것은 더더욱 아니다. 그보다는 중국과 세계 전체의 상호 연결과 상호 의존이 하루가 다르게 심화되고 있음을 말해준다. 물론 세계화의 역설은 세계화에 대한 중국 학자들의 성찰과 경계를 자극했다. 세계화와 반세계화라는, 확연히 다른 두 정치사조는 사람들의 이목을 끄는 문화현상으로 적잖은 이들의 관심을 유발했다. 그러나 반세계화 사조의 경우 세계화 과정에 대한 중국의 참여가 날로 심화되는 현실 앞에서 무력함을 드러냈다. 더욱이 중국이 화평굴기함에 따라 중국이 세계화의 역설을 극복하려 시도하고 있음이 입증되었고, 중국은 나날이 세계화되는 세계에서 점점 더 중요한 역할을 맡게 되었다.

2. 민족주의:
포스트 냉전시대의 반응

1996년, 베이징의 중화공상연합출판사에서 출간한 『No라고 말할 수 있는 중국』이라는 제목의 책이 많은 사람들의 이목을 사로잡았다. 몇몇 '소시민'들에 의해 25일만에 완성된 이 책은 무려 100여곳에 이르는 전세계 언론매체들의 관심과 보도를 불러일으켰고, 그 해 미국과 서구에서 가장 반향이 큰 저서로 떠올랐다. 사실상 이 책의 원제는 문제를 보다 잘 설명해준다. 원래 이 책의 제목은 『중국은 No라고 말할 수 있다: 냉전 이후 시대의 정치와 감정의 선택(中國可以說不: 冷戰後時代的政治與情感抉擇)』이다. 어떤 이는 이 책을 정치평론서로 분류하곤 한다. 그러나 엄밀한 의미에서 이 책은 민족주의 정서를 표출한 책으로, 나날이 민족주의가 고조되고 있던 당시의 분위기를 일정 정도 반영하고 있다.

많은 이들이 1990년대 중국에서 민족주의 정서가 크게 고취된 것과 당시에 발생한 일련의 사건과 밀접한 관련이 있는 것으로 보았다. 예를 들어 1993년에 2000년 올림픽 개최권을 두고 경쟁하는 상황에서 베이징이 단 한 표 차이로 시드니에 패한 일이나, 1995년 당시 대만 총통 리덩후이(李登輝)의 방미와 서구에서 '중국위협론'이 대두하기 시작한 것 모두 중국의 민족주의 정서를 고조시키는 중요한 사건이 되었다. 많은 이들이 이러한 일련의 사건을 통해 중국에 대한 서구 국가들, 특히 미국의 압박과 경계를 감지할 수 있었다. 이에따라 민족주의적 정서에 의존해 서구세력에 항거하려는 움직임이 조성된 것이었다. 사실 민족주의 정서의 고조는 경제적 세계화 시대에 진입한 중국 내 민간의 반응을 반영한다. 다른 한편으로는 민족주의 사상이 사회집단심리를 통해 표현된 형태라고도 할 수 있다.

본서는 민족주의 정서와 민족주의 사건 자체에 대한 분석이나 연구보다는, 민족주의 정서와 민족주의 사건을 통해 민족주의라는 정치사조가 1990년대 중국에서 어떻게 부상했는지를 중점적으로 살펴보고자 한다. 민족주의 정서는 사회집단의 심리적 작용 가운데 하나이다. 민족주의 사상은 글로벌 시대 국가의 지위와 활로에 대해 고민하는 지식집단의 사색이 결집된 것이다. 즉, 민족주의 정서와 민족주의 사상은 엄연히다르다. 많은 학자들이 민족주의 정서와 민족주의 사상의 차이를 간과하고 있다. 그로 인해 『No라고 말할 수 있는 중국』과 유사한, 민족주의 정서를 표출하는 출판물의 영향력을 과대 평가하고는 한다. 본서의 연구는 민족주의 정서가 아닌 민족주의 사상에 초점을 맞추고 있다.

1990년대 민족주의의 부흥은 결코 우연이 아니다. 민족주의의 부흥과 세계화는 긴밀하게 연관된다. 많은 국가들이 세계화의 물결 속에서 분주하게 이익의 획득을 모색한다. 그러나 그와 동시에 강력한 사상적 자원을 발굴하고 이를 통해 세계화가 국가의 영혼을 잠식하고 침범하는 것을 억제하려 한다. 이는 글로벌 시대가 야기한 중요한 정치현상이다. 일례로 프랑스에서 발생한 프랑스어와 프랑스 문화를 수호하는 움직임은 매우 강렬한 민족주의적 색채를 띠고 있다. 중국의 경우 단편적인 논리로는 민족주의의 부흥을 제대로 설명하기 어렵다. 민족주의를 정서가 아닌 정치사조의 일종으로 본다면 1990년대에 부흥한 민족주의는 다른 정치사조와 마찬가지로 자연히 다수의 내재적, 외재적 원인을 포함한다.

| 민족주의의 파생 |

종족적 관점에서 보면 중국은 나민족 국가에 해딩한다. 근대 이전까지 중국에서는 서구에서 말하는 현대적 의미의 민족주의가 출현하지 않았다. 민족주의는 서구문화가 배양한 하나의 명사이다. 따라서 서구학자들이 수많은 이데올로기들 가운데 민족주의를 실질적인 승리자로 여기는 것은 어색하지 않다. 이들에 의하면 민족주의 이데올로기는 국가의 위대함과 결속에 대한 과장된 믿음이다.[20] 일반적으로 서구의 민족주의는 르네상스 시기의 유럽 군주들에게서 싹트기 시작했다. 이들은 자신이 절대적인 권력을 소유했다는 것을 천명하면서 자신의 왕국의 위대함과 통일을 선양했다. 그러므로 서구 민족주의의 탄생은 국가의 성장과 국가주권

---

20   [美]邁克爾·羅斯金 等, 『政治科學』(北京: 中國人民大學出版社, 2009), 119쪽.

개념의 등장과 그 맥을 같이하고 있다고 할 수 있다. 따라서 18세기 유럽의 시민들이 하나의 새로운 정신에 의해 각성되었다고 말하는 것 역시 부자연스럽지 않다. 그 정신이 곧 애국이다.

이처럼 민족주의는 국가와 그 맥을 같이 한다. 이는 곧 민족이 정치조직의 핵심 원칙이라는 의미이다. 이러한 정치조직은 두 가지 핵심 가정을 기초로 성립된다. 하나는 인류는 자연적으로 서로 다른 민족으로 구분된다는 것이며, 다른 하나는 민족은 정치공동체라는 것이다. 이렇게 보면 민족은 어쩌면 유일하게 정당성을 가진 정치적 지배단위일지도 모른다. 그렇다면 민족주의는 신앙인가? 아니면 이데올로기인가? 여기에 대해 학술계는 일치된 관점을 내놓지 못했다. 평민 백성에게 민족주의는 일종의 정치신앙일 수 있다. 그러나 그 내재적 속성에 주목해보면 민족주의는 이데올로기로서의 특징을 갖고 있다. 사실 이데올로기로서의 민족주의는 분명 민족주의의 신앙적 특징을 흡수했을 터이다. 그러나 이데올로기로서의 민족주의와 신앙으로서의 민족주의를 비교했을 때, 전자는 정치민족주의, 문화민족주의, 종족민족주의와 같은 보다 많은 형태를 포함하고 있다.[21] 즉, 유럽식 민족주의의 경우 매우 복잡한 양상을 보인다. 18세기 유럽의 정치판도에서 종족, 민족, 주권국가가 일치성을 보인 까닭으로 많은 국가들이 운집한 오늘날의 유럽정치지도가 탄생할 수 있었다. 그러나 민족주의가 문화, 식민주의, 팽창주의 등 가외의 요소와 얽히게 되면 과도하게 복잡해진다. 따라서 형형색색의 민족주의 가운데 오

21　[英]安德魯·海伍德, 『政治學核心概念』(天津: 天津人民出版社, 2008), 316~317쪽.

로지 두 가지 유형의 민족주의만을 분명히 구별할 수 있을 따름이다. 종족민족주의와 국민민족주의가 그것이다. 양자는 상호 결합하기도 하고 충돌하기도 한다. 종족민족주의는 종족주의를 초래하기 쉽고, 국민민족주의의 경우 다원적인 문화를 포용하기에 용이하기 때문이다. 따라서 국민민족주의가 단일 민족성을 가진 유럽의 종족민족주의를 이미 초월했다는 것을 어렵지 않게 알 수 있다. 국민민족주의는 다민족 국가가 국가건설을 추진할 때 중요한 정신적 자원으로 기능한다.

신앙으로서 또는 이데올로기로서의 민족주의가 탄생한 이후 다양한 해석모델들이 뒤따라 나타났다. 주로 정치민족주의와 기타 이데올로기의 결합으로 자유민족주의, 보수민족주의, 팽창민족주의, 식민민족주의 등 다양한 유형의 민족주의가 파생되었다. 심지어 어떤 학자는 현대화와 문자의 보급, 통신매체의 발달이 이른바 '상상의 공동체'를 구성한다고 주장했다. 그 안에서 사람들은 자신이 전혀 알지 못하는 민족 구성원들과 긴밀히 연결돼 일체를 이루고 있다고 생각한다.[22] 현대화 관점에서 보면 민족주의가 민족을 창조한 것이지, 민족이 민족주의를 유발한 것이 아니다. 이러한 관점과 상반된 의견도 존재한다. 민족주의를 존재하게 하는 전제 가운데 하나가 민족감정과 민족의식의 형성이다. 프라센지트 두아라(Prasenjit Duara)가 말한 것처럼 근대사회의 역사의식은 민족국가라는 틀에 갇혀 규정되어 왔다.

---

22 [美]本尼迪克特·安德森, 『想象的共同體—民族主義的起源與散布』(上海: 上海人民出版社, 2005).

그러나 역사는 민족에 속한다는 확실성에도 불구하고 민족 그 자체는 대단히 논쟁적인 현상으로 남아있다. 한 국가의 정권이나 정치가는 물론 국민들까지도 민족이 과연 무엇을 의미하며 의미해야 하는지 합의를 쉽게 이끌어내지 못한다. 때문에 민족주의를 연구하는 학자들도 민족이나 민족국가 또는 민족주의 같은 용어의 정의에 어려움을 겪는다.[23] 그러나 민족국가가 글로벌 사회의 기본적 구성 단위인 시대에서 서구에서 발원한 민족주의가 비서구권이 국가 건설을 추진할 때 참조할 수 있는 정신적 자원이 된다는 점만은 부정할 수 없다. 그러나 서구에서 발원한 서구 민족주의는 많은 경우 세계의 불안정과 서구가 패권을 추구하는 구실을 만들어낸다. 두아라가 말한 것처럼 근대 민족주의에서 새로운 점은 국민국가를 단위로 한 세계체제이다. 20세기에 전 지구로 확장된 이 체제는 국민국가를 주권의 유일한 합법적 표현으로 승인한다. 국민국가는 국민을 '대표하는' 주권국가가 그 역할과 권력을 계속해서 확장시켜 온, 뚜렷한 영토와 경계가 있는 정치 형태다. 민족-인민(the nation-people)을 '대표하는' 주권국가는 자신의 역할과 권력을 부단히 확장해 나간다.[24]

서구세계와 비교했을 때, 중국의 문화전통에는 이처럼 차이와 경계를 중시하는 민족주의가 거의 존재하지 않는다. 페이샤오퉁(費孝通) 선생에 의하면 다원일체(多元一體)는 중국식 사상의 주된 표현으로 자신의

---

23   [美]杜贊奇, 『從民族國家拯救歷史』(南京: 江蘇人民出版社, 2008), 1쪽

24   전게서, 28쪽.

아름다움과 타인의 아름다움을 모두 포함한다.[25] 중국인들이 말하는 화하민족(華夏民族)은 문화적 의미에서 비롯된, '분리(分)'가 아닌 '통합(合)'을 중시하는 개념이다. 굳이 고대 중국의 국가 민족성을 규정하려 한다면 이러한 문화적 의미의 화하민족으로 귀결될 수 있을 것이다. 후대인들은 모두 각기 다른 족군(族群)이 융합하는 과정에서 배태된 화하의 자손들이다. 중국이 족군국가에서 화하국가로 나아가는 과도기는 상(商)왕조 때부터 시작되었고, 서주(西周)시대에 이르러 성숙되었다. 족군국가는 씨족연합에서 부족정치로 변화하는 과정에서 점차 원시 국가 또는 선사(史前)국가의 모습을 띠기 시작했다. 고고학자들은 하(夏)왕조의 중앙 조정(朝廷) 관리들은 하후씨(夏後氏) 왕권이 운용하는 폭력의 부산물이자 그 주된 표현이라고 주장한다. 동성(同姓) 및 이성(異姓) 제후국들의 존재는 하후씨 일가의 폭력수단이 전국 각지로 신장된 것이었다. 이로 미루어 짐작컨대 하왕조는 각각의 족군소국(族群小國)들이 모여 이루어진 족군국가이다. 하나의 족군이 곧 하나의 소국에 해당된다고 할 수 있다. 『여씨춘추(呂氏春秋)』에 '우(禹)가 임금이었을 때 천하가 만국에 이르렀다'는 기술이 있다. 여기서 '만국(萬國)'은 물론 과장된 수사법이다. 그러나 하왕조가 하후씨를 맹주로 한 제후국(부족국)들의 연맹에 불과했음을 분명히 말해주고 있다. 생산력이 대단치 않았을 당시의 상황으로 미루어 볼 때, 하왕조의 통치는 이러한 원시적인 족군에 의지해 원시적인 정권

25　「中國文化與新世紀的社會人類學―費孝通, 李亦園對話錄」, 『北京大學學報』(北京), 1998年第6期.

을 이어나가는데 그쳤을 것이라 추측할 수 있다. 다시 말해 당시의 통치 기술적 한계로 인해 하왕조는 지방을 완전히 통제할 수 없었고, 기본적으로 '족군할거'의 상태에 머물렀기에 완전한 국가형태가 출현하지 못했던 것이다. 현재 많은 고고학적 성과들이 상왕조의 국가형태가 그 완전성 측면에서 하왕조를 훨씬 앞섰다는 것을 입증하고 있다. 그러나 상왕조 또한 여전히 느슨한 제후국들의 연맹에 불과했다. 그럼에도 불구하고 상왕조는 초기 국가형태의 원형으로서 면모를 드러냈다. (이러한 상황들을 종합해 보았을 때) 우리는 상왕조가 초기 족군국가에서 화하국가로 변모하는 과도기에 있었다고 유추할 수 있다. 족군국가는 특정한 씨족 또는 족군을 기반으로 형성되었다. 오늘날 말하는 이른바 국가에 해당하는 용어는 고대에 존재하지 않았다. 뤼쓰몐(呂思勉) 선생은 구태여 (국가의 의미에) 가장 가까운 용어를 찾는다면 '사직(社稷)' 또는 '방(邦)'을 들 수 있다고 했다. 사(社)란 토지신(土神) 의미하고 직(稷)은 곡신(穀神)을 뜻하는데 이들은 동일한 공간에 거주하는 사람들이 공통으로 숭배하는 신이다. 옛부터 사직의 몰락은 곧 모든 단체들의 멸망과 같은 뜻으로 쓰였다. 방(邦)과 봉(封)은 동일한 의미를 갖는다. 봉은 '토지를 쌓는다(累土)'는 뜻이다. 부족 간 접경지역에 흙더미를 높이 쌓고 이것을 표식으로 삼는 것을 봉이라 한다. 그 경계선이 미치는 곳을 방이라 한다. 사직과 방은 족군들을 응집시키고 타 부족과 구별짓는 공간적 근거이다. "나라의 중대사는 제사(祭祀)와 병사(兵事)에 있다(國之大事, 在祭與戎)"는 말처럼 상왕조의 통치를 지탱하는 문화적 역량은 기본적으로 원시적인 종교에 기초하고 있었다. 은상(殷商)시대의 신은 시종일관 종족신(族神), 부락신(部落神)의 성격에서 벗어나지 못했다. 갑골문에 새겨진 복사(葡辭)가 증명하는 바와 같이 상나라 사람들은 전쟁을 시작할 때 백성에게 묻지 않고 귀신에게 물었다. 이같은 행위는 상왕조의 통치를 지탱하는 공식 이데올로기가 아직 형성되지 못했음을 말해준다. 이를 통해 우리는 이 시기에 실상 두 개의 통치기구가 존재했음을 알 수 있다. 하나는 법률과 왕권에 의거해 집중적으로 장악한 자원이다. 다른 하나는 방대한 친족 조직으로, 혈연관계와 국가기구가 상호 보완된 결과물이다. 혈연조직을 '족(族)'이라 하고 지연조직을 '읍(邑)'이라 한다. 양자를 비교해보면 왕도와 봉토 간에 초보적인 위계 관계가 형성된 것을 제외하고는 전반적으로 읍의 위계적 색채는 강하지 못했고, 족의 위계적 성격이 비교적 강했다. 이로 미루어 볼 때 상왕조의 통치는 실상 족을 줄기로 읍을 가지로 한, 혈연과 지연의 유대에 의존해 공동으로 유지되는 그물형 구조였음을 알 수 있다. 근본적으로 족군국가에서 탈피하지는 못한 것이다.

주나라 사람들의 경우 제사를 통해 족군들을 연접시켰고, 족외혼을 통해 서로 다른 족군에 속한 이들을 연결시켰다. 시간이 흐르자, 그 범위가 점차 확대되었고 마침내 '화하민족'의 개념이 형성되기에 이르렀다. 후대인들은 모두 이 '화하의 자손'이다. 이처럼 중국의 국가 민족성의 탄생에 있어 서주시대의 공헌은 매우 큰 것이었다. 물론 민족성은 문화적 지지를 필요로 한다. 이스라엘 민족이 유대교를 통해 지속된 것처럼 말이다. 혼재된 족군들이 한 데 모이게 되면 보다 고차원적인, 보다 풍부한 동화능력을 가진 문화를 통해 각 족군 또는 집단 간의 충돌을 해소할 필요성이 두드러진다. 이러한 종족-문화의 내적 함의는 부단히 확장되는 경향이 있다. 서주시대 화하국가의 형성은 이러한 내적 함의의 확장과 밀접한 관련이 있다. 가장 눈에 띠는 것은 주나라 사람들과 은상유민들을 문화적으로 융합하는 정책이다. 변경지역의 족군에게 또한 문화적 융합 위주의 정책을 시행했다. 쉬줘윈(許倬雲) 선생에 따르면 주나라 사람들은 변경 족군들의 지역에 은상지역과 동일한 문화적 융합 정책을 채택할 수 없었다. 아마도 해당 지역들과 은상지역의 문화적 거리감이 비교적 컸던 까닭으로 추측된다. 그러나 주나라 사람들은 대체로 토착문화와 토착족군에 대한 융합 위주의 정책을 펼쳤다. 통제와 (여기에 대한) 대항은 융합이 원활하지 못할 때에만 발생했다.[26] 화하국가는 중국문화전통의 원형 뿐 아니라 '통합(合)'을 숭상하는 중국의 민족성까지 창조해냈다. 서주는 산포된 도시국가들의 조합이나 서로 분리된 족군국가들의 연합이 아니라 문화 구축과 족군 융합을 기초로 형성된 '천하지국(天下之國)'이었다. 이 천하지국이 당대 중국 천하주의 사조의 역사적 기원이다.

　　이처럼 중국문화에는 서구 민족주의와 같은 극단주의적 전통이 결여되어 있다. 그러나 중국인에게 민족주의는 결코 낯설지 않다. 민족주의는 근현대 중국의 정치적 변천과정을 일관되게 관통하는 주제였기 때문이다. 상술했듯이 서세동점 이전까지 중국에서는 현대적 의미의 민족주의가 출현하지 않았다. 중화제국은 하나의 문화제국이었다. 지식과 문화를 기반으로 형성된 우월성은 중국으로 하여금 일종의 윤리적 위계에 의거해 국제체계를 이해하게 하였는데 동아시아 국제체계가 그 산물이

26　　許倬雲, 『西周史』(北京: 三聯書店, 1994).

다.[27] 화이질서, 제국중심론 등이 모두 이러한 국제체계를 체현한다. 법전화된 유학에 의해 뒷받침되는 거대한 문화제국은 근대 이후 나날이 고조되는 정치위기와 지식위기에 제대로 대처할 수 없었다. 중원에 진입한 이민족 정복자인 청나라 황실과 만주족 고위층들은 일종의 부족-씨족적 조직으로 연결되어 있었는데 이는 가족-혈연을 기초로 한 중국식 사회구조와 매우 달랐다.[28] 중국에 대한 근대 서구열강의 기만과 유린은 근대 자강운동을 촉발했고, 자강운동이 숭상한 기치인 중체서용(中體西用)에는 어느 정도 문화민족주의의 색채가 묻어났다. 자강운동의 목적은 문화의 보전에 있었다. 왜냐하면 유사 이래 중국의 지식인은 중국의 문화 전승이 완전히 중단되지만 않는다면 중국이라는 국가는 잊혀지지 않는다는 점을 분명히 인식하고 있었기 때문이다. 중국의 역사를 기술하는 이가 존재하는 한, 중국은 망하지 않는다던 천인커 선생의 발언 역시 동일한 취지에서 비롯된 것이다.

근대 중국 민족주의의 부상은 아래의 조건들과 밀접한 관련이 있다. 첫째, (근대 중국 사상계에서) 유교적 자원이 나날이 빈약해졌다. 둘째, 태평천국운동을 진압하는 과정에서 한족 관료집단이 득세했다. 셋째, 서구의 주권 개념이 유입되어 근현대 정치위기를 극복하는 사상적 무기로 기능했다. 그러나 현대국가가 완전히 형성된 것은 아니었기 때문에 근대 중국의 민족주의는 문화민족주의와 대한족주의(大漢族主義) 두 가지 방향

---

27 黃枝連, 『天朝禮治體系研究』(北京: 中國人民大學出版社, 1995).

28 [美]吉爾伯特·羅慈曼, 『中國的現代史』(南京: 江蘇人民出版社, 1988), 70쪽.

에 국한되어 나타났다. 위대한 정치가 쑨원은 기존의 대한족주의를 국가 건설을 뒷받침하는 민족주의로 개조했다. 훗날 위안스카이의 개혁 활동 은 청말 개혁파의 전통과 분명한 차이를 보인다. 위안스카이는 국민국가 체제의 전지구적 이데올로기에 이미 영향을 받고 있는 국가 건설 구상을 보여주었다. 위안스카이의 가장 성공적인 국가 건설 개혁 가운데 하나는 1902년을 전후해 이루어진 근대적 경찰제도의 도입이다. 위안스카이가 국가를 건설하던 무렵인 20세기 초, 근대 민족주의는 중국에서도 기세를 높이고 있었다.[29] 두아라는 중국 민족주의 담론과 중국 현대사 연구를 바 탕으로 '민족국가로부터 역사를 구출하기'라는 유명한 명제를 제시했다. 이는 중국 내 현대 민족주의의 성장과 그것이 표출되는 원리를 분석한 탁월한 성과이다. 이러한 명제는 민족주의가 국가건설과 맞물리는 현대 사의 산물임을 인식케 한다. 5·4운동과 항일전쟁은 민족주의를 한층 더 자극하는 기폭제가 되었다. 신중국 건국 이후 민족주의는 보다 거시적인 혁명담론 내부로 통합되었다. 종족 혹은 민족은 점차 하나의 계급 개념 으로 굳어졌다. 이러한 계급 개념은 자본주의와 사회주의라는 양 극단이 대립하는 국제적 구도에 적용되거나 식민적, 종족적 압제에 반대하는 제 3세계 서사에서 주로 쓰였다. 왜냐하면 마오쩌둥이 보기에 이것들은 실 질적으로 계급 문제에 속했기 때문이다.[30] 국제체계를 가늠했던 기존의 표준(자본주의와 사회주의, 제1세계·제2세계·제3세계)들은 냉전 이후 국제세

---

29   [美]杜贊奇, 『從民族國家拯救歷史』(南京: 江蘇人民出版社, 2008), 154-159쪽.

30   馮客, 『近代中國之種族槪念』(南京: 江蘇人民出版社, 1999).

계에 적용될 수 없었다. 따라서 국제체계를 분석하는 표준을 재구성해야 할 필요가 있었다. 민족주의는 이러한 요구에 부응해 나타났다.

냉전이 종식되기 전까지, 세계에 대한 중국의 이해는 양대 체제의 대립에 집중되어 있었다. 사회주의 체제와 자본주의 체제의 대립이 그것이다. 중국의 개혁개방이 이러한 전통을 부분적으로 타파했다고 해도 세계 전체에 대한 중국의 시각이 근본적으로 바뀌는 계기가 되지는 못했다. 그러나 소비에트 연방의 해체로 인해 양대 체제가 대립하는 국면이 종결되었고, 양대 체제 대립의 프레임으로 세계를 이해하는 전통 또한 더이상 지속될 수 없었다. 이 때, 공교롭게도 타의추종을 불허하는 발상의 소유자인 헌팅턴이 『문명의 충돌(The Clash of Civilizations and the Remaking of World Order)』이라는 글을 발표했다. 이 글은 포스트 냉전 시대의 국제형세에 대한 미국의 기조를 주로 대표하고 있다. 미국이 벌인 이라크 전쟁, 그간 미국이 채택한 대중동전략, 미국에서 지속적으로 제기되는 '중국위협론', 이 모두가 미국의 글로벌 정책에 대한 헌팅턴의 영향력이 매우 지대하는 것을 방증한다. 그러나 헌팅턴은 해당 글이 도리어 중국 지식인들의 거대한 문화적 상상력을 자극할 것이라고는 미처 예상치 못했다. 『문명의 충돌』은 중국 내 문화민족주의의 대두를 자극한 최초의 사례가 되었다. 다수의 중국 지식인들은 문화민족주의가 글로벌 시대에 진입한 중국의 활로를 모색하게 하고, 영어문화권 특히 미국문화에 대항할 수 있는 사상적 자원으로 기능할수 있으리라 생각했다.

이제껏 살펴본 바와 같이 1990년대에 부흥한 중국의 민족주의는 특수한 시대적 배경과 문화적 사명을 띠고 있었다. 그러나 글로벌 시대에는 국가이익에 대한 각기 다른 정도의 침탈 현상이 뒤얽히기 마련이다. 따라서 이 당시의 민족주의는 근대에 등장했던 문화민족주의와 완전히 같을 수는 없었다. 달리 말하면 문화민족주의는 국가와 민족 정체성을 강화함으로써 국가건설에 공헌하고 현대성을 발현하는 사상적 자원으로 거듭났다고 할 수 있다.[31]

| 이데올로기 자원으로서의 민족주의 |

당대 중국의 지식인 집단 가운데 민족주의를 이데올로기로 보는 이들은 적지 않다. 특히 많은 이들이 민족주의를 실용주의적 성격의 이데올로기로 보는 시각을 깊이 간직하고 있다. 민족주의를 이데올로기의 일종으로 보게 되면, 민족주의에 대한 정의 또한 한층 명료해진다. 영국 학자 앤서니 스미스(Anthony D. Smith)에 의하면 민족주의적 이데올로기는 민족주의적 상징과 운동에 동력과 방향을 부여한다. 사회운동의 제목표는 운동의 행위나 참여자에 의해 결정되지 않고, 이데올로기의 기본적 관점과 원칙에 의거해 결정된다. 이데올로기는 민족주의에 일종의 실용화된 정의를 제시한다.

이데올로기로서의 민족주의는 집단기억과 특정한 조상, 영토를 연

---

31 Suisheng Zhao, 『A Nation-State by Construction: Dynamics of Modern Chinese Nationalism』, (Stanford: Stanford University Press, 2004).

결지어 조국이라는 개념을 형성한다. 자신의 민족을 통해 개인은 '기억의 영토화' 방식과 친밀한 심미적 공간에 대한 애정을 바탕으로 시간과 공간 속에서 자신의 위치를 찾는다. 동일한 집단의 한 세대와 다음 세대는 그들의 조상 및 특정한 민족지형과 연계된 행위와 가치관을 통해 생산된 공통된 기억으로 상호 연결된다. 또한 민족의 조상들은 이러한 방식을 통해 후대인들에게 정서적인 안정과 유대감을 제공한다.[32] 고로 민족주의를 하나의 이데올로기로 보는 시각은 민족주의를 가장 직관적이면서 실용적으로 간단하게 처리한 결과이다. 사회학자 쑨리핑에 따르면 민족주의 사조는 민족주의로 정치이데올로기가 남긴 진공을 메우려는 발상을 부른다.

민족주의는 전환기 이데올로기를 구성하는 중요한 사상적 자원이다. 이러한 의미에서 본다면 이 시기 민족주의는 매우 강한 실용주의적 성격을 띤다. 다시 말해 민족주의의 주창자가 보다 중시하는 것은 요긴하면서도 실용적인 민족주의의 사회적 기능이다.[33] 민족주의는 정치화된 이데올로기 중 하나로서, 정치적인 힘을 빌려 민족 간의 감정을 공고히 한다. 민족주의는 당대의 모든 이데올로기 가운데 장황한 이론에 의한 체계적 논증에 가장 의존하지 않는 이데올로기이다. 때문에 가장 간결하면서도 가장 강력한 이데올로기라고 할 수 있다. 즉, 민족주의는 그

---

32 [英]安東尼·史密斯, 『民族主義: 理論, 意識形態, 曆史』(上海: 上海世紀出版集團, 2006).

33 孫立平, 「匯入世界主流文明—民族主義三題」, 李世濤主編, 『知識分子立場—民族主義與轉型中國的命運』(長春: 時代文藝出版社, 2000), 373쪽.

이론적 체계성 측면에서 매우 빈약하기 때문에 이론적 훈련을 받지 않은 보통 사람들이 가장 받아들이기 쉬운 이데올로기인 것이다.[34] 왕이저우(王逸舟)에 따르면 민족주의는 때때로 하나의 상태로 존재하면서 민족 내 모든 개개인의 충성과 보은 열정을 흡수한다. 어떤 때는 일종의 체계화된 이론이자 정책으로 탈바꿈해 실제 민족의 성장과정에 원칙과 관념을 제공하기도 한다. 또 어떤 때는 운동의 구호이자 상징을 담당해 민족국가를 지탱하거나 혹은 분열시키는 중대한 작용을 한다.[35]

이데올로기 자원으로서의 민족주의는 매우 자연스럽게 이데올로기의 진공을 메우는 실용적인 기능을 담당한다. 민족주의의 일반적 정의와 속성을 살펴보면 민족주의는 정서적 감염력이 매우 충만한, 하나의 강렬한 이데올로기라는 것을 알 수 있다. 근대 이후 민족주의는 민족국가에 대한 유대감와 충성심을 유지하는 측면에 있어 대체불가능한 기능을 수행해왔다. 샤오궁친(蕭功秦)은 이러한 관점을 강력하게 지지하는 대표적인 학자다. 샤오궁친에 의하면 다양한 이데올로기의 대표적인 상징부호들은 신봉자들의 각기 다른 정도의 적극적 반응을 부른다. 그러나 민족주의는 유일하게 한 가정이 그 구성원들에 대해 가지는 천성적인 친화력과 같은, 가장 직접적이면서 가장 자발적인, 인간의 혈연적 본능에 호소하는 감화력을 지닌다. 국가정치적 측면에서 보면 민족주의적 정서와

---

34 劉軍寧, 「民族主義四面觀」, 李世濤 主編, 『知識分子立場―民族主義與轉型中國的命運』(長春: 時代文藝出版社, 2000), 373쪽.

35 王逸舟, 「民族主義概念的現代思考」, 李世濤 主編, 『知識分子立場―民族主義與轉型中國的命運』(長春: 時代文藝出版社, 2000), 373쪽.

이념은 정치공동체의 응집력과 공통된 인식을 유지하고 공고히 할 수 있는 대단히 귀중한 '천연'적 정치자원인 것이다.

| 문화민족주의 |

문화민족주의는 중국문화의 본위로 회귀하자는 입장을 특징으로 한다. 따라서 문화민족주의와 중국의 전통은 상호 부합한다. 많은 학자들이 중국이 하나의 국가로서 존재하는 까닭은 유럽적 의미의 민족주의를 기반으로 하지 않고, 주로 하나의 상상의 공동체로서 발현되었기 때문이라고 주장한다. 고대 중국에서 문화적 정체성은 차이로 인해 발생한 국가 내부의 많은 긴장을 해소시키고는 했다. 근대 문화민족주의는 서구화론, 5·4 반전통운동과 조응해 한 때 매우 성행했다. 중국의 문화민족주의와 프랑스의 문화민족주의는 어느 정도 유사한 측면이 있다. 양자 모두 하나의 문화적 독자성을 유지하려 하였다. 1990년대 이전에 발생한 신전통주의가 유학의 부흥을 통해 권위와 신앙을 재건하고자 했다면, 1990년대 이후에 나타난 문화민족주의는 글로벌 시대 서구의 문화식민주의와 문화적 침략에 저항하려 하였다.

중국에서는 서구처럼 민족국가에 의존해 형성된 민족주의가 존재하지 않는다는 관점도 있다. 중국의 민족주의는 일종의 문화민족주의이며, 이러한 문화민족주의가 중국이 하나의 '상상의 공동체'로서 존재할 수 있도록 돕는다는 것이다. 공교롭게도 헌팅턴의 『문명의 충돌』은 중국의 문화민족주의를 촉발하는 자극제가 되었다. 중국의 문화민족주의는 나름의 역사적 전통을 갖고 있다. 근대의 '중체서용'론이 바로 문화민족주의가 체현된 사례다. 이러한 문화민족주의는 줄곧 서구 세력에 대한 문화적 항거의 표현이었으며, 이 문화적 항거를 뒷받침한 것이 스스로를 한없이 높이는 오만한 문화관이었다. 이는 비정상적인, 왜곡된 문화민족주의의 일부다. 심지어 현대에 출현한 신유가 역시 문화적 정체성을 명분으로 폐쇄적인 문화민족주의를 고양시키고는 했다. 그러나 1990년대 등장한 문화민족주의의 경우 기본적으로 이러한 일원주의적 문화권을 지양했으며, 문화민족주의를 국가건설과 민족정체성이라는 정치적 궤도 안으로 통합시키는 현대적 특성을 보인다. 따라서 1990년대에 나타난 문화민족주의는 스스로를 한없이 높이는 문화일원주의가 아닌, 일종의 정치적 정체성으로서 함의를 가진다.

세계화는 '인정의 정치(the politics of recognition)'를 강화하는 동시에 '정체성의 정치(the politics of identity)'를 촉발한다. 문화민족주의는 곧 이러한 정체성의 정치를 체현한 것이다. 주지하다시피 세계화는 기본적으로 자본의 유동과 자산가의 연합을 매개로 진행된다. 따라서 세계화는 대개 경제적 세계화로 나타난다. 그러나 경제적 세계화는 국가와 족군을 매개로 한 다양한 실존 세력의 방해를 받고 있다. 국가와 족군이 세계화의 침범에 대항할 수 있게 만드는 문화적 자본이 곧 문화적 정체성이다. 어떤 국가의 지배층도 자신의 통치지위가 경제적 세계화의 물결에 휩쓸려 치명적으로 전복되기를 원치 않는다. 그러나 경제적 세계화는 이미 거스를 수 없는 추세이자 국가가 경제자원을 획득하는 필수적인 경로가 되었다. 이러한 딜레마 속에서 이들은 문화적 정체성이 세계화의 침범에 항거할 수 있는 가장 적합한 보호막이라는 사실을 인식했다. 민족언어가 영어에 의해 대체되고 민족의 복식이 양복에게 자리를 내어주었다고 해도, 국가의 혼을 지탱하는 문화적 정체성만은 절대로 상실해서는 안되었다. 근대의 문화인류학 이론 중 하나인 '족군 이론(族群理論)'이 이러한 발상을 입증하고 있다. 해당 이론은 족군(ethnic group)을 규명할 때 객관적인 문화적 특질을 표준으로 해서는 안되며, 마땅히 주관적인 문화적 정체성을 근거로 해야 한다고 주장한다. 족군이론의 제창자들에 의하면 언어, 풍속, 문물제도, 심지어 신체적 특징과 같은 객관적 문화적 특질은 쉽게 변화에 노출되기 때문에 족군을 규명하는 표준으로 삼기에 적당하지 않다. 따라서 스스로가 인정하는 의식만이 족군의 존재를 입증하는 원칙이 될 수 있다.[36]

| 현대성 명제로서의 민족주의 |

당대 중국에서 민족주의를 현대성 명제의 사상적 자원으로 보는 학자는 드물다. 아울러 여기에 대한 심도깊은 분석을 시도한 학자는 더욱 찾기 어렵다. 겔너(Ernest Gellner)는 그의 저작 『민족과 민족주의(Nations and

---

36 「中國文化與新世紀的社會人類學—費孝通, 李亦園對話錄」, 『北京大學學報』(北京), 1998年第6期.

Nationalism)』에서 '민족주의는 정치적 정당성과 관련된 이론'이라는 명제를 제시한 바 있다. 그러나 중국 학자들은 해당 명제를 제대로 이해하지 못했다. 이 명제의 기본 논지는 '정치적 단위와 민족적 단위가 일치해야 한다'는 것이다. 현대성은 민족주의 문제를 이해하는 관건적 요소다. 겔너에 따르면 최초의 민족국가가 생겨나면 곧 이에 뒷따라 제2, 제3의 민족국가가 생겨날 수 있으며, 최종적으로 모든 공동체와 정치체제는 민족국가라는 견본에 따라 스스로를 재설계하지 않을 수 없게 된다. 모든 현대인은 불가피하게 민족국가의 '국민'이 된다.(혹은 전락한다.) 이것이 현재까지의 민족주의 발전사이다. 따라서 민족주의의 역사적 사명은 그것의 비문화주의적 성격을 결정한다. 비록 다수의 민족국가와 민족주의 이데올로기가 특정한 '민족문화전통'을 바탕으로 성립되었다고 해도, 그것이 가진 기본적 이념은 보편적인 현대성 경험에서 비롯된다. 민족주의는 '이성적'일 뿐 아니라 '합리적'이기도 하다. 민족주의 문제를 연구할 때는 반드시 이 문제의 경제학, 사회학적 특성을 우선적으로 파악해야 한다. 이것들은 (민족주의를 연구할 때) 도덕주의, 심리주의, 문화주의와 소위 '정체성의 정치'의 방해로부터 되도록 자유로울 수 있도록 도와준다.[37]

중국에서 민족주의를 말하게 되면 사람들은 폐쇄성과 배타성, 오만함, 심지어 민족적 적대감에 기초해 발생한 전쟁을 연상하기 쉽다. 그러나 정치학적 관점으로 보면 그러한 협의의 민족주의, 급진적 민족주의

---

37 張旭東, 「民族主義與當代中國」, 李世濤 主編, 『知識分子立場─民族主義與轉型中國的命運』(長春: 時代文藝出版社, 2000), 431쪽.

는 현대성 명제로서의 민족주의가 될 수 없다. 때문에 사람들은 근본주의 (fundamentalism), 민중주의(populism, 대중주의로 번역되기도 한다), 종족주의 등 개념을 제시해 현대성의 사상 자원으로서의 민족주의와 대별한다. 중국 학자 왕이저우, 천밍밍, 장쉬동 등은 정치학적 관점에서 현대성의 사상 자원으로서의 민족주의에 대해 분석했다. 그러나 이러한 탁월한 분석들 또한 민족주의라는 사조 안에서 완전히 통합되지는 못했다. 많은 이들이 민족주의를 현대성 사상의 틀에서 이해하지 못한 것은 이 때문이다.

비록 민족주의(nationalism)가 논쟁의 여지가 많은 명칭이라고 해도, 정치학적 관점에서 고려되는 그 내적 함의는 생각보다 복잡하지 않다. 민족주의는 최소 두 가지 용어와 직결된다. 하나는 Nationality이고 다른 하나는 Nation이다. Nationality라는 용어는 또 두 가지 함의를 가진다. 첫째, Nationality는 특정 국가의 시민집단을 집단을 가리킨다(예를 들어 미국시민, 이탈리아 시민). 둘째, Nationality는 특정 언어문화집단에 속한 이들을 지칭한다(예를 들어 그리스 민족, 투르크 민족). Nation의 경우 그 함의가 보다 구체적인데 통상 어떤 정치적 실체나 국가를 지칭할 때 쓰인다. 'Nation'이라는 용어의 어원은 라틴어 'Natie'에서 유래했다. '하나의 피조물'이라는 뜻으로, 후에는 진실된 혹은 날조된 동일한 혈통 또는 종족의 생활단체를 기초로 한 사회집단을 주로 가리키게 되었다. 이러한 집단공동체는 단일 가정을 초월한 부족에 한정된다. 민족과 주의의 결합은 점차 민족주의로 발전하여 유럽 민족국가의 부상과 표리를 이룬다. 민족국가의 탄생은 현대정치 형태의 정립을 나타내는 중요한 지표이다.[38] 16세기부터 17세기에 이르기까지 '민족'의 함의는 중대한 변

444

화를 겪었다. 민족은 종족집단과 무관하게 한 국가 내의 인민들을 망라하는 의미를 가지게 되어 차츰 '국가(country, state)'와 동의어가 되었으며 '인민(people)'에 상응하는 함의를 갖기 시작했다. 이로써 정치학 이론에서는 영토, 인구, 주권을 국가를 구성하는 세 가지 요소로 규정하게 되었다. 1979년 미국에서 출판된 『정치학개론』에서는 영토, 인구, 주권, 정부 이 네 가지 요소를 들어 국가를 개괄했다. 몇 가지이든 이러한 요소들은 최초로 형성된 민족국가와 긴밀하게 연관된다. 왜냐하면 초기의 'nation'은 줄곧 혈연 또는 지연과 연계되었고, 나중에서야 정치조직 또는 국가권력과 연관되는 정치적 의미를 지니게 되었기 때문이다. 이처럼 'nation'의 의미 변천은 서구사회의 정치·경제발전이 끊임없이 혈연적, 지연적 경계를 허물어가는 과정이었음을 시사한다.[39] Nationalism은 단결 또는 국익을 위해 헌신하는 공민의 열정을 표현하기 위해 사용되었다. Nationalism은 때때로 한 민족의 갈망, 즉 정치적·경제적 통일로 인해 느끼게 되는 문화적 일치성을 가리키기 위해 사용되기도 했다. 전자는 정치적 의미의 민족주의이며, 후자는 문화적 의미의 민족주의이다. 만약 민족을 언어적·문화적 일치성을 특징으로 한 집단으로 본다면 민족주의는 더욱 모호해진다.[40]

---

38   Edited by Leonard Tivey, 『The Nation-State: The Formation of Modern Politics』(Martin Robertson Oxford, 1981).

39   劉建軍, 『中國現代政治的興起─項對政治知識基礎的研究』(天津: 天津人民出版社, 2003).

40   [美]費朗玆·博厄斯, 『人類學與現代生活』(北京: 華夏出版社, 1999), 50-51쪽.

때문에 정치학에서는 민족주의를 좁은 의미의 종족주의나 모호한 문화민족주의가 아닌 국가건설에 기여하는 현대성 명제로 본 것이다. 민족주의(nationalism)라는 용어는 1844년에 이르러서야 공적 문헌에 등장하기 시작했다. 당시 민족주의는 민족에 대한 충성과 공헌, 자민족이 타 민족에 비해 우월하다고 여기는 특정한 민족의식을 가리켰으며, 민족문화와 민족이익을 발전·향상시켜 타 민족의 문화와 이익에 대항할 것을 강조했다. '민족주의'는 '민족'보다 더 정의하기 어렵다. 왜냐하면 민족주의는 너무도 다양한 형태를 가지기 때문이다. 민족주의는 특정한 정서 또는 감정, 문화적 잠재의식, 사유방식, 행동양식, 사회·정치운동, 이데올로기 등이 될 수 있다. 즉, 민족주의는 순수한 표현형태가 아니며, 반드시 특정한 정치·사회적 역량과 결합되어야 사회운동 또는 역사적 과정으로 발전할 수 있다. 민족주의가 하나의 역사의 흐름으로 등장할 수 있었던 것은 민족국가라는 정치적 역량에 힘입은 것이다. 민족국가와 더불어 발생한 민족주의는 현대화 과정의 산물이다. 따라서 민족주의는 가장 광범위한 의미로 특정한 이데올로기, 사회운동, 정치적 요구를 가리킨다. 그 기원을 따져보면 전적으로 현대사의 산물이라 할 수 있다.[41]

민족은 문화적 척도인가, 정치적 척도인가? 이는 고대 민족과 현대 민족의 차이와 연관되는 문제다. 고대 민족은 사실상 생물학적 의미와 인류학적 의미의 '민족'이었다. 그러던 것이 인류학적 발전에 따라 점

---

41   徐迅, 「民族, 民族國家和民族主義」, 李世濤 主編, 『知識分子立場—民族主義與轉型中國的命運』(長春: 時代文藝出版社, 2000), 431쪽.

차 단순한 생물학적 의의를 넘어 의식, 심리, 문화와 전통에 대한 연구로 나아갔으며 이로써 혈연·지연·종교 등 요소들이 융합된 문화민족 개념이 형성되었다. 여기서 논하는 민족주의는 종족집단이 아닌, 사회학·정치학적 의미의 민족주의를 가리킨다. 이는 문화민족과 정치민족의 차이라는 매우 중요한 문제와 관련된다. 미국의 정치학자 칼 도이치(Karl Wolfgang Deutsch)는 일찍이 '문화민족'과 '정치민족'이라는 개념을 제시한 바 있다. 전자는 역사적으로 형성된 문화공동체를 지칭한다. 후자는 '국가를 가진 집단 또는 이미 발생한 준정부기능의, 공동의 염원을 설정하고 지지하며 추진할 수 있는 능력을 갖춘 집단'을 의미한다.[42] 오늘날 우리가 말하는 민족 가운데 대다수는 국가와 직결된 현대적 의미의 민족이다. 따라서 민족이익과 국가이익은 동의어가 되었다. 17-18세기의 서유럽에서 진행된 왕권과 교권의 분리과정은 곧 제국의 압제 하에 있던 각 민족이 독립·해방되는 과정인 동시에 근대 정치국가가 독자적으로 성장하며 완비되는 과정이었다.[43] 따라서 민족권(民族權)과 주권 이 두 개념 또한 구별이 어렵게 되었다. 한 예로 미국 민족은 언어·종교·문화전통과 민족의 다원성이라는 측면에서 현대 민족의 특징을 매우 전형적으로 보여준다.

물론, 민족주의의 '보편성'은 민족국가의 무조건적인 성립을 수반하지는 못했다. 뿐만 아니라 자본주의와 '현대성'이라는 역사적 조류는 기

---

42   王輯思, 「民族與民族主義」, 『歐洲』(北京), 1993年第5期.

43   [英]沃納姆等, 『新編劍橋世界近代史』第九卷 (北京: 中國社會科學出版社, 1992), 229-230쪽.

존의 모든 전통, 습속, 지역, 공동체, 관념의 경계를 무자비하게 타파했으면서 어째서 유독 민족국가라는 틀과는 오늘날까지 '평화공존' 해왔는가 라는 문제를 설명하지 못한다. 어네스트 겔너는 민족주의의의 보편성과 정당성을 논술하는 동시에 모든 민족이 고유의 '정치적 피난처'(국가형태)를 획득할 수는 없다는 점을 줄곧 강조하면서,민족국가 성립의 객관적 조건 또는 주관적 염원이 그 현실(실현)성을 뜻하지는 않는다고 하였다. 이러한 문제는 곧바로 민족국가의 확립에 기여하는 '이론'적 기초 즉, '민족성'과 '민족주의'의 '본질'에 대한 규명을 촉구한다. 그러나 여기에 대한 해답은 일부 비본질주의적인 발견에 그칠 수밖에 없다. 민족성과 민족주의는 모두 구체적인 역사적 상황 아래 형성된 관념구조라는 것, 스스로의 처지에 대한 특정 집단의 기술(記述) 또는 날조, 복잡한 경제·사회·정치적 모순이 '운명공동체'라는 상상 속에서 상징적으로 해결되는 것 등이 그러한 사례다. 이것이 베네딕트 앤더슨의 명저『상상의 공동체』의 주제이다.[44] 보편적 이성과 현대성 명제로서의 민족주의는 정치적으로 활용되는 와중에 언어·문화 등 표상자원과 연계된 자취를 남겼다. 때문에 현대성 명제로서의 민족주의는 오히려 쉽게 간과될 수 있으며, 표상자원과 연계된 문화민족주의가 도리어 관심을 불러일으키기 쉬운 것이다.

44　張旭東, 「民族主義與當代中國」, 李世濤 主編, 『知識分子立場—民族主義與轉型中國的命運』(長春: 時代文藝出版社, 2000), 432쪽.

| 천하주의: 민족주의를 대체하다 |

사실, 민족주의와 중국문화 간의 융합성은 그리 강하지 않다. 고대 중국에서 족군의 귀천을 판별하는 기준은 인종의 차이가 아닌 문화의 우열에 있었다. 반면 민족주의의 경우 어느 정도의 건설성을 포함하는가와는 상관없이 핵심은 차이에 대한 강조에 있다. 무엇보다 민족주의는 근대국가와 연계되면서 무의식적으로 국가 팽창의 명분이 되었다. 서구의 국가발전 과정은 거의 항상 전쟁과 연결되어 있다. 유럽 역사상 발생했던 다른 민족 간의 전쟁이나 근대 이후 서구 국가가 자행한 제3세계에 대한 무력 점거, 제1차 세계대전과 제2차 세계대전 등은 모두 차치하더라도 서구 국가는 오늘날에도 몇 년 주기로 전쟁을 일으키고는 한다. 민족주의는 세계와 인류를 멸망시킬 치명적인 위험성을 잠재하고 있다. 때문에 민족주의가 차츰 성행할 당시인 1990년대에 민족주의를 대체하는 사조가 중국에서 등장했으니, 이것이 바로 천하주의이다.

천하주의는 비단 고대의 정치현상과 정치관념에서 나타날 뿐 아니라 국가형태의 변천과정, 아울러 고대 중국이 주변국가 및 세계와의 관계를 처리하는 과정에서도 매우 잘 드러난다. 산포된 성읍국가에서 분립된 봉건국가로, 분립된 봉건국가에서 통일된 천하국가로의 변모는 천하주의가 단순한 정치적 상상이 아닌 실제 국가형태의 변천이라는 것을 말해준다.[45] 특히 중국과 주변국가, 중국과 세계의 관계에는 매우 짙은

---

45   劉建軍, 『古代中國政治制度十六講』(上海: 上海人民出版社, 2009).

천하주의적 색채가 담겨 있다. 이것이 제도적으로는 체현된 사례가 동아시아 예치시스템이라고도 일컬어지는 조공제도이다. 고대 중국의 통치자는 자신을 천하의 중심으로 여겼다. '중국(中國)'이라는 용어는 지리적인 의미의 중국(중원지역) 뿐 아니라 민족적 의미의 중국(한족정권), 정치적 의미의 중국(중원왕조 또는 중앙왕조), 문화적 의미에서의 중국을 두루 포괄하고 있다. 그러나 '중국'이라는 용어는 본래 모든 나라 가운데 중간에 위치한 나라, 중앙에 위치한 나라, 가장 중요한 나라를 가리키는 것으로, 천하의 중심에 위치한 땅이라는 의미였다. 이로써 중국과 주변국가 내지는 세계의 관계는 중심과 사이(四夷)의 관계로 비화되었다. 이는 통치자가 자신의 통치 아래에 있는 토지를 우주의 중심으로 상정한 데서 비롯되었다. 따라서 세계의 질서 역시 그 자신을 중심으로 하여 사방으로 전개되었다. 따라서 예제적 법칙의 지배를 기초로 천조(天朝)와 주변 사이의 관계를 처리하는 것은 하나의 도덕화된 척도로서 중심과 주변의 관계를 주시한 것에 다름 아니었다. 오랑캐들의 본성은 개나 양과 같다(逆夷性同犬羊)는 말에서 유추할 수 있듯, 중원왕조는 자연히 천하의 중심에 위치한 지위에 걸맞은 문화자본을 보유했다. 중심과 사이의 관계는 문화관계와 공간·지역관계를 한데 묶는다. 그렇기 때문에 황쯔롄(黃枝連)은 이것이 실상 '초자연적인 물리—천리(天理)체계'에 해당한다고 보았던 것이다.

페어뱅크(John King Fairbank)가 일찍이 지적한 바와 같이, 중국인은 대외관계를 중국의 국가와 사회 내부의 질서원칙이 외부적으로 표현된 것이라 상상하는 경향이 있다. 중국의 대외관계는 이러한 상상에 상응하는 위계성을 갖고 있다. 마치 대외관계가 중국사회 자체인 것처럼 말이다. 역사발전에 따라 형성된 대외관계제도는 대체로 유럽에 형성된 국제질서와 비견될 수 있다. 이러한 대외관계제도가 바로 조공제도이다. 조공제도는 중국인 스스로가 상상해 설계하고 실천한 일종의 중국적 세계질서이다. 아편전쟁 이후 중국은 천조대국(天朝大國)이라는 과거의 독존적 지위를 상실했으며, 서구열강의 압제 아래 하루하루 명맥을 유지하는 신세로 전락했다. 서구열강으로부터 비롯된 압제는 낡은 제국의 하늘 위에 감돌던 찬란한 빛을 앗아갔을 뿐 아니라, 군함과 대포의 힘과 서슬퍼런 담판을 통해 제국 내부의 제도적 변화를 몰아붙였다. 이처럼 압력적인 제도변천은 먼저 조공제도가 근대 외교제도로 전환되는 과정으로 나타났다. 청(淸)조정은 봉공체제가 아시아의 주변국가 뿐 아니라 중국과 수교를 희망하는 모든 국가들에게 또한 적용될 수 있다는 시각을 줄곧 견지했다. 그러나 19세기 초에 이르러, 서방의 정부와 외상(外商)들은 더는 중국체계의 예속을 견디려 하지 않았다. 외상들은 더 큰 행위의 자유를 요구했고, 나폴레옹 전쟁에서 갓 해방된 서구국가들은 산업혁명으로 인해 대폭 상승된 실력을 앞세워 속국의 대우를 더이상 받아들이려 하지 않았다. 아울러 유럽의 규칙과 외교관계에 의거해 국제관계를 진전시킬 것을 줄기차게 요구했다. 서구열강들이 합심해 중국의 대외관계원리를 분쇄하고 있을 때 봉공체제는 실상 이미 빛을 잃은 것이나 다름없었다. 당시 영국은 가장 발달한 산업국이자 대외무역의 선두주자로서 있는 힘껏 기존의 중국체제를 분쇄했다.[46] 이러한 압박에 못 이겨 청 조정은 서구국가들과 협력하는 정책을 채택하지 않을 수 없었다. 이로써 중국에는 총리아문(總理衙門), 통상대신(通商大臣), 동문관(同文館), 해관(海關)과 같은 근대 국가 거버넌스와 국가 간 교류를 담당하는 기구들이 출현하게 되었다. 1860년대 중국에서는 다양한 근대화의 노력들이 잇따랐는데 이는 기본적으로 서구 열강의 압력에서 비롯되었다고 할 수 있다. 이러한 압력성 제도변천은 낡은 제국의 체제에 틈을 만들어냈고, 이 틈은 조공체제에서 근대적 국제관계로 전환되는 과정에서부터 천천히 확대되기 시작했다. 이로 미루어볼 때 고대 중국의 천하주의는 스스로를 중심으로 상정해 전개되는, 예제적 색채와 도덕적 색채가 매우 짙은 위계체계였다. 이러한 위계체제에서 각국의 위치는 문화적·도덕적 자질의 정도에 따라 배열되었다. 일본 학자 시노부 세이사부로(信夫淸三郞)는 동아시아 국제질서 또는 화이질서를 구심적이고 불평등한 종적 관계로 보았으며, 근대 유럽의 국가체제는 원심적이고 평등한 횡적 관계로 보았다. 이러한 시각은 일본본위적 색채를 띠고 있으나 나름의 설득력을 갖는다.

중국문화와 맥을 같이하고 있는 천하주의는 비록 엄청난 영향력을 보유하고 있다고 할 수는 없으나, 민족주의와는 완전히 다른 목소리를 대변한다. 천하주의의 주창자인 성홍(盛洪)에 따르면 민족주의는 일부 사람들의 정체성에만 초점을 맞추기 때문에 민족주의 정서는 사람들로 하여금 자민족의 복리만을 중시하고 타민족의 이익을 경시하게 만들 수 있다. 민족주의라고 하면 자연히 서로 다른 집단 간에 대립적 요소가 끼어들게 된다. 따라서 민족주의는 폭력이나 담판의 강제력을 통해 자민족

---

46   徐中約, 『中國近代史』 第6版(北京: 世界圖書出版公司, 2008), 104-105쪽.

과 타민족 간의 무역관계나 부의 분배를 바꾸어, 자신에게 유리하게 만들려는 경향으로 흐르게 된다. 천하주의는 인류 전체를 긍정하기 때문에 천하주의의 시각에서 모든 사람은 동등하고 이들 간에 어떠한 차이도 없다. 민족 간의 구분도 존재하지 않는다. 따라서 천하주의 문화에서는 인간과 인간의 이익충돌은 존재할 수 있으되, 민족문화로 구분된 집단과 집단 간의 충돌은 존재하지 않는다. 천하주의 문화에 입각해보면 다른 집단에 대한 침해를 대가로 한 복리는 어떠한 의미도 가질 수 없다. 따라서 천하주의는 폭력 또는 담판과 같은 강제적인 방식에 의한 부의 획득보다는 평화적인 자유무역의 방식에 경도된다.[47]

여기서 성홍은 부의 분배 관점에 국한되어 경제적 의미의 천하주의를 논술하는데 그치지 않는다. 그는 천하주의를 점차 제도영역, 문화영역으로 확장해 나갔다. 성홍에 의하면 민족주의와 천하주의는 폭력의 사용과 관련해 다른 경향을 지닐 뿐더러, 각각 다른 내적 함의를 가진 제도적 안배와 조응한다. 민족주의에 대한 강조는 폭력에 대한 선호를 의미한다. 왜냐하면 국가란 폭력을 사용하는 하나의 형식에 불과하기 때문이다. 반면 천하주의에는 국가개념이 결여되어 있다. 따라서 폭력적 함의가 비교적 적다. 천하주의의 시각에서 보면 민족과 국가의 구분이 없다면 민족 또는 국가를 단위로 한 이익충돌 또한 발생하지 않는다. 이로써 천하주의는 한층 고결한 문화적 함의를 가지게 된다. 성홍은 량수밍(梁漱

---

47 盛洪, 「從民族主義到天下主義」, 李世濤 主編, 『知識分子立場—民族主義與轉型中國的命運』(長春: 時代文藝出版社, 2000), 76쪽.

溟)의 발언을 인용해 이렇게 말한다. 국가지상이나 종족지상이 아닌 문화지상, 이것이 천하주의다. 리션즈(李愼之)는 한 걸음 더 나아가, 국가는 정권을 지칭할 뿐이나 천하는 문화를 지칭하며 천하주의는 곧 문화주의라고 주장한다. 중국에서 천하주의는 유구한 역사를 가진다. 천하주의는 세계를 바라보는 옛 사람의 시각을 대변하며, 이 시각이 중국의 대외교류를 좌우해왔다. 성홍에 따르면 근대 중국의 천하주의가 서구의 민족주의와 조우했을 당시 천하주의의 문화적·도덕적 성향은 서구 민족주의의 폭력적 성향에 의해 괴멸되었으며, 이러한 서구의 폭력은 중국의 민족주의를 각성시켰다. 비록 이러한 민족주의에 천하주의의 색채가 섞이긴 하였으나, 이 민족주의는 중국이 현대국가로 나아가는데 있어 중요한 가치자원으로 작용했다.

천하주의자에게 민족주의는 중국을 구제하는 유일한 탈출구가 아니었으며, 세계를 구제할 수 있는 유일한 탈출구는 더더욱 아니었다. 왜냐하면 천하주의자가 보기에 민족주의는 끊임없는 광기와 폭력, 전쟁만을 일으키기 때문이다. 반면 천하주의 전통은 중국으로 하여금 중국과 세계가 전쟁으로부터 벗어날 수 있는 눈부신 길을 개척할 수 있도록 한다. 따라서 중국은 마땅히 천하주의를 지향해야 하며, 천하주의의 부흥을 이끄는 선도자가 되어야 한다. 물론 이들이 말하는 천하주의는 화이의 구별(華夷之分)을 바탕으로 한 문화독존주의(文化獨尊主義)가 아니라, 평등한 지위를 가진 다른 문명을 존중하고 인정하며 그들과의 평화로운 교류 를 촉진하는 천하주의이다. 이러한 천하주의가 진일보하여 새로운 국제질서를 구축하는 가치자원이 될 수 있다는 것이다.

자오팅양(趙汀陽)은 천하주의에 대한 철학적 논증을 시도한 저명한 학자다. 그는『천하체계(天下體系: 世界制度哲學導論)』라는 저작을 통해 철학적 차원에서 서구의 민족국가 사상과 민족주의에 대한 천하주의의 초월을 체계적으로 논증했다. 민족국가를 좌표로 하고 '제국관념'을 척도로 한 서구의 '세계관'—로마제국, 대영제국, 미국제국주의 가운데 그 어떤 것이든—은 하나같이 유아(독존)적 입장을 가지고 있으며, 전통과 이단이라는 양 극단의 대립을 상정한다. 이는 중국을 비롯한 동양의 관념세계와 더불어 어울린 적이 없고, 어울리려 하지도 않는 반쪽짜리 세계관이다. 특히 기계적이라 할 만큼 이원대립적(진보/낙후, 문명/야만, 정통/이단)인, 전환과 은유를 모르는 사유방식은 전형적인 '이분법적' 투쟁철학을 유발한다. 이러한 세계없는 세계관은 1차 대전 종결 후 다시 2차 대전을 일으켰고, 이후에는 또 반파시스트, 반공산주의, 반테러리즘(을 명분으로 한 전쟁)으로 이어졌다. 중국의 격언을 인용해 말한다면 이는 '소인이 권세를 얻자 난폭해지는(小人得志便猖狂)' 작태의 전형이며, 입말로 표현하자면 전형적인 '스포츠맨'의 심리상태라고 할 수 있다. 즉, '나'의 이익을 최대화하는 데에만 골몰하는, 나의 이익을 최대화하기 위해서는 언제든 폭력을 최적의 수단으로 하는 암흑가의 방식에 다름 아니다. 이들의 핵심 관념에서 폭리(暴利)를 빼면 폭력(暴力)만이 남는다. 근대 서구국가들의 세계적 팽창은 그들의 세계관과 직결되어 있다는 것은 부정할 수 없다. 민족을 중심으로 하여 대외적으로 팽창하는 가장 좋은 방법은 바로 전쟁, 민족국가 간의 전쟁이며 그 목표는 자신을 제외한 세계 전체이다. 개인적 차원에서 탈피한 전쟁은 대략 18세기말부터 시작되었다. 왜냐하면 '전문직업주의'와 '애국주의'가 18세기 말 유럽의 국가들 사이에서 벌어진 전쟁의 주된 요소였기 때문이다.[48] 물론 고대 중국의 왕조 교체 또한 선혈이 낭자한 과정이었다. 그러나 이는 '중국' 권역 내부의 전쟁이었다. 서구인들이 도발한 전쟁은 세계 전체를 ('공물(公物)'이 아닌) '사물(私物)'로 보는 시각에 기초하고 있다. 반면 중국인이 일으킨 전쟁은 중국 권역 내의 천하를 '사물'로 본 데서 비롯되었다. 이른바 '천하를 손에 쥐고(執掌天下)', '천하를 소유(擁有天下)'한다 하더라도 (천하는) '중국'이 포괄하고 있는 공간 범위를 벗어나지 않았다. 베버가 말했듯 '천하' 밖의 세계에 대해서는 '평화주의(和平主義)'의 원칙을 베풀었고, (이를 바탕으로) 일종의 위계성을 띤 조공체제를 구축해 이 안에서 천하 밖의 세계와 관계를 유지해나갔다.[49]

당대 중국의 천하주의자들은 중국 고대의 천하주의가 가진 평화적 본질을 충실히 규명하면서 이것을 고대의 천하주의가 미처 포괄하지 못했던 글로벌 범위로까지 확장시켰다. 이를 바탕으로 천하주의에 민족주의와 민족국가 사상을 초월하는 격조를 부여했다. 자오팅양이 보기에 중국의 천하관념(실천이 아닌 관념)은 천하로 천하를 보는 무입장(無立場)과 아(我)와 비아(非我), 주와 객의 상호작용을 통해 (역사적으로 불교를 받아들이고 근대 이후로는 현대화 이론을 수용했듯) 서구 세계를 용인해 받아들일 수 있다. 따라서 (천하관념을 바탕으로) 개방적이고 질서있는, 아울러 조화로

---

48   [英]邁克爾·霍華德, 『歐洲歷史上的戰爭』(沈陽: 遼寧教育出版社, 1998), 56쪽.

49   [德]馬克斯·韋伯, 『儒教與道教』(南京: 江蘇人民出版社, 1993).

우며 포용적인 세계제도를 꾸려나갈 수 있으며 이러한 세계제도는 '각자 본래 면모의 유지하면서 타자를 대하는(物各賦物)' 것을 가능하게 한다.[50] 때문에 자오팅양은 '향후 세계제도가 필요하다면 천하이론이 그에 합당한 이론적 기초가 될 수 있을 것'이라 자신한 것이다.[51] 서구인들이 국가로 세계를 보았다고 한다면, 자오팅양이 주창한 것은 천하로 세계를 보는 것이었다.

자오팅양에 의하면 '천하'이념은 세 가지 의미를 함축한다. 이 세 가지 의미들은 순차적으로 중요성이 확대된다. 첫째, 지리적 의미에서의 세계로, '하늘 아래의 모든 땅'을 의미한다. 둘째, 심리적 의미에서의 민심 즉, '민심을 얻는 자가 천하를 얻는다(得人心者得天下)'고 할 때의 그 천하. 셋째, 윤리학/정치학적 의미에서의 세계제도로서, '세계가 한 가족이라는 이상 또는 이상향', 이른바 사해일가(四海一家)를 뜻한다. 이 세 가지 함의는 상호 조건이 되며, 서로를 구속하며 공동으로 현실세계를 해석한다. 이렇듯 '천하'는 하나의 철학이자 세계관을 뜻하며, 세계, 사물, 인민과 문화의 토대이기도 하다. 천하가 가리키는 세계는 '제도가 있는 세계'이며, chaos(무질서)에서 kosmos(질서)에 이르는 전환을 완성한 세계이자 인문적·물리적 의미를 겸비한 세계이다. 이러한 천하관(즉, 세계관)은 세계 자체를 선험적이고 조화를 이룬, 통일된 총체적 존재로 볼 것

---

50   周月亮,「趙汀陽的'天下'觀念: 中國智慧如何進入世界曆史進程」,『中國教育報』(北京), 2005年1月13日 第7版.

51   趙汀陽,『天下體系: 世界制度哲學導論』(南京: 江蘇敎育出版社, 2005), 100쪽.

과 세계를 가장 크고 가장 높은 수준의 정치 단위로 간주할 것을 요구한다. 더 나아가 이러한 세계를 하나의 척도로 삼아 문제를 성찰할 것 즉, '세계로 세계를 측량할 것'을 요구한다. 이는 '천하로 천하를 보는(以天下觀天下)' 노자(老子) 원리의 현대판이다. 이는 '국가로 세계를 측량하는' 서구인들의 시각과 확연히 다르며 상반된 경향을 갖는다. 왜냐하면 서구인들은 '국가의 척도'를 숭상하고 중국인들은 '세계의 척도'를 숭상하기 때문이다. 이러한 세계의 척도의 구체적 실현은 제도적 측면에서 민족국가를 최대 단위로 한 현재의 국제제도를 초월하는 세계제도를 건립함으로써 이루어질 수 있다.[52]

현재 민족국가를 모델로 한 보편적으로 수용될 수 있는 세계질서가 존재하지 않기 때문에 작금의 세계는 여전히 뺏고 빼앗기는 분쟁의 세계에 머물러 있다. 이에 자오팅양은 범세계적 이익을 반추하는 동시에 충돌을 최소화할 수 있는 세계의 척도를 가진 이상적인 모델을 모색하기 시작한 것이다. 다시 말해 국가이익을 초월해 '천하로 천하를 바라보는'(세계를 염두에 둔)정치세계관을 탐색한 것이다. 중국의 전통 정치체제는 하나의 순서/층차를 내포한다. 천하-국가-가정이 그것이다. 이는 서구의 정치체제가 가진 국가공동체-개인이라는 층차와 전혀 다르다. 서구사상에서 국가는 이미 가장 큰 정치단위였다. 세계는 그저 비어있는 지리적 공간일 뿐이었다. 그러나 국가이익에서 출발해서는 세계의 장구한 이익과 가치, 책임을 발견할 수도, 규정할 수도 없다. 장차 세계의 공

---

52   趙汀陽, 『天下體系: 世界制度哲學導論』(南京: 江蘇教育出版社, 2005), 41-49쪽.

정한 질서로 발전할 리도 만무하다. 서구 역사에서 제국모델은 서구 정치사상이 극대화된 사례다. 그러나 그 핵심은 여전히 국가이론에 기초한 '일국이 세계를 통치하는' 것에 불과하며, 이는 강대국이 자국의 이익 최대화를 도모한 결과이다. 몇 천년에 걸친 전통을 보유한 중국의 '천하'사상은 국가를 초월하는 척도를 갖고 있으며, 세계질서에 대한 하나의 이상향을 드러낸다. 먼저, '천하'이론은 세계를 '밖이 없는(无外)' 총체로 볼 것을 요구한다. 세계를 지정된 (서구인들에게 익숙한 아군/적군, 국내/국외, 신도/이교도와 같은 기본적인 정치적 구분이 통용되는)분열모델로 볼 경우, 완전한 세계는 타자를 정복하거나 자신의 '보편화'를 통해서만 얻을 수 있다. 반면 '밖이 없는' 원칙의 경우, 내부적으로 존재하는 다양성을 조화롭게 유지하기만 하면 완전한 천하를 보존할 수 있었다.

자오팅양의 구분에 따르면 천하체계는 적어도 세계의 척도와 영구적인 척도를 가지며, '예는 가서 가르치지 않는다(禮不往教)'는 원칙을 비롯해 밖이 없는(無外) 원칙, 다양성을 기초로 한 조화 원칙을 포함한다. 그 중에서 세계의 척도와 밖이 없는 원칙이 천하체계 이론의 핵심이다. 이른바 세계의 척도란 세계를 가장 크고 가장 수준이 높은, 하나의 선험적인 정치단위로 간주할 것과 세계를 지식론의 단위에서 정치/문화의 단위로 확장할 것을 요구한다. 서양철학이 이해하는 정치/문화단위는 국가에 이르러 멈췄다. 따라서 이들의 제도와 문화에는 '국가'만 있을 뿐 '세계'는 없다. 따라서 우리는 반드시 민족국가의 '시야'를 초월해 범세계적 이익과 가치에 대해 고려해야 한다. 범세계적 이익의 추상적인 의미는 '각국과 모두 관련된 인류 공동의 이익으로, 물질적 측면은 물론 정신적 측면까지 망라하는 인류 전체의 삶의 질을 보장하는 필요조건이라고 할 수 있다. 비록 최대화된 인류 공동의 이익이 특정한 시간단계에 이르러 반드시 모든 국가의 최대화된 이익과 일치된다고 할 수는 없으나 '장시간'의 척도 또는 영원에 근접한 시간성에서 보게 되면 최대화된 인류 공동의 이익은 반드시 최대화된 모든 국가 또는 지역의 이익과 일치한다.'[53] 따라서, 세계의 척도는 시간적인 의미에서 하나의 영구적인 척도이다. 이것은 공간적 의미에서의 세계 각 지역은 물론, 시간적 의미에서 영구성을 가진 세계의 척도 즉, 모든 곳에서 바라볼 수 있는(the view from everywhere) 하나의 무입장적 세계관을 함축한다고 할 수 있다.

다음으로, 천하이론의 근본적 혁신은 '밖이 없는' 원칙에 있다. '밖이 없는' 원칙은 세계 전체를 '내부'로 간주하며 조화가 불가능한 '외부'(의 존재)를 없앤다.[54] 세계에는 밖이 없으니 오로지 내부만이 존재하며, 따라서 용인할 수 없는 외부란 존재하지 않는다. 즉, 오로지 내부 구조에서만 원근(遠近)과 친소(親疏)의 관계가 있을 뿐이다. 여기서 어울릴 수 없는 외부의 이단이나 적은 존재하지 않는다. 이러한 관념은 '대범'하게 모든 것을 환원한다. 적도 친구로 만들고 외부도 내부로 만든다. '천하에서는 모든 지역이 다 내부이며, 모든 지역 간의 관계는 전부 원근과 친소에 의해 결정된다. 이러한 관계 설정 모델은 선험적으로 완전한 세계를 담보하는 동시에 역사적 다양성 또한 보장했다. 이러한 모델은 아

---

53   趙汀陽, 『天下體系: 世界制度哲學導論』(南京: 江蘇教育出版社, 2005), 48쪽.

54   Ibid, 139쪽.

마도 유일하게 세계문화의 생태적 표준을 만족시키는 세계제도일 것이다. 세계를 (구획이) 확정된 분열의 모델로 간주하게 되면 완전한 세계는 오로지 타자를 정복하거나 '보편화'된 자아를 통해서만 획득할 수 있다. 그러나 그 대가로 생태활력의 다양성을 잃는다.[55]

요컨대, 천하관념은 외연이 무궁무진한 일원화된 세계를 상상하는 데 가장 부합한다고 할 수 있다. 동시에 (천하관념이 상정하는) 세계의 선험성은 논리적으로 세계 내부에 존재하는 다양한 생태를 인정한다. 또한 천하관념은 조화와 선치를 핵심 요구로 하는 보기 드문 정치세계관으로, 세계의 척도를 가졌으며 (이를 바탕으로) 범세계적 이익에 대해 고민할 수 있다. 이러한 정치세계관은 충돌을 최소화한 모델로, 세계 문화지식의 생태를 보존하기에 가장 적합하다. 따라서 매우 심각하고 난해한 오늘날 세계의 문화충돌 문제를 해결하는데 기여할 수 있다. 우리는 자오팅양의 논술이 은유하고 있는 무입장적 세계관을 분명히 발견할 수 있다. 노자의 표현을 빌려 무입장적 세계관을 개괄한다면 '몸으로 몸을 살피고, 집안으로 집안을 살피며, 고을로 고을을 살피고, 나라로 나라를 살피며 천하로 천하를 살피는(以身觀身, 以家觀家, 以鄕觀鄕, 以邦觀邦, 以天下觀天下)것' 이라 할 수 있다.'

'국가로 천하를 보는' 시각과 비교했을 때 '천하로 천하를 보는' 시각이 가지는 우월성은 그것이 공간적인 의미에서 세계의 척도일 뿐 아니라, 시간적 의미에서 영구적인 척도라는 데서 드러난다. 세계를 불가

---

55   Ibid, 51-52쪽.

분의 선험적 단위로 간주해야만 범세계적인 항구적 이익, 가치, 책임을 발견하고 규정할 수 있는 것이다. 이러한 '세계의 척도'의 존재로 인해 '천하'개념은 '세계화' 이념과 차별화된다. 왜냐하면 세계화 이론은 시종일관 하나의 지역적 척도로 세계의 척도를 사칭해왔기 때문이다. '천하' 관념만이 선험적인 세계의 척도가 될 수 있다.[56] 이로써 우리는 천하주의가 담고 있는 숭고한 문화적 배려를 발견할 수 있다. 그러나 천하주의에는 적지않은 논리적 허점과 관념적 딜레마가 존재한다. 먼저, 천하주의는 서구의 국제관계 이론에 대한 부정을 바탕으로 성립되었다. 자오팅양은 서구의 국제관계이론과 민족/국가 이데올로기가 혼란과 충돌, 전쟁으로 얼룩진 세계를 만들었다고 주장한다. 서구가 주도하고 있는 현대세계의 혼란은 홉스 식의 '리바이어던' 상태 또는 카를 슈미트(Carl Schmitt)의 '적과 동지의 구별'과 같은 정치이론적 문제에서 기인했다는 것이다. 의식은 전쟁의 발동과 세계의 정복을 분열을 극복하는 사명의식으로 여기도록 부추긴다. 이로써 '분열의 정치'의식은 기독교와 절대적 존재의 가정으로까지 소급된다. 현대 서구의 국제관계사와 국제관계 이론에 해박한 이라면 이에 대해 비판하고 다양한 반박을 제시하기 어렵지 않을 것이다. 예를 들어 적지 않은 이들이 베스트팔렌 체제의 정신은 홉스 식의 리바이어던 상태가 아닌, 로크 식의 비교적 온건한 이성 상태에 해당된다고 반박할 것이다. 또 구성주의 학파를 대표하는 걸출한 학

---

56   呂勇, 「一種無立場的世界觀?—評趙汀陽《天下體系: 世界制度哲學導論》」, 『廣西大學學報』(哲學社會科學版), 2007年第2期.

자인 알렉산더 웬트(Alexander Wendt)에 따르면 서구 역사를 통틀어 최소 세 가지 유형의 무정부 문화가 존재했다. 홉스적 문화, 로크적 문화, 칸트적 문화가 그것이다. 따라서 서구의 국제관계 이론을 단순히 '리바이어던 상태', '적과 동지의 구별'과 동일시하게 되면 (그에 대한 반대급부로) 중국은 '적도 동지로 만드는' 도덕과 예제에 의해 정의된 인적 논리관계를 창조한 셈이 되는데 이는 획일적인 대조법의 전형이다.[57] 다음으로, 민족주의에 대한 천하주의자들의 이해는 타당하지 못한 부분이 있다. 민족주의가 현대국가 건설을 뒷받침하는 가치 자원으로서의 역할을 한 것은 분명하나, 이는 민족주의가 본질적으로 폭력적 성향을 동반한다는 의미가 아니다. 많은 국가에서 민족주의는 오히려 국내의 폭력을 중화하고 억제하는 중요한 도구다. 국가이익에 기반해 벌어지는 전쟁은 민족주의의 기세에 영향을 받은 것이 아니라, 이익집단이나 정치가의 이익 또는 특정한 국제정세와 얽혀 있는 경우가 대부분이다. 또한 천하주의에 의존해 다른 문명 간의 교류를 유지하는 국제적 구도는 대개 일방적인 희망에 그친다. 헌팅턴의 문명의 충돌은 이러한 측면을 입증한 것이다. 마지막으로, 고대 중국이 천하주의를 실현하는 과정에서 전반적으로 평화주의적 지향이 관철된 것은 사실이나, 그렇다고 해서 전쟁이라는 선택지가 완전히 배제된 것은 아니었다. 무엇보다 천하주의와 통치자의 오만함이 결합할 경우, 천하주의는 하나의 허구이자 정치적 과시로 전락한다. 따

---

57 徐建新,「最壞的國際關系理論與最好的天下理論—評趙汀陽《天下體系: 世界制度哲學導論》」,『國際政治科學』, 2007年第2期.

라서 새로운 세계제도를 구축하는 데 별다른 역할을 하지 못한다. 요컨대, 천하주의에 베어있는 짙은 유토피아적 색채는 그 가치적 고려가 수반한 경이로움을 상쇄한다.

| 평가 |

민족주의는 현 세계의 근간이다.[58] 어떤 의미에서 이러한 명제는 현대 서구세계를 이해하는데 보다 합당하다고 할 수 있다. 현대 서구세계의 기본 구도는 16세기에 발원한 민족관념이 주로 주조하고 빚어낸 것이다. 그러나 당대 중국의 민족주의 사상을 평가하는 일은 상당히 난감하다. 당대 중국의 민족주의 사상은 너무도 많은 변수와 요소를 망라하기 때문이다. 또한 사람들은 '민족주의'라는 개념을 사용할 때 이 개념에 대한 합의를 전제로 하지 않는다. 당대 중국의 모든 정치사조 가운데 그 어떤 사조도 민족주의만큼 다양한 해석을 불러일으키지 않는다. 중국의 민족주의 사상과 현대국가(의 성립)는 유기적으로 연관된다. 또한 중국의 민족주의 사상은 문화민족주의라는 상투적인 형태로부터 탈피하지 못해 심지어 '천하주의'라는 대체성을 띤 유토피아적 형태로 등장하기도 했다. 물론 민족주의를 단순히 정치적 정서로 치부하는 것은 가장 천박

---

58   Liah Greenfield, 『Nationalism: Five Roads to Modernity』(Cambridge and London: Harvard University Press, 1992), p.3.

464

한 표현이다. 이 밖에, 민족주의를 이데올로기의 진공을 메우는 실용적 자원으로 보는 것 또한 부화뇌동 식의 직관적 평가로 별다른 통찰을 수 반하지 못한다. 중국의 국가건설이 추진되고 시장화 개혁과 인구 유동이 진행됨에 따라 민족주의를 해소하는 지역문화는 약화될 것이다. 국가건설을 지탱하는 문화자원 또한 나날이 균질화되는 추세를 보이고 있다. 이러한 현대국가의 외피 속에는 현대성 명제로서의 민족주의가 움트고 있을 것이다. 당대 중국의 민족주의가 '부흥형(複興型)' 민족주의[59]든, '국가형(國家型)' 민족주의[60]든, '민중민족주의(popular nationalism)'[61]든 우리는 민족주의가 새로운 모습으로 중국의 현대화 과정 내부로 유입되고, 중국의 현대국가 건설과정을 관통해 다양한 역사적 요소와 현대적 요소를 융합하는 관념이자 전망이 될 것이라 예측할 수 있다. 물론 이처럼 민족주의를 정치적으로 활용하는 과정에서 민족주의가 걸친 '문화적 외피'는 영원히 벗겨지지 않을 것이다. 문화적 외피를 걸친 민족주의와 현대성 명제로서의 민족주의는 반드시 한데 어우러질 것이며, 이로써 민족주의 사조의 보편성과 특수성은 유기적으로 일체를 이룰 것이다.

---

59   沈慧萍, 「海外學者論當代中國民族主義」, 『貴州民族研究』, 2007年第4期.

60   Yongnian Zheng, 『Discovering Chinese nationalism in China: modernization, identity, and international relations』(Cambridge: Cambridge University Press, 1999), p.15.

61   Peter Hays Gries, 『China's New Nationalism: Pride, Politics, and Diplomacy』 (Berkeley/Los Angeles/London: University of California Press, 2004), pp.18-19.

맺음말

이상 각 장의 논술을 통해 우리는 당대 중국 정치사조의 양상, 유형, 경향, 내용에 대해 이해할 수 있었다. 그렇다면 정치사조의 생산자이자 서술자인 당대 중국의 지식집단은 고대 중국의 지식집단, 서구 사회의 지식집단과 어떻게 다른가? 당대 중국 정치사조의 성격, 기능과 그 지위는 어떻게 판단할 수 있는가? 당대 중국 정치사조와 당대 중국의 정치발전은 어떤 관계인가? 이토록 복잡다단한 정치사조가 지향하는 바를 유형적으로 귀납하고 결산하는 것이 가능한가? 이러한 일련의 문제에 대한 해답이 당대 중국 정치사조에 대한 우리의 전반적인 평가를 좌우할 것이다.

1. 중국 지식집단의 '당대적 특성'

본서는 당대 중국 정치사조의 부상과 변천, 그 목표지향에 대해 분석하였고 이를 통해 어렴풋하게나마 전통시대 중국의 지식집단과 서구사회의 지식집단을 비교했을 때 당대 중국의 지식집단이 갖는 '당대적 특성'을 발견할 수 있었다. 이러한 당대적 특성은 특히 1990년대 이후 보다 뚜렷하게 드러났다. 그렇다면 이른바 '당대적 특성'이란 무엇인가? 당대적 특성은 어떻게 나타나는가? 전통시대 지식집단의 특성이나 서구 지식집단의 특성과 비교했을 때 어떤 차이점을 갖는가?

주지하다시피, 중국의 전통사회에서 지식집단은 어떤 의미에서 '도(道), 학(學), 정(政)' 삼자의 집합체였다. 이들은 도통(道統)의 수호자이면서 학술적 주체였고 권력의 집권자이기도 했다. 이러한 특징으로 말미암아 이들은 '사농공상 가운데 으뜸(四民之首)'이라 불리며 핵심적 지위를 차지할 수 있었다. 이들이 지식, 도덕, 권력이라는 세 가지 요소에 힘입어 이러한 핵심적 지위를 확립했음은 의심할 여지가 없다. 뚜웨이밍은 이처럼 '도(道), 학(學), 정(政)'을 한 몸에 결집시킨 존재인 지식인과 문화인을 하나의 원형으로 간주하고 그 이념형에 대해 서술한 바 있다. 주지하다시피, 유가 지식인(儒者)의 원형을 학자 관료라 일컫는 것은 유가가 공중(公衆)에 봉사하는 것을 직업적 지향이자 포부로 여겼다는 점을 부각시킨다. 유가에서 '직업'은 정치참여에만 국한되는 것이 아니라 매우 두터운 인문주의적 정서를 요구한다. 유가 지식인은 자신의 개인적인 성취와 인(仁)을 위시한 공통 관념에 의거해 윤리·종교적이면서 정치적인 상징자원들을 실현시켜야 했다. 실제로 '정치'에 대한 그들의 견해는 경제적·사회적 수단을 운용해 세계를 관리할 뿐 아니라, 교육과 문화적 차원에서 세계를 변화시키기도 한다. 이것이 이들로 하여금 정치지도자 자격으로 사회적 윤리 한 가운데 뿌리내릴 수 있게 했다. 유가 지식인은 스스로 나서서 관직을 찾지 않으며 (관직을 통해) 자신의 이념을 실현하려 애쓰지도 않는다. 그러나 이들은 시적 정서와 사회적 책임감, 역사의식, 형이상학적 견해를 통해 항상 정치에 관여해왔다.[1]

먼저 우리는 지식의 기능에 대해 살펴보아야 한다. 전통 중국의 '사(士)'는 지식귀족이다. 지식귀족의 지위는 세습되는 것이 아니며, 신분이라는 선천성 요소만으로는 지배적 위치를 확립할 수 없다. '사(士)'는 지식(문자)을 주조하는 권위로서, 이들은 지식을 장악함으로써 사회적·정치적 영향력을 확보한다. 장쭝리(張仲禮)에 따르면 신사(紳士)는 유학체계의 교육을 받음으로써 사회적 사무를 다루는 지식을 얻는다. 이러한

---

1 杜維明, 『道·學·政──論儒家知識分子』(上海: 上海人民出版社, 2000), 1-2쪽.

지식의 보유는 이들이 중국 사회에서 지배적 기능을 담당하는 주요 조건이 된다.[2]

다음으로, 우리는 도덕에 대해 분석해야 한다. 단순히 지식만으로 '사(士)'의 지배적 위치를 확립하기는 어렵다. '사(士)'가 사회를 이끄는 자본은 도덕에 있으므로 '사(士)'는 반드시 도(道)를 수호하는 사람이라야 한다. 따라서 신사란 유교적 교의에 따라 확립된 강상(綱常)윤리의 수호자이자 추진자이며 그것의 담지자이다. 학자들은 이러한 '사(士)'의 도덕적 정서를 가리켜 '사대부정신(士大夫精神)'이라 일컫는다. 이는 곧 군주가 아닌 도를 따르는(從道不從君) 심지를 말하는 것이다. 이러한 점에서 전통 중국의 '사(士)'들은 서구의 지식인들과 일맥상통한다.

마지막으로 권력에 대해 논하고자 한다. 고대 중국의 '사(士)'는 지식과 도덕에만 의존해서는 문화적 권력을 행사할 수 없었다. 따라서 반드시 국가권력과의 결합 속에서 보다 강력한 버팀목을 찾아야 했다. 고대 중국의 인재선발제도(특히 과거제도)는 '사(士)'와 국가권력 간의 완벽한 결합의 산물이다. 이 점은 적잖은 논쟁을 불러일으킨다. 위잉스는 이러한 현상에 대해 다음과 같이 비평했다. "중국의 지식인들이 지키는 '도(道)'는 초월적인 정신세계를 대표하나, 세속으로부터의 완전한 이탈을 뜻하지는 않는다. (……) 세속을 떠나지 않음으로써 세속을 구하는 것(不離世間以救出世間), 이것이 중국의 이상세계와 현실세계를 하나의 '부즉불리(不即不離, 가까이 하지도 않고 멀리 하지도 않는)'의 관계로 설정한다. '가까

---

2   張仲禮, 『中國紳士』(上海: 上海社會科學院出版社, 1991).

이 하지 않아야(不卽)' 초월할 수 있다. 다시 말해 이상세계는 현실로 인해 제약되지 않는다는 의미다. '떠나지 않아야(不離)' 사회로 귀착할 수 있다. 달리 말하면 이상은 현실을 일탈하는 데까지 이르게 하지 않는다는 것이다. 이것이 중국의 지식인들이 형성한 독특한 전통의 사상적 배경이다."[3] 그러므로 '사(士)'는 '도'의 논증자인 동시에 도의 실천자(옌부커(閻步克)가 말한 '문인'과 '관료')인 것이다.[4] 이들은 출가와 입신, 분리와 통합이라는 이원적 역할 사이에서 통일을 이루어냈다. 그러나 이러한 이원적 역할의 통일은 필연적으로 문화권력을 수호하는 '사(士)'의 독립성에 장애를 안긴다. 바로 이 점 때문에 고대 중국의 '사(士)'는 서구의 지식인 전통을 향유하지 못한 것이다.

그렇다면 서구사회의 지식집단은 어떠한 처지에 있는가? 여기서는 논란을 방지하기 위해 '지식인'이라는 표현을 쓰지 않고 '지식집단'이라는 명칭을 택했다. 20세기 초에 발명된 '지식인(intellectual)'이라는 용어는 계몽시대 지식인들이 차지했던 사회의 핵심지위와 이들이 담당했던 지식의 생산과 전파 기능을 거듭 천명하고 복원하기 위한 전반적인 고려에서 비롯된 것이다. '지식인'이라는 용어는 소설가, 시인, 예술가, 신문기자, 과학자와 기타 일련의 공인들을 포함한 각기 다른 직업군에 있는 인사들이 구축한 집합체를 설명하기 위해 사용되었다. 이러한 공인들은 국민들의 생각에 영향을 미치거나 정치지도자의 행위를 종용함으로

---

3   余英時, 『論士衡史』, (上海: 上海文藝出版社, 1999), 12쪽.

4   閻步克, 『士大夫政治演生史稿』, (北京: 北京大學出版社, 1996).

써 직접적으로 정치에 관여하였고, 이것을 스스로의 도덕적 책임과 공동의 권리로 여겼다. 당시 지식인들은 제각기 다른 전문영역에 포진해 있었으나, 지식인이라는 용어의 목적은 다른 전문영역과 문예분야 간의 삼엄한 경계를 넘나들며 식자(識者) 전통을 소환하는 것 또는 그 전통에 대한 집단기억을 불러일으키는 데 있었다. 이러한 '식자' 전통은 진리, 도덕가치, 심미관이라는 삼자의 통일을 구현하고 실천하였다.[5]

우리가 '지식인'이라는 개념 대신 '지식집단'이라는 명사를 사용하는 까닭은 공업화, 전문화된 사회에서 고전적 의미의 지식인 전통이 더 이상 온전히 실현되기 어렵기 때문이다. 달리 말하면 이러한 전통은 달라진 표현방식을 갖게 되었다. 여기에 대해서는 몇몇 학자들이 이미 일련의 논술을 한 바 있다. 예를 들어 카를 만하임(Karl Mannheim)의 '자유부동하는 지식인' 이론, 에드워드 사이드(Edward Said)의 보편적 지식인(universal intellectual)과 특수 지식인(specific intellectual) 이론, 그람시의 전통적 지식인과 유기적 지식인 이론, 미국의 사회학자 루이스 코서의(Lewis A. Coser)의 지식인과 권력관계 이론, 앨빈 굴드너(Alvin Ward Gouldner)의 새로운 계급으로서의 지식인 이론, 바우만의 입법자와 해석자 이론 등이 모두 고전적 의미의 지식인 전통이 약화되는 추세를 설명하고 있다. 물론 약화가 곧 철저한 소멸을 의미하는 것은 아니다. 지식집단은 사회 안에서 개인으로서 공공성과 전문성 사이에서 하나의 균형을 이루려 한다. 지식집단의 지위와 역할의 변화는 자본주의 사회의 구조화

---

5   [英]齊格蒙特·鮑曼,『立法者與解釋者』(上海: 上海人民出版社, 2000), 1쪽.

와 제도화 과정에서 그 기원을 찾을 수 있다.

그렇다면 전통 중국의 지식집단, 서구 사회의 지식집단과 비교했을 때 당대 중국의 지식집단은 어떠한 역할을 담당하고 있는가? 전통 중국에서 지식집단의 위치는 관료제 국가, 왕조국가의 현실과 조응하며 서구 지식집단의 위치는 자본주의 사회의 구조화, 제도화 및 전문화 과정과 조응한다. 그렇다면 당대 중국의 지식집단의 경우, 어떠한 시대적 환경과 조응하고 있는가?

주지하다시피, 당대 중국은 중국 특색이 짙은 사회주의 발전모델을 구축하는 과정에서 세계의 주목을 받을만한 탐색과 실천을 거듭했다. 이러한 역사적 전환은 지식집단에게 특수한 역사적 사명을 부여했다. 정치사조와 지식집단의 관계에 입각해 보면, 당대 중국의 지식집단은 네 가지 역할을 담당하고 있다.

| 가치의 담지자 |

본서의 제1장에서 언급한대로, 정치사조는 매우 강렬한 가치지향을 갖는다. 당대 중국의 그 어떤 정치사조도 다르지 않다. 어떤 의미에서 이러한 가치지향은 고전적 지식인 전통과 전통 중국의 도통(道統) 사명이 현대사회에서 부활 및 전화(轉化)된 것이라 할 수 있다. 1990년대 이후 중국이 시장화 개혁을 추진하는 과정에서도 지식집단은 이러한 가치를 담지하는 역할과 사명을 잃지 않았다. 당연하게도 각 집단마다 지식구조,

사회적 지위, 경력 등이 달랐기 때문에 이러한 가치지향 또한 다원화되는 양상을 보였다. 이들은 시장화 흐름 속에서 변함없이 가치를 담지하는 역할을 수행함으로써 사회가 단일한 궤도에서 극단적인 마지노선으로 치닫는 것을 억제했다. 물론 지식집단 가운데 일부는 물질적인 유혹에 사로잡히거나 매수당하는 현상이 발생했을 가능성도 배제할 수 없다.

| 관념의 해설자 |

당대 중국의 지식집단은 개혁개방의 흐름에 도태되지 않았고, 이로써 자신들이 읽어야 할 것들을 지정하고 규정지었다. 개혁개방 이후 번역 붐이 잇따랐고, 이는 마치 '책의 번역을 개혁의 가장 시급한 책무로 여기라'고 했던 량치차오의 가르침이 재현된 현상같았다.[6] 폐쇄적이던 문호가 개방된 이후 서구의 지식과 사상이 맹렬한 기세로 유입되었고, 이 와중에 지식집단은 풍부하고도 방만해진 지식세계에서 자신의 위치를 찾으려 하였다. 전통시대의 지식집단이 경전을 해석하는 것과 달라진 점은 당대 중국의 지식집단 대부분은 서구의 관념을 해석하는 길로 나아갔다는 것이다. 아리스토텔레스, 플라톤, 마르크스, 프로이트(Sigmund Freud)가 역사상 존재했던 출중한 '관념의 발명자(inventors of ideas)'라면[7] 당대

---

6   梁啓超, 『戊戌政變記』(北京: 中華書局, 1954), 44쪽.

7   [美]唐納德·坦嫩鮑姆, 戴維·舒爾茨, 『觀念的發明者—西方政治哲學導論』(北京: 北京大

중국의 지식집단은 '관념의 해석자(interpreters of ideas)'였다고 할 수 있다. 물론 이러한 해석은 과학적 인과론이나 포스트모더니즘 식의 커뮤니케이션 전략에 입각해 진행되는 것이 아니라 주로 서구의 관념에 대한 중국식 해석이나 현대적 방법을 채택해 전통을 해석하는 것으로, 현대의 사상자원을 구축할 수 있었다.

1990년대 이후, 중국 지식집단의 연구방향이 분화되기 시작했다. 일부는 '언어적 개입'을 고수하는 모습을 보였다. 비록 이들이 해석하는 대상이 관념세계에서 현실세계로 이동했다고 해도, 이것을 해석하는 도구는 여전히 서구에서 유래된 것이었다. 이러한 상황은 어떤 의미에서 당대 중국 정치사조의 한계를 노정했다. 또 다른 이들은 학술적인 방향으로 지식을 생산하고 축적하는 길을 선택하여 과학적 원칙에 입각해 방대한 통계작업과 인과관계를 도출하는 일에 몰두했다. 이러한 활동방향은 학과의 성립을 직접적으로 촉진했고, 사회과학의 전문화를 위한 지적 기초를 마련했다.

| 문제의 탐색자 |

정치사조가 가장 큰 영향력을 발휘하는 부분은 문제를 발견하는 데 있다. 또한 이러한 문제는 종종 대중적 효과를 수반한다. 대부분의 사람들

学出版社, 2008).

이 시장화 흐름에 침잠될 무렵, 지식집단은 그 통찰력을 바탕으로 사색이 요구되는 문제들을 탐색했다. 당대 중국의 정치사조가 변화하는 4단계를 통틀어 모든 단계의 정치사조는 기본적으로 그 시대에서 가장 주목받는 문제를 의제화했다. 이는 당대 중국의 정치사조가 사상의 유동과 관념의 교체뿐 아니라 사상계와 현실의 지각변동과도 긴밀하게 관련됨을 말해준다. 발언과 관념적 역량을 통해 공적 문제를 제시한 것은 고전적 지식인 전통과 전통적 도통 사명을 어느 정도 재현한 것이라고 볼 수 있다. 왜냐하면 공적 문제는 일반적으로 지식집단의 전문영역 밖에 존재하기 때문이다. 이처럼 전문영역의 장벽을 뛰어넘는 정신은 당대 중국 지식집단이 가진 용기와 (사회에 대한) 관심을 나타낸다. 당대 중국 정치사조에 내포된 사회치유적 경향은 중국의 국가건설과 현대화 전략이 추진되는데 지대한 공헌을 했다. 왜냐하면 이들은 정치지도층의 정책결정에 일련의 참조사항과 주의사항을 제공했기 때문이다.

| 개입의 실천자 |

에드워드 사이드에 의하면 '언어를 어떻게 구사할 것인가, 그리고 언제 그러한 언어에 개입할 것인가를 아는 것은 지식인의 행위에 있어서 두 가지 본질적인 특징이 된다.'[8] 개입은 지식집단의 행동적 특성이다. 당대

---

8   [美]愛德華·W·薩義德, 『知識分子論』(北京: 三聯書店, 2002), 23쪽.

중국 정치사조가 가진 실천지향은 곧 이러한 개입을 통해 실현된다. 고대 중국의 지식집단의 경우, 그 개입의 방식은 언어적 개입과 신체적 개입을 모두 포함한 것이었다. 두 갈래의 개입방식은 현재 서구사회에도 동일하게 존재한다. 지식집단의 가치는 '사회적 양심'과 사적 이익을 초월한 공공이익과 국가이익에 대한 중시를 통해 드러난다. 따라서 근본적으로 지식집단의 개입은 언어상의 개입을 통해 나타난다. 왜냐하면 '언어'만이 지식집단의 탈속적 위치를 유지할 수 있게 하기 때문이다. 물론, 변형된 언어적 개입 또한 존재한다. 우리는 1990년대의 지식집단이 언어적 개입을 실천하는 동시에 보다 다원화된 개입방식을 창출하는 양상을 발견할 수 있다. 개입은 지식집단의 사명이자, 가장 물리치기 어려운 치명적인 유혹이다. 그러나 이러한 유혹을 받아들였다고 해서 반드시 지식집단 본연의 모습을 망각하는 결과로 이어지지는 않는다. 오히려 개인과 국가를 연결하는 교량을 놓을 수 있다.

요컨대, 중국 지식집단의 '당대적 특성'은 일반적 면모와 특수적 면모를 동시에 갖고 있다. 지식집단의 특성은 각기 다른 시간적·공간적·제도적 배경에 따라 일정한 차이를 보인다. 이것은 하나의 객관적 양태에 해당한다. 전통 중국의 지식집단과 비교했을 때, 당대 중국 지식집단은 가치의 담당과 실천적 개입이라는 측면에서 이들을 계승하였다. 한편 당대 중국 지식집단이 해석하는 관념자원과 사회적 문제를 치유하고자 하는 용기에는 일련의 현대적 특징을 발견할 수 있다. 근대 이후 전문화된 서구의 지식집단과 비교해보면, 당대 정치사조를 구축하고 전파하는 당대 중국 지식집단은 이들처럼 전문화된 지식세계를 구축하는 능력을 갖추지 못했다. 특히 1990년대 이전에 만연했던, 권력을 사회적 화폐로 보는 관념은 이들이 아직까지 전통적인 정치화 궤도에서 완전히 이탈하지 못했음을 방증한다. 이 점은 정치사조의 흥망성쇠 과정에서 매우 분명히 드러난다. 근대 중국의 지식집단과 비교했을 때, 당대 중국의 지식집단은 근현대의 문화와 지식자원을 계승하면서도 1990년대 말에 이르러 차츰 '문명 또는 문화결정론'의 궤도를 벗어나기 시작했다. 이로써 5·4운동 이래 지속된 문명 또는 문화결정론적 사유방식으로부터 차츰 탈피해나갔고, 제도적 건설과 정책적 건설 방향으로 나아가기 시작했다.

이상 가치의 담당자, 관념의 해설자, 문제의 탐색자, 개입의 실천자 등 네 가지 범주로 중국 지식집단의 당대적 특성을 개괄해보았다. 이는 하나의 일반화된 귀납에 불과하지만 이러한 특성이 전개되는 방식은 시대마다 큰 차이점을 보이며, 네 가지 특성 자체 또한 시대마다 각기 다른 정도로 나타난다. 1990년대 이전에 가치의 담당과 관념의 해석이 주류를 이루었다면, 1990년대 이후에는 문제의 탐색과 치유가 가장 현저한 특성이 되었다. 물론 개입은 지식집단이 가지는 기본적 특성이다. 그러나 개입을 실현하는 방법은 시대마다 다른 특징을 보인다. 당대 중국 지식집단의 개입원리는 전복성을 띤 개입에서부터 건설성을 띤 개입, 일원화된 개입에서 다원화된 개입, 이념적 개입에서 정책적 개입에 이르는 전환 과정을 거쳤다.

2. 정치사조의 개입원리

먼저 본서가 이제까지 논한 당대 중국 정치사조는 개혁개방 이후의 것임을 명확히 해 두자. 개혁개방 이전에 존재했던 일련의 정치적 목소리들은 연구할만한 가치가 있다. 그러나 이것들을 정치사조로 보는 것은 온당치 못하다. 정치사조는 이데올로기적 표현으로서 특정한 가치지향, 실천지향, 문제지향과 사회대중을 향해 전달하고 전파하는 유동지향을 가진다. 개혁개방 이후에 발생한 정치사조는 이러한 조건에 부합했을 뿐 아니라, 당대 중국의 정치발전 과정에 스며들어 간과할 수 없는 요소가 되었다. 개혁개방이 당대 중국 정치사조의 부상과 변천을 촉진한 것은 사실이다. 그러나 정치사조의 부상과 변천을 가능하게 한 원천은 (개혁개방으로 인해 유입된) 서구 학술계와 사상계의 자극이 아닌, 중국 내부에 뿌리를 두고 있다. 물론 해외 학술계와 사상계가 주는 자극은 분명 존재했고 일련의 영향력을 가지고 있었으나, 기껏해야 당대 중국 정치사조가 특정 요소들을 흡수하는 대상이 되는데 그쳤다. 따라서 당대 중국의 모든 정치사조는 중국의 현실문제에 대한 지식집단의 사고와 이해에 뿌리를 두고 있다고 말할 수 있다. 바로 이 점 때문에 정치사조의 부상과 변천은 개혁개방의 강도, 현대화 및 사회분화의 수준 그리고 정치지도층의 정책적 조정의 한계와 긴밀히 연관된다. 다시 말해 중국의 현대화 발전환경은 지식집단이 착안해 사고하고 분석할만한 사회적 사실을 제공했다. 여기에 지식집단의 입장, 방법, 가치지향과 사회적 사실에 대한 취사선택이 더해져 정치사조의 다채로운 면모가 조성된 것이라 할 수 있다.

다음으로, 우리는 당대 중국 정치사조가 당대 중국 정치발전을 추동하는 사상적 자원임을 분명히 인지해야 한다. 적극성을 띤 것이든 소극성을 띤 것이든 이러한 사상적 자원은 당대 중국 정치발전에 결여되어서는 안 될 요소와 동력을 구성했다. 표면적으로 볼 때 당대 정치사조의 변천은 상당히 난삽하다. 그러나 그 변천의 논리는 사회경제의 변동에서 기인한다. 반대로 정치사조의 변천이 정치혁신 전략의 선택을 자극하기도 한다. 따라서 당대 중국 정치사조의 변천은 당대 중국 정치발전을 비춰주는 거울인 셈이다. 가치재건과 권위체제 개조를 중심으로 한 정치사조는 안정을 지켜내고자 하는 중국의 결심을 크게 자극했고, 이로써 중국은 소련과 동구권이 겪었던 혼란을 피할 수 있었다. 국가-사회관계 재구성을 중심으로 한 정치사조는 중국으로 하여금 경제발전, 사회적 조화, 국가능력 사이에서 균형을 추구하도록 만들었다. 정부개혁을 중심으로 한 정치사조의 경우 중국이 코포라티즘과 협상민주의 원칙에 입각한 국가 거버넌스 체계와 지방 거버넌스 체계를 구축하는데 영향을 미쳤다. 세계화에 대한 반응을 중심으로 하는 정치사조는 중국이 세계화

대열 합류와 민족부흥 사이에서 하나의 합일을 이루도록 하였다. 가치재건운동, 사회재구성운동, 정부개혁운동에서부터 민족주의와 민족부흥운동에 이르는 과정들은 당대 중국 정치발전의 궤적을 함축하고 있다. 따라서 정치사조의 변천은 단순히 정신운동에 국한되지 않는다. 그 안에서 우리는 당대 중국 정치발전의 기본 궤적을 들여다 볼 수 있는 것이다. 바로 이런 의미에서 당대 중국 정치사조가 당대 중국 정치발전을 추동하는 사상적 자원 가운데 하나라고 말할 수 있는 것이다.

마지막으로, 서구화론이 표출했던 기존의 권위체제에 대한 부정적 반응을 제외하면 대부분의 정치사조는 국가 거버넌스 체계를 재구성하려는 경향과 사회와 정치문제를 치유하려는 경향을 가진다. 이는 정책에 대한 영향으로 나타나기도 하고, 권력구조와 도덕가치체계에 대한 재구축으로 나타나기도 한다. 이 모든 특징으로 말미암아 정치사조는 지식집단이 가진 문화권력의 한 표현이 된다. 지식집단이 자신의 문화권력을 실현하는 방법은 시대마다 다르다. 그러나 정치사조는 지식집단이 사상과 언어로써 (현실에) '개입'하는 용기를 보여주었다. 당대 중국 정치사조의 부상과 변천을 조망해보면, 그 이면에는 매우 중요한 이론적 문제가 내포되어 있다는 것을 알 수 있다. 바로 현대사회의 문화권력과 사회발전, 정치체계 간의 상호작용은 어떻게 전개되는가 하는 것이다. 지식집단이 문화권력을 추구하고 실현하는 방법과 수단은 무엇인가? 당대 중국 정치사조의 부상과 변천에 한해 이 문제에 답하자면 그 방법과 수단은 각 시기마다 명백한 차이를 보인다. 이러한 차이는 곧장 정치사조에 따른 개입원리의 차이로 이어진다.

문화권력을 추구하고 실현하는 방식은 두 갈래다. 하나는 사상과 언어적 '개입' 의거해 실현하는 것이고, 다른 하나는 국가권력의 개조를 통해 실현하는 것이다. 1989년에 발생한 정치적 풍파 이전까지, 서구 화론자들은 급진적인 면모로 등장했다. 이들의 목적은 전복성과 대체성을 띤 개입을 통해 권위체제를 전면적으로 개혁하는 데 있었다. 1989년 이후, 지식집단이 문화권력을 추구하는 방식에 변화가 발생했고 '언어적 개입'의 특징이 보다 명확히 드러났다. 즉, 이 당시 지식집단은 제임스 번스(James Mcgregor Burns)가 말한 '지적 지도자'의 색채가 농후하다고 할 수 있다. 왜냐하면 지적 지도자는 사상개념을 분석하는 동시에 그것을 규정하며, 또 (사상개념에 대한) 분석과 규정을 활용해 환경에 영향을 미치기 때문이다.[9] 본서의 관점에 따르면 언어적 개입의 목적은 국가 거버넌스 체계를 건설적으로 재구성하고, 사회적·정치적 문제를 치유하는 데 있다. 정치사조의 방향과 지향이 이러한 전환을 겪게 되면 정치사조의 개입원리 또한 '전복형 개입'에서 '재건형 개입', '치유형 개입'에 이르는 전환을 겪게 된다. 전복형 개입원리는 문화권력과 국가권력의 이원적 대립을 전제로 한다. 재건형 개입원리와 치유형 개입원리의 경우, 문화권력과 국가권력 간의 '공감대' 형성을 전제로 한다. 1989년 이전의 서구 화론자들과 정치지도층은 중국의 현대화 과정을 이해하는 시각이 서로 달랐다. 양자는 충돌했고 심지어 대립으로 치달았다. 반면 1990년대 이후 등장한 지식집단의 경우, 중국의 현대화 과정에 대한 이해를 둘러싸

9   [美]詹姆斯·麥格雷戈·伯恩斯, 『領袖輪』(北京: 中國社會科學出版社, 1996), 172쪽.

고 정치지도층과 폭넓은 융합지대를 확보했다. 현대화를 서구화와 동일시하는 사유방식을 버리고 중국 특색의 현대화 모델을 탐색하는 문제에서 지식집단과 국가지도층은 공존할 수 있는 융합의 접점을 마련할 수 있었다. 이로써 문화권력과 국가권력 간의 거리가 좁혀지고, 지식집단의 사고와 국가지도층의 전략적 설계가 국가건설과 사회발전, 경제발전에 온전히 집중될 수 있었다.

지식집단의 개입이 일종의 문화권력을 나타낸다면, 문화권력과 국가권력의 관계는 당대 중국 정치사조의 변천을 좌우하는 가장 기본적인 변수다. 고대 중국의 국가권력과 문화권력의 합일 전통이 당대에 이르러 재현되었는데, 이는 주로 서구화 사조가 정치과정에 '대체성 개입', '전복성 개입'을 시도하는 것으로 나타났다. 서구화 사조는 1980년대에 가장 큰 영향력을 가졌던 정치사조 가운데 하나로, 단순한 언어적 개입이나 사상적 개입이 아닌 신체적 개입, 전복성 개입, 대체성 개입을 주로 지향했다. 그 목적은 기존의 정치제도를 전면적으로 개조해 서구의 경쟁적 다당제와 삼권분립을 중국에 실현하는데 있었다. 바로 이 점이 서구화론의 최종 운명을 결정했다. 서구화론이 범했던 착오는 오늘날에 이르러 이미 비판받고 청산되었다. 중국에서 허황된 민주신앙의 시대는 이미 지나갔다. 프랜시스 후쿠야마(Francis Fukuyama)가 말했던 '역사의 종말' 또한 영락없는 정치적 허언이 되었다. 왜냐하면 모든 국가의 민주화 과정은 반드시 해당 국가의 역사-사회-문화적 조건의 변화와 조응하기 때문이다. 더구나 민주화 발전노선은 매우 다양할 수 있다. 한 가지 모델만 존재하는 것이 아니다.

1990년대부터 추진된 비교적 철저한 시장화 개혁은 사회구조의 분화를 야기하는 동시에 지식집단의 분화도 초래했다. 1990년대 이후의 정치사조는 지식집단의 문화권력이 반영된 사례다. 그러나 현대화라는 문제를 둘러싸고 형성된 지식집단과 국가지도층의 합의가 중국의 발전을 추동하는 단결된 역량을 만들어냈다. 부분적인 충돌과 불일치가 없었던 것은 아니나, 나날이 고조되는 세속화 운동이 다양한 세력 간의 긴장관계를 해소시키는 동시에 정치사조와 사회운동 간의 연계 효과도 상쇄해버렸다. 왜냐하면 규범화된 생활과 사회는 정치사조의 대중적 효과를 본능적으로 무마하는 작용을 하기 때문이다. 사회에 영향을 미치는 공적 문화역량으로서 정치사조는 이미 과거에 가졌던 소환능력을 잃어버렸다. 오늘날 등장한 몇몇 사회운동들은 참여자들의 생존문제에서 기인한 것일 뿐, 특정한 정치사조를 배경으로 하지 않는다. 이와 동시에, 시장경제의 자극으로 일부 지식집단은 국가권력을 추구하는 대신 부와 명성, 지식과 같은 다양한 가치를 추구하게 되었고, 지식집단의 분화가 야기되었다. 문화권력의 담지자로서의 지식집단은 더이상 단일체가 아니었다. 이들은 부와 명예, 지위와 권력이라는 다양한 유혹에 노출되었다. 부를 추구하는 이들은 시장화의 흐름 속으로 말려들었다. 권력을 추구하는 이들은 반체제에 호소하는 역량이 아니라 체제화된 경로에 주로 의존했다. '배우고 여력이 있으면 벼슬을 하는(學而優則仕)' 풍조는 당대 지식집단에 이르러 전통 과거제와는 다른 방식으로 나타났다. 단순히 지식을 추구하는 이들은 서재를 벗어나지 않고 은사(隱士)의 생활방식과 유사한 모습을 보였다. 공공지식인을 자처하는 이들만이 아직까지도 문화권력을 추

구하는 목소리를 내고 있다. 이로 미루어볼 때, 현재 당대 중국 지식집단
은 그 생존환경과 개입원리에 있어 이미 현저한 분산화 경향을 보이고
있음을 알 수 있다.

　　미국 학자 루이스 코저는 미국과 영국, 프랑스의 지식인들을 비교
하는 작업을 진행했다. 코저에 의하면 미국의 지식인들은 지리적 분포현
황에 있어 분산된 특성이 두드러지며, 기능적인 측면에서는 고도로 전문
화된 특성을 보인다. 문화영역이 지리적으로 분산되어 있을 경우 지식인
의 단결의식 형성에 불리하며, 대중 옹호자들의 응집력을 발전시키기에
도 불리하다. 예를 들어 미국의 정치는 워싱턴에 집중되어 있고, 출판·
편집, 음악과 예술은 뉴욕에 집중되어 있다. 로스앤젤레스는 영화의 도
시로 자리매김하고 있고, 학술계의 경우 케임브리지, 버클리, 뉴헤이븐
과 같은 대학가에 분포되어 있다. 지리적 분포성과 기능성의 문화는 중
첩된다. (이에 비해) 프랑스와 영국의 지식인들은 보다 큰 단결력을 보이
는데 그 원인은 이들 국가에는 지리적 분산성이 존재하지 않기 때문이
다. 프랑스와 영국의 모든 문화적 인프라는 가장 중요한 도시와 그 인접
도시에 집중되어 있다. 예를 들어 런던은 라디오 방송과 TV 프로그램과
같은 매체의 중심이면서 출판업의 중심이며, 예술과 음악의 중심지이기
도 하다. 현실정치 또한 대부분 런던에서 이루어진다. 수준높은 연구와
학술직은 옥스퍼드와 케임브리지에 집중되어 있다. '학자가 신사를 겸하
는(學者兼紳士)' 영국의 이상은 전문화에 대한 제약을 구축했다. 반면 미
국의 경우 지식인의 전문화가 그 기능을 고도로 분화시켰다. 물론, 미국
지식집단의 지리적 분산성과 기능적 다양성은 그 안에서 생성된 축적과

흡수효과를 동반한다.[10] 미국, 영국, 프랑스와 비교했을 때 현재 중국 지식집단은 미국과 같이 고도로 분산되지는 않았으나(중국에서 지식집단이 가장 몰려있는 도시는 베이징과 상하이다) 그 생존환경과 개입원리에 있어서는 미국과 유사한 기능적 다양성의 특징을 보인다. 즉, 다원화된 경로로 자원을 추구하는 지식집단의 모습은 현재의 발전단계와 상응하는 '당대적 특성'을 노정하고 있다.

따라서 1990년대 이후 중국 지식집단이 분화함에 따라 다양하게 모습을 드러낸 정치사조는 더는 국가권력의 대립자로서 존재하지 않게 되었다. 아울러 변화를 거치면서 이데올로기적 비판과 정치체제 비판의 색채는 점차 희미해지고, 사회적 비판과 정책 고찰의 색채가 차츰 짙어졌다. 후자는 각기 다른 유형의 지식집단이 입장을 표출할 수 있는 공간과 기회를 제공했다. 1990년대 이후, 특정 정치사조가 특정 시기에 주도적 위치를 점하는 일은 거의 불가능하게 되었다. 1990년대 이전의 중국 정치사조가 보였던, 이원대립 양상과 흑백논리식 이분법적 사유방식(서구화와 중국화의 대립, 민주와 권위의 대립, 전통과 현대의 대립)도 다수의 정치사조가 공존하는 국면으로 대체되었다. 따라서 다음과 같은 결론을 내릴 수 있다. 시장화와 사회분화가 야기한 권력 중심의 분산화와 정치사조의 다원적 공존 구도는 일련의 연관성과 일치성을 갖는다. 정치사조의 다원적 공존 구도로 인해 사상계와 문화계에 내적 경쟁력이 생성되었고, 이를 통해 보다 냉철하고 이성적·객관적인 정치사조가 생겨날 수 있었다. 단

---

10   [美]劉易斯·科賽, 『理念人—項社會學的考察』(北京: 中央編譯出版社, 2001), 380-392쪽.

일화된 정치사조와 국가이데올로기 간의 이원적 대립 구조는 아마도 다시는 재현되지 않을 것이다. 여기서 관념적 힘의 부상와 쇠퇴 는 관념에 대한 비판에서 기인하는 것이 아니라 관념이 뿌리를 내리고 있는 현실 조건의 변화에서 기인하는 것임을 알 수 있다. 마르크스와 엥겔스는『독일이데올로기』에서 '신의 왕국'과 관련한 독일인들의 궤변을 비판하면서 다음과 같이 일갈했다. "중요한 것은 이러한 이론적인 상투어를 현실의 실제 상황을 통해서 해명하는 것이다. (……) 이론적인 상투어를 인간의 의식에서 제거하는 일은 이론적인 연역을 통해서가 아니라 현실조건을 변화하는 것을 통해서 성취된다."

3. 정치사조의 세 가지 면모

본서의 제1장에서 언급한 바와 같이, 정치사조가 포함하고 있는 가치지향, 실천지향, 문제지향은 정치사조가 단순한 정신운동에 국한되지 않고 가치와 사상, 언어를 통해 정치개입을 실현하는 문화역량으로 거듭나는데 결정적인 역할을 한다. 먼저, 모든 정치사조는 특정한 가치에 대한 담론이다. 하나의 정치사조는 특정한 가치적 고려를 확장시키고 이로써 대중의 관심사가 된다. 이것이 정치사조와 설명력을 갖춘 순수한 학술연구를 구분짓는 중요한 요인이다. 따라서 정치사조에서는 때때로 '사상이 학술을 압도하는' 양상이 보이기도 한다. 정치사조는 원래부터 엄격한 학술적 태도로 경쟁력을 획득한 것이 아니었다. 다음으로, 당대 중국의 거의 모든 정치사조는 선명한 문제의식을 갖는다. 문제를 통해 사상을 활성화하고, 상상력을 자극하는 것이 당대 중국 정치사조의 중요한 특징이다. 이러한 특징은 지식집단이 담당하는 개입의 사명에서 비롯된 한편, 정치사조 자체가 가지는 개입성에 의해 결정된 것이다. 물론 각각의 정치사조마다 실천을 지향하는 방법과 개입의 정도가 다르다. 마지막으로, 거의 모든 정치사조는 특정 문제를 해결하는 대안을 제시한다. 정치사조마다 그 가치지향과 착안하는 문제가 다르기 때문에 대안 또한 (사조 간) 선명한 대조를 이루거나 심지어 대립하는 경향을 보인다. 대략적으로 말해, 가치지향과 주목하는 문제, 거기에 대한 대안이 상이하기 때문에 정치사조의 성격은 주로 아래의 몇 가지 면모로 표현된다.

| 전복역량으로서의 정치사조 |

정치사조의 전복 효과는 서구화론을 대표로 하는 권위체제에 대한 급진화 개조 사조에서 집중적으로 발견된다. 서구화 사상은 권위체제에 대한 근본적 변혁을 통해 진정한 현대화를 실현해야 한다고 주장한다. 경제영역에서 시장화를 추진하는 것은 서구화로 나아가는 시작점일 뿐 종착점이 아니다. 종착점은 정치민주화이다. 정치민주화는 다당제와 삼권분립으로 권위체제를 대체하는 것을 전제 조건으로 한다. 경제개혁과 기존의 권위체제를 결합하게 되면 부패라는 화근을 더욱 양산시키고 심화시킬 뿐이다. 따라서 정치의 민주화만이 중국을 나날이 심화되는 부패의 도가니에서 구출할 수 있다. 이처럼 서구화 사상은 권위체제와 대립각을 세우며 등장했으며, 기존의 권위체제를 전복하는 목소리를 표출했다. 그러나 서구화 사조는 중국의 정치발전 논리와 평행선을 달렸으므로 서구화론자와 정치지도층 간의 충돌은 불가피했다. 이 충돌이 서구화 사조를 종결짓는 정치적 원인이 되었다. 서구화 사조의 종결은 허황된 유토피아의 시대가 마감되었음을 의미한다. 사회가 세속화의 궤도에 따라 나날이 발전하면서, 전복역량으로서의 정치사조는 이미 그 존립을 가능하게 하는 사회적·심리적 기반을 잃었다. 이로부터 정치사조는 다른 방식으로 자신의 정치적 이상과 목소리를 표출하기 시작했다.

| 재구성 역량으로서의 정치사조 |

당대 중국 정치사조 가운데 가장 많은 이들의 이목을 끈 사조로 재구성 역량으로서 정치사조만한 것이 없다. 인도주의, 신전통주의, 시민사회론, 자유주의, '신좌파', 거버넌스 사조 등은 모두 하나의 재구성 역량으로서 중국의 현대화 과정에 모습을 드러냈다. 이데올로기의 재구성이든 가치 체계의 재구성이든 또는 국가-사회관계의 재구성이든 모두 기본적으로 중국의 개혁개방과 그 과정에서 발생한 주요 문제들과 긴밀히 연관되어 있다. 재구성 역량으로서 정치사조는 일종의 문화비판적 기능을 보였으며, 중국 현대화의 주안점이 전환되도록 유도하기도 했다. 재구성 사조는 중국 현대화 과정에 동조하는 특징을 바탕으로 현실에 뿌리를 두는 한편 현실을 초월할 수 있었다. 정치사조가 가진 재구성적 성격은 중국의 현대화 과정에 독특한 문화자원을 주입했다. 재구성과 중국의 시장화, 민주화가 상호작용하는 국가 거버넌스 모델(의 성립)은 당대 중국 정치사조의 중요한 발전방향 가운데 하나다.

치유역량으로서의 정치사조

정치사조의 문제지향성으로 인해 정치사조는 본능적으로 현실적 변화와 연계된다. 정치사조는 상아탑에서 자아도취에 빠진 문화상품이나, 순수한 사상영역에 머무르는 개념적 연역이 아니다. 정치사조는 공공성을 띤 하나의 문화역량으로서 중국 문제에 대한 지식집단의 문화적 진단이자, 이들이 제시한 나름의 사회치유적 대안을 집약하고 있다. 치유역량으로서 정치사조는 보수적이고 냉철한 면모를 보여주었다. 신권위주의, 엘리트주의같은 정치사조들은 정치적으로 중대한 특정 문제에 대한 진단을 바탕으로 제시된 것이다. 중앙정부의 권위가 일정 정도 하락하고, 지방주의와 '제후경제(諸侯經濟)'가 만연해지자, 중앙의 권위를 강화해 개혁개방 과정에 발생한 예상치 못한 결과들을 해소해야 한다는 신권위주의가 도래했다. 엘리트주의의 경우 권위체제의 지식화 개조를 통해 '문화대혁명'이 남긴 대중주의, 포퓰리즘적 면모를 일소하려 하였다. 민족주의는 세계화 시대를 맞아 강렬한 정치적 정체성을 드러내 보였으며, 정치적 정체성 확립을 통해 글로벌 시대 민족과 국가가 처한 모순과 곤경을 극복하려 하였다. 이로 미루어볼 때 치유역량의 성격을 가진 정치사조들은 기존 권위체제의 전복을 목적으로 하거나, 일시적인 문화적 비판으로 파문을 일으켜 독보적인 위치를 차지하려 들지 않았다. 이들은 도리어 실질적인 정치적 진단과 정치적 치유를 바탕으로 우위를 점했다. 이로 인해 정치지도자의 주목을 받아 특수한 정치적 영향력을 획득하는 일이 잦아졌다. 이로부터 정치적 진단과 정치적 치유가 향후 중국 정치발전의 중요한 방향 가운데 하나로 발돋움할 것이라 예측할 수 있다.

참고문헌

[英]阿克頓, 『自由史論』(北京: 译林出版社, 2001)

[美]艾爾·巴比, 『社會研究方法』(北京: 華夏出版社, 2000)

[英]安德魯·海伍德, 『政治學核心概念』(天津: 天津人民出版社, 2008)

[澳]安德魯·文森特, 『現代政治意識形態』(南京: 江蘇人民出版社, 2005)

[英]安東尼·阿巴拉斯特, 『西方自由主義的興衰』(長春: 吉林人民出版社, 2018)

[英]安東尼·吉登斯, 『'第三挑道路'及其批評』(北京: 中共中央黨校出版社, 2002)

[英]安東尼·史密斯, 『民族主義: 理論, 意識形態, 曆史』(上海: 上海世紀出版集團, 2006)

[意]安東尼奧·葛蘭西, 『獄中禮記』(北京: 人民出版社, 1983)

白樺, 『白樺的詩』(北京: 人民文學出版社, 1982)

[法]邦雅曼·貢斯當, 『古代人的自由與現代人的自由』(北京: 商務印書館, 1999)

[美]本尼迪克特·安德森, 『想象的共同體─民族主義的起源與散布』(上海: 上海人民出版社, 2005)

蔡尚思 主編, 『中國現代思想史資料簡編』第一卷(杭州: 浙江人民出版社, 1982).

曹維勁, 魏承思 主編, 『中國80年代人文思潮』(上海: 學林出版社, 1992)

陳思和 主編, 『中國當代文學史』(上海: 復旦大學出版社, 1999)

陳旭麓, 『近代中國社會的新陳代謝』(上海: 上海人民出版社, 1992)

陳祖為, 『政治理論在中國』(香港: 牛津大學出版社, 2001)

陳彥, 『中國之覺醒─'文革'後中國思想演變曆程(1976-2002)』(香港: 田園書屋, 2006)

『鄧小平文選』第三卷(北京: 人民出版社, 1993)

[美]D·P· 約翰孫, 『社會學理論』(北京: 國際文化出版公司, 1988)

[英]戴維·赫爾德, 『全球大變革: 全球化時代的政治, 經濟與文化』(北京: 社會科學文獻出版社, 2001)

[英]戴維·赫爾德, 『民主的模式』(北京: 中央編譯出版社, 1998)

[美]丹尼斯·朗,『權力論』(北京: 中國社會科學出版社, 2001)

鄧正來,『國家與社會—中國市民社會研究』(成都: 四川人民出版社, 1997)

杜維明,『現代精神與儒家傳統』(北京: 三聯書店, 1997)

杜維明,『儒家傳統的現代轉化』, 嶽華編, 『現代新儒學輯要叢書』(北京: 中國廣播電視出版社, 1993)

[美]杜贊奇,『從民族國家拯救曆史』(南京: 江蘇人民出版社, 2008)

[英]E·霍布斯保姆, T·蘭格,『傳統的發明』(南京: 譯林出版社, 2004)

[美]E·希爾斯,『論傳統』(上海: 上海人民出版社, 1991)

方克立, 李綿全 主編,『現代新儒學研究論集』二 (北京: 中国社会科学出版社, 1991)

[美]費正清 主編,『劍橋中華民國史』(上海: 上海人民出版社, 1993)

馮客,『近代中國之種族概念』(南京: 江蘇人民出版社, 1999)

[美]費朗茲·博厄斯,『人類學與現代生活』(北京: 華夏出版社, 1999)

[美]費裏德裏克·沃特金斯,『西方政治傳統—近代自由主義之發展』(北京: 新星出版社, 2006)

[英]費裏德裏希·馮·哈耶克,『自由秩序原理』(北京: 三聯書店, 1997)

[美]佛洛姆,『逃避自由』(北京: 工人出版社, 1987)

高瑞泉 主編,『中國近代社會思潮』(上海: 華東師範大學出版社, 1996)

高瑞泉, 楊揚等著,『轉折時代的精神轉折』(上海: 上海古籍出版社, 2008)

公羊 主編,『思潮: 中國'新左派'及其影響』(北京: 中國社會科學出版社, 2003)

何秉孟,『新自由主義評析』(北京: 社會科學文獻出版社, 2004)

胡元梓, 薛曉源 主編,『全球化與中國』(北京: 中國編譯出版社, 1998)

胡偉, 唐賢興,『論政治』(南昌: 江西人民出版社, 1996)

黃克劍 ,『人韻——種對馬克思的讀解』(北京: 東方出版社,1996)

黃枝連,『天朝禮治體系研究』(北京: 中國人民大學出版社, 1995)

[英]霍布豪斯,『論自由主義』(北京: 商務印書館, 1996)

[德]霍克海默,『批判理論』(重慶: 重慶出版社, 1989)

[法]基佐,『歐洲代議制政府的曆史起源』(上海: 複旦大學出版社, 2009)

[美]吉爾伯特·羅慈曼,『中國的現代史』(南京: 江蘇人民出版社, 1988),

[英]肯尼斯·麥克利什,『人類思想的主要觀點--形成世界的觀點』中 (北京: 新華出版社, 2004)

[美]肯尼斯·米諾格,『當代學術入門政治學』(沈陽: 遼寧教育出版社, 1998)

[英]凱蒂·索珀,『人道主義與反人道主義』(北京: 華夏出版社, 1999)

[美]萊斯利·裏普森,『政治學的重大問題—政治學導論』(北京: 華夏出版社, 2001)

[法]雷蒙·阿隆,『社會學主要思潮』(上海: 上海譯文出版社, 1988)

[美]雷蒙德·保羅·庫佐爾特, 艾迪斯·W·金,『二十世紀社會思潮』(北京: 中國人民大學出版社, 1991)

李世濤 主編,『知識分子立場』(沈陽: 時代文藝出版社, 2000),

李澤厚, 劉再複,『告別革命—回望二十世紀的中國』(香港: 天地圖書有限公司, 1997)

劉建軍,『單位中國—社會調控體系重構中的個人, 組織與國家』(天津: 天津人民出版社, 2000)

劉建軍,『古代中國政治制度十六講』(上海: 上海人民出版社, 2009)

劉建軍,『中國現代政治的興起——項對政治知識基礎的研究』(天津: 天津人民出版社, 2003)

劉軍, 李林編,『新權威主義—對改革理論綱領的論爭』, (北京: 北京經濟學院出版社, 1989)

劉軍寧,『共和·民主·憲政: 自由主義思想研究』(上海: 上海三聯書店, 1998)

劉夢溪,『傳統的誤讀』(石家莊: 河北教育出版社, 1996)

劉述先,『儒家思想與現代化: 劉述先新儒學論著輯要』, 景海峰編,『現代新儒學輯要叢書』(北京: 廣播電視出版社, 1992)

[美]劉易斯·科賽,『理念人——項社會學的考察』(北京: 中央編譯出版社, 2001)

呂慶廣,『60年代美國學生運動』(南京: 江蘇人民出版社, 2005)

陸學藝 主編,『當代中國社會階層研究報告』(北京: 社會科學文獻出版社, 2002)

[美]羅伯特·保羅·沃爾夫,『哲學概論』(桂林: 廣西師範大學出版社, 2005)

[英]羅德裏克·馬丁,『權力社會學』(北京: 三聯書店, 1992)

邏崗,『90年代思想文選』第二卷 (南寧: 廣西人民出版社, 2000)

[美]羅蘭·斯特龍伯格,『西方現代思想史』(北京: 中央編譯出版社, 2005)

[英]羅素,『權力論』(北京: 東方出版社, 1988)

羅義俊編著,『評新儒家』(上海: 上海人民出版社, 1991)

[美]列文森,『儒教中國及其現代命運』(桂林: 廣西師範大學出版社, 2009)

[德]馬克斯–韋伯,『儒教與道教』(南京: 江蘇人民出版社, 1993)

馬克思, 恩格斯,『馬克思恩格斯全集』第2卷(北京: 人民出版社, 1957)

馬克思, 恩格斯,『馬克思恩格斯全集』第42卷(北京: 人民出版社, 1979)

馬克思, 恩格斯,『馬克思恩格斯選集』第1卷(北京: 人民出版社, 1972)

馬克思, 恩格斯,『馬克思恩格斯選集』第2卷(北京: 人民出版社, 1972)

馬克思, 恩格斯,『馬克思恩格斯選集』第3卷(北京: 人民出版社, 1972)

馬立誠, 淩志軍,『交鋒』(北京: 今日中國出版社, 1998)

牟宗三,『道德理想主義的重建』, 鄭家棟 編,『現代新儒學輯要叢書』(北京: 中國廣播電視出版社, 1993)

[美]Manfred B.Steger,『全球化面面觀』(北京: 譯林出版社, 2009)

[美]邁克爾·阿普爾,『官方知識—保守時代的民主教育』(上海: 華東師範大學出版社, 2004)

[美]邁克爾·羅斯金等,『政治科學』(北京: 中國人民大學出版社, 2009)

[英]邁克爾·霍華德,『歐洲曆史上的戰爭』(沈陽: 遼寧教育出版社, 1998)

[美]納楊·呂達,『綁在一起』(北京: 中心出版社, 2008)

[英]尼古拉斯·菲利普森,昆廷·斯金納主編,『近代英國政治話語』(上海: 華東師大學出版社, 2005)

龐中英 主編,『全球化, 反全球化與中國』(上海: 上海人民出版社, 2002)

[英]齊格蒙特·鮑曼,『全球化—人類的後果』(北京: 商務印書館, 2001)

[英]齊格蒙特·鮑曼,『自由』(長春: 吉林出版社, 2005)

[美]喬治·斯蒂納, 約翰·斯蒂納,『企業, 政府與社會』(北京: 華夏出版社, 2002)

[法]讓-皮埃爾·裏烏, 瓦讓-佛朗索瓦·西裏內利 主編,『法國文化史』第三卷 (上海: 華東師範大學出版社, 2006)

[美]塞繆爾·亨丁頓,『變革社會中的政治秩序』(北京: 華夏出版社, 1998)

沈漢, 黃鳳祝,『反叛的一代—20世紀60年代西方學生運動』(蘭州: 甘肅人民出版社, 2002)

[英]史蒂文·盧克斯,『個人主義』(南京: 江蘇人民出版社, 2001)

[法]托克維爾,『舊制度與大革命』(北京: 商務印書館, 1997)

[美]托馬斯·戴伊,『民主的嘲諷』(北京: 世界知識出版社, 1991)

汪暉,『死火重溫序』(北京: 人民出版社, 2001)

汪暉, 陳燕穀 主編,『文化與公共性』(北京: 三聯書店, 1998)

王邦佐, 潘世偉 主編,『二十世紀中國社會科學: 政治學卷』(上海: 上海人民出版社, 2005)

王滬寧,『比較政治分析』(上海: 上海人民出版社, 1987)

威廉大內,『Z理論—美國企業怎樣迎接日本的挑戰』, (北京: 中國社會科學出版社, 1984)

溫儒敏, 丁曉萍編,『時代之波—戰國策派文化論著輯要』(北京: 中國廣播電視出版社, 1995)

[英]沃納姆等,『新編劍橋世界近代史』第九卷 (北京: 中國社會科學出版社, 1992)

[德]烏·貝克, 哈貝馬斯等,『全球化與政治』(北京: 中央編譯出版社, 2000)

吳建國等 主編,『當代中國意識形態風雲錄』(北京: 警官教育出版社, 1993)

吳學昭,『吳宓與陳寅格』(北京: 清華華大學出版社, 1993)

謝嶽,『社會抗爭與民主轉型』(上海: 上海人民出版社, 2008)

徐大同 主編,『當代西方政治思潮』(天津: 天津人民出版社, 2001)

徐複觀,『中國藝術精神』(武漢: 湖北人民出版社, 2009)

徐中約,『中國近代史』第6版(北京: 世界圖書出版公司, 2008)

許平, 朱曉罕,『一場改變了一切的虛假革命—20世紀60年代學生運動』(上海: 上海人民出版社, 2004)

許倬雲,『西周史』(北京: 三聯書店, 1994)

楊繼繩,『鄧小平時代』(北京: 中央編譯出版社, 1998)

楊深 主編,『走出東方—陳序經文化論著輯要』(北京: 中國廣播電視出版社, 1995)

楊雪冬, 薛曉源 主編,『'第三條道路'與新的理論』(北京: 社會科學文獻出版社, 2000)

[英]以賽亞·伯林,『自由論』(北京: 譯林出版社, 2014)

俞可平 主編,『治理與善治』(北京: 社會科學文獻出版社, 2000)

[英]約翰·格雷,『自由主義的兩張面孔』(南京: 江蘇人民出版社, 2002)

張靜,『基層政權』(杭州: 浙江人民出版社, 2000)

張汝倫,『思考與批判』(上海: 上海三聯書店, 1999)

趙汀陽,『天下體系: 世界制度哲學導論』(南京: 江蘇教育出版社, 2005)

鄭春生,『拯救與批判—馬爾庫塞與六十年代美國學生運動』(上海: 上海三聯書店, 2009)

鄭杭年 主編,『中國社會結構變化趨勢研究』, (北京: 中國人民大學出版社, 2004)

鄭家棟,『斷裂中的傳統』, (北京: 中國社會科學出版社, 2001)

中國人民政治協商會議全國委員會, 中共中央文獻研究室第四編研部編,『老一代革命家論人民政協』(北京: 中央文獻出版社, 1997)

中國社會科學院社會學研究所 編,『2002年: 中國社會形勢分析與預測』(北京: 社會科學文獻出版社, 2002)

周振鶴,『中國古代地方行政制度史』(上海: 上海人民出版社, 2005)

朱家楨, 厲以平, 葉坦 主編,『東亞經濟社會思想與現代化』(太原: 山西經濟出版社, 1994)

[美]朱莉·費希爾,『NGO與第三世界政治發展』(北京: 社會科學文獻出版社, 2002)

朱學勤,『道德理想國的覆滅』(上海: 上海三聯書店, 2003)

張世保,『從西化到全球化—20世紀前50年西化思潮研究』(上海: 東方出版社, 2004)

Alan Ryan,『Property』(Minneapolis: University of Minnesota Press, 1987)

Bryan S.Turner, 『Status』(Minneapolis: University of Minnesota Press, 1988)

Craig Calhoun, 『Nationalism』(Minneapolis: University of Minnesota Press, 1997)

David Lyon, 『Postmodernity (Second Edition)』(Minneapolis: University of Minnesota Press, 1999)

G. Lowell Field and John Higley, 『Elitism』(London, Boston and Henley: Routledge & Kegan Paul, 1980)

Liah Greenfield, 『Nationalism: Five Roads to Modernity』(Cambridge and London: Harvard University Press, 1992)

Leonard Tivey, 『The Nation-State the formation of modern politics』(Martin Robertson: Oxford, 1981)

John Gray, 『Liberalism(Second Edition)』(Minneapolis: University of Minnesota Press, 1995)

Keith Dowding, 『Power』(Minneapolis: University of Minnesota Press, 1996)

Michael Freeden, 『Rights』(Minneapolis: University of Minnesota Press, 1991)

Peter Hays Gries, 『China's New Nationalism: Pride, Politics and Diplomacy』(Berkeley/ Los Angeles/London: University of California Press, 2004)

Robert Redfield, 『Peasant Society and Culture』(University of Chicago Press, 1956)

Robert Nisbet, 『Conservatism: Dream and Reality』(Minneapolis: University of Minnesota Press, 1986)

Suisheng Zhao, 『A Nation-State by Construction: Dynamics of Modern Chinese Nationalism』(Stanford: Stanford University Press, 2004) 146. Ted Honderich, 『Conservatism』 (Boulder, San Francisco: Westview Press, 1990)

Zygmunt Bauman, 『Freedom』(Minneapolis: University of Minnesota Press, 1988)

전환시대 중국정치의 논리
當代中國政治思潮

1판 1쇄 인쇄 2021년 1월 22일
1판 1쇄 발행 2021년 1월 29일

지은이   류젠쥔(劉建軍)
옮긴이   성균관대학교 성균중국연구소
펴낸이   신동렬
편집   현상철·신철호·구남희
디자인   심심거리프레스
마케팅   박정수·김지현

펴낸곳   성균관대학교 출판부
등록   1975년 5월 21일 제1975-9호
주소   03063 서울특별시 종로구 성균관로 25-2
전화   02)760-1253~4
팩스   02)760-7452
홈페이지   http://press.skku.edu/

ISBN 979-11-5550-457-4 93340